発達心理学 I

無藤　隆 編
子安増生

東京大学出版会

Developmental Psychology I
Takashi MUTO & Masuo KOYASU, Editors
University of Tokyo Press, 2011
ISBN 978-4-13-012100-2

はじめに

編 者

　発達を理解することは，人間を理解することである。発達心理学者ならば，すべからくこのように考えるはずである。しかし，人間を理解することそのものが容易でないように，発達を理解することも決してなまやさしいことではない。人間は，時間軸に沿って発達していく変化する存在であり，どの時点でどのように見るかによってその見え方がまったく異なってしまうので，時点と観察点を定めつつ，多角的に発達を理解する柔軟な姿勢が求められる。別の見方をすると，人間は生物種の一つであり，哺乳類としての様々な制約を受けながらこの地球上に存在しているが，他方において人間は，自分の家族，友人，近隣，地域共同体，国などの社会的枠組みの中で生きる存在でもある。すなわち，発達を理解するには，生物的存在としての人間と社会的存在としての人間の両方を見つめる複眼的な思考が求められる。発達心理学の教科書は，このような多角的かつ複眼的な観点に立って書かれなければならない。

　本書は，このような多角的かつ複眼的な観点に立脚しながら，大学および短期大学において発達心理学またはそれに関連する分野を学ぼうとする学部生のための確かなテキストブックとして，また卒業論文作成や大学院入試などの準備を助けるガイドブックとして，さらには発達研究者の道を志す大学院生が発達心理学全体の広がりを参照する際などに手元におきたい座右の書として，広く活用されることを目的として編集したものである。

本書の特色の第一は，全体の構成にある。すなわち，発達心理学の基本的な知識・概念を系統的に述べた「幹」の10章と，それぞれの幹ごとに「身体」「認知」「感情」「言語」「社会」の5領域に属する研究の最前線の専門的なトピックスなどを述べた「枝」の50項目に分け（各巻5章と25項目），全体として発達心理学の全容を体系的に示すという類書にない独自の構想に基づいて編集が行われている。

　本書の特色の第二は，広い意味での発達心理学の分野においてアクティブに活躍する優れた研究者に執筆を依頼した点である。加えて，偶然の結果であるが，本書は日本発達心理学会設立20周年の記念すべき年を念頭に企画され，しかもⅡ巻の編者の無藤は同会の第5代理事長（2005年〜2008年）を，Ⅰ巻の編者の子安は同じく第6代理事長（2008年〜2014年）を務めている。僭越な言い方になるかもしれないが，日本の発達心理学界の20年の結晶の一つという意味合いも込められている。

　本書の特色の第三は，読みやすく，分かりやすく，読んでいて楽しい本づくりを目指したことである。アメリカの教科書はフルカラー印刷が標準といってもよく，日本の出版事情がまだまだその水準に届かないのが残念であるが，企画の段階から二色刷り印刷を念頭に置いて編集を行った。また，編集の過程で各章・各項目の執筆者の先生方には，お原稿に対して細かな注文をつけさせていただいた。各位のご協力に対して，ここに深く感謝申し上げる次第である。

2011年8月
編　者　識

本書の使い方

本書の特色 本書は，発達心理学の基本的な知識・概念を系統的に述べた「幹」の 10 章と，それぞれの幹ごとに「身体」，「認知」，「感情」，「言語」，「社会」の 5 領域に属する研究の最前線の専門的なトピックスなどを述べた「枝」の 50 項目に分けられ（各巻 5 章と 25 項目），全体として発達心理学の全容を体系的に示すという構想に基づいて編集されている（次ページの図参照）。

I 巻第 1 章「発達心理学とは」では，発達心理学の基本的考え方ならびに研究法を含む基礎的概念を説明している。続く I 巻第 2 章から II 巻第 3 章までは「胎児期・周産期」，「乳児期」，「幼児期」，「児童期」，「青年期」，「成人期」，「老年期」と人間の発達過程の説明がその順序を追って進行していく。最後の II 巻第 4 章「家族・地域・メディア」と同第 5 章「障害と支援」の 2 つは，それぞれ独立した発達心理学上の重要なテーマを扱うものである。

「枝」の「身体」，「認知」，「感情」，「言語」，「社会」の 5 カテゴリーは，10 の「幹」のすべてに関わる重要な領域である。人間は「身体」を持った存在であり，心は身体と不可分のものである。「認知」と「感情」は，人間が外界から情報を得て，外界に対して表現を行う基礎となる重要な 2 つの過程である。「言語」は，ほぼ人間だけに固有のコミュニケーションの過程であり，人間は「社会」を抜きにして生まれてくることも生きていくこともできない。この 5 カテゴリー以外の領域が重要でないというわけではないが，基本的に重要なこの 5 領域から発達を見ていくことが不可欠である。

本書の索引は，本文中の重要な人名と事項を，その語を含む参照ページとともに，五十音順にならべたものである。索引事項の参照ページの出現回数を見れば，何が重要であるかが分かるとともに，その事項を他の事項とどのように関係づければよいのかの輪郭が見えてくる。また，索引を辞書代りに使い，事項の意味を確かめることもできる。

授業用テキストとして 本書を大学等における授業用のテキストとして使

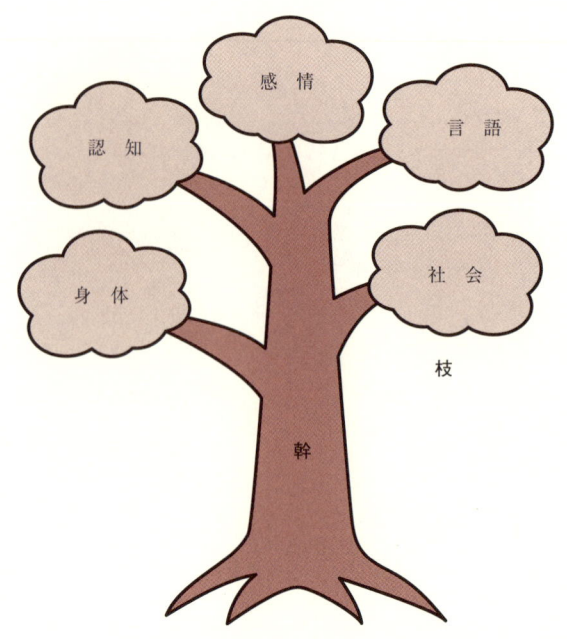

う場合，授業の科目名によって用いる巻・章は異なるであろう。たとえば，授業科目が「発達心理学概論」であるならば，本書全体の内容が関わるであろうが，半期の授業科目では本書全体の内容をすべて説明することは難しいにちがいない。その場合には，授業で重点的に取り上げる章を定め，残りはアサインメント（レポートの宿題等）あるいは試験の範囲とすることも考えられる。また，教職課程の「幼児，児童及び生徒の心身の発達及び学習の過程（障害のある幼児，児童及び生徒の心身の発達及び学習の過程を含む）」のテキストとして本書を使用する場合には，「発達心理学とは」，「幼児期」，「児童期」，「青年期」，「障害と支援」が必須の章となるだろう。いずれの場合も，授業では「幹」の章の内容をていねいに教えて，「枝」の章は必要に応じて説明するという進め方が考えられる。

　学習者は，「幹」をきちんと学んだ後に「枝」を読んでいくことによって，一層理解が深まるであろう。その際に，「幹」も「枝」も，本文の記述の裏付けとなる引用文献をきちんと示しているので，関心を持ったことがらは，

元の文献にさかのぼって読むことが大切になる。

自学自習用テキストとして　本書を自学自習のテキストとして用いる場合は，どのように用いるかの自由度が高い。どの章からどの順番で読んでいっても，必ず得るものはあるだろう。しかし，時間的余裕がある場合や，発達心理学の全容を体系的に知りたい場合などは，やはり最初から順番に，「幹」の章と「枝」の項目をていねいに読み進めていくことをお勧めする。ちょうど人間社会の歴史を学ぶ場合に，先史時代からはじめて，古代，中世，近世，近代と進めていって最後に現代に到達するように，個人の歴史である発達過程を理解するためには，出生前期からはじめて，発達の順序に沿って読み進めていくことが最も適切であろう。

知の世界におけるテキストの役割　テキストブックは，それだけで自立したものであるが，知の世界の他の様々なものとの関係で成り立っているということも知っておくべき重要な点である。たとえば，辞典・事典，ハンドブック，学術雑誌，インターネット，データベースなどをうまく活用することによって，学習者の知の世界が広がっていく。

辞典・事典では『心理学辞典』（有斐閣），『発達心理学辞典』（ミネルヴァ書房），『発達臨床心理学事典』（福村出版）など，ハンドブックとしては『発達科学ハンドブック』（新曜社），『発達心理学ハンドブック』（福村出版），『児童心理学ハンドブック』（金子書房），『青年心理学ハンドブック』（福村出版），『教育心理学ハンドブック』（有斐閣）など，学術雑誌では『発達心理学研究』（日本発達心理学会），『教育心理学研究』（日本教育心理学会），『心理学研究』（日本心理学会），『心理臨床学研究』（日本心理臨床学会）などがある。

インターネットとデータベースについては，コンピュータの検索ソフトによって学習者自身で調べていただきたい。その場合，経済の財の場合と同じように，知財にも「フロー」と「ストック」の両方があるということが重要な視点である。すなわち，その時々の重要な論点や流行の現象の理解や認識（フロー）も大切であるが，その知識がいわば人類共通の遺産（ストック）として確かなものとなっているかどうかを見極める視点である。

発達心理学 I・II

発達心理学 I

	幹	身 体	認 知
1	発達心理学とは (子安増生)	遺伝と環境 (安藤寿康)	実行機能とワーキングメモリ (齊藤 智)
2	胎児期・周産期 (榊原洋一)	神経と脳の発生 (榊原洋一)	原始反射 (斎藤 晃)
3	乳児期 (河合優年)	睡眠と覚醒のステイト (斎藤 晃)	顔の知覚 (山口真美)
4	幼児期 (中澤 潤)	身辺の自立 (鈴木みゆき)	心の理論 (木下孝司)
5	児童期 (藤村宣之)	運動発達とスポーツ (杉原 隆)	科学的概念の獲得 (中島伸子)

発達心理学 II

	幹	身 体	認 知
1	青年期 (白井利明)	性 (清水弘司)	時間的展望 (都筑 学)
2	成人期 (岡本祐子)	女性の体の変化と生き方 (川瀬良美)	ストレスとうつ (島津明人)
3	老年期 (中里克治)	老化 (中谷敬明)	認知症 (林 智一)
4	家族・地域・メディア (無藤 隆)	ヴァーチャル・リアリティ (宮田加久子)	映像の文法 (山本博樹)
5	障害と支援 (本郷一夫)	リハビリテーション (大神英裕)	統合失調症 (丹野義彦)

「幹」と「枝」

感　情	言　語	社　会
絆:感情と人間同士のつながり （遠藤利彦）	言語と人間 （岩立志津夫）	EQとソーシャルスキル （相川　充）
泣き・痛み （陳　省仁）	新生児の言語感受性 （大藪　泰）	胎児へのまなざし （玉井真理子）
気質・性格・人格 （陳　省仁）	前言語 （小椋たみ子）	愛　着 （遠藤利彦）
からかい／うそ （木下孝司）	話し言葉 （針生悦子）	道徳性と向社会性 （二宮克美）
秘密・ファンタジー （麻生　武）	書き言葉 （針生悦子）	児童虐待 （数井みゆき）

感　情	言　語	社　会
自己 （杉村和美）	若者ことば／流行語 （川浦康至）	キャリア形成 （浦上昌則）
離婚 （河合千恵子）	ナラティヴ （やまだようこ）	成人期と子別れ （根ケ山光一）
死 （林　智一）	失語症 （能智正博）	家族のライフサイクル （中釜洋子）
愛 （大坊郁夫）	メディアリテラシー （村野井　均）	子育ての社会・文化 （當眞千賀子）
感情統制の障害:感情の脳機能 （大平英樹）	言語障害 （長崎　勤）	自閉性障害 （別府　哲）

発達心理学　Ⅰ　　　目次

はじめに（編者）　　i
本書の使い方　　iii

1章　発達心理学とは………………………子安増生　1
　1　発達へのまなざし　1
　　1.1　時間軸から人間をみる視点（1）／1.2　学校教育という視点（3）／1.3　生涯発達という視点（7）
　2　発達心理学の基本概念　9
　　2.1　変化としての発達（9）／2.2　発達の変化をとらえる（10）／2.3　発達は段階的に進行する（13）／2.4　集団差と個人差（17）
　3　発達心理学の研究法　20
　　3.1　研究法の変遷（20）／3.2　研究法の基礎概念（22）／3.3　観察（26）／3.4　実験（27）／3.5　質問紙（29）／3.6　心理検査（30）／3.7　面接（31）／3.8　事例研究（33）／3.9　研究倫理（34）

　　［身体］遺伝と環境　　安藤寿康　38
　　［認知］実行機能とワーキングメモリ　　齊藤　智　47
　　［感情］絆：感情と人間同士のつながり　　遠藤利彦　53
　　［言語］言語と人間　　岩立志津夫　61
　　［社会］EQとソーシャルスキル　　相川　充　67

2章　胎児期・周産期 …………… 榊原洋一　73

1　受精まで　73

　1.1　遺伝学（73）／1.2　染色体（74）／1.3　受　精（76）

2　胎　児　76

　2.1　胎児発達（76）／2.2　神経系の発達（78）／2.3　胎児の脳機能の発達（87）

3　先天性疾患　95

　3.1　遺伝子異常（95）／3.2　染色体異常（100）／3.3　胎内感染症（103）／3.4　薬　物（104）／3.5　化学物質など（105）／3.6　物理的原因（106）

4　周生(産)期疾患・障害　106

　4.1　低酸素性脳症と脳性まひ（107）

[身体]　神経と脳の発生　　榊原洋一　112
[認知]　原始反射　　斎藤　晃　117
[感情]　泣き・痛み　　陳　省仁　124
[言語]　新生児の言語感受性　　大藪　泰　134
[社会]　胎児へのまなざし　　玉井真理子　142

3章　乳児期　　　　　　　　　河合優年　149

1　はじめに　149
2　乳児観の変化　153
　2.1　乳児の能力に関する認識の変化（153）／2.2　乳児研究の方法（153）
3　社会的存在としての人へ：乳児期の特徴　155
　3.1　ヒトから人間へ（155）／3.2　外界との相互作用（156）
4　乳児期における発達を作りだすもの：
　　感覚運動系の発達とその適応的な意味　158
　4.1　何が準備されているのか：感覚と知覚（158）／4.2　環境への働きかけ：情動表出機能と運動機能の発達（161）
5　社会的存在としての人間へ　164
　5.1　母子関係のなりたち（164）／5.2　社会的信号としての微笑と泣き（165）
6　文化がつくる発達　167
　6.1　生態学的なとらえ方（167）／6.2　文化による差異（168）／6.3　文化と民族（169）
7　乳児期の発達：発達ストレス　171
　7.1　発達とストレスの関係性（171）／7.2　発達段階と課題（172）／7.3　発達ストレスの視点からみた新生児期から乳児期（174）
8　まとめ　176

［身体］睡眠と覚醒のステイト　　　斎藤　晃　180
［認知］顔の知覚　　　山口真美　188
［感情］気質・性格・人格　　　陳　省仁　194
［言語］前言語　　　小椋たみ子　204
［社会］愛　着　　　遠藤利彦　211

4章 幼児期……………………中澤　潤　219

1 幼児という時期　219

　1.1　幼児期の発達の基盤にある生物学的特徴（219）／1.2　家庭から社会へ：幼児期の社会文化的特徴（223）

2 幼児の知的発達　224

　2.1　構成主義による幼児期の認知発達（224）／2.2　情報処理による幼児期の認知発達（226）／2.3　幼児期の認知発達をめぐって（235）

3 幼児の自我発達と幼児楽観主義　239

　3.1　自己概念（239）／3.2　幼児楽観主義の意味（240）

4 幼児の社会性の発達　242

　4.1　幼児の仲間関係（242）／4.2　社会的問題解決と社会的情報処理（244）／4.3　仲間関係における感情制御（246）／4.4　発達精神病理学（246）

5 幼児と遊び　247

　5.1　幼児にとっての遊び（247）／5.2　知的発達と遊び：遊びとイメージ（249）／5.3　社会的発達と遊び（251）

6 就　学　253

　6.1　就学レディネス（253）／6.2　リテラシー（254）／6.3　遊びと学び（254）

[身体] 身辺の自立　　鈴木みゆき　263
[認知] 心の理論　　木下孝司　269
[感情] からかい／うそ　　木下孝司　276
[言語] 話し言葉　　針生悦子　283
[社会] 道徳性と向社会性　　二宮克美　290

5章　児童期 ……………………藤村宣之　299

1　認知の発達　300

    1.1　論理的思考のはじまり（小学校低学年：7, 8歳）(300)／1.2　具体的事象の概念化と思考の計画性（小学校中学年：9, 10歳）(304)／1.3　現実を超えた思考のはじまり（小学校高学年：11, 12歳）(310)

2　社会性の発達　314

    2.1　自他の内面的把握のはじまり（小学校低学年：7, 8歳）(314)／2.2　自律意識と仲間集団の成立（小学校中学年：9, 10歳）(317)／2.3　友人との精神的共感（小学校高学年：11, 12歳）(321)

3　発達と教育の関係　327

    3.1　児童期の発達の生物学的基礎（327）／3.2　発達の質的転換期と学力の形成（328）／3.3　教育による発達の促進可能性（331）／3.4　学童保育の機能と役割（333）

[身体]　運動発達とスポーツ　　杉原　隆　339
[認知]　科学的概念の獲得　　中島伸子　346
[感情]　秘密・ファンタジー　　麻生　武　353
[言語]　書き言葉　　針生悦子　361
[社会]　児童虐待　　数井みゆき　368

Ⅰ巻 索引　375

執筆者紹介　386

発達心理学 II　主要目次

1　青年期　(白井利明)
[身体] 性（清水弘司）／**[認知]** 時間的展望（都筑　学）／**[感情]** 自己（杉村和美）／**[言語]** 若者ことば，流行語（川浦康至）／**[社会]** キャリア形成（浦上昌則）

2　成人期　(岡本祐子)
[身体] 女性の体の変化と生き方（川瀬良美）／**[認知]** ストレスとうつ（島津明人）／**[感情]** 離婚（河合千恵子）／**[言語]** ナラティヴ（やまだようこ）／**[社会]** 成人期と子別れ（根ケ山光一）

3　老年期　(中里克治)
[身体] 老化（中谷敬明）／**[認知]** 認知症（林　智一）／**[感情]** 死（林　智一）／**[言語]** 失語症（能智正博）／**[社会]** 家族のライフサイクル（中釜洋子）

4　家族・地域・メディア　(無藤　隆)
[身体] ヴァーチャル・リアリティ（宮田加久子）／**[認知]** 映像の文法（山本博樹）／**[感情]** 愛（大坊郁夫）／**[言語]** メディアリテラシー（村野井　均）／**[社会]** 子育ての社会・文化（當眞千賀子）

5　障害と支援　(本郷一夫)
[身体] リハビリテーション（大神英裕）／**[認知]** 統合失調症（丹野義彦）／**[感情]** 感情統制の障害；感情の脳機能（大平英樹）／**[言語]** 言語障害（長崎　勤）／**[社会]** 自閉性障害（別府　哲）

I巻・II巻 総合索引

1章 発達心理学とは

子安増生

❶ 発達へのまなざし

1.1 時間軸から人間をみる視点

「**発達**（development）」という言葉は，広義には「あるシステムの時間的変化」を意味するもので，「台風の発達」，「文化の発達」，「ガンの発達」のようにさまざまの分野で用いられる。心理学では，対象となるシステムは人間の心理的および身体的側面であり，発達を「人間の誕生（受精）から死にいたるまでの心身の変化」と定義することができる。

このように，発達という言葉は「時間軸から人間をみる」ものであるが，時間軸から人間をみる視点には，大別して以下の3種類がある。

第1は，生物の**進化**（evolution）という視点である。進化を意味する「エヴォリューション」は，「解き開く」という意味のラテン語（*evolvere*）を語源とするもので，この語を広めたのは，いうまでもなくイギリスの生物学者**チャールズ・ダーウィン**（Darwin, C.; 1809-82）である。進化論とは，地球上の生命の誕生から現在にいたるまでの生物種が，どのようにして誕生し，どのような形質の変化をとげ，ある生物種が繁栄したり絶滅したりするのはなぜかを説明する理論体系である。生物の進化は，地球の大気中に存在する物質種ならびにその割合の変化や気候変動といった環境的要因と，生物の生殖過程への関与を通じて環境への適応能力をコントロールする遺伝的要因の

両方から説明される。

現存の人類は，霊長目真猿亜目ヒト上科ヒト科に属し，生物学上の学名をホモ・サピエンス・サピエンス（Homo sapiens sapiens）という。人類学の研究では，アウストラロピテクス群，ピテカントロプス・シナントロプス群，ネアンデルタール群を経て，人類の祖先はホモ・サピエンス群に到達したとされる。その間に，頭蓋骨の容積は大幅な拡大をとげ，脳の進化が人類の進化を支えてきた様子がうかがえる。

第2の視点は，人間の**歴史**（history）である。歴史とは，人間社会や人びとの生活様式がその時どきにどのような様子をしており，どのような変遷をとげてきたかを，その時代の記録（歴史資料）にもとづき，体系的に叙述したものである。そのためには，記録を残すための文字，および，紙と筆のような記録媒体，ならびに時間をあらわすための暦の存在が基本的な前提とされる。

過去を知ることは，現在を理解し，未来を想像するために必要不可欠の作業である。今日の常識は過去の非常識という例は，枚挙にいとまがない。たとえば，「家族」の意味や機能は，時代とともに大きく変化してきた。西欧社会では，18世紀後半以後の産業革命が**主婦**（housewife）を誕生させたといわれている。それ以前の農業中心の社会では，家族は作物という商品兼食糧を生産する単位であった。しかし，産業化された社会では，家族は，ものではなく労働力を生産する単位にかわり，妻はものを直接生産するのではなく，労働力としての夫を支え，将来の労働力である子どもを育てる主婦としての役割を担うこととなった。日本でも，大正期以後は雇用労働者が増加し，多くの家族が農村を離れて都市部に集住し，主婦の役割を担う女性が増えていった。第2次世界大戦後の大きな変化は，医療技術の進歩をひとつの推進力とする多産多死社会から少産少子社会への転換であり，そのことによって，家族の意味も女性のライフスタイルもこの半世紀あまりの間に大きく変化してきた。このように，家族の意味や機能の大転換が生じたのは，人間の長い歴史からみれば，ほんのつい先ごろのことであるということを知っておかなければならない。

時間軸から人間をみる第3の視点は，**発生学**（developmental biology）である。ドイツの生物学者**エルンスト・ヘッケル**（Haeckel, E. H. P. A.; 1834-

1919）は，ダーウィンの進化論の影響を受けて動物の形態の変化を研究し，受精卵から成体（大人の姿）までの変化である**個体発生**（ontogeny）は，動物種の進化である**系統発生**（phylogeny）を短く速やかに繰り返すものであるとする「**反復説（recapitulation theory）**」を提唱した。現在では，ヘッケルが提唱した意味での反復説は，証拠が示されず，学問的に否定されている。また，個体発生の説明には，古くから**前成説**（preformation theory）と**後成説**（epigenesis）というふたつの異なる理論があった。前成説では，将来の成体の各部が発生の最初の段階（受精卵）からあらかじめ存在していると考える。他方，後成説では，発生の始まりには成体の各部にあたるものは存在せず，単純な形態から複雑な形態へ漸進的に変化すると考える。19世紀後半になって，ドイツのふたりの発生学者**ハンス・ドリーシュ**（Driesch, H. A. E.; 1867-1941）と**ハンス・シュペーマン**（Spemann, H.; 1869-1941）らの実験的研究によって，細胞分裂した受精卵のふたつの細胞を分離して培養すると，それぞれが完全なふたつの個体として発生するという事実から，後成説の正しさが示された。このように，受精卵のなかに将来の身体各部が用意されているという考えかたは否定されたが，分子遺伝学の進歩によって発生が遺伝子情報にもとづくことが示されてからは，前成説が形を変えて復活したという解釈も成りたつ。

　心理学で「発達」を意味する development は，生物学では「発生」と訳されている。「発生」の研究では生物が成体にいたるまでの身体の形態と機能の変化を主に取りあつかうが，「発達」の研究では生物の行動や心理の変化を主に取りあつかい，子どもが大人になるまでの過程だけでなく，生涯発達という言葉で表されるように，大人になってからのことや老化の問題も含めた人間の生涯に関わる諸問題を取りあつかうものとして認識されるようになっている（後述）。

1.2　学校教育という視点

　歴史的視点に立って考えるとき，発達へのまなざしは，**学校教育**（school education）というもの抜きには成りたたなかったと考えられる。第1に，発達心理学は，中世や近世でなく，学校教育が盛んになった近代において成立したという事実がある。第2に，発達心理学における最も基本的な用語の

ひとつは「**子ども（child）**」であるが，その概念の成立は，学校教育の発展とも密接に関連している。このような点について以下に検討してみよう。

まず第2の点からみると，日本では，「小人」と書いて「子ども」と読ませる時代が長く続いた。たとえば，鉄道切符の料金体系は，長い間「大人／小人」という区別で表記されてきた。現在，多くの鉄道会社では「こども料金」か「小児料金」が用いられるようになっているが，子どもたちに圧倒的に人気のある某アミューズメント・パークでは，現在でもなお「小人料金」を取っている。この「小人」という表記は，子どもは「小さな大人」であるという考えかたを反映するものである。

フランスの歴史学者**フィリップ・アリエス**（Ariès, Ph.: 1914-84）の『**〈子供〉の誕生**』は，西欧中世から近世初頭の時期において「子ども」という観念が事実上存在しなかったことを，絵画・彫刻・日誌・墓碑銘などの歴史資料から解き明かしている。当時においても「赤ちゃん」の時代はあるが，母親や乳母・子守による世話が必要のない年齢（7歳ごろ）になると，子どもは大人の世界に入りこみ，仕事も遊びも大人と一緒に行った。「子ども服」というものは存在せず，子どもは大人とほぼ同じ格好をしていた。「子ども」概念の不在は，学校の不在ということとかなり同義であったと考えられる。多くの子どもたちは，学校で学ぶことなく，家業につくか，他家に徒弟奉公に出ることによって，仕事のしかたを学んでいった。

現代においても，世界中の多くの国において，学校で学ぶことのできない子どもたちが大勢いる。そういった子どもたちが，生きていくために見よう見まねで計算能力などを身につけていくことが**ストリート算数**（street math）の研究によって示されている。たとえば，ブラジルのココナツ売りの子どもたちは，学校にほとんど通ったことのないストリート・チルドレンであるが，学校で正式に算数を学んだことがないのに高度な釣銭の計算ができることが示された（Carraher, Carraher, & Schliemann, 1985）。しかし，このことを美談として語ってはならない。この子どもたちが貧困から脱却できるだけの学力をどうやって身につけさせられるかが真の問題なのである。学校教育の果たす役割と影響の重要性を軽視してはならない。

西欧近代の公教育（学校教育）の発展は，**世俗化**（secularization）という言葉とともに語られるものである。すなわち，キリスト教世界においては，

教会が学校を建てて運営する長い伝統と歴史があった。しかし，19世紀以後の近代国家は，学校教育を実施する権限をめぐってキリスト教会と争い，学校教育を宗教的権威から切り離す努力を重ねてきた。これが教育における世俗化の意味である。

イギリスの大学史に即していえば，オックスフォード大学は，11世紀末にキリスト教を学ぶ学校として設立され，16世紀のイングランド国教会の成立以後は，国教会教徒のための大学として発展してきた。国教会教徒の男性にしか入学が許されなかったオックスフォード大学やケンブリッジ大学に対して，宗派・性別を問わずに入学できる大学（現在のロンドン大学ユニバーシティ・カレッジ）がロンドンに設立されたのは1826年のことである。国教会は，この大学に学位授与権を与えることを妨害したが，同様に心理学の学問的独立に対しても多くの掣肘を加えた（子安，1996参照）。そのため，世界最初の心理学実験室は，イギリスの大学ではなく，1879年ドイツのライプツィヒ大学に設置されたのである（後述）。

19世紀の公教育の発展は，この制度を取り入れた国や地域の人びとに大きな影響を及ぼした。日本では，明治維新直後の1872年に，「邑に不学の戸なく，家に不学の人なからしめんことを期す」というスローガンのもとに「学制」が公布された。そのことが日本の近代化の大きな原動力となったことは論をまたない。子どもたちが学校に入ることによって，子どもに対する社会全体の見かたも変わっていった。子どもを小人（小さな大人）とみる見かたからの脱却が始まったのである。特に，大正年間には，大正デモクラシーの比較的自由な雰囲気のなかで，**鈴木三重吉**（1882-1936）が1918年に児童雑誌『**赤い鳥**』を創刊するなど，児童文化へのまなざしが生まれた。

公教育の進展が発達心理学に及ぼした影響のひとつに，**知能検査**（intelligence test）の誕生がある。20世紀初頭，フランスの**アルフレッド・ビネー**（Binet, A.: 1857-1911）は，パリ市の教育当局から，普通学級での教育についていける子どもとそうでない子どもを判別するための方法を開発するように求められ，1905年に世界最初の知能検査（**ビネー式知能検査**）の実用化に成功した。このときに知能の指標として採用されたのは，**精神年齢**（mental age）であった（精神年齢の計算方法は図1-1参照）。これは，子どもが「何歳何か月相当の知能」を有するかを表示するものである。現在では何で

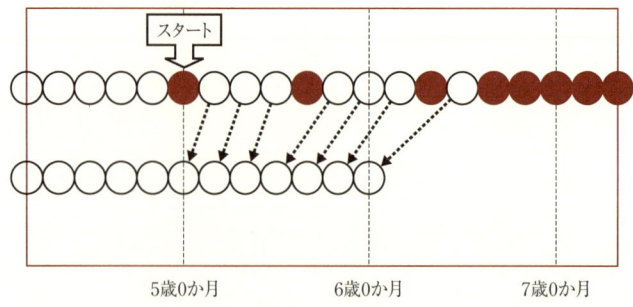

図 1-1 ビネー式検査の実施・得点化のイメージ図（子安, 2007）
上段：5歳0か月相当の問題からスタートしたが，誤答（赤丸で表示）だったので年齢をさげて5問連続正答まで実施し，その後，年齢をあげて5問連続誤答になるまで実施した例。
下段：正答数だけを数えると，精神年齢6歳0か月に相当。

もないことのように聞こえるかもしれないが，これは子どもの年齢が正確にわかるということを前提としている点に注意しなければならない。

　現在では，どの保育所，どの幼稚園でも，一人ひとりの園児の誕生日を祝う。その前提として，その子どもの出生届が正しく行われているという事実と認識がある。しかし，戸籍が正確であるということは，近代国家の要件のひとつであるものの，多くの時代，多くの国や地域において，税金対策や，縁起かつぎや，親の怠慢などのさまざまな理由により，正確な出生届が出されないということは，さして特別なケースとはいえなかった。

　また，年齢といえば，誕生日ごとに1歳年をとると考える「**満年齢**」が今日では当たり前になっている。しかし，日本において満年齢を正式に用いるようになったのは，1950年公布の「年齢のとなえ方に関する法律」から後であって，それ以前は生まれた年を1歳とし，正月が来ると1歳年をとると考える「数え年」が広く用いられていた。なぜそんな年齢計算が行われたかというと，年齢は特定個人のものでなく社会全体のものであり，正月が来ればみな一斉に年をとるものだと考えられたからである。

　誕生日や現在の年齢を意識することは，近代人の特徴のひとつである。たとえば，誕生日にバースデー・カードをおくる習慣や，相手の年齢・卒業年次を気にしたり，年齢の近い相手と結婚したりすることは，19世紀の後半

以後，公教育の進展とともに一般的にみられるようになった現象であることをアメリカの社会学者**ハワード・チュダコフ**（Chudacoff, H. P.）がさまざまな事例をあげながら1冊の本にまとめている（チュダコフ，1994）。

それでは，公教育の導入によって子どもたちはなにを得たのか。それは，ひとことでいうと，公共空間としての教室で行われる**教室行動**（classroom behavior）のノウハウである。日本の学校では，1895年の「学校建築図説明及び設計大要」によって4間×5間（約7.2 m×9 m）の大きさの長方形の部屋が教室のプロトタイプ（prototype）となり，子どもたちは黒板と教卓と個人用の机・椅子のある教室で1日の3分の1ほどの時間を過ごし，教師の監督と指示の下に，ほぼ同年齢の子どもたちが集団生活をおくる。こんなことは，近代よりも前の時代には決して当たり前のことではなかった。

教室行動には，成人世代に属している教師から次世代を担う子どもたちに対して知識・技能が伝えられる**世代間伝達**（intergenerational transmission）の側面があると同時に，**仲間**（peer）との協同と競争を通じて，ときには**いじめ**（bullying）を受けるというようなネガティブな体験もしながら，**情動調節**（emotion regulation）のしかたを学び，さまざまな課題への取りくみの経験から**自己効力感**（self-efficacy）を高め，**学業達成**（academic achievement）を行うという側面がある。このような経験は，子どもが学校を卒業し，生まれ育った家庭からも独立して生計を立てるときに，新たに経験する社会の荒波のプロトタイプを知ることでもある。

1.3　生涯発達という視点

学校教育という視点は，西欧近代社会においては19世紀後半から20世紀にかけて重要であったが，20世紀の後半にはもうひとつの重要な視点があらわれた。それは，**生涯発達**（life-span development）の視点である。この生涯発達の視点には，いくつかの大きな流れがある。

第1には，人間が生涯にわたり学びの活動を続けていくことを重視する**生涯学習**（life-long learning）の流れである。これは，国際連合教育科学文化機関（UNESCO）の**ポール・ラングラン**（Lengrand, P.; 1910-2003）が1965年にUNESCOの成人教育推進委員会に提出した「エデュカシオン・ペルマナント」と題するワーキングペーパーのなかで初めて提唱したものとさ

れる。フランス語の「エデュカシオン・ペルマナント（éducation permanente）」は「永続的教育」という意味であるが，英語では「生涯教育（lifelong education）」の語があてられ，日本では，発達心理学者・**波多野完治**（1905-2001）がラングランの生涯教育の理念を日本に紹介した（波多野，1972）。

　ほぼ同じ時期に，学校教育を終えた成人が社会人になってから再び教育機関で教育を受ける機会を保障する**リカレント教育**（recurrent education）の概念も提唱された。このリカレント教育論の考えかたは，当時スウェーデンの教育大臣であった**オロフ・パルメ**（Palme, S. O. J.; 1927-86）が，1969年の第6回ヨーロッパ文相会議において提案したことが契機になって，世界中に広がっていった。

　イギリスの放送大学であるオープン・ユニバーシティ（Open University）が設立されたのも1969年のことである。オープン・ユニバーシティは，1965年ごろに当時イギリス労働党政権の首相であった**ハロルド・ウィルソン**（Wilson, J. H.; 1916-95）が，ひと握りのエリートのための大学ではなく，労働者大衆のための大学を構想したことに端を発し，フルタイムで働く人びとにも学べる機会を提供する高等教育機関として誕生し，現在では学生数約17万人を擁している。なお，日本の放送大学は，1983年に設立され，現在学部生約7万8000人，大学院生約6000人が在籍している。

　発達心理学における生涯発達的視点は，ドイツ生まれのアメリカの心理学者**エリク・エリクソン**（Erikson, E. H.; 1902-04）の**ライフ・サイクル**（life cycle）論にその大きな源流を求めることができよう。エリクソンは，人間の一生を乳児期（誕生〜1歳半），幼児前期（1歳半〜3歳），幼児後期（3〜6歳），児童期（6〜11歳），青年期（11〜18歳），成人期初期（19〜40歳），成人期中期（40〜65歳），成人期後期（65歳〜）の8期に分け，それぞれの時期に果たすべき発達課題と，それが果たせないときに後に生ずる**危機**（crisis）について論じた（Erikson, 1950; 1959）。

　発達心理学における生涯発達的視点のもうひとつの源流は，アメリカの心理学者**ウォーナー・シャイエ**（Schaie, K. W.; 1928-　）とドイツの心理学者**ポール・バルテス**（Baltes, P. B.; 1939-2006）の縦断的エイジング研究である。シャイエは，シアトル市のワシントン大学で学位をとり，1956年にシ

アトル縦断研究（Seattle longitudinal study）を開始した。20代から60代の人を現在にいたるまで7年おきに調査し，参加者総数は6000人を超え，100歳を超える人や，自身だけでなく子と孫の3世代にわたって参加しているケースもあるという（http://geron.psu.edu/sls/about/index.htm）。バルテスは，ドイツのザールランド大学を卒業後，アメリカに渡りシャイエの助手などを務めたのち，ドイツに戻りマックスプランク人間発達研究所を生涯発達研究ならびに老年学研究の中心地とした。シャイエとバルテスは，共同で論文を書いたり本の編集を行ったりした（たとえば，Baltes & Schaie, 1973）。

　生涯発達の視点は，人間の誕生から死までを全体的包括的にとらえるだけでなく，人間の発達が変化に応じて柔軟に対応していく**可塑性**（plasticity），あるいは困難な事態からの回復力である**レジリエンス**（resilience）などに注目し，人間の**ウェルビーイング**（well-being）や**幸福**（happiness）とはなにかということを検討課題の中心にすえるものである。したがって，老化というものも単に心身の機能の衰退からだけではなく，**サクセスフル・エイジング**（successful aging）などのポジティブな観点から考察される。

❷ 発達心理学の基本概念

2.1　変化としての発達

　本章の最初に，発達は「人間の誕生（受精）から死にいたるまでの心身の変化」と定義されることを述べた。次に，「発達」と関連する「変化」をあらわす概念について整理しておこう。

　まず，**成長**（growth）は，発達とほぼ同じ意味で使われる言葉である。強いて両者を区別するとすれば，「成長」は身長・体重の増加のような量的側面の変化についていうのに対し，「発達」は言語獲得のような質的変化のことをいう場合に用いられるといえる。なお，「成長」は動物にも植物にも使われるが，「生長」はほぼ植物に限定される。

　成熟（maturation）は**学習**（learning）と対比される言葉で，両者は変化の原因についての見かたが異なる。すなわち，成熟は遺伝的素因にもとづく変化であり，学習は経験（練習，訓練）による変化である。通常このふたつ

を区別することは容易でないが，アメリカの心理学者**アーノルド・ゲゼル**(Gesell, A. L.; 1880-1961)が双生児を対象として実施した乳児期の階段のぼりの実験は，階段をのぼるという運動機能が練習により格別向上することはなく，成熟の要因が重要であることを証明したものである。

　初期経験（early experience）は，発達の初期に受けた経験がのちの発達に大きな影響あるいは修復不可能な悪影響を及ぼす場合に用いられる語である。オーストリアの生物学者**コンラート・ローレンツ**（Lorenz, K. Z.; 1903-1989）は，鳥類のヒナの行動に**刷りこみ**（imprinting）という現象がみられることを報告した（ローレンツ，1970）。すなわち，ハイイロガンのヒナは，孵化して最初に見た「動くもの」を自分の母親とみなし，それについてまわる。これは，自然界では最も適応的な行動であるが，人為的環境では，人間やおもちゃの自動車がそれにあたると大変不都合な行動になるのである。さらに，このような刷りこみ現象は，ヒナの孵化後36時間ほどの一定期間内にしか起こらないこともわかり，そのような敏感な時期のことを**臨界期**（critical period）とよぶ。

　人間の発達では，刷りこみや臨界期という現象をみつけることはかなり難しいが，言語発達の分野などでは臨界期についての議論が行われている。たとえば，生後すぐの乳児は，どのような言語の音韻体系にも適応できるが，やがて毎日よく聞く母語の音韻体系のみに感受性が収斂していく。そこに臨界期となる年齢が特定できるかどうかである。

2.2　発達の変化をとらえる

　発達に関わるさまざまな指標を2次元的グラフであらわすとき，縦軸（Y軸）にその発達指標値，横軸（X軸）に月齢・年齢・練習回数などの時間変数をとって描く。このようにして描かれた曲線を**発達曲線**（developmental curve），**成長曲線**（growth curve），**学習曲線**（learning curve），**練習曲線**（training curve）などとよぶ。この発達曲線には，さまざまな形状のものがある（図1-2a～1-2d）。

　図1-2aは，t_1からt_2の時点まではまったく発達的変化がみられないが，t_3の時点になって一気に発達が開花する様子をあらわしている。このようなものを**悉無曲線**（none-to-all curve）という。たとえば，子どもが自転車の

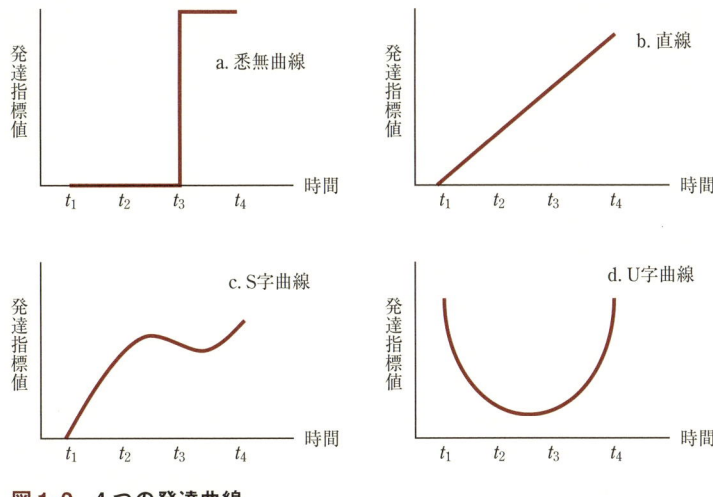

図1-2　4つの発達曲線

乗りかたの練習をするとき，最初いくら練習をしても乗れないが，あるとき突如乗れるようになる現象や，何度考えてみても解けなかった幾何の問題が，急に頭のなかに補助線が閃めいて解きかたがわかるといった現象をあらわすものである。

　図1-2bは，t_1からt_2の伸び，t_2からt_3の伸び，t_3からt_4の伸びがすべて等しく，時間とともに着実に発達があらわれる様子をあらわすものであり，**直線**（linear curve）で示されている。発達の多くは，短期間にはこのような直線的な伸びを示すが，期間を長期にとると直線的発達であるものは少ない。

　図1-2cは，**S字曲線**（S-shaped curve）または**シグモイド曲線**（sigmoid curve）という。シグモイドは「シグマのような」という意味であるが，ギリシア語のシグマΣは英語のSのことなので，結局「S字」と同じ意味になる。これは，成長曲線や練習曲線によくみられるもので，最初のうちは伸びが著しいが，やがてスランプに突きあたり，その停滞や落ち込みを乗りこえると，再上昇がみられるというものである。

　図1-2dは，**U字曲線**（U-shaped curve）である。t_1からt_2，t_3にかけて

1章　発達心理学とは　　11

大きな落ち込みがみられ，t_4 でようやく回復する様子を表している。企業の業績でも「V字回復」ということがいわれるが，活動の停滞期である「底」の期間が長ければU字，短ければV字ということである。発達曲線でU字がみられるのは，この底の期間が大きな転機である場合が多く，既存の方法で失敗を続けたあと，新たな方略や対処法を獲得する過程をあらわすことが多い。たとえば，算数の「鶴亀算」[註1] として解いていた問題を，中学校の数学では未知数 x, y を用いて解く問題として与えられ，当初はわからなくて苦労するが，やがて連立方程式の解法を理解するようになる，というようなことである。

発達曲線には，図 1-2 に示したもの以外にもたくさんある。たとえば，横軸に年齢（age），縦軸に知能検査の下位検査の成績をとったとき，10歳代の後半でピークに達し，そこからは急速に成績が低下する，記憶・計算・図形処理などの問題から構成される**流動性知能**（fluid intelligence）と，20歳以後もグラフがなだらかに上昇しつづけ，50歳代，60歳代になってもあまり衰えることのない，言語問題や知識問題などから構成される**結晶性知能**（crystallized intelligence）の2タイプがあることが知られている。

また，横軸に年代（year）をとり，発達指標の時代変化をみることもできる。のちの世代ほど発達が促進される現象を**発達加速**（development acceleration）という。身長・体重などの量的指標において，後の世代ほど成長が速くなる現象を**成長加速**（growth acceleration），他方，発達的変化点（たとえば，女児の初潮開始年齢）が年代とともに早期化するような現象を**成熟前傾**（maturity acceleration）という。

知能の研究では，世界中の国ぐにで国民の知能指数の平均値が長い年月にわたって上昇しつづけているという現象をニュージーランドの心理学者**ジム・フリン**（Flynn, J. R.; 1934-）が報告し，**フリン効果**（Flynn effect）とよばれている（Flynn, 2007）。現象としてのフリン効果の存在は明らかであるが，この現象が生ずる理由はまだ解明されていない。

発達曲線についてみるときに，注意すべき点がある。それは，グラフは連続的になめらかに描かれているが，データは t_1, t_2, t_3, t_4 の4時点しかとっていないということである。すなわち，それぞれの中間の時点のデータは補間あるいは**内挿**（interpolation）を行っているのである。また，未来予測

のように，t_4 より後の t_5 の時点でのデータをこのグラフから予想する場合には，補外あるいは**外挿**（extrapolation）を行うことになるのである。

2.3 発達は段階的に進行する

　発達曲線では，発達の量的な変化がグラフに示されている。しかしながら，発達の質的な変化こそが重要である場合が少なくない。子ども／大人の区別はその典型例である。**発達段階**（developmental stages）という考えかたは，発達の質的な変化を記述する有力な方法である。

　そもそもは「子どもが大人になるまで」の過程を明らかにすることが，発達心理学の伝統的テーマであった。現在では，「子ども」の時期が妊娠中の母親の胎内の時期にまでさかのぼって取りあげられ，「大人」の時期も高齢化社会の進展に伴ってより細かく区分されるようになり，発達段階は表1-1のように分類される。ただし，各発達期にあたる年齢は，研究者によって（本書の章によっても），また法律によって異なる点に注意しておく必要がある。

　たとえば，表1-1は「学校教育法」の定める**児童**の定義（小学生）に準拠しているが，「児童福祉法」第4条による児童の定義は「満18歳に満たない者」であり，一部の期間重複するものの，大きく異なっている。また，「児童福祉法」における児童は，**乳児**（満1歳に満たない者），**幼児**（満1歳から，小学校就学の始期に達するまでの者），および**少年**（小学校就学の始期から，満18歳に達するまでの者）に分けられるが，発達心理学では乳児と幼児のさかい目は1歳半であり，「児童福祉法」の少年は，「少年法」でいうところの少年の定義（20歳に満たない者）とは一致しない。

　出生前期（prenatal period）は，母親の胎内にいる時期をいう。この時期はさらに，**卵体期**（ovum；受精後6〜10日），**胎芽期**（embryo；〜2か月ごろ），**胎児期**（fetus；〜40週まで）に区分される。在胎期間22週〜36週で生まれる場合を早産，37週〜41週6日までに生まれる場合を正期産，42週以後の出産を過期産という。イタリア・ルネサンス期の天才画家**レオナルド・ダ・ヴィンチ**（da Vinci, L.; 1452-1519）は，多くの人体素描を残したことでも知られているが，当時の厳しい宗教的タブーを排して子宮内の胎児の素描を描いており，それが残存する最古の胎児の絵とされる。

表1-1 発達期の区分

出生前期（prenatal period）：胎内にいる時期。卵体期（ovum；受精後6〜10日），胎芽期（embryo；〜2か月ごろ），胎児期（fetus；〜40週まで）に区分
新生児期（neonatal period）：生後4週まで
乳児期（infancy）：生後4週目〜1歳6か月まで
幼児期（young childhood）：1歳6か月〜就学まで
児童期（childhood）：小学生の時期
*思春期（puberty）：小学生後半〜中学生
青年期（adolescence）：中学生〜20歳代後半
成人期（adulthood）：30歳代〜
*中年期（middle age）：青年と老年の狭間
老年期（senescence；old age）：65歳以上

注）*研究者により，各期の始期や終期が一致しないことがある。特に，「思春期」と「中年期」は，その時期を設定するかどうかを含めて，研究者による違いが大きい。

発達心理学の用語ではないので表1-1には含めていないが，**ICD-10**[註2]の医学的定義に従い，妊娠満22週から出生後満7日未満の期間を，「お産の周辺の時期」という意味で**周産期**（perinatal period）という。

新生児期（neonatal period）は，生後4週までの時期をいう。呼吸，栄養摂取，体温調節などの植物的機能を整える時期である。なお，「母子保健法」の定義では，新生児は「出生後28日未満の乳児」である。

乳児期（infancy）は，発達心理学では新生児期を乳児期に含めず，生後4週目〜1歳6か月までとしている。「乳児」は乳飲み子を意味する。厚生労働省の平成17年度「乳幼児栄養調査」では，回答者2722人の4分の3が離乳食の開始時期を生後5か月または6か月としている（www.mhlw.go.jp）。また，「断乳」の時期はゆっくりでよいという考えかたが浸透し，1歳から1歳6か月までの時期でも乳飲み子である子どもはいる。1歳6か月までを乳児期とするのは，この時期にはまだよちよち歩き——英語ではトドラー（toddler）とよばれる——状態で，言葉を話さないものが多く，「歩行と言語の準備期」として位置づけられている。

幼児期（young childhood）は，未就学児または就学前児（preschooler）ともいわれ，1歳6か月から小学校入学までのかなり長い期間にわたる。起床，食事，着がえ，トイレ，入眠などの身辺の自立と，話し言葉の基礎が形成される時期であり，描画（drawing）の表現が豊かになっていく。4歳から6歳にかけて，他者の心を理解する能力としての「心の理論（theory of mind)」を獲得していく（子安，2000）。

　児童期（childhood）は，小学生の6年間の時期である。どの国でも，初等教育の目的は，母語の読み書きができる**リテラシー**（literacy）と，基本的な数的能力である**ニュメラシー**（numeracy）の獲得を中心にすえている。日本では「読み書き算盤（そろばん）」，英語圏では「3つのR（three Rs; reading, writing, and arithmetic）」とよばれてきたことがらである。一般的に，小学校の低学年では学力の個人差がみえない。100点がとれるテストを受け，学力コンプレックスは少なく，自宅学習の習慣がまだ身についていない子どもが少なくない。ところが，小学校高学年になると，学力の個人差が拡大し，学力コンプレックスもみられるようになる。自宅勉強の習慣の有無が学力差を生みだしはじめる。この間にある移行の時期のことを「**9歳の壁**」ということがある。抽象的思考への転換期であり，そこでつまずく子どもたちが少なくない。

　思春期（puberty）は，小学生後半から中学生の時期をいう。発達段階区分としては，児童期と青年期があれば，思春期という言葉は無理に使わなくても済む。思春期は，第2次性徴の出現など，身体的に性的成熟に向かう大きな変化の時期であり，そのことの心理発達面への影響を重視する発達区分である。

　青年期（adolescence）は，中学生から20歳代後半の時期であり，かつては「人生の二大選択」である職業の選択（就職）と配偶者の選択（結婚）との折りあいをつける時期であった。現在では，青年のライフスタイルが多様化し，この定義では収まりきらない。高度に産業化された社会では，平均寿命が延びるとともに**青年期延長**（extension of adolescence）という現象がみられる。したがって，日本では青年期の終期を20歳代後半とする考え方が一般的になっている。エリクソンの**心理—社会的モラトリアム**（psychosocial moratorium）は，青年期延長の心理を最もうまく表す概念といえよう。

　成人期（adulthood）は，大人の時期という意味であり，法律的には20歳以上であるが，青年期の終期から考えると発達心理学的には成人期は30歳代以後ということになる。多くの大人が結婚して家族をもち，仕事と子どもの養育のバランスをとることを求められる。老親の面倒もみなければならなくなる。職場と家庭のストレスがのしかかってくる時期である。

中年期（middle age）は，青年と老年の狭間という意味なので，成人期の一部と位置づけられる。

　老年期（senescence; old age）は 65 歳以上とするのが，世界的な動きである。初老（elderly）を 60 歳以後，老人（aged）を 65 歳以後，75 歳以後を後期高齢者とする考えかたがあるが，わが国における 75 歳以上の高齢者を対象とする後期高齢者医療制度の導入（2008 年 4 月施行）は，高齢者からの反対論が沸騰した。年齢だけで社会的な扱いを変えることは**老人差別**（ageism, agism）であるという考えかたが強まってきている。なお，自動車の運転に関して，75 歳以上は高齢運転者標識（もみじマーク）の表示の義務づけが 2008 年 6 月に施行された（2009 年に努力義務に緩和）。

　以上，表 1-1 にそって**発達段階**を概観してきたが，最後にこのような発達段階区分を用いるときの留意点をあげておく。

　第 1 に，発達の連続性の問題である。たとえば，アゲハチョウの場合，「卵―青虫―サナギ―チョウチョウ」という発達段階は，その形態上それぞれが明確に区分できる。他方，人間の誕生後の変化は，主としてサイズとプロポーションが変わるだけで，形態が根本的に変わるわけではない。また，歩行や言語のように，はっきりと目にみえる行動獲得の指標もあるが，全体としては多いといえない。発達段階論は，本来連続的な発達過程をあたかも不連続のように言っているのではないか，という批判があっても当然である。しかしながら，連続する流れのなかにも，大きな変化を読みとることはできる。歴史学との対照でいえば，王朝の交代や革命のような政治権力構造の劇的変化は，昆虫の変態に擬することができるが，文化や社会の歴史的変化は，ゆるやかながら確実に特徴的に変わっていく。たとえば，平安文化と鎌倉文化を分ける歴史的意味があるように，幼児期と児童期を区分する発達心理学的意味が存在するのである。

　第 2 に，**発達段階**の区分と説明は，全体的なものであって，個人個人については，ぴったり当てはまらないことも少なくない。また，発達段階の区分と説明における全体と個人のずれは，説明が細部にわたるほど，食いちがいが大きくなる傾向にある。「幼児期には……」というのと「4 歳児では……」を比べると，後者のほうが時期を細かく特定しているので，ある特定の 4 歳児についてみた場合，その子には当てはまらないと感じられやすい。

しかしながら，こういった問題はあらゆる分類につきまとうことでもある。分類のカテゴリーは，そのプロトタイプを構成することができるが，だれもが思いつく典型事例と，思いつきにくい周辺事例が常にカテゴリーのなかには含まれる。たとえば，「昆虫」のプロトタイプは，成体において「体が頭，胸，腹の3つに分かれ，胸から脚が3対6本出ている生物」である。蜘蛛は脚が8本なので，昆虫には入らない。昆虫の典型事例は，トンボ，チョウ，カブトムシなどであり，プロトタイプの構成要素には含まれないがすべて翅をもった昆虫である。他方，ノミ，シラミなどの翅がない昆虫は周辺事例になる。

発達段階だけでなく，発達心理学のさまざまな概念における個人差の問題は，次節であらためて説明しよう。

2.4　集団差と個人差

人間の出発点は，大きさが0.1ミリメートルほどの微小な受精卵であり，どれもみた目の大差はないが，その後の発達が紡ぐ変化は，一つひとつが独自のさまざまな模様を織りなす。何らかの特徴にもとづいてひとかたまりの人間をひとつの集団とみた場合，その集団の特徴は，別の集団の特徴とはかなり違ってみえよう。ロシアの作家**レフ・トルストイ**（Tolstoy, L. N.; 1828-1910）の小説**『アンナ・カレーニナ』**には，「幸福な家庭はすべて互いに似かよったものであり，不幸な家庭はどこもその不幸のおもむきが異なっているものである」という有名な一文がある。小説家としては，不幸な家庭のほうが物語として語りがいがあるのだろう。家族という構成員が最小限の集団でさえ，それぞれの集団間の違いは大変大きい。

異なる集団の間にみられる特徴の差を**集団差**（group difference）という。集団差のうち，発達心理学において基本的なものは，年齢差，男女差，そして定型－非定型の発達差である。以下，それぞれについて考えてみよう。

年齢差　時間軸から人間の変化をみる発達心理学では，「年齢」による発達の変化が最も基本的なものである。この場合，集団差は，「大人と子ども」，「中学生と小学生」，「小学6年生と3年生」，「5歳児と3歳児」のように，**年齢**（age）あるいは**学年**（grade）にもとづいてセグメント化された集団の比較によって検討が行われる。しかしながら，ふたつ以上の年齢集団から

データをとっていれば発達的研究になるという安易な研究態度は避けなければならない。年齢幅や学年幅を大きくとれば,「発達差」がみられるのは当たり前であって,どのような心理的・社会的メカニズムの発達がその現象的発達差を生みだしているのかを示すことによって研究の価値が生まれる。

男女差　第2の発達差は,男女差である。『話を聞かない男,地図が読めない女』(ピーズ・ピーズ,2002)という本がベストセラーになったが,卓抜なタイトルとともに,男女の心理の違いが多くの人の関心の的であることがその背景にある。

男女差は,かつて**性差**(sex difference)とよばれた。しかし,「性」「セックス」が性行為を連想させることと,その背後にある生物学主義への批判から,最近では**ジェンダー差**(gender difference)という用語が使われるようになっている。男女差が,生物学的要因だけでなく,社会的文化的要因によって形成されるということを強調する視点である。ちなみに,「ジェンダー」は語源的には,フランス語のジャンル(genre)と同じく「種類」という意味で,フランス語などで「男性名詞」「女性名詞」を区別する「文法上の性」に由来する。

定型―非定型の発達差　第3は,さまざまな障害の有無による発達差である。世界保健機関(WHO)は,1980年に国際障害分類(International Classification of Impairments, Disabilities, and Handicaps; ICIDH)において,**機能・形態障害**(impairment),**能力障害**(disability),**社会的不利**(handicap)の3つの障害を分けた。たとえば,音の伝達における「機能・形態障害」は,会話の聞きとりができないという「能力障害」を生じさせ,そのことが就労上の「社会的不利」を発生させるかもしれない。しかし,補聴器が使える状態であれば,会話の聞きとりもある程度可能になり,社会的不利益を被らなくても済む[註3]。

これまで,特に目立った障害をもたない子どもは「正常児」または「健常児」(normal children)とよばれてきたが,最近では,**定型発達児**(typically developed children, typically developing children; TDC)というよびかたが定着しつつある。非定型発達児(障害児)群と定型発達児(健常児)群を比較する研究は多いが,比較の前提としてサンプリング上の問題をクリアしなければならない。すなわち,特定の障害に焦点をあてれば,その障害をも

つ非定型発達児は全体として少数派である。それに対して，定型発達児は数多く存在する。そこで，**対応づけサンプル**（matched sample）という手順が重要になる。これは，まず非定型発達群の調査を行って必要なデータをとり，その後非定型発達群の一人ひとりの子どもについて，性別，精神年齢などの統制すべき条件が似かよった子どもを定型発達群のプールから選びだして対応づけ，その子どもたちを対象に調査を行うのである。

　以上のような集団間の差を調べることを目的とする研究に対して，集団内の**個人差**（individual difference）を調べることを目的とする研究がある。集団差の研究では，個人差は一種の「誤差項」として扱われる。集団のデータ分布の「ばらつき」のことを統計学では**分散**（variance）あるいは**標準偏差**（standard deviation; SD）という。分散は標準偏差を2乗した値であるから，両者は基本的には同じ指標である。集団差の研究では，分散は小さければ小さいほど，研究者にとって都合がよい。たとえば，文化差の研究において，日本人ではデータが高得点に集まり，アメリカ人ではデータが低得点に集まっていれば，文化差の存在が明確に主張できる。たとえば，箸の使いかたの巧拙を調べれば，そういう分布差が得られるかもしれない。しかし，日本食ブームの今日，箸をうまく使うアメリカ人はいるし，反対に日本人でも箸の使いかたが下手な人間はいる。人種・国籍にかかわらず，手に重い機能障害があれば，箸を使うこと自体に困難がある。さまざまな制限をつけてデータを集めれば，分散の小さな分布が得られるだろうが，現実のデータの多くは，少なからぬ個人差が含まれる。同じ集団に属していても，個人の遺伝的背景や生育環境は一人ひとり異なるので，個人差は必ず存在するのである。**知能検査**のような**心理検査**は，このような個人差を測定するために開発されたものである（後述）。

　集団のなかの個人差ではなく，一人ひとりの固有の特徴について記述する場合は**個性**（individuality）という用語がしばしば用いられる。「個性」は，人間の固有性と独自性を強調する重要な概念であり，個性の伸長は学校教育の最も重要な課題でもある。しかしながら，「個性」は，美しく響き，だれも否定したり反対したりできない言葉であるだけに，学問的に用いる場合には取り扱いに十分注意する必要がある。

❸ 発達心理学の研究法

3.1 研究法の変遷

　発達心理学は，基本的に，心理学の**方法論**（methodology）を軸にその研究を推進してきた。心理学は，19世紀の後半に哲学から分離したひとつの科学（分科学）として，諸学の影響を受けながら，独立した道を歩んできた。その出発点は，ドイツの心理学者**ヴィルヘルム・ヴント**（Wundt, W. M.: 1832-1920）が，1879年ライプツィヒ大学に世界初の心理学実験室を開設したときとされる[註4]。ヴントは，自然科学的な方法で実験心理学の研究を進めるとともに，社会科学的な方法で民族心理学を創始した。

　発達心理学は，広く心理学の方法を用いて発展してきたが，ヴントの実験心理学は言語化された意識としての**内観**（introspection）を基礎資料とした。これは，簡単にいうと「自分自身の心の内側をみる」ことにより，そのときに考えていることや感じたことなどを言語的に報告してもらうやりかたである。しかし，この方法が使えるのは，早くても幼児期の後期からであり，まだ言語を獲得していない乳児や障害児，また成人後に脳損傷を受け言語障害になった人の心理などを調べることはできない。この問題を克服するために発達心理学が開発してきた独自の研究法があり，それによって心理学全体の研究水準が向上したのである。その代表例を以下にふたつあげよう。

　第1は，**選好注視法**（preferential looking method）とよばれるものである。アメリカの心理学者**ロバート・ファンツ**（Fantz, 1961）は，生後6か月ごろまでの赤ちゃんがどんなものを好んで見る（選好注視する）かについて調べるため，横たわった赤ちゃんのうえからふたつの図形を対提示し，どちらの図形をより長く見つめるかを計測した。その結果，赤ちゃんは簡単な図形よりも複雑な図形の方を長く見ることがわかった。たとえば，ただの正方形よりも市松模様や蛇の目（同心円）模様を長く見るというのである。また，同じ市松模様でも，図柄が大きなものよりも図柄が細かな方を長く見た。ファンツの研究を通じて，赤ちゃんの視力は生まれた当初は弱いが，生後6か月ごろまでに調整されることも明らかになった。

　第2の例は，**馴化-脱馴化法**（habituation-dishabituation method）である。馴化とは，刺激Xを連続的にあるいは繰り返し提示すると，最初はそれに

注意していても，やがて慣れてしまって，注意が低下していくことをいう。しかし，提示する刺激を X とは内容が大きく異なる Y に変えると，再び注意が喚起される。これを脱馴化という。しかしながら，X と取り換える刺激が X とは変わりばえのしない Z なら，注意の復活は起こらない。このことを利用して，たとえば赤ちゃんが緑色（X）と青色（Y）を区別するが，緑色（X）と黄緑色（Z）は区別しないかどうかを調べることができる。このようにして，言葉で色名をいうことができない赤ちゃんの色知覚の発達の様子を調べることが可能になるのである。

　発達心理学は，自然科学だけでなく，人類学，社会学，民俗学などの影響を受けつつ，その方法論を洗練してきた。これは，**ヴント**の民族心理学の系譜に連なる方向性である。人類学においては，「マリノフスキー以後」ということがいわれている。ポーランドの出身の人類学者**ブロニスワフ・マリノフスキー**（Malinowski, B. K.; 1884-1942）は，クラクフ大学で物理学・数学を学ぶなかで，イギリスの人類学者**ジェイムズ・フレイザー**（Fraser, J.G.; 1854-1941）の**『金枝篇』**を読み，深い感銘を受けた。ライプツィヒ大学でヴントに心理学を学んだのち，マリノフスキーはイギリスに渡り人類学に転じた。第 1 次世界大戦中，ニューギニアのトロブリアンド諸島にフィールド調査に出かけ，そのまま現地に長期間留まり，現地語を修得して研究を続け，1922 年に**『西太平洋の遠洋航海者』**として成果をまとめた。フレイザー以前は，「アームチェアー型」の人類学者とよばれ，自ら現地に赴かずに宣教師たちが集めてきた資料などにもとづいて研究成果を残した。しかし，「マリノフスキー以後」は，フィールド（field）重視の研究に変わっていったのである。

　もちろん，必ずフィールド調査をしなければ良い研究ができないというわけではない。アメリカの女性文化人類学者**ルース・ベネディクト**（Benedict, R.: 1887-1948）は，日本に一度も訪れることなく，恩・義理・恥など，日本文化固有の価値観に焦点をあてて考察した**『菊と刀』**を 1946 年に刊行し，この本は日本人論の嚆矢となった。しかし，ベネディクトが『菊と刀』を準備したのは第 2 次世界大戦のさなかであり，当時はアメリカの敵国である日本をフィールド調査の対象にすることはできなかったのであり，フィールド調査をしていれば，より深いレベルの考察が可能であったかもしれない。

社会学からの影響としては，アメリカの社会学者**ハロルド・ガーフィンケル**（Garfinkel, H.: 1917- ）が提唱した**エスノメソドロジー**（ethno-methodology）をあげることができる。エスノメソドロジーとは，ふつうの人びとがさまざまな場面で用いている固有の**フォーク・メソッド**（素朴方法論）を，たとえば会話の記録内容を緻密に分析する**談話分析**（discourse analysis）などの手法によって解明していくことを目指す学問である。

発達心理学において近年盛んになってきた**質的方法**（qualitative methods）は，データ収集と統計的分析を中心とする**量的方法**（quantitative methods）に対して，それを単に補完するものというのではなく，文化人類学・社会学・民俗学のような近隣諸学の影響を受けつつ，さまざまなフィールドにおける個人への**面接**（interview）などからの情報と，そのフィールドに関わる研究者自身の主体的活動への自覚と言及を重視する手法といえよう。

3.2　研究法の基礎概念

研究の出発点において重要なことは，その研究で用いる用語や概念が実在のものかそれとも**構成概念**（construct）であるのかの区別と，そのことの自覚である。たとえば，「身長」や「体重」は，だれもが容易に測ることのできる実在の概念であるが，「知能」や「学力」はそうではない。「体格向上」の経年変化はだれもが共通認識をもつことができるが，「学力低下」についてはその事実認識の段階で議論が百出する。それは，学力が構成概念だからである。しかし，「みえない学力」というものがあるといった瞬間に，議論は終わってしまう。学力の議論は，みえる学力の範囲内で行われなければならない。論者の間で学力観の違いがあって当然だが，それぞれの学力の定義は明確に示されていなければならない。

議論の食い違いを避けるためには，**操作的定義**（operational definition）が有効である。用語や概念の定義をその研究で行う操作によって定義するのが操作的定義である。たとえば，子どもが母親に対してもつ**愛着**（attachment）を**ストレンジ・シチュエーション法**（strange situation procedure）における母子分離場面での子どもの行動によって定義することである。

心理学者が心理学以外のさまざまな分野の研究者と共同して行う**学際的研**

究（interdisciplinary research）や，ほかの国や地域でのデータと自国のデータを比較することを前提とする**比較文化的研究**（cross-cultural research）においても，研究が迷走しないためには，出発点においてこの操作的定義をしっかり行って共有しておくことが重要となる。

操作的定義は，多くの場合，**測定**（measurement）を伴う。科学的研究において重要なのは，必ずしも実験ではない。たとえば，宇宙の成りたちを歴史的に考察する宇宙論，長い期間にわたって形成された地層や岩石を研究対象とする地質学，ある地域のある時代の人口構造を調べる人口学などでは，実験が行える場面はごく限られている。しかし，これらの学問では，さまざまな計測データや統計資料にもとづいて理論が構成されているのであり，重要なのは実験よりも測定であることを示している。

心理学で扱われる測定値は，アメリカの心理学者**スタンレー・スティーブンス**（Stevens, S. S.; 1906-73）の示した次の4尺度によって分類される。

①**名義尺度**（nominal scale）：電話番号のように，数字に量的意味はなく，計算の対象にもならず，ただ分類を示すだけのもの。ふたつの数字 x と y があったとき，$y \neq x$ という関係（両者が異なること）のみをあらわすものである。たとえば，性別の男に0，女に1を割りつけて，「ダミー変量」として調査データとして分析するのはこの例である。

②**順序尺度**（ordinal scale）：運動会の徒競争の1位，2位，3位のように，測定対象の順序のみを表現する。ふたつの数字 x と y の間には，$y > x$ の関係（どちらかが大であること）のみが存在する。たとえば，きょうだいの出生順序に長子＝1，次子＝2，末子＝3とするのがその一例である。数字は等間隔だが，きょうだい間の年齢差は何ら示していないことに注意したい。

③**間隔尺度**（interval scale）：数字の間に等間隔性があるもの。ふたつの数字 x と y の間に $y = ax + b$ の関係が成りたつ。代表例は，気温を測る摂氏（℃）と華氏（℉）の関係である。すなわち，$C = 5 \times (F - 32)/9$ あるいは $F = 9C/5 + 32$ である。間隔尺度には絶対ゼロ点（原点）がないので，加算，減算には意味があるが，乗算，除算は解釈ができない。たとえば，IQ50とIQ100の差は50といえるが，後者が前者の2倍知能が高いとはいえない。

④**比尺度**（ratio scale）：長さや重さなど，数字の間に等間隔性があるだけでなく，絶対ゼロ点（原点）があるので，何倍や何分の何ということがい

える。ふたつの数字 x と y の間に $y=ax$ の関係が成りたつ。発達心理学における比尺度の代表例は，年齢である。

研究のなかで新たに心理学的尺度を構成する場合，その尺度の信頼性と妥当性を調べて報告することが求められる。

信頼性（reliability）の基本的定義は，同一の個人または集団に対して同一の条件のもとで同一の尺度を用いて繰り返し測定したとき，一貫して同一の結果が得られる程度のことである。しかし，たとえば同じ問題を再度提示すると，2度目には成績が向上する傾向（練習効果）があるため，2回の成績がぴったり一致することはない。そのため，2回の成績の相関係数などの指標が用いられる。いずれにしても，信頼性とは，その尺度がものさしとして安定していることを示すものである。

発達心理学で重要なもうひとつの信頼性の定義は，評定者間信頼性である。たとえば，母親が乳幼児期の子どもに向かって行う高い抑揚でゆっくり繰り返して行う発話（Fernald et al., 1989 参照）を「**子ども志向発話**（child-directed speech）」と定義し，ビデオ撮影された母子の会話の映像において「子ども志向発話が何回出現するか」を判断する評定手つづきを行うとする。その評定は，必ず複数の人間で行い，評定者間の一致率が高いことを確認しておかなければならない。これが評定者間信頼性である。

以上のように，信頼性の高さは，尺度作成にとって必要不可欠な条件である。たとえば，測るたびに毎回ばらばらの結果が出るようないい加減な体重計を使いたい人がいるだろうか。しかしながら，ただ信頼性が高いというだけでは良い尺度とはいえない。たとえば，小学生の算数能力を測るのに高校数学の問題を検査課題に使ったら，ほとんどの子どもが2回とも正解できないという点において「一貫した結果」がみられよう。しかし，高校数学の問題が小学生の算数能力を測るのに適切と考えるわけにはいかない。

妥当性（validity）は，その尺度が測っていると主張するものをどの程度測っているかをあらわすものである。そのためには，類似の尺度との相関が高いこと（基準関連妥当性）を示す方法がある。しかし，その「類似の尺度」の妥当性そのものは，一体どうやって確認されるのであろうか。尺度の妥当性を示すもうひとつの方法は，その尺度がいくつかの要素から構成されると仮定されている場合，**因子分析**（factor analysis）によって，その要素

の存在を確認することである。これを因子的妥当性という。しかし，いずれにしても，尺度の妥当性をきちんと確認するということは容易ではない。たとえば，もう100年以上も使われている知能検査も，そこで測られている「知能」概念の妥当性については，最終結論にいたらない長い論争がある。

さて，ある測定法を用いて資料を得たあとは，**データ・リダクション**（data reduction）というプロセスが必須となる。データは「与えられたもの」，リダクションは「圧縮」という意味である。取ったまま何ら加工しない生のデータのことをロー・データ（raw data）という。それは，獲れたての生きのいい魚のようなものであるが，それをそのまま丸かじりにすることはできない。そこで，3枚におろしてから刺身にしたり，煮たり焼いたり蒸したりする調理の過程が必要である。それと同様に，研究者が知りえた情報について，自身の理解と他者への伝達の可能性を高めるために，その内容を圧縮し要約する工程が不可欠であり，そのことをデータ・リダクションという。

データ・リダクションは，量的研究のデータ処理に固有の問題でなく，質的研究においても，現象を観察し記録し伝達するという過程で，必ずデータ・リダクションが行われているのである。たとえば，フィールド・ノートをつける場合，同じできごとをみていても，観察者が違えば同じノートになるはずはない。また，面接内容を記録した生のテープをそのまま研究成果として提出するなどということはありえない。そのテープをただ文章に起こしただけでもだめである。そこから研究者にとって重要な部分を効果的に取りだす必要があり，そのことがデータ・リダクションの作業ということになる。

加工し圧縮されたデータからもとのロー・データをどの程度再現しうるかを復元性という。データの**範囲**（range）や**度数分布**（frequency distribution）などは，ロー・データへの復元性が高い。他方，**最頻値**（モード；mode），**中央値**（メディアン；median），**算術平均**（arithmetic mean），**幾何平均**（geometric mean）のような，1群のデータを1個の数値のみで代表させる代表値は，もとのデータへの復元性が低い。たとえば，「テスト平均が3，人数が5人」といっても，もとが「1，2，3，4，5」という数列なのか，あるいは「3，3，3，3，3」という数列なのか，代表値をみただけでは不明である。データ・リダクションの利便性と危険性は，常に同居しているので

ある。なお，上記の個々の代表値の詳しい説明は，初級の統計書に譲る。

　発達心理学の研究に固有の問題として，年齢に伴う発達的変化を調べるということがある。その際，異なる年齢集団からデータを収集し，それぞれの年齢集団の特徴を明らかにして発達の事実と法則を明らかにするものを**横断的方法**（cross-sectional method），ある個人や同一集団を長期にわたって追跡し収集したデータを分析するものを**縦断的方法**（longitudinal method）という。横断的方法にもとづく研究結果には，発達の推移に関する推測が多く含まれ，サンプルの取りかたが悪いと歪んだ結果や解釈をもたらす。その意味において，縦断的方法がより望ましいのであるが，そのためには長期間にわたってデータを収集しなければならず，実施するうえでの困難が大きい。

　一定の研究目的をもって，多数の子どもや大人の集団から定期的にデータを収集し，長期間にわたって実施する研究を**フォローアップ研究**（follow-up study）という。最近では，2001年にイギリスで開始された**ミレニアム・コーホート研究**（Millennium cohort study）が有名である。これは，千年紀である2001年にイギリス全土で生まれた1万9000人近い赤ちゃんをその家族とともに長期間追跡していくという大規模なフォローアップ研究である（Dex & Joshi, 2005）。なお，**コーホート**（cohort）とは「一定の時期に人生における同一の重大な出来事を体験した人びと」の意味であり，生涯発達心理学にとって重要な概念である。

　以上のような基礎知識を前提として，次節からは，発達心理学の基本的研究法である①観察，②実験，③質問紙，④心理検査，⑤事例研究，⑥面接の要点をまとめて示し，最後に⑦研究倫理について考える。

3.3　観　察

　観察法（observational method）は，その対象となるものをよく見て，そこに起こる現象を記述し，わかりやすく報告することであり，あらゆる学問の基本であるといってよい。発達心理学の研究において，観察の対象になるのは具体的な人間の行動である。では，発達心理学の研究者は，なぜ人間の行動を観察するのだろうか。そこには，少なくとも3つのタイプの動機がある。

　第1は，人間に対する知的好奇心による関心に裏うちされた観察である。

たとえば，子どもはなぜあのようにあたりかまわず振るまうのか。子どもはなぜこんな簡単なことが理解できないのか。子どもは発達とともにどのように変わっていくのか。人間は加齢とともになにを獲得し，なにを失っていくのか。そういった疑問を抱くものには，観察は解明の糸口を与えてくれるよい契機となるだろう。

第2には，自己自身に対する関心に端を発する他人の行動の観察である。たとえば，人間は，他人の顔については，日々たくさんの顔を長時間見て暮らすことが多いが，自分の顔を直接見ることはできない。かといって，鏡で自分の顔ばかり見ていれば，それはナルシシズム（自己陶酔）である。「他山の石」というように，むしろ他人のことをよく観察することによって自分自身の姿もみえてくる。たとえば自分がどんな服を着ればよいかを考えるときには，ほかの人がどんな服を着ているかが参考になる。

第3には，困っている子ども，大人，老人を助けてあげたいという援助的関心に裏うちされた観察である。だれかを救いたいという気もちを延長すると，自身が救世主（メシア，メッサイア）になりたいという願望に連なり，それは**救世コンプレックス**（Messiah complex）とよばれる。その場合には，単なる観察者にとどまることなく，行動的にほかの人に働きかける**参加観察**（participant observation）を行う可能性が高まる[註5]。

観察におけるもうひとつの重要な問題は，**観察者バイアス**（observer bias）である。これは，観察者は真の意味で「虚心坦懐」になることはできず，自分が見いだしたいと思っている現象に目を向けやすく，それ以外の現象は見おとしたり，目を背けたりしがちであるという意味である。このことを避けるためのテクニカルな方法は，ビデオ撮りした映像の内容を，研究目的を知らせていない人に評定してもらうブラインド分析（blind analysis）を行うことである。しかしながら，あらゆる種類の観察者バイアスを排除することは，実際上不可能である。

3.4 実　験

「**実験**とは，惹起された観察である。」フランスの生理学者**クロード・ベルナール**（Bernard, C.; 1813-1878）は，『実験医学序説』においてこう喝破した。ただ現象を見るだけでなく，現象が起こるのを漫然と待っているのでも

なく，研究者が積極的に現象を引きおこしてそれを観察するのが実験（experiment）である。このとき，実験者が操作する条件を**独立変数**（independent variable），実験者が観察する現象を**従属変数**（dependent variable）という。

　発達心理学の研究において最も頻繁に用いられる独立変数は，年齢または学年である。たとえば，小学校4年生と6年生の算数の成績（従属変数）の差が比較される。しかしながら，研究の結果において確認された学年差がそのまま発達差であると断定することはできない。たとえば，4年生と6年生とでは，その間の学習指導要領の改訂により学習内容に変更があったとすれば，学年差が単なる発達差なのでなく，むしろ受けた教育の差が結果に大きく影響したかもしれない。このように，独立変数以外の影響が研究データに混入することを，**変数の交絡**（confounding）という。

　案外気づきにくい交絡要因のひとつに，**実験者効果**（experimenter effect）がある。上記の研究において，4年生と6年生とで実験の実施担当者が同一でない場合，実施の巧拙の差の影響が結果に混入する危険性がある。また，実施担当者が研究の目的や仮説を知っているかどうかも，結果に影響を及ぼす可能性がある。このような実験者効果の影響を完全に排除することは容易ではないが，最小限に抑える努力が求められる。

　実験においては，データ分析結果に**統計的検定**（statistical test）を適用することが一般的である。仮に4年生と6年生の算数の平均点に見かけ上の差があったとしても，それが統計的に有意な差かどうかは，検定にかけないと判断できない。個人差の大きさを意味する分散（標準偏差）が小さい場合には，平均値の差は実質的である。しかし，分散が大きい場合は，平均値の差は実質的とならないことが多い。**分散分析**（analysis of variance; ANOVA）は，統計的検定の代表格であるが，平均値の差の有意性を検定するはずなのに「分散」分析という名称になっていることに留意したい。

　統計学では，単なる見かけの差なのに有意差があると判断することを**第一種の誤り**（type I error），本来は有意差があるのにそれを見すごしてしまうことを**第二種の誤り**（type II error）という。第一種の誤りは，実際には関係がないのに新事実を発見したと誤認することであり，研究者としては避けるべきことがらである。そこで，第一種の誤りをおかす確率を計算し，「5

パーセント水準で有意（$p<.05$）」などと表現する。心理学の研究における**有意水準**（level of significance）は，通常5パーセントに設定されているが，これは第一種の誤りの危険率が20回に1回以下ということを意味する。

　心理学の実験は，一つひとつをとってみると，些細な問題を扱っているかのようにみえることがある。しかしながら，たとえ小さな事実でも，それがきちんとした方法にもとづいて実施された確実なものであれば，そういった事実を積み重ねることによって，研究全体を前進させることができる。そして，ある程度研究が積み重なったところで，**メタ分析**（meta-analysis）を行ってその研究の動向を評価するのである。メタ分析とは，「同一の研究課題について独立に行われた複数の研究の結果を統合して，その課題に関する総合的結論を導く際，個々の研究における統計的分析の結果をデータとしてさらに統計的に分析する方法」（芝・南風原，1990）のことである。メタ分析を用いたレビュー（文献展望）論文を読めば，そのテーマにおける研究の動向と成果がはっきりと理解できる。

3.5　質問紙

　質問紙（questionnaire）とは，一般的に，印刷された調査票を用い，文や文章による質問を行い，あらかじめ設定された選択肢のなかから回答したり，回答欄に自由に文章を記入させたりする形式のものをいう。一度に多数の回答者を対象に同一の質問を行えるのが大きな利点であるが，回答者の内観による自己報告に依存しており，虚偽の回答を排除できないという欠点がある。発達研究では，幼児期以前の子ども，多くの障害者，認知症の患者などに対しては，原則として質問紙調査の適用は困難である。逆に，青年期研究では，質問紙調査が研究法のなかでかなりのウェイトを占めている。

　印刷された調査票の表紙のことを英語では**フェースシート**（face sheet）というが，一般にこの表紙部分に回答者の性別，年齢，職業など個人属性に関する質問を行うことが多いので，このような個人属性をも「フェースシート」という。社会調査においては，回答者の学歴・職業・職種などの社会階層の情報や，年収・持家の有無などの経済的状態の情報などに関する**社会経済的地位**（socioeconomic status）の確認が重要であるが，欧米に比べて日本では，社会経済的地位の質問が行いにくく，特に「個人情報の保護に関す

る法律」が 2005 年 4 月に施行されて以来，状況は調査者側にとって一層厳しくなった。

　質問紙において回答者に回答を選択させる場合，たとえば「はい」「？」「いいえ」の 3 段階，あるいは 5 段階（1～5）や 7 段階（1～7）の評定スケールで答えさせ，重みづけた得点の合計をその尺度得点とするということが伝統的に行われてきた。この方法を**リッカート法**（Likert scaling）という。

　しかしながら，調査者が最初に用意した項目をそのまますべて分析に用いてよいというわけではない。たとえば，回答者のほぼ全員が「はい」と答えた項目や，逆に「いいえ」の回答者ばかりという項目は，それ以後の分析の必要性に乏しい。すなわち，**項目分析**（item analysis）をきちんと行って，重要な項目を精選する必要がある。その後**因子分析**（factor analysis）を行って，関連する項目を精選し，抽出された因子の項目内容を確認する作業が望ましい。さらに最近では，**構造方程式モデリング**（structural equation modeling），あるいは，その別名である**共分散構造分析**（covariance structure analysis）を用いて，変量間の関係をパス図で表現する手法が徐々に広まっている。ただし，このような多変量解析による分析には，その前提として，できれば 200 人程度の回答者数が必要とされる。

3.6　心理検査

　個人の発達状態の評価には，各種の**心理検査**（psychological test）が用いられる。心理検査は，普通，**標準化**（standardization）の手つづきを踏んだものをいう。標準化とは，検査の課題内容と解答，検査の実施方法（検査時間，教示など），検査の手びき（マニュアル）などが明確に定められ，事前の調査によって基準集団の得点分布などのデータが確定していることをいう。なお，基準集団とは，年齢や性別によってセグメント化されたグループのことを指す。観察や実験では発達の事実・法則の発見が研究の目的となるが，心理検査においては，すでにわかっている発達の事実・法則をもとに，個人を特定の基準集団の得点分布に位置づける**アセスメント**（assessment）を目的とする。

　心理検査には，大別してふたつのタイプがある。ひとつは，個人の技能や能力を測定するもので，問題の解答に正誤がある。もうひとつは，気質，性

格，欲求，態度，興味，適性などに関する個人の典型的反応パターンを測定するもので，原則として回答に「正しい」や「誤り」はない。

前者の典型例は，知能検査である。知能検査では，問題が次つぎに与えられ，それに対する正しい解答が求められる。多くの問題に答えた結果，基準集団の得点分布にもとづき**知能指数**（Intelligence Quotient; IQ）[註6] などが計算される。知能検査は，前出のように，フランスのビネーが1905年に世界最初の知能検査を開発して以来，100年以上の歴史のある方法である。

知能や学力の検査においては，制限時間以内に何問解答できるかを調べる**時間制限法**（time limit method）と，特に時間を定めずにその問題に解答できるかできないかを調べる**作業制限法**（work limit method）の2タイプがある。前者を**速度検査**（speed test），後者を**力量検査**（power test）という。

第2のタイプの心理検査は，個人の気質，性格，欲求，態度，興味，適性などを測定する**パーソナリティ検査**（personality test）のグループである。これには，印刷された質問文・文章に本人が自分のペースで回答していく**質問紙法**（questionnaire method）と，あいまいな図形や文章を提示して回答を求める**投影法**（projective technique）がある。

質問紙は，前述のように独立した研究法でもあるが，パーソナリティ検査における質問紙は，「標準化」されたものであるという点が異なる。すなわち，項目内容や実施方法などが明確に定められ，基準集団の得点分布などのデータが確定しているものである。多くの下位尺度から構成されるパーソナリティ検査は，**人格目録**（personality inventory）ともよばれる。

投影法検査は，インクの染みの見えを問うロールシャッハ検査など，主として臨床心理学でしばしば利用されるものであるが，文章完成法検査（sentence completion test）などは発達心理学の研究でも用いられる。これは，「私は子どものころ……」のような文の書きだしが与えられ，後半部を自由に書きいれて完成させるものである。

3.7 面　接

面接（interview）とは，一定の時間・場所において，ひとりまたは複数の**面接者**（interviewer）とひとりまたは複数の**被面接者**（interviewee）と

が対面状況で会話を行うものである。「対面」とは，実際に顔と顔をあわせるということで，英語で「フェイス・トゥ・フェイス（face-to-face）」，フランス語では「ヴィザヴィ（vis-à-vis）」という。しかし，直接対面でなく，電話やテレビ電話やインターネットなど，メディアを介した遠隔面接というものもある。

　カウンセリングなどでは一対一での対面状況の面接が多いが，入学試験ではひとりの被面接者に複数の面接者（一対多），企業の採用試験では，その形式に加えて複数の被面接者に複数の面接者があたる集団面接形式（多対多）もしばしば行われている。調査面接などでは，ひとりの面接者が複数の被面接者を相手に面接することもある（多対一）。面接者が被面接者のいるところに出かけるものを訪問面接，被面接者が面接者のところにやってくるのを来談面接という。

　面接は，その目的に応じて，被面接者に面接の動機がある**臨床面接**（clinical interview）と，面接者に面接の動機がある**調査面接**（survey interview）とに大別される。臨床面接では，被面接者は，一般的に「来談者」または**クライエント**（client）とよばれる。クライエントは，自身が抱える心理的な問題を解決するため，その相談や治療を求めて，精神科医や臨床心理士，臨床発達心理士など資格を有する専門家の面接を受けにくる。他方，調査面接では，心理学的研究の実施，入学・就職における採否の判断，あるいは職場の人員配置・昇進の決定のための評価などを目的として，調査者が被面接者から必要な情報を得ようとして面接が行われる。

　質問紙調査が印刷された文字（書き言葉）を前提として行われるのに対し，面接は実際の会話（話し言葉）を前提として行われるものである。質問紙の場合と同じく，面接は内観による自己報告に大きく依存し，虚偽の言明を排除できないという欠点があり，幼児期以前の子ども，多くの障害者，認知症の患者などに対しては，適用が困難であることが多いが，文字の理解を前提としないので，質問紙よりも適用範囲は広い。面接調査の調査員には，一定の面接態度と面接技術を身につけるための訓練を行う必要がある。

　調査面接の進め方に関して，あらかじめ質問項目やその質問順序を決めて行うものを**構造化面接**（structured interview）という。質問の構造化の程度に応じて，半構造化面接，非構造化面接という分類が行われている。

3.8 事例研究

事例研究（case study）は，これまで紹介してきた研究法の分類とは観点が異なる。事例研究とは，一事例あるいは少数の事例に対して，観察，実験，検査，面接などの方法にもとづき，**個性記述的アプローチ**（idiographic approach）をとるものであり，**法則定立的アプローチ**（nomothetic approach）とは目的を異にしている。ここで事例とは，一人ひとりの人間，あるいは家族のような緊密にまとまった集団を指している。研究の資源（resource）を少数の事例に集中的に投入することによって，その個人や家族などを，多様な視点から包括的に理解しようとするものである。

事例研究の代表的な形式のひとつに，臨床事例研究がある。心の悩みや発達障害など，臨床的な問題を抱えたクライエントに対して，カウンセラーやセラピストがカウンセリングや心理療法を通じて，クライエント個人の理解を深めていく。そのプロセスが事例研究として報告される。

事例研究は，**解釈学**（hermeneutics）にすぎないという批判がある。記述された現象は実際に起こったことでも，それをどう解釈するかは報告者の恣意に委ねられ，その解釈を研究者の間で共有することが困難ではないかというものである。確かに，共有不能な解釈を多く含む事例報告があることは事実であろうが，問題は報告者が事実をどのように記述するかにかかっている。

たとえば，発達心理学の事例研究の代表例に，乳幼児期の言語発達過程に関する研究がある。子どもは，何歳ごろに初語を発するのか，「ワンワン」のような一語文のみの状態から「ワンワン　イル」のような二語文も話せるようになるのはいつごろからか，年齢とともに子どもが産出する語彙数はどのように増えていくのか。こういったことは，研究者がわが子の言語発達についての日誌的研究にもとづく事例報告を積み重ねることによって，データが蓄積されていった（村田，1968）。

事例研究は，実験研究とも矛盾するものではない。たとえば，「上下反転メガネ」や「左右反転メガネ」というものをかけると，当然この世の中が上下あるいは左右にひっくり返って見え，装着からしばらくの間は，変な気もちがし，体の動きがうまくいかず，気分が悪くなったりするが，やがてその異常な状態に対する適応が生ずる。そして，反転メガネを外したとき，再度

適応の修正が迫られる。こういった変換視研究は，実験室の短時間の装着実験だけでなく，日常生活の場面で何週間，何か月にもわたる装着実験でこそ明らかになる事実がある（吉村，1991）。しかし，このような長期の実験に協力できる人は数に限りがあるので，事例研究という形式をとることに意味がある。事例研究のデータや知見は，実験研究を補強したり，新たな実験研究のアイデアを生みだしたりすることが期待される。

3.9 研究倫理

本章の最後に，発達研究における倫理の問題について考えよう。倫理の基本は，あらゆる学術研究は人類の福祉と個人の幸福に役だつものでなければならず，発達心理学も当然そうでなければならないということである。そのためには，研究者は関係の法律を守り，研究対象となるもの（人間および人間以外の動物）の権利を尊重しつつ行動しなければならない。

研究を実施する際の重要なポイントは，事前に行われる**インフォームド・コンセント**（informed consent）である。これは，研究の目的や手順について十分な説明と情報提供を行い，同意を得ることをいう。特に，どの段階においても，協力を拒否したり，途中でやめたりすることが可能でなければならない。

しかしながら，発達研究においては，インフォームド・コンセントを求めることができない子どもや障害者や動物などがしばしば研究対象となる。それだけに，倫理に関する研究者の自覚が一層重要となる。

一般に心理学の研究では，だれかを対象に，情報を得るために観察，実験，質問紙，心理検査，面接などを行う。その「だれか」のことを，観察，実験などでは**被験者**（subject）とよんできた。この英語は，人間だけでなく動物に対しても同様に**被験体**（subject）として使う。しかし，最近では，人間の対象者には**研究参加者**（participant）の語をあてるべきとする主張が強くなってきた。なお，被験者にあたるものを，検査では**被検者**（testee），面接では**被面接者**（interviewee），ということもある。

研究者（観察者，実験者，検査者など）と被験者（研究参加者）の間に成りたつ良い人間関係のことを，フランス語を用いて**ラポール**（rapport）という。ラポールの形成と維持の責任は，ひとえに研究者の側にある。

言語を理解する被験者（研究参加者）に対しては，与える課題の取りくみかたなどについて，事前に一定の言語的指示を行う。そのような言語的指示のことを**教示**（instruction）とよぶ。研究者は，教示の設定と実施に関して，次のような努力を払うことが求められる。

　①些細な表現の違いが結果に大きな影響を与えることがあるので，教示に用いる言葉は，予備調査で確認するなど，十分に吟味しておく必要がある。

　②「同一条件同一教示」の原則に従わなければならない。その具体的手立てとして印刷教示や録音教示，教示マニュアルの作成などの方法がある。

　③被験者（研究参加者）が教示内容を理解していることを確認するチェック設問を随時入れる。

　④子どもを対象とする研究では，たとえば条件文「……なら……してください」を避け，平易な表現に徹する。

　⑤集団実験の場合には，教示だけでなく提示材料そのものをできるかぎり失敗の余地がないように作る。

　⑥研究のプロセスにおいて，感情的にネガティブな状態が生じる場合がある。たとえば，実験手続きにのっとって不快感情を誘導されたり，解決できない問題をたくさん与えられたりすることである。このような場合，研究者は，感情的にポジティブな状態にして終結するように心がけなければならない。

　⑦教示や材料に誤情報を入れること（だまし）は，常に研究倫理上の問題をはらんでいることに留意しなければならない。研究の必要上やむをえず誤情報を入れる場合には，事後に説明して正しい情報を与える**デブリーフィング**（debriefing）の手つづきをきちんと行わなければならない。

　以上，発達心理学における研究の倫理のありかたについて説明してきたが，実際に研究を行う場合の必読文献として，日本発達心理学会（2000）**『心理学・倫理ガイドブック』**をあげておく。各研究法の留意点から著作権の問題，論文執筆にいたるまでの重要事項が網羅されている。

[註1]「ツルとカメをあわせると頭の数は10, 足の数は32本である。ツルとカメはそれぞれどれだけいるか」というタイプの問題をいう。鶴亀算では，「全部がツルだとすると，足の数は20本。足が12本多いから，カメは6匹……」と考えさせる。

［註2］世界保健機関（WHO）の「疾病および関連保健問題の国際統計分類（International Statistical Classification of Diseases and Related Health Problems）」はICDと略され，現在は1990年改訂の第10版（ICD-10）が用いられている。

［註3］国際障害分類の考えかたは，障害の理解を深める役目を果たしてきたが，世界保健機関は，単に障害を分類するだけでなく，生活機能や環境因子などのポジティブな面からもみるように視点を転換し，2001年に**国際生活機能分類**（International Classification of Functioning, Disability and Health; ICF）を公表した（詳しくは http://www.mhlw.go.jp/houdou/2002/08/h0805-1.html 参照）。精神疾患（mental disorder）については，アメリカ精神医学会（American Psychiatric Association, 2002）のDSM-IV-TR（Diagnostic and Statistical Manual of Mental Disorders, 4th edition, text revision）が診断基準を提供している。自閉症（autism）やアスペルガー症候群（Asperger syndrome）もこのDSM-IVが医学的診断の根拠となる。

［註4］**ヴント**が活躍したドイツ南東部の町ライプツィヒが第2次世界大戦末期にイギリス・アメリカなど連合軍の空爆を受け壊滅的な被害をこうむったこともあり，現在ライプツィヒ大学にはヴントを記念すべき資料はほとんど残っていない。むしろ，東北大学教授であった千葉胤成がドイツ留学中に購入したヴントの蔵書が，今日も東北大学図書館に「ヴント文庫」として収蔵されている。

［註5］観察を行う幼稚園や保育所のフィールドで子ども同士がけんかをしたり，いじめのような困った出来事が生じたとき，観察者は一体どのように振る舞えばよいのか。このことに関して，筆者（子安，2006）は，従軍記者のメタファーを用い，報道記者でありながら自ら戦闘に参加した小説家**アーネスト・ヘミングウェー**（Hemingway, E.: 1899-1961）のようにあるべきか，それとも，戦場でもあくまで報道写真家に徹した**ロバート・キャパ**（Capa, R.: 1913-1954）のようにあるべきかという問題提起を行った。

［註6］知能指数は，その人の実際の年齢を「生活年齢」とすると，次の式で示される。

知能指数（IQ）＝（精神年齢÷生活年齢）×100

　　しかし，偏差IQの場合は平均を100，標準偏差を15とした変換値が用いられる。

文 献

American Psychiatric Association 編，高橋三郎・大野裕・染矢俊幸訳（2002）DSM-IV-TR 精神疾患の診断・統計マニュアル．医学書院．

アリエス，P. 著，杉山光信・杉山恵美子訳（1980）〈子供〉の誕生——アンシァン・レジーム期の子供と家族生活．みすず書房．（Ariès, Ph. *L'enfant et la vie familiale sous l'Ancien Régime*. Plon, 1960.）

Baltes, P. B. & Schaie, K. W. (Eds.) (1973) *Life-span developmental psychology: Personality and socialization*. New York: Academic Press.

Carraher, T. N., Carraher, D. W., & Schliemann, A. D. (1985) Mathematics in the streets and in schools. *British Journal of Developmental Psychology*, 3, 21-29.

チュダコフ，H. P. 著，工藤政司・藤田永祐訳（1994）年齢意識の社会学．法政大

学出版局.（Chudacoff, H. P. *How old are you?: Age consciousness in American culture*. Princeton, NJ: Princeton University Press, 1989.）
Dex, S. & Joshi, H.（2005）*Children of the 21st century: From birth to nine month*. Bristol, UK: The Policy Press.
Erikson, E. H.（1950）*Childhood and society*. New York: Norton.
Erikson, E. H.（1959）*Identity and the life cycle*. Madison, CT: International Universities Press.
Fantz, R. L.（1961）The origins of form perception. In *Readings from Scientific American: Physiological Psychology*,（pp. 71-77）. New York: W. H. Freeman & Co.
Fernald, A., Taeschner, T., Dunn, J., Papousek, M., Boysson-Bardies, B., & Fukui, I.（1989）A cross-language study of prosodic modifications in mothers' and fathers' speech to preverbal infants. *Journal of Child Language* 16, 477-501.
Flynn, J. R.（2007）*What is intelligence?: Beyond the Flynn effect*. New York: Cambridge University Press.
波多野完治（1972）生涯教育論．小学館（創造選書）．
子安増生（1996）イギリスの発達心理学の歴史と現状．京都大学教育学部紀要, 42, 24-52.
子安増生（2000）心の理論——心を読む心の科学．岩波書店．
子安増生（2006）幼児教育の現場におけるパーティシペーション．心理学評論, 49, 419-430.
子安増生（2007）才能をはぐくむ——多重知能理論と教育．内田伸子・氏家達夫（編）,『発達心理学特論』, 放送大学教育振興会. pp. 127-137.
ローレンツ, K. 著, 日高敏隆訳（1970）ソロモンの指環——動物行動学入門．早川書房.（Lorenz, K. *The King Solomon's ring*. London: Methuen, 1961.）
村田孝次（1968）．幼児の言語発達．培風館．
日本発達心理学会（2000）心理学・倫理ガイドブック——リサーチと臨床．有斐閣．
ピーズ, A., ピーズ, B. 著, 藤井留美訳（2002）話を聞かない男, 地図が読めない女——男脳・女脳が「謎」を解く．主婦の友社.（Pease, A. & Pease, B. *Why men don't listen and women can't read maps*. Training International, 1999.）
芝　祐順・南風原朝和（1990）行動科学における統計解析法．東京大学出版会．
吉村浩一（1991）変換視研究における内観報告法．心理学評論, 34, 383-411.

身体 遺伝と環境

安藤寿康

1 進化のなかの人間
1.1 進化と遺伝

　人間の発達を理解するうえで，生物としてのヒトの特徴を，進化の過程で遺伝的に関連のある他の生物との比較で考えるのは有益である。**ダーウィン**（Darwin, C.）は，生物にはさまざまな変異（個体差）があり，それらがすべて等しく生きのこって子孫を作れるわけでないことから，環境により適した形質をもった個体がより高い確率で生きのこり，その形質を子孫に遺し伝えつづけること（**遺伝**）によって，徐々に変化し多様化してゆくと考えた。これが「**進化**」である。

　遺伝は **DNA**（デオキシリボ核酸）が運ぶ**遺伝子**が創出する現象である。DNA はアデニン（A），チミン（T），シトシン（C），グアニン（G）という４つの塩基が二重らせん状に並んだ物質であり，特定の３塩基の組みあわせが特定のアミノ酸に対応し，生命を形づくるタンパク質の設計図として，複製されて次世代に伝達される構造をもっている。ヒトを作るのは 23 対 46 本の染色体上の約 30 億の塩基からなる２万を超す遺伝子で，親の遺伝子対（対立遺伝子）は，親自身の生殖細胞が作られる際にふたつに分かれ，そのうちのどちらか一方が子どもに伝わり，父・母それぞれに由来する遺伝子からなる新たな遺伝子の組みあわせ，すなわち**遺伝子型**（genotype）が作られる。この遺伝子型の情報が転写・翻訳され，タンパク質の特定の組みあわせとして実際にあらわれた産物を**表現型**（phenotype）という（たとえば血液型では［AA］，［AO］は遺伝子型，A 型が表現型である）。

　進化とは遺伝子がごくまれに変異を起こしながら自らを複製し伝達させつづけた過程での変化であり，その単位は遺伝子であって，個体でも種でもない。たとえば自分自身に生殖能力のない働きバチは，自分と同じ遺伝子をも

つ女王の生殖を助けることで，血縁集団全体のなかでその遺伝子のトータルな存続の度合い（包括適応度）に寄与する。これが進化の原理の基本的考えかたで，人間をはじめさまざまな生物が示す協力行動や利他的行動は，包括適応度を高めるための，遺伝子のもつ一見「利己的な」振る舞いの結果と考えられている（Hamilton, 1964；ドーキンス, 1991）。

1.2　心の進化

このような進化的な視点からヒトを，その塩基配列の違いがわずか1.23パーセントしかないチンパンジーと比較したとき，特に注目に値する発達の特徴は，①乳幼児期に発現する3項関係に根ざした社会的コミュニケーション能力，②長い少年期，③長い老年期の3点であろう。

チンパンジーとヒトの乳児には，新生児微笑の発現や親との視線のやりとり，他個体の行動を模倣する能力など発達的な類似点が多く（明和, 2004），空間的な短期記憶容量はヒトの能力をしのぐほどである。にもかかわらず，ヒトの乳児には9か月になるとあらわれる「**共同注意**」（大人の指さす方向に指し示す人の意図を読みとって視線を向けること）や「**指さし**」（自分の関心を相手に伝えるために指さしを使うこと）など，自己と他者と対象物を結ぶ3項関係を築くことがほとんどできない（松沢, 2006）。これらは霊長類のなかでヒトしかもたない性質とされ，「**9か月革命**」とよばれる（Tomasello, 1999）。チンパンジーの親は，子どもに対して食物の食べかたや道具の使いかたを意図的に教えようとしないが，ヒトは親が子どもに積極的に教示をする。さらにヒトはすでに1歳半には相手に積極的教示ができるという報告もある（赤木, 2004）。このように他者の意図を読みとり，言語的・非言語的なシンボル操作を行って情報伝達を行い，他者から学び他者に教えるといった複雑な**社会的コミュニケーション**を成立させているのが，この3項関係である。

長い少年期と老年期の存在もヒトに特有の発達的特徴である（図A）。ヒト以外の哺乳動物にとって，離乳とともに自力で食べて移動できる能力が獲得されるが，ヒトにおいては離乳が終わってからも大人以上に栄養価の高い食べ物を養育者から与えられながら脳が発達し，脳がひと通り完成する7歳以降も，複雑な社会行動を学習しつづける時期が続く。その長い学習期間の

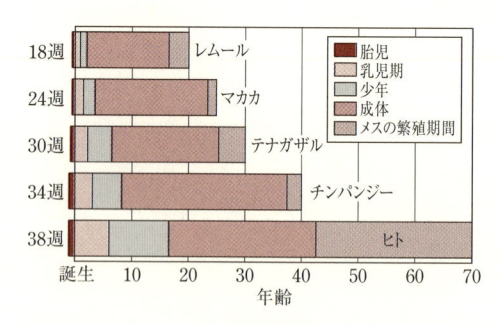

図A　シュルツによる霊長類の成長段階

養育を親だけで成しとげることは困難であるため，ヒトにおいては新たに子ども期が挿入されて少年期の子どもが子育てや親の活動をサポートしたり（Bogin, 2001；スプレイグ，2004），さらに女性の閉経後寿命が延長され，老年期がそれを補助する必要があったのではないかと考えられている（おばあさん仮説）（Williams, 1957）。

2　遺伝子と行動
2.1 遺伝子型と個人差

　前節でヒトとチンパンジーのDNAの塩基配列の差は1.23パーセントであることを紹介した。これが異なる人間の間の塩基配列の違いとなると，わずか0.1パーセントといわれる。しかしながらこのわずか0.1パーセントの個人間の違いは，**ゲノム**全体の30億塩基のなかでは300万個に相当し，塩基がひとつ異なっても異なる機能をもつ遺伝子となりうる。これを**遺伝的多型**（genetic polymorphism）といい，人間を形づくる2万5000個ほどの遺伝子の少なくとも65パーセントにこの遺伝的多型があるといわれる（ルロワ，2006）。これら異なる遺伝子の型の組みあわせは天文学的な数であり，同じ遺伝子の組みあわせをもつ個体は決してあらわれず，一人ひとりは遺伝的に固有の存在であるといいきることができるのである。

　この遺伝的多型が人間の心理的形質に影響する可能性を近年の分子遺伝学的研究は示唆している。たとえば中枢神経系でニューロン間の情報伝達をつ

かさどる神経伝達物質の一種であるドーパミンの第4受容体遺伝子 DRD4 には，その DNA の一部の塩基配列の繰りかえし回数に2回から8回までの多型があり，長い人の方が新奇性追求や外向性などの性格特性が高い傾向があることが報告されている（Munafò et al., 2008）。ほかにも MAOA，COMT，5HTT といった遺伝子の多型がパーソナリティや精神疾患の易罹患性の個人差に関わっているという報告がある。しかしこれらの研究成果の再現性は必ずしも高くない。

2.2　行動遺伝学と双生児法

　一般に認知能力やパーソナリティ，精神疾患のような複雑な形質は，単一の遺伝子によって決定的に左右されるものではなく，数多くの（poly）遺伝子（gene）（**ポリジーン**）の相加的・交互作用的な効果と環境の効果との相互作用によるものと考えられている。ポリジーンの遺伝的多型による遺伝要因全体と心理的形質との関係を明らかにしてきたのは**行動遺伝学**（behavioral genetics）である（安藤，2001；2011；Plomin, et al., 2008）。行動遺伝学では，ひとつの受精卵に由来する遺伝子の100パーセント等しい一卵性**双生児**と，同時に生まれたきょうだいと等しく遺伝子を50パーセントだけ共有する二卵性双生児の類似性を統計的に比較することによって，遺伝，共有環境（家族を類似させる環境効果），非共有環境（家族をも異ならせる一人ひとりに固有の環境効果）の影響の大きさを推定する双生児法がよく用いられる。今日，共分散構造分析を用いることによって，単にある形質の遺伝率が何パーセントかを示すだけでなく，さまざまな形質の間の遺伝的，環境的な相関関係や因果関係，また縦断データによって遺伝要因と環境要因の発達的変化など，遺伝と環境のダイナミックな相互作用の様子を描くことが可能になった（ジャン，2007；ラター，2010）。

3　遺伝と環境の諸相
3.1　行動遺伝学の3法則

　これまでの行動遺伝学の知見は一般に以下のような3原則にまとめられている（Turkheimer, 2000）。
　①あらゆる心理的形質の個人差は遺伝の影響を受けている。

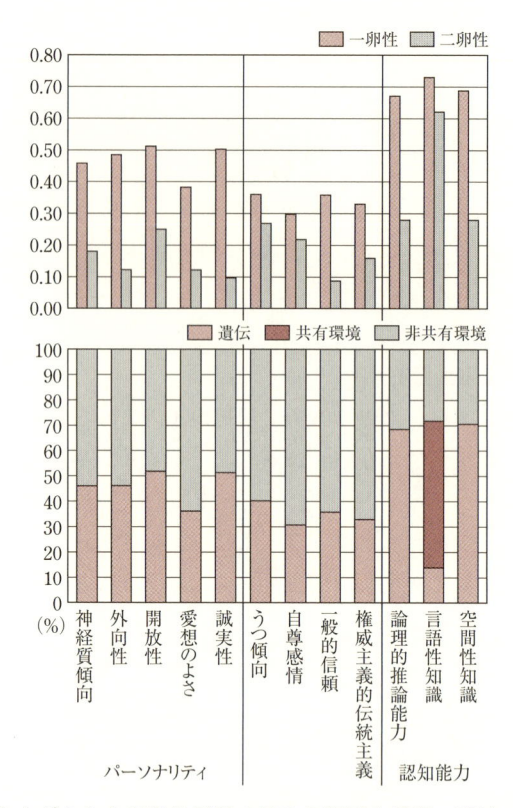

図B　さまざまな心理学的形質の双生児相関と遺伝・環境の寄与率

②共有環境の影響は無視できるほど小さい場合が多い。
③個人差の源泉の多くは非共有環境による。

　図B上段はパーソナリティ特性（**ビッグファイブ**），うつ傾向，自尊感情，一般的信頼や権威主義的伝統態度のような社会的態度，認知能力のような心理的形質における一卵性双生児と二卵性双生児の相関係数，図B下段はそれらの遺伝要因，共有環境要因，非共有環境要因の相対的比率を算出したものである。これら心理的形質は，どれも生後の社会的，教育的環境や状況要因による影響を受けて発達し変化する形質であるにもかかわらず，そのいずれをみても一卵性の相関は二卵性の相関を上まわり，遺伝の影響があるとともに，一卵性は完全に一致しないことから非共有環境も大きな寄与を示す。

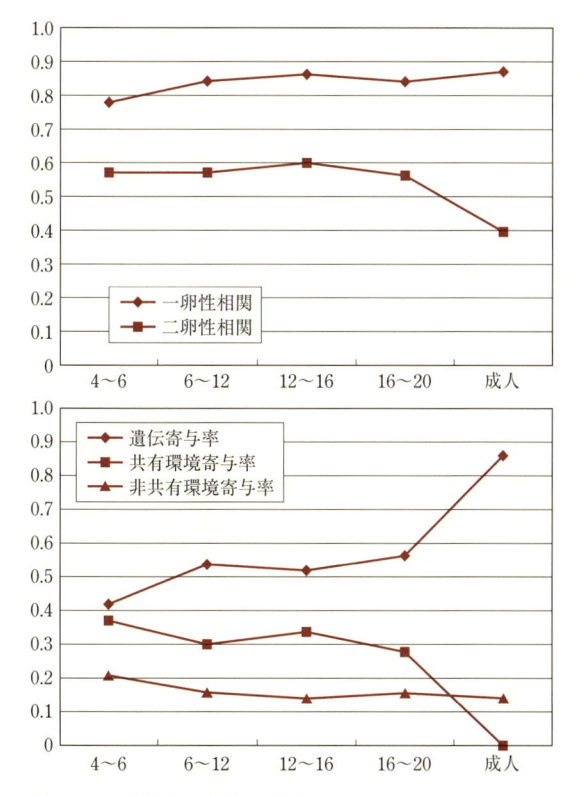

図C　一卵性と二卵性の相関

しかし共有環境の影響は相対的に小さいか全くないものが多い。この傾向は、ここにあげたもの以外にも、これまでに調べられた数多くの心理的・行動的変数について一般的にみられる傾向である。このことから、先に述べた行動遺伝学の3原則、すなわち「あらゆる心理的形質の個人差は遺伝の影響を受けている」、「共有環境の影響は無視できるほど小さい場合が多い」、「個人差の源泉の多くは非共有環境による」が導きだされる。

　ここでいう遺伝要因は先に述べたように、両親からそれぞれ半分ずつ譲り受けた多数の遺伝子の効果が新たな組みあわせを作り、全体として寄与するので、単純に親と同じ性質が発現するというものではないことには注意が必要である。修辞的な表現を用いるならば、「遺伝は遺伝しない」のである。

［身体］遺伝と環境

これは素朴な遺伝観がもつ「伝達性」を覆すものといえよう。また第2原則である「共有環境の影響は無視できるほど小さい場合が多い」は素朴環境観がもつ「家庭環境絶対主義」の再考を促す知見である。ただし，幼児期から児童期にかけて，身体発達や認知発達には共有環境の影響がみられるという報告がある。

3.2 発達の変化に寄与する遺伝要因

　遺伝の影響は発達の過程で，形質の安定性だけでなく変化にも影響することも重要な知見である。図Cの上段はIQ（知能指数）の双生児の類似性の発達的変化を描いたもの，下段はそこから算出した遺伝要因，共有環境要因，非共有環境要因の相対的な割合を描いたものである。一卵性の類似性が増大傾向にあるのに対して，二卵性は減少傾向にある。一般に遺伝とは「一生変わらない」と解釈されがちだが，実際にはこのように遺伝要因は発達にともなってその影響力が変化することもあり，知能の場合それが増大することがわかる。この傾向は老年まで続き，成人期に50パーセント程度だった遺伝の寄与率は老年期には70パーセントにまでのぼるという報告もある（McGue & Bouchard, 1993）。

　こうした発達的変化には，遺伝要因自身の主効果だけでなく，遺伝と環境の相関（Scarr & Weinberg, 1983），そして交互作用（たとえばCaspi, et al., 2003）の効果も関与していると考えられる。

4　遺伝の考えかた

　遺伝と環境をめぐる言説は，かつて優生学の悲劇を生んだように，イデオロギーと結びついて暴走する危険をはらんでいる。現代では，それが遺伝子診断や遺伝子操作と結びついて，新たな社会的，思想的，倫理的問題を生みつつある。そのなかで，私たちは健全な倫理観に根ざした論理・科学的判断を十全に働かせ，科学の名の下に人の尊厳を奪うあやまちに陥らない努力を続けなければならない。

文献

赤木和重（2004）1歳児は教えることができるか——他者の問題解決困難場面における積極的教示行為の生起．発達心理学研究，15(3)，366-375．
安藤寿康（2001）心はどのように遺伝するか——双生児が語る新しい遺伝観．講談社．
安藤寿康（2011）遺伝マインド——遺伝子が織り成す行動と文化．有斐閣．
Bogin, B.（2001）*The Growth of humanity*. Wiley-Liss.
ドーキンス，R.著，日高敏隆・岸由二・羽田節子・垂水雄二訳（1991）利己的な遺伝子．紀伊國屋書店（Dawkins, R., *The selfish gene*. Oxford University Press, 1976.）
Hamilton, W. D.（1964）The genetical evolution of social behaviour I & II, *Journal of Theoretical Biology*, 7, 1-16, 17-52.
ジャン，K. L.著，安藤寿康・大野裕・敷島千鶴・佐々木掌子・中嶋良子訳（2007）精神疾患の行動遺伝学——何が遺伝するのか．有斐閣．
Kamakura, T., Ando, J., & Ono, Y.（2007）Genetic and environmental effects of stability and change in self-esteem during adolescence. *Personality and Individual Differences*, 42, 181-190.
ルロワ，A. M.著，上野直人・築地誠子訳（2006）ヒトの変異——人体の遺伝的多様性について．みすず書房（Leroi, A. M., *Mutants: On genetic variety and human body*, 2003.）
Munafo, M. R., Yalcin, B., Willis-Owen, S. A., & Flint, J.（2008）Association of the dopamine D4 receptor (DRD4) gene and approach-related personality traits: Meta-analysis and new data. *Biological Psychiatry*, 5(63), 197-206.
McGue, M., Bouchard, T. J. Jr., Iacono, W. G., & Lykken, D. T.（1993）Behavioral genetics of cognitive ability: A life-span perspective. In R. Plomin & G. E. McClearn (Eds.), *Nature, nurture, and psychology*. APA.
明和政子（2004）霊長類から人類を読み解く——なぜ「まね」をするのか．河出書房新社．
Plomin, R., DeFries, J. C., McClearn, G. E., & McGuffin, P.（2008）*Behavioral genetics* (5th ed.). Worth Publishers.
Ono, Y., Ando, J., Onoda, N., Yoshimura, K., Momose, T., Hirano, M., & Kanba, S.（2002）Dimensions of temperament as vulnerability factors in depression. *Molecular Psychiatry*, 7, 948-953.
ラター，M.著，安藤寿康訳（2009）遺伝子は行動をいかに語るか．培風館．
Shikishima, C., Ando, J., Ono, Y., Toda, T., & Yoshimura, K.（2006）Registry of adolescent and young adult twins in the Tokyo area. *Twin Research and Human*

Genetics, 9, 811-816.

敷島千鶴・平石界・安藤寿康（2006）一般的信頼に及ぼす遺伝と環境の影響——行動遺伝学的・進化心理学的アプローチ．社会心理学研究, 22, 48-57.

敷島千鶴・安藤寿康・山形伸二・尾崎幸謙・高橋雄介・野中浩一（印刷中）権威主義的伝統主義の家族内伝達——遺伝か文化伝達か．理論と方法．

Shikishima, C., Hiraishi, K., Yamagata, S., Sugimoto, Y., Takemura, R., Ozaki, K., Okada, M., Toda, T., & Ando, J. (査読中) Is g an entity? A Japanese twin study using syllogisms and intelligence tests. *Intelligence*.

スプレイグ, D. (2004) サルの生涯, ヒトの生涯——人生計画の生物学．京都大学学術出版会．

松沢哲郎（2006）おかあさんになったアイ——チンパンジーの親子と文化．講談社学術文庫．

Tomasello, M. (1990) *The cultural origin of human cognition*. Harvard University Press.

Turkheimer, E. (2000) Three laws of behavior genetics and what they mean. *Current Directions in Psychological Science*, 9, 160-164.

Williams, G. C. (1957) Pleiotropy, natural selection, and the evolution of senescence. *Evolution*, 11, 398-411.

1章　発達心理学とは

認知 実行機能とワーキングメモリ

齊藤　智

1 実行機能と課題目標

1.1 実行機能とは

　人間は，外的世界に働きかけるための無数の行動レパートリーをもっている。その外界は膨大な種々の情報に満ちており，私たちはこれらの情報を優れた感覚知覚システムによって処理している。膨大な外的情報に対して無限数のタイプの行動を生成できるため，私たちの行動は，外的な刺激に操られ，無秩序なものとなる可能性もあるが，そのような行動は，生体の生存にとってあきらかに望ましくない。そのため，私たちのいくつかの行動は，ある特定の刺激に対してのみ生起するように先天的に定められている。また，強力な学習能力によって，特定の刺激に対して特定の反応ができるようになり，その刺激に対しては他の反応が生起しにくくなるということも，行動の秩序を保障する。こうした感覚知覚過程と行動の対応付けは，ほぼ自動的に，外界から必要な情報を取り出し，適切な行動を生成することを可能にしている。

　しかしながら，先天的に定められた，あるいは時間をかけて学習された感覚知覚過程と行動の対応づけが，いつも役立つとは限らない。特に，環境が変化してしまった場合には，それまで有効であった感覚知覚過程と行動の対応づけが，意味のないものになるだけでなく，ときにはそのような自動的な反応が生体の生存をおびやかすこともある。新しい環境で，状況に応じて適切な行動を生成するためには，行動を外的刺激から直接的に導くのではなく，感覚知覚過程と運動過程の間で**目標**（goal）を共有し，その目標に照らして刺激と行為を選択する必要がある。この目標は，具体的な課題（task）解決場面では，**課題目標**と呼ばれる。

　実行機能（executive function：**高次制御機能**）とは，内的な課題目標に適合するように外界の情報を受けとり，認知的な処理を行い，行為を選択生

成する，内的駆動型の心の働きである。このトップダウン型の制御機能によって，私たちは，状況に応じて，柔軟に行動を変化させることができる。

実行機能と関わる認知課題は多数あるが，ここではまず，よく知られた伝統的な課題として，**ストループ課題**（Stroop task；展望は MacLeod, 1991）を取りあげ，実行機能の役割を例示する。この課題では，被験者は「あか」や「みどり」といった色単語を文字で視覚的に提示される。これら色単語は，赤色や緑色のインクで提示されるが，色単語とインクの色が一致する場合もあれば，不一致の場合もある。被験者の課題は，色単語を読む（単語読み；word reading）か，インクの色を命名する（色命名；color naming）のいずれかであり，どちらの場合でも，刺激が提示されてから読む／命名するまでの反応時間と反応のエラー率が課題遂行成績として記録される。特に色命名を求められたとき，色単語がインクの色と不一致の場合に，反応時間が長くなりエラー率も高い（ストループ効果）。この現象は，口頭で言語反応をする場合には，色単語を読む方が，インクの色を命名するよりも習慣化しており自動的で，そのため「優勢な反応」であることから，色命名時に色単語が干渉してくることによって起こる（Miller & Cohen, 2001 参照）。実行機能による制御が強いときには，単語読みという優勢な反応を抑え，色命名という課題を比較的問題なく遂行することができるが，実行機能の働きが弱いときにはこの効果は顕著にあらわれる。

1.2 課題目標と競合解決

ここでいう実行機能には，ふたつの働きが想定できる。**課題目標の能動的維持**（active maintenance）と**競合解決**（conflict resolution）である（たとえば，Engle & Kane, 2004）。これらいずれの働きが不具合を起こしていても，上記の例では，実行機能の働きが弱いということになる。

課題目標は，求められている課題（ここでは「色命名」）が何であるのかについての情報であり，課題遂行中にはこの情報が常に維持されている必要がある。能動的維持とは，持続的に保持されている，あるいは必要な場面で利用可能な状態にあるという意味だと考えてよい。課題目標が一時的にでも利用不可能になると，**目標無視**（goal neglect）と呼ばれる現象が起こる（Duncan et al., 1996）。これはたとえば，色命名という課題目標を無視して

単語読みを行ってしまい，不一致試行においてエラーが起こるといった現象だが，興味深いことに，被験者は，課題遂行後には課題目標が何であったのかを正しく答えることができるのである。この場合，課題目標を覚えてはいるが，その情報は課題遂行時には一時的に利用可能な状態ではなかったと推測できる。

　ストループ課題において効率よく反応するためには，課題目標が利用可能であるだけでなく，競合解決が重要である。色命名の際に，習慣化した反応である単語名が反応候補としてあらわれ，反応競合が起こる。競合の存在が検出（conflict detection）されると，課題目標が強調され，課題目標に一致した反応が選択されるようにバイアスがかかり，結果的に競合の解消が促される（Gruber & Goschke, 2004）。これが競合解決の過程である。この競合解決にも課題目標が利用されることから，課題目標の能動的維持が実行機能にとってきわめて重要な役割を担っていることがわかる。

2　実行機能におけるワーキングメモリの役割
2.1　課題目標とワーキングメモリ

　ワーキングメモリ（working memory；以下 **WM**）とは，課題遂行中に一時的に必要となる記憶の働き，およびそれを実現しているメカニズム，システムをさす。定義上，課題目標の能動的維持も WM の機能のひとつであるといえる。この点を検証するためのシンプルな方法は，WM の働きを測定していると考えられている**ワーキングメモリ・スパン課題**（working memory span task）を用いて，そのスパン得点の高低によって被験者を分類し，ストループ課題など実行機能の働きと関連の深い課題の成績を群間で比較することであろう。WM の働きが実行機能の実現にとって重要であれば，WM スパンの高得点群は低得点群よりもストループ課題の遂行成績が高いと予想される。具体的には，課題目標の能動的維持が WM スパン課題で測定される記憶機能によって支えられているのであれば，ストループ課題の不一致試行において，WM スパン低得点群ではエラー率が高いと予測される。

　そのような問題意識から実施されたケインとエングル（Kane & Engle, 2003）の研究を紹介する。彼らは WM スパン課題として演算スパン課題（operation span task；詳細は齊藤・三宅，2000 を参照）を実施し，その得

点によって被験者を高得点群と低得点群に分けた。被験者はストループ課題で色命名のみを求められ，ストループ効果の大きさは，不一致試行とニュートラル試行（無意味な文字列のインクの色を命名する）の成績の差で示された。一致試行が75パーセントの割合で含まれている（残りは不一致試行とニュートラル試行の）実験セッションでは，エラー率にみられるストループ効果がWMスパン高得点群よりも低得点群の方で大きかった。一方，不一致試行とニュートラル試行のみから構成される実験セッション（一致試行0パーセント条件）に参加した被験者ではそのような結果はみられなかった。一致試行が75パーセント含まれているセッションでは，文字を読んでも，75パーセントは色命名課題に正答する。そのため，「色命名」という課題目標が能動的維持されにくい状況であるといえる。このような事態では，WMスパン低得点群は，高得点群にくらべて課題目標が無視されやすく，不一致試行において結果的にエラー率が上昇する。WMスパン課題によって測定されている記憶機能が，課題目標の利用可能性に影響を与えているといえよう。もちろん，WMスパン課題が何を測定しているのかについては議論が続いており（たとえば，Maehara & Saito, 2007；Saito & Miyake, 2004），特に最近では，WMスパン課題は能動的／持続的な情報保持だけはなく，長期記憶からの情報検索の能力を測定しているという見方が強くなってきている（McCabe, 2008；Saito, 2006；Unsworth & Engle, 2007）。エラーというかたちで具現する目標無視が，課題目標の持続的維持の失敗を反映しているのか，それとも課題目標を適切なタイミングで検索することができなかったことを意味しているのかについては今後の検討を待つしかない。しかし，WMスパン課題の背後にあるメカニズムがどのようなものであるにせよ，そこで測定されている心理学的機能が，課題目標の利用可能性を規定していることは確かである。

2.2 多様な実行機能と課題目標，そしてワーキングメモリ

　ここまでストループ効果を例にして実行機能におけるWMの役割を考えてきたが，この効果は，実行機能のひとつの側面を取り上げているにすぎない。実行機能を定義から考えてみただけで，そこには，特定の情報に注意を向ける，特定の情報処理・検索を抑制する，注意を切り替える，情報を更新

する，などの種々の働きが想定できる。三宅ら（Miyake et al., 2000）は，こうした機能の中でも特に重要であると考えられている「**情報の更新機能**（updating）」，「**抑制機能**（inhibition）」，「**切りかえ機能**（shifting）」の3つを取りあげ，これらの関係を構造方程式モデリングによって検討した。ちなみに，ストループ課題は，不必要な反応を抑制することが求められることから，抑制機能を測定する課題として位置づけられている。分析の結果，上記3つの実行機能は，潜在変数のレベルで中程度の相関を示したが，互いに分離した機能であるととらえることが可能であった。そして，いくつかの実行機能課題の遂行が異なる潜在変数よって支えられていることも示唆された。たとえば，**ウィスコンシンカード分類検査**（Wisconsin card sorting test：WCST）の保続エラーの数は，切りかえ機能の潜在変数と関連が深く，一方，**ハノイの塔課題**（Tower of Hanoi task）の遂行に必要とされたディスクの移動の数は，抑制機能の潜在変数と関係が深かった。これらの結果は，実行機能が単一のものではないことを示しており，複数の実行機能の存在を仮定する理論的立場（たとえば，Baddeley, 2007）を支持するものといえよう。一方で，3つの潜在変数の間に中程度の相関があるという事実は，彼らの用いた複数の実行機能課題の背後には単一の共通機能が存在するという可能性を示している。こうした共通の機能の候補として，三宅らは，課題目標の保持をあげている。この提案は，あらゆる実行機能課題の遂行には「**注意制御**（controlled attention）」と呼ばれる普遍的な能力が関与しており，課題目標の保持もまたこの注意制御に支えられていると主張するエングルとケイン（Engle & Kane, 2004）の考え方とも一致する。実際，いま，自分が何をしなければならないのかということについての情報は，合目的行動を可能にする実行機能の認知的基盤である（三宅・齊藤，2001）。WM の重要な機能のひとつは，課題目標の利用可能性を保証することによって，実行機能，そして合目的行動の実現を支えることにある。

文 献

Baddeley, A. D. (2007) *Working memory, thought, and action*. Oxford: Oxford University Press.
Duncan, J., Emslie, H., & Williams, P. (1996) Intelligence and the frontal lobe: The

organization of goal-directed behavior. *Cognitive Psychology*, 30, 257-303.

Engle, R. W. & Kane, M. J. (2004) Executive attention, working memory capacity, and a two factor theory of cognitive control. In B. Ross (Ed.), *The psychology of learning and motivation* (Vol. 44, pp. 145-199). New York: Elsevier.

Gruber, O. & Goschke, T. (2004) Executive control emerging from dynamic interactions between brain systems mediating language, working memory and attentional processes. *Acta Psychologica*, 115, 105-121.

Kane, M. & Engle, R. W. (2003) Working-memory capacity and the control of attention: The contributions of goal neglect, response competition, and task set to stroop interference. *Journal of Experimental Psychology: General*, 132, 47-70.

MacLeod, C. M. (1991) Half a century of research on the Stroop effect: An integrative review. *Psychological Bulletin*, 109, 163-203.

Maehara, Y. & Saito, S. (2007) The relationship between processing and storage in working memory span: Not two sides of the same coin. *Journal of Memory and Language*, 56, 212-228.

McCabe, D. P. (2008) The role of covert retrieval in working memory span tasks: Evidence from delayed recall test. *Journal of Memory and Language*, 58, 480-494.

Miller, R. K. & Cohen, J. D. (2001) An integrative theory of prefrontal cortex function. *Annual Review of Neuroscience*, 24, 167-202.

Miyake, A., Friedman, N. P., Emerson, M. J., Witzki, A. H., & Howerter, A (2000) The unity and diversity of executive functions and their contributions to complex "frontal lobe" tasks: A latent variable analysis. *Cognitive Psychology*, 41, 49-100.

三宅　晶・齊藤　智（2001）作動記憶研究の現状と展開．心理学研究，72，336-350.

Saito, S. (2006) Memory function and short-term store as a psychological construct: Implications of a working memory framework. *Japanese Journal of Psychonomic Science*, 25, 53-60.

齊藤　智・三宅　晶（2000）リーディングスパン・テストをめぐる6つの仮説の比較検討．心理学評論，43，387-410.

Saito, S. & Miyake, A. (2004) On the nature of forgetting and the processing-storage relationship in reading span performance. *Journal of Memory and Language*, 50, 425-443.

Unsworth, N., & Engle, R. W. (2007) The nature of individual differences in working memory capacity: Active maintenance in primary memory and controlled search from secondary memory. *Psychological Review*, 114, 104-132.

1章 発達心理学とは

感情 絆：感情と人間同士のつながり

遠藤利彦

　人は生涯にわたって他者との堅い情緒的絆に護られながら発達する存在である。しかし，なぜに人は他者に魅せられ，また他者との親密な関係性を渇望するのだろうか。ここでは人間同士のつながりを支える基本的な機序について，特に子どもと養育者の関係性の成り立ちという視点から考えてみよう。

1　人という刺激が誘発するもの

　ボウルビィの**愛着理論**によれば，ヒトには他生物種と同様に本源的に他個体との近接関係を確立・維持しようという一次的欲求が組み込まれているのだという（Bowlby, 1969）。しかし，ヒトの乳児は，身体移動能力がきわめて未成熟な状態で生まれてくるため，自ら特定他者に能動的に近づき**愛着**関係を築くことができない。つまりは，養育者等から近づいてもらえなければ，それはいかなる意味でも成り立ちえないものといえる（数井・遠藤，2005）。

　だが，ヒトの乳児は愛着関係の確立に関して必ずしもまったく受動的で無力であるというわけではない。まず何よりも，彼らは自らの顔貌や身体の動きを通して，養育者等の注意を巧みに引き寄せ，そして**養護的な感情**を大きく揺さぶってくる。より具体的には，広い額，小さなあご，相対的に顔の下の方に位置する大きな目（特に目の縦幅が広く黒目がちな瞳），あるいはずんぐりむっくりとした短い手足，柔らかそうな体表，全体的にぎこちない動きなど，そうした乳児が有する独特の身体的特徴に，私たち大人はつい魅せられ，そしていつの間にか子どもに近づき，抱き上げ，またあやしてしまっているのである。このような乳児特有の特徴を心理学では一般的に「**幼児図式**（baby schema）」と呼ぶが，こうした特徴に惹かれてしまう傾向には文化差がほとんどなく，一説には，通常，思春期以降になると多くの人（ことに女性）が自然にこうした傾向を強く持つようになることから，そこに絆形

53

成のためのある種の生得的メカニズムが介在していることが想定されている。

2 視線が発する情意

　上述したように子どもという存在はそれ自体が大人を魅了する刺激としてある。しかし，それと同時に，子どもは自らも人という刺激に大いに魅せられる存在である。出生直後から子どもは，自らを取り巻くあまたの環境刺激の中で，とりわけ，人の顔貌，発声，言語，そしてまた歩行をはじめとする特有の動きなどに特別な好みを示し，選択的により多くの注意を向けるということが実証的に確かめられている。実のところ，これは，乳児が例えば養育者などの特定他者に特別な感情を抱くなどして意識的にそうしているというよりは，むしろ，なぜか自然にそうなってしまうといった，半ば自動化された「**社会的知覚**（social perception）」のメカニズムが存在するということなのだが，視線を向けられた大人の側は通常，子どもに対してそうした即物的で冷ややかな見方はしないだろう。

　もし，子どもが自分の方に顔を向け，じっと見つめてきたとしたら，多くの場合，大人は，特に養育者ならばなおさらに，それを他ならぬ自分に対する何らかの感情やシグナルの現れだと思い込み，それに誘発されるかたちで結果的に子どもとの間で濃密な相互作用を持ってしまうということが考えられる（遠藤，2005）。実のところ，養育者等が乳児が自らに対して視線を向けてきたことに気づいている状況とは，確率的に多く，子どもと養育者等との間に相互注視が生じている状態でもある。これに関連していえば，生後3時間の時点から母子相互作用の継続的観察を行ったある研究（Wolff, 1987）は，生後4週間目あたりに社会的やりとりのパターンが大きく変化し，母子間の**相互注視**が飛躍的に長きにわたるようになること，またこれに伴い，母親はその原因に関して自覚的ではなくとも，ポジティヴな感情をより多く覚え，子どもをより応答的で人間的になったと報告する傾向が高まるということを明らかにしている。

　また，相互注視の状況は，乳児にとっても，それ自体がポジティヴな感情経験を生み出す一種の「**ソーシャル・モチヴェイター**（social motivator）」の役割を担っている可能性が高い（Blass et al., 2006）。例えば，子どもは非常に早くから，対面する他者の目が開き，自分を見つめている時に最も活発

に活動する傾向があり（Thomas, 2002），また自らとアイコンタクトを長く維持する大人に対してより多く微笑を発する（Symons et al., 1998）といった知見が得られている。

3 感情表出が取り結ぶ絆

相互注視が成立している状況には，顔の表情や発声や身体の動きといった種々の**感情表出**も随伴している確率が高いといえる。大人は，視線とともに，子どもが発する感情表出にもまんまと操られる存在なのかもしれない。発達早期の感情表出についてはいくつかの議論があり，研究者によっては，乳児の多様な感情表出を（快・不快という大まかな区別は別にして）未だ必ずしも出来事との意味ある対応性をもたない，かなりランダムで曖昧なものと見なす者もある。ただし，ここで重要なことは，たとえ少々でたらめであったとしても，それは十分に機能する可能性があるということである。乳児が真に喜び，怒り，悲しみ，恐れそのものを経験していなくとも，それらしき表情や発声をするだけで，かなりの確率で周囲の大人はその乳児の近くに引き寄せられるといいうるからである。子どもの側に明確なコミュニケーション意図がなくとも，機能的な観点から見れば，それは「**社会的発信**」として十全に機能しているのである。

感情表出が絆の形成に果たす甚大な役割を典型的に示すものとして，通称モニカと呼ばれた少女の事例がある（Engel et al., 1985）。モニカは幼くして食道閉鎖という不幸に見舞われ，またそれに落胆した母親の不適切な養育の下，心と身体を次第に閉じていく（周囲からの刺激に無反応になる）。そして心身発達の遅滞が著しい（非器質性の）**成長障害**に陥っていく。しかし，注目すべきはその後の展開であり，彼女は，病院に収容されてから驚くほどの回復を示し，短期間のうちに定型的な発達状態に追いついてしまうのである。その原因が何にあったのか。多くの研究者は，それを彼女の感情表出，特に魅力的な"ダイナマイト・スマイル"の中に見出そうとしている（Gallagher, 1996）。彼女が時折示す微笑によって看護師や医師といった病院スタッフが次々と彼女のもとに引き寄せられ，その中で，彼女は彼らからの豊かな身体接触やことばかけおよび感情表出等を経験することになる。つまり，モニカは，自分自身ではそう意図していなかったとしても，感情表出の力を

借りて，それまでの人生で欠けていた他者との親密な関わり，そしてコミュニケーションを確立し，そして必要な諸刺激を補うことで，自らの発達を適切な方向に軌道修正することができたのである。

4 共鳴する身体と心

　愛着の絆の形成の成り立ちにもうひとつ欠かせない要素としてあげておくべきものに，乳児の「**社会的同調**」がある。出生直後の子どもが時に，舌出しやしかめ面などの，対面する大人の表情を模倣することが知られている（**新生児模倣**）。また，顔の表情に限らず，他者の示す動作一般に対して随伴的にそれとかなり近似した動作をもって反応するという傾向も認められている（**共鳴動作**）。さらに，他者の感情状態に巻き込まれ同様の感情を示す**感情伝染**や，他者の動きや発話のリズムに同調し，それにタイミングよく応じるような**相互同期性**などの存在もよく知られるところである。

　これらもまた，乳児が自ら意図して起こした行動とは考えがたい，ほぼ自動化された身体同調システムとでもいうべきものなのだが，ここで重要なのは，乳児がこれを通して実質的に養育者等との間に一定の相互作用をもってしまうということである。養育者等にしてみれば，自分の働きかけに随伴的に反応する子どもは，やはり特別な存在と感じられるだろう。子どもの側からの随伴的な応答性は一種の社会的報酬として作用し，養育者等の自己効力感を高め，そこに，子どもにさらに積極的に関わり，より豊かな相互作用を展開したいという動機づけの好循環が生じる可能性は相当に高いものと考えられる。

　なお，近年，こうした社会的同調やそれに密接に関わる**共感性**を支える神経学的基盤として，いわゆる「**ミラーニューロン**（mirror neuron）」が注目を集めている。例えば，他者と社会的関係性の構築に相対的に難を抱えるとされる自閉症の発生には，このミラーニューロンの特異性が深く関与している可能性が示唆されており，それがまた，こうした同調作用が情緒的絆の形成に不可欠の役割を果たしていることのひとつの証左ともなっている（Iacoboni, 2008）。

5 養育者の直感的育児および「マインド・マインデッドネス」の役割

以上見てきたように，ヒトの乳児は発達早期には確かに自らは近接できなくとも，養育者等を自分のもとに引き寄せ相互作用に引き込むというかたちで，ほぼ確実に養育者等との間に緊密な情緒的絆を築いていく。ただ，ここで1点注意しておくべきことは，幼児図式，社会的知覚，社会的発信，社会的同調といった乳児の側の種々の特徴や行動レパートリーが有効に機能するのも，大人の側にそれらに適切に応じるためのある種，生得的な仕組みが備わっている可能性が高いからだということである。ある研究者は，これを「**直感的育児**（intuitive parenting）」という術語で呼び，緊密な絆形成を支えるメカニズムとして，子どもと養育者双方の行動がうまく合致して機能するよう共進化してきた可能性を論じている（Papousek & Papousek, 2002）。子どもの身体的特徴，視線，感情表出，同調的反応などが，養育者側に潜在するこうしたメカニズムを開発するからこそ，そこにポジティヴな感情を伴った関係性が築かれ，逆に**虐待**や**ネグレクト**といった不適切な行為が抑止されることになるのだろう（Blass et al., 2006）。

ある研究者は，必ずしも生得性を仮定しているわけではないが，子どもが示す視線や表情や動き等から，子どもを明確な心を持った存在と見なし，その心的状態の存在を（時にはその実態以上に）より豊かに想定した上で，発話も含め，子どもに敏感に働きかける傾向を「**マインド・マインデッドネス**（mind-mindedness）」という術語で呼び，それが子どもと養育者との緊密な関係性の構築・維持や，**心の理論**なども含め子どもの心理社会的発達全般に促進的に働く可能性を論じ（Meins, 1997），かつその実証に部分的に成功している（Meins et al., 2002）。このことは，養育者と子どもの両方が情緒的に結びつくための特別な機序を有しているとともに，その緊密な関係性の経験を通して，子どものさまざまな側面の発達が漸成的に立ち上がってくるようなプロセスが存在していることを示唆するものといえるだろう（遠藤，2008）。

6 ヒトのさまざまな関係性を支える感情システム

ここでは特に発達早期の子どもと養育者二者間の情緒的絆がどのような要素に支えられて結ばれるかを見てきたが，母子間の関係性についていえば，

それはヒトのみならず，広くさまざまな生物種にも認められるものである。しかし，ヒトには，母子関係をはるかに超えて，さまざまな対象との間にいろいろなかたちの絆を形成させる複数の複雑な感情システムが存在しているようである。

実のところ，母子関係の中に最も濃密なかたちで見出される**愛着**は，元来，情緒的絆という言葉とは同義ではなく，厳密には不安や恐れといったネガティヴな感情を経験した際に，他者への近接を通して安心感を回復しようとする感情システムのことである（数井・遠藤，2005；2007）。しかし，ある研究者は，ヒトにおいてはこうした愛着とは独立に，ただ一緒にいるだけでポジティヴな感情が経験されるような，いわゆる**優しさ**（warmth）や**愛情**（affection）といった感情システムが独自に進化してきた可能性を論じている（MacDonald, 1992）。考えてみれば，親子関係はもちろん，夫婦関係やそれ以外の近親者同士の関係も含め，ヒトほど，長く濃密な家族関係を維持し続ける生物種は他にほとんどない。おそらく，持続的な家族関係には愛着以外の感情システムも必要となったのだろう。

さらにヒトには，狭く近親者に限定されないさまざまな対象との間にも，協力や共同といった緊密な関係を取り結び，またそれが脅かされた場合にはそれを是正するような，いわゆる**利他的互恵性**に絡む種々の社会的感情が存在しているようである（Cosmides & Tooby, 2000）。**感謝**や**罪悪感**などのこうした感情があるからこそ，私たちヒトは広くさまざまな対象と安定した関係性や集団をなし，その中で高度な適応を具現できるのかも知れない（遠藤，2006）。

文献

Blass, E. M., Lumeng, J., & Patil, N. (2006) Influence of mutual gaze on human infant affect. In R. Flom, Lee, K., & Muir, D. (Eds.), *Gaze-following: Its development and significance* (pp. 113-141). London: Lawrence Erlbaum Associates.
Bowlby, J. (1969) *Attachment and Loss: Vol. 1, Attachment*. New York: Basic Books (revised edition, 1982).
Cosmides, L., & Tooby, J. (2000) Evolutionary psychology and the emotions. In M. Lewis & J. M. Haviland-Jones (Eds.), *Handbook of emotions* (pp. 91-115). New York: Guilford.

遠藤利彦 (2006) 感情. 海保博之・楠見 孝 (監修), 心理学総合事典 (pp. 304-334). 朝倉書店.
遠藤利彦 (編著) (2005) 読む目・読まれる目:視線理解の進化と発達の心理学. 東京大学出版会.
遠藤利彦 (2008) 共同注意と養育環境の潜在的な連関を探る. 乳幼児医学・心理学研究, 17, 13-28.
Engel, G. L., Reichsman F., Harway, V. T., & Hess, D. W. (1985) Monica: Infant-feeding behavior of a mother gastric fistula-fed as an infant: A 30-year longitudinal study of enduring effects, In E. J. Anthony & G. H. Pollock (Eds.), *Parental influences in health and disease* (pp. 29-90). Boston: Little Brown.
Gallagher, W. (1996) *I. D.: How heredity and experience make you who you are*. New York: Random House.
Iacoboni, M. (2008) *Mirroring people: The new science of how we connect with others*. New York: Farrar Straus & Giroux. (イアコボーニ, M. 著, 塩原通緒訳 (2009) ミラーニューロンの発見:「物まね細胞」が明かす驚きの脳科学. 早川書房.)
数井みゆき・遠藤利彦 (編著) (2005) アタッチメント:生涯にわたる絆. ミネルヴァ書房.
数井みゆき, 遠藤利彦 (編著) (2007) アタッチメントと臨床領域. ミネルヴァ書房.
MacDonald, K. (1992) Warmth as a developmental construct: An evolutionary analysis. *Child Development*, 63, 753-773.
Meins, E. (1997) *Security of attachment and the social development of cognition*. Hove: Psychology Press/Erlbaum.
Meins, E. Fernyhough, C., Wainwright, R., Gupta, M. D., Fradley, E., & Tuckey, M. (2002) Maternal mind-mindedness and attachment security as predictors of theory of mind understanding. *Child Development*, 73, 1715-1726.
Papousek, H. & Papousek, M. (2002) Intuitive parenting. In M. H. Bornstein (Ed.), *Handbook of parenting: Vol. 2: Biology and ecology of parenting* (2nd ed.) (pp. 183-203). Mahwah, NJ: Lawrence Erlbaum Associates.
Symons, L. A., Hains, S. M. J., & Muir, D. W. (1998) Look at me: Five-month-old infants' sensitivity to very small deviations in eye-gaze during social interactions. *Infant Behavior & Development*, 21, 531-536.
Thomas, L. E. (2002) Comparisons of maternal eye-gaze deprivation: Responses of 3-month-old infants to three episodes of maternal unavailability. *Dissertation Abstracts International: Section B: The Science & Engineering*. Vol. 63(5-B), Dec 2002, 2627. US: Univ. Microfilms International.

Wolff, P. H. (1987) *The development of behavioral states and the expression of emotions in early infancy: New proposals for investigation.* Chicago: University of Chicago Press.

1章　発達心理学とは

言語　言語と人間

岩立志津夫

　人間は言葉（言語）をもつ動物といわれる。生まれたときには言葉をもたないのに，1歳から1歳半ごろに話しはじめて，3歳ごろまでにかなり複雑な構造の文を使えるようになる。これが標準的な言語発達である。しかし，すべてのヒト（生物的な種としての人間をさす）がこうなるわけではない。例えば，初語がおくれる子（**レイト・トーカー** late talkerと呼ばれる）では，運動発達，知的発達等で問題がないのに発話だけがなかなか出ない。また，自閉症児のなかには就学時になっても初語がでない子もいる。人間は言葉（言語）をもつ動物ならば，どうしてこんなに個人差があるのだろう。発話が遅れる子はどんな環境でも必ず遅れるのだろうか。**臨界期**（特定の発達が可能になる時期，期間のことで，この時期をのがすとその発達が困難になるとされる。言語発達の場合には，**レネバーグ**（Lenneberg, 1967）によれば，2歳〜思春期までがその時期とされている）を越えて言葉をもたない自閉症児は生まれた時点で言語獲得の素質を喪失していたのだろうか。それとも素質はあるがなんらかの困難，障害でこの素質は生かされなかったのか。これらの疑問に答えを出してみたい。

1　言葉の素質としてのバイアス

　「人間には言語獲得が可能になる**バイアス**（かたより）がある」という主張がある。この主張を裏づける，乳児期の研究を2グループ紹介する。言語知覚の研究と構音の研究である。
　言語知覚の研究としてまず**アイマス**ら（Eimas et al., 1971）の古典的研究を紹介したい。アイマスらは1か月と4か月の子どもを対象にした巧妙かつ精緻な実験で，乳児期初期の子どもが，言語で使われる音（素）の弁別ができるのに，言語で使われない音の弁別はできないことを示した。音（素）の

弁別とは具体的には例えばpとbの区別である。アイマスらの実験では，馴化法をつかった点と **VOT**（voice onset time；声帯音の開始時点）をシンセサイザーを使って厳密に操作した点に特徴がある。馴化-脱馴化法についてはここでは触れず（1章幹「発達心理学とは」参照）に，VOTについてだけ説明する。VOTとは単純にいえば，声帯音（声帯を振動させる音）と子音での音の時間的ずれをさす。具体的にいえば，閉じた唇を急激に開放するとpという両唇音が出るが，その音と同時に声帯を振動させるとbの音になる。ではpの両唇音とその後の声帯音の間の時間間隔を広げていったらどうなるだろうか。大人を使った研究から，時間間隔を大きくしていくと，ある時点からbではなくpに聞こえるようになることがわかった。その境界線は25ミリ秒である。25ミリ秒までは時間間隔があってもbに聞こえる。乳児でも同じで25ミリ秒前後に境界線があるらしい。アイマスらの研究によれば，乳児はVOTが20ミリ秒の音（b）と40ミリ秒の音（p）を聞き分けた。両者の時間差は20ミリ秒である。ところがVOTが60ミリ秒の音と80ミリ秒の音の区別はできなかった。

両者の時間差は同じく20ミリ秒である。すなわち20ミリ秒の差があっても，いつも違った音に聞こえるわけではない。簡単に言えば，乳児は人間が使用する言語で使う音（素）の区別のための鋭敏な知覚能力を持っているのに，言語に関係ない音の区別には鈍感なのである。

しかし，言語音素に対するこの鋭敏さは，一生続くわけではない。0歳児の初期にあったこの鋭敏さ（バイアスともいえる）は，使わないと鈍ってしまうらしい。たとえば，林（1999）の研究によれば，日本語を獲得する乳児は6〜8か月時点までは，英語を獲得する乳児と同程度，音（素）raとlaの聞き分け能力を持っている。しかしこの能力は次第に鈍ってきて，10〜11か月時点では，日本語を獲得する乳児では英語を獲得する乳児に比較して音（素）raとlaの聞き分け能力が劣ってくる。

次に**構音の発達**についてみていこう。構音の発達は一律ではなく，発達の初期に発音できるようになる音（たとえば，p, b, mなど）と，遅れて発音できるようになる音（たとえば，ts, dzなど）がある。そして，この構音の発達には臨界期があることが知られている。例として，移住者を対象にしたバードソング（Birdsong, 2005）の研究を紹介する。バードソングはカ

ナダの英語圏に移住してきた人の移住時点での年齢とその後の構音能力（どれだけネイティブ話者と同じような，なまりのない発音ができるか）の関係を調べた。その結果，6歳前後までに移住してきた人は生まれた時からずっと住んでいる人と同程度のなまりのない構音を身に付けているが，6歳を過ぎるとだんだんとネイティブ話者との違いが出てくる。結局，ヒトは発達初期に言語音を出すための適齢期をもっているらしい。

2　量的発達と質的発達

次に，ヒトの言語の重要な特徴である文法について考えてみよう。ヒト以外の霊長類でも音声を使った伝達手段をもっているが，ヒト以外の動物が文法を使った言語手段をもつことは難しいと考えられている（大津，1999）。ボノボと呼ばれる霊長類である，カンジと名づけられたオスのボノボなどが，唯一人工的な言語（図形シンボル言語と動作言語の混在したもの）を使って，文法を備えた言語を使用していると推定されている（サベージ・ランボウ，1992）。では，ヒトの言語に備わっている文法はどうして可能になったのだろうか。ピンカー（1995）は文法が生得的なもの，また本能であると主張している。この主張について，量的発達と質的発達という視点から考えてみたい。

2.1　量的発達

発達の量的変化をもっとも典型的に示したのが**スキャモンの発達曲線**である。スキャモン（Scammon, R. E.）は20歳までの発達を4種類の発達曲線（発達型）で説明しようとした。一般型は体重の発達変化のようにすべての年齢で平均的な発達をする。神経系型では脳の発達のように0〜4歳に急激な発達をする。生殖型では目立った発達がなかったのが12歳ごろになると急激な発達をする。最後のリンパ型では副腎機能のように12歳前後にピークがあってその後低減する。スキャモンが想定する発達はなだらかな曲線で，階段上の変化は想定していない。

2.2　質的発達

発達がすべてスキャモンが考えたように曲線的な変化で説明できれば簡単

なのだが，ヒトの発達には違った発達変化がある。質的変化である。たとえば，**ピアジェ**（Piaget, J.）の発達段階や保存の有無，**心の理論**の有無，**愛着**の形成と人見知り，「アハー体験」などは質的な発達で，これらの発達現象はある時点（多少の時間的幅はあるが）を境にして突然獲得される。この**突然の獲得**はよく考えてみれば不思議な現象である。一般的に学習が徐々に進むのに対して，突然の獲得（発達）は階段状の変化をするからである。そしてこの階段状の変化は動物の中でもヒトの発達に顕著だ。

2.3 質的変化としての言語発達

　動物のなかでもヒトに顕著な質的変化は，特に言語発達で頻繁に生じる。言語発達には量的に変化する面もある。たとえば，語彙の増加である。語彙は最初なだらかに増加する。しかし語彙の増加も，語彙噴出（vocabulary spurt）のように質的な変化を予見するものが存在する。語彙噴出とはある時期になってそれまでとは違って語彙が急激に増える現象をさす。その時期には「これ何？」という問いが出ることが多い。

　言語発達での質的側面を理解するために2つの例を示す。第1は，岩立の示した5名の子どもでの**他動詞文**の発話分析である（岩立，1997，表A参照）。表Aは，一定の条件で選ばれた他動詞文での，ガ格（動作をする人を示す），ヲ格（動作の対象を示す），動詞の**語順関係**を示している。名前の後の（　）内は年齢（歳：月）を表わす。J児（2;5）とJ児（3;6）は，同じ子どもの2つの時期での結果である。

　表Aを見ると，Y児（2;5）・J児（3;6）・T児（3;9）は「ガ＋ヲ＋動詞」の安定した語順を獲得しているらしい。いいかえれば，他動詞という**文法概念**をもっているといえる。A児も不安定ながら「ガ＋ヲ＋動詞」の語順ができかけているようだ。それに対して，F児は「ガ＋ヲ」の語順は獲得されていても，動詞を最後にもってくる点では不安定さが残っている。最後のJ児（2;5）では，「ガ＋ヲ」の語順は不安定なので，他動詞という概念はなさそうだ。動詞が最後に来る点はわかっている。「ガ＋ヲ＋動詞」の安定した語順は，他動詞概念の存在を暗示する。それに対して，「ガ＋ヲ」の語順が不安定だったり，動詞の位置が不安定な場合には，他動詞の一般的な概念が完成されていない段階にいると予想される。さらにもっと綿密に動詞

表A　のべ5人の子どもでの，ガ格・ヲ格・動詞での語順

文型	子ども 性 年齢	Y児 女 2歳5月	A児 女 2歳7月	F児 女 3歳7月	J児 男 2歳5月	J児 男 3歳6月	T児 男 3歳9月	計
ガ格+ヲ格+動詞		24	11	12	6	11	15	79
ヲ格+ガ格+動詞		2	1	2	4		1	10
ガ格+動詞+ヲ格		1	3	3				7
ヲ格+動詞+ガ格		2		1	1			4
動詞+ガ格+ヲ格								0
動詞+ヲ格+ガ格				1				1

注）J児（2；5）とJ児（3；6）は，同じ子どもの2歳5か月と3歳6か月の時期での結果である（出典：岩立，1997を一部改変）。

　獲得の様子を調べると興味深い言語発達の姿を知ることができる。たとえば，上に述べたJ児の2歳代の動詞獲得を調べたところ，J児は長期にわたって「たべる」という動詞を「〜が〜を動詞」の語順で使っていた。それに対して「かく」という動詞を「〜を〜が動詞」の語順で使っていた。どうしてこのような微細な使いわけができるのだろう。使いわけには，修飾要素の意味関係を理解し，それに合った語順関係を確定する質的な文法能力が必要になると考えられる。

　第2は横山（1990）の**形容詞の誤用**研究である。横山は2名の幼児の縦断的発話資料の分析から，2歳代に「丸いのお月さま」というような形容詞の誤用が頻発することを明らかにした。ところが面白いことに，誤用の詳細を検討すると，頻繁に誤用が生じる時期でも，誤用がすべての形容詞で起こるわけではなかった。「赤い」という形容詞は2歳0か月では形容詞の正しい使い方ができたが，2歳1か月になると「形容詞+ノ+名詞」の誤用がでてきた。ところが「あつい」の場合には2歳4か月で正しい形で形容詞を使いはじめるがその後誤用は生じなかった。形容詞ごとに発達が違うのである。このようなことが可能になるには，なんらかの質的能力が必要になると考えられる。

3 言語と進化的説明

それでは材料がそろったところで，ヒトが言語をもてる理由について考えながら，最初に述べたいくつかの問に対して回答することにしよう。ヒトが言葉をもつようになったのは，言語に都合のよいバイアスをもった能力と，文法を可能にする質的能力をもったからではないか。これが結論である。しかし，これらのヒトがもつ言語能力によって，ヒトがいつでも簡単に短期間で言語を獲得するわけではない。この**言語獲得能力**は，いろいろな条件によって発現がじゃまされる。じゃまの度合いは，発達の過程，獲得言語の種類，個人の発達能力など多様な要因で変化する（岩立，2006 参照）。これらのじゃま要因のメカニズムの解明が今後の言語発達研究の重要な研究課題である。

文献

Birdsong. D. (2005) Interpreting age effects in second language acquisition. In I. F. Kroll. & A. M. B. De Groot (Eds.), *Handbook of bilingualism: Psycholinguistic approaches* (pp. 109-127). New York: Oxford University Press.

Eimas, P. D., Siqueland, E. R., Jusczyk, P., & Vigorito, J. (1971) Speech perception in infants. *Science,* 171, 303-306.

林　安紀子（1999）声の知覚の発達．桐谷滋（編），ことばの獲得．ミネルヴァ書房，pp. 38-70.

岩立志津夫（1997）文法の獲得〈2〉．小林春美・佐々木正人（編），こどもたちの言語獲得．大修館書店．

岩立志津夫（2006）生得論と使用に準拠した理論で十分か？：社会的・生物的認知アプローチ．心理学評論，49(1), 9-18.

Lenneberg, E. (1967). *Biological foundation of language.* John Wiley & Sons.

大津由紀雄（1999）言語の普遍性と領域固有性．橋田浩一・大津由紀雄・今西典子・Grodzinsky, Y. ・錦見美貴子（編），言語の獲得と喪失．岩波書店．

ピンカー, S. 著，椋田直子訳（1995）言語を生み出す本能（上）（下）．日本放送出版協会．

サベージ・ランボウ，E. S.著, 小島哲也（訳）（1992）チンパンジーの言語研究：シンボルの成立とコミュニケーション．ミネルヴァ書房．

横山正幸（1990）幼児における連体修飾発話における助詞「ノ」の誤用．発達心理学研究, 1, 2-9.

1章 発達心理学とは

社会 EQとソーシャルスキル

相川 充

1 EQ概念の新しさ
1.1 EQの登場と誤解

感情の研究と知能の研究は，1970年以前は個別に行われていた。「感情的になる」ことが知的な思考を妨げると，一般の人ばかりでなく研究者の間でも信じられていたのであろう。ところが，1970年代以降は，感情と思考の相互影響について研究が行われるようになり，1990年にはサロベイとメイヤー（Salovey & Mayer, 1990）が**感情知能**（emotional intelligence）を提唱した。「感情」と「知能」という一見，水と油のような概念がひとつになって登場したのである。

この概念の評価がまだ学界で定まっていなかった1995年に，**ゴールマン**（Goleman, 1995）は，*Emotional intelligence : Why it can matter more than IQ* を出版した。この啓蒙書が米国でベストセラーになり，雑誌『タイム』誌がこの本を紹介する際に，「人生で成功できるかどうかはIQではなくEQだ」と書いた。これをきっかけに感情知能は **EQ** と呼ばれて各国に広まり，日本でも1996年にゴールマンの著作が邦題『EQ——こころの知能指数』として翻訳出版された。

EQ（emotional quotient）は，学歴社会に疲弊していた日本人，とくにビジネスマンに歓迎されたが，勝手な解釈も加えられて，「人間力」などのような，広範で曖昧な概念と同じものであるという誤解も生まれた。

1.2 EQとは

EQとは「自己および他者の感情を監視し，識別し，その情報を自己の思考と行動を方向づけるために用いる能力」のことであり（Salovey & Mayer, 1990），次の4領域から成っていると考えられている（Mayer, Caruso, &

Salovey, 1999)。

　第1は「感情を正確に知覚する能力」である。他者の体の動きや表情や雰囲気，言動から感情を読みとったり，自分の感情を知覚し，それを体の動きや言葉で表現する能力である。第2は「思考を促進するために感情を利用する能力」。適切な意思決定や大切なことを記憶するために感情を用いたり，生産的な思考の助けになるよう感情を用いる能力である。第3は「感情とその意味を理解する能力」。社会的な場面で発生する複雑な感情を理解したり，いくつかの要素に分解して理解したり，ひとつの感情が別の感情に推移することを理解したりする能力である。そして第4は「感情を管理する能力」。感情が暴走したり，逆に落ち込んだりしないよう適切に管理，調整したり，他者の感情にうまく対応する能力である。

　このようにEQとは，感情に関連する4つの能力の総体をさす。あくまでも「能力」であって，外向性や楽観性のような性格特性の要素は含まない。

　感情は，とらえどころがなくコントロールしにくく思考の妨げになるものだと一般には思われているが，その感情を正確にとらえて理解し，上手に利用したり管理できることは能力であるという主張に，EQ概念の新しさがある。それまでは，知能といえば言語能力，論理能力，数処理能力，空間能力などを指していたが，EQの登場によって，感情を理性的に扱える能力も知能の一種だと考えられるようになったのである。

2　ソーシャルスキルという考え方
2.1　ソーシャルスキルとは

　ソーシャルスキル（social skill）の「ソーシャル」には，対人場面や人間関係に関わることという意味があり，「スキル」（技術）には，人が目標を達成するために練習して実行できるようになった一連の反応という意味がある。したがってソーシャルスキルとは，「対人関係において自らの目標を達成するために発揮される一連の認知的，行動的反応」と定義することができる。

　この定義の「一連の認知的，行動的反応」には，さまざまなものが含まれるが，「ソーシャルスキルの生起過程モデルV.B」（相川，2009）に従えば，次の4過程に関わるスキルに分類することができる。

　第1は「相手の反応の解読過程」に関わるスキルである。相手が示すさま

ざまな言語，非言語反応をいかに知覚し，それが意味することをいかに解釈するかに関わるスキルである。言語内容の理解のしかた，表情の読みとりかた，相手の意図や感情の解釈のしかた，あるいは自分の期待や欲求が相手の言動を解釈するときに与える影響を最小限に食い止める方法などが含まれる。

第2は「対人目標と対人反応の意思決定過程」に関わるスキルである。対人場面において何を目標とすべきか，そのためにどう反応すべきかを決める過程に関わるスキルである。複数の目標の中からいかにひとつの目標に絞るか，長期目標に照らしていかに今回の目標を決めるか，自分と相手双方にとって有益な目標をどう設定するかなどに関わるスキルである。また，対人目標を実現するためには，いかに反応したらよいか決めるスキルも要求される。

第3は「感情の統制過程」に関わるスキルである。相手の反応を解読すると，それに伴って感情が生じる。たとえば，相手の笑顔を「好意」と解釈すれば喜びが，「冷笑」と解釈すれば怒りが生じる。また，対人目標と対人反応を決定すると感情が生じる。たとえば「仕事がうまくいったことを話そう」と決定すれば喜びが，「あなたはまちがっているといおう」と決定すれば緊張や不安が生じるかもしれない。このような感情を適度に抑え，適切に表現するスキルが要求される。

第4は「対人反応の実行過程」に関わるスキルである。対人目標を達成しようとして決めた反応を，いかに適切かつ効果的に実際の言語的，非言語的反応で実行するかに関わるスキルである。これまでの3つの過程に関わるスキルが認知的反応であるのに対して，ここでのスキルは行動的反応である。観察可能な行動的反応であるがゆえに，スキルの良否は他者からも容易に判断できる。言葉はもちろんのこと，表情，身ぶり，姿勢や視線などの非言語的反応をいかに的確に使うかというスキルも求められる。

2.2　対人関係をスキルでとらえる意味

対人関係の質は，外向性などの性格特性や，遺伝による気質で決まる部分もあるかもしれないが，ソーシャルスキルという概念では，対人関係の質はスキル（技術）で決まると主張する。このように主張するのは，上で述べた4つの過程における一連の認知的，行動的反応が学習の成果であることを強調したいからである。

対人関係が学習の成果で決まるならば，対人関係での不適応（対人不安，孤独感，いじめ，引きこもりなど）の原因は，スキルの学習不足だと見なすことができる（Merrell & Gimpel, 1998 など）。そしてそう見なせるならば，誰もが時間をかけて対人関係について練習すれば，適切かつ効果的に実行できるようになると考えることができる。実際，この発想にもとづいて幼児や児童を対象とした**ソーシャルスキル・トレーニング（SST）**やソーシャルスキル教育（小林・相川, 1999；佐藤・相川, 2005；相川・佐藤, 2006）は発展してきたのである。
　このように対人関係をスキルでとらえることは，単に個人に不適応のラベルを貼ることを超えて，その先の臨床実践や教育実践への道を拓くことになる。

3　EQ とソーシャルスキルの関係
3.1　能力とスキルの関係
　能力は，それ自体に実態がなく目に見えない。そのため，能力の高さは，実体を伴うなんらかのかたちで表現されなければならない。たとえば「描画能力」は，絵を描くという行為がないと証明できない。ところが能力の程度がそのまま行動（観察可能な反応や行為）で表現できるとは限らない。たとえ「描画能力」が高くてもスキル（技術）が伴わなければ，能力の高さを反映した作品にはならない。つまり，能力があってもスキルがなければ能力があることは証明できず，能力はスキルがあって初めてその高さを証明できるのである。
　このような能力とスキルの関係を，EQ に当てはめてみよう。EQ とは既に述べたように，感情を知的に扱う能力のことであるが，感情には対人関係の中で生じるものと，そうでないものとがある。前者は，恨み，嫉妬，恥ずかしさなどの対人感情であり，後者は，ゴキブリや蛇に対する嫌悪感，試験結果を知ったときの喜び，国家への怒りなどである。いずれの感情にしろ，先の議論を当てはめるなら，EQ の高さはスキルによって表現される。つまり EQ の高さは，対人感情に関わるスキルと，対人感情とは無関連な感情に関わるスキルによって表現される。このうち前者の，対人感情に関わるスキルこそがソーシャルスキルである。

```
         ┌─→ 対人関係に関わる感情を知的に   ──→ この能力はソーシャル
         │   扱う能力                           スキルで表現される
  EQ  ───┤
         └─→ 対人関係に関わらない感情を知
             的に扱う能力
```

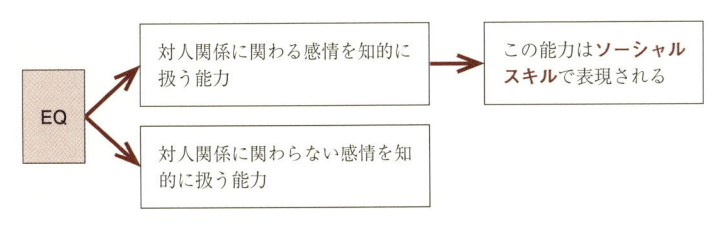

図A　EQ とソーシャルスキルの関係

　以上のことを示したのが図 A である。これをみてわかるように，EQ の一部がソーシャルスキルで表現される。

　他方，ソーシャルスキルとは対人関係に関わるスキルのことであり，対人関係には必ず感情が伴う。先に述べたソーシャルスキルの 4 過程すべてに感情が伴い，それらの感情を知的に扱えるかどうかが EQ の程度である。したがって，あらゆるソーシャルスキルは EQ の程度によって規定されると考えられる。

3.2　EQ を高めるトレーニングは可能か？

　人は，自分の能力を高めたいと思ったときにどうすればよいのだろうか？能力には実態がないために，能力を直接操作することはできない。他方，スキルには行動という実体があるので直接操作することができる。そこで人は，能力を高めるためにスキルを高める努力をする。スキルは能力の程度に規定されるが，スキルを高めることが能力を高めることにつながるのである。

　EQ についても同じことがいえる。ソーシャルスキルは EQ の程度に規定されるが，ソーシャルスキルを高めることは EQ を高めることにつながる。そして，ソーシャルスキルを高めるもっとも体系的な方法が SST である。つまり見方を変えれば，SST は EQ を高めるトレーニングでもある。

　SST が対象とするのは，ソーシャルスキルが発揮されるまでの 4 つの過程すべてである。すなわち，相手の反応の解読のしかた，対人目標と対人反応の意思決定のしかた，感情の統制のしかた，対人反応の実行のしかたである。また，感情に焦点を絞った社会・感情学習（social emotional learning：SEL）も実践されている（イライアンスら，1999；猪刈，2007）。

　ただし，SST が対象にしているのは，EQ の中でも対人感情を知的に扱う

能力であり，対人関係に関わらない感情を知的に扱う能力は，対象外である。EQ全体を高めるためには，対人関係に関わらない感情を知的に扱う能力もトレーニングする必要がある。その方法の開発は，これからの課題である。

参考文献
チャロキー, J., フォーガス, J. P., メイヤー, J. D.（編）中里浩明・島井哲志・大竹恵子・池見陽（訳）（2006） エモーショナル・インテリジェンス：日常生活における情動知能の科学的研究　ナカニシヤ出版
　　科学的な研究に基づいて情動知能について論じている日本語で読める本。

文献

相川　充（2009）新版 人づきあいの技術：ソーシャルスキルの心理学．サイエンス社．
相川　充・佐藤正二（編）（2006）実践！ ソーシャルスキル教育 中学校．図書文化社．
イライアンス他（著），小泉令三（編訳）（1999）社会性と感情の教育：教育者のためのガイドライン39．北大路書房．
Goleman, D. (1995) *Emotional intelligence: Why it can matter more than IQ.* New York: Bantam Books.（土屋京子（訳）（1996）EQ：こころの知能指数．講談社．）
猪刈恵美子（2007）小学生の感情リテラシーを促すプログラムの学級集団における実験的検討．東京学芸大学大学院教育学研究科修士論文（未公刊）．
小林正幸・相川　充（編）（1999）ソーシャルスキル教育で子どもが変わる 小学校．図書文化社．
Salovey, P. & Mayer, J. D. (1990) Emotional intelligence: Imagination, *Cognition, and Personality,* **9**, 185-211.
佐藤正二・相川　充（編）（2005）実践！ ソーシャルスキル教育 小学校．図書文化社．
Mayer, J. D., Caruso, D., & Salovey, P. (1999) Emotional intelligence meets traditional standards for an intelligence. *Intelligence,* **27**, 267-298.
Merrell, K. M. & Gimpel, G. A. (1998) *Social skills of children and adolescents: Conceptualization, assessment, treatment.* Lawrence Erbaum Associates.

2章 胎児期・周産期

榊原洋一

❶ 受精まで

　心理学が対象とするすべての人の行動は，いうまでもなくその身体を基礎としている。人の身体と，その行動を規制する脳の形成は，1個の卵子と精子の受精によって開始される。

　受精卵には心理学の対象となる「行動」こそないが，受精卵が細胞分裂を始め，**胎芽**（embryo）を経て**胎児**（fetus）となる過程の胎内環境が，出生後の行動に大きな影響を与えるという事実を考慮すると，心理学の正当な対象としての資格を十分に備えている。また，受精というプロセスの障害による染色体異常症など，心理学の対象となる疾患がある。

1.1　遺伝子

　心理学の首座である脳を含めた身体の構成と構造を決定するのは，デオキシリボ核酸の長大な塩基対の二重鎖上の情報である**遺伝子**であることは現在では常識になっている。しかし，その遺伝子の本体が解明されるには半世紀にも及ぶ長い年月がかかった。

　生殖細胞（卵子，精子）の核の中にこそ動物の遺伝的形質があることは，ドイツの**ワイズマン**（Weismann, A., 1834-1914）によって19世紀後半に主張された。さらに，アメリカの**モーガン**（Morgan, T. H., 1866-1945）によ

って，遺伝子が核内の染色体にあることが突きとめられた。遺伝子の本体はしばらくタンパク質であると考えられていたが，それが核酸であることをアメリカのエイブリーが突き止め（1944年），1953年にフランクリンによるX線構造解析にヒントを得た，**ワトソン**（Watson, J. D., 1928- ）と**クリック**（Crick, F. H. C., 1916-2004）によって，その二重ラセン構造が明らかにされたのである。そしてそれからさらに半世紀を経た2003年，約30億対のヒトの全DNA配列（**ゲノム**）が解明された。

ヒトのすべての構成と構造を決定しているのは4種類の塩基配列であり，塩基配列によって決定されるアミノ酸の構造が，人の身体の構成成分と構造を決定しているという事実は，すべての人間の行動は究極的には塩基配列によって説明できる，という還元主義的科学観の勢いを一時的に加速させた。すべての人間の行動は神経細胞の電気的活動あるいは**シナプス**（後述）結合のあり方によって決定できる，といった考え方もそうした還元主義のひとつである。しかし，こうした単純な還元主義は，たとえば4種類の塩基の配列の組み合わせ数は，計算上全宇宙の原子数よりも多くなることからも非現実的である。ヒトゲノム計画によって，人のゲノムの全塩基配列が解読されたことによって，一気に人間の理解が深まったとはいえないのである。

しかし，同時に後述するように，たったひとつの塩基配列の突然変異で，致死的であったり，重度精神発達遅滞などの重篤な影響を与えることが明らかになり，人間の生存と行動を遺伝子が大きく規定していることも明らかになったのである。

1.2 染色体

ヒトには23対46本の染色体があり，大きさ（長さ）の順に1から22番は**常染色体**，最後の1対（女XX，男XY）は**性染色体**と名づけられている。染色体は，DNAの二重鎖が図2-1に示すように重合したものである。

染色体は目に見える構造をもっているために，DNAの分析が行えるようになる以前からその臨床的な意味について研究が行われてきた。それでもヒトの染色体が初めて観察されたのは1912年のことであり，1923年にその数は48本であるとされた。46本であることが明らかになったのは，DNAの構造が明らかになったあとの1956年と比較的最近のことである。

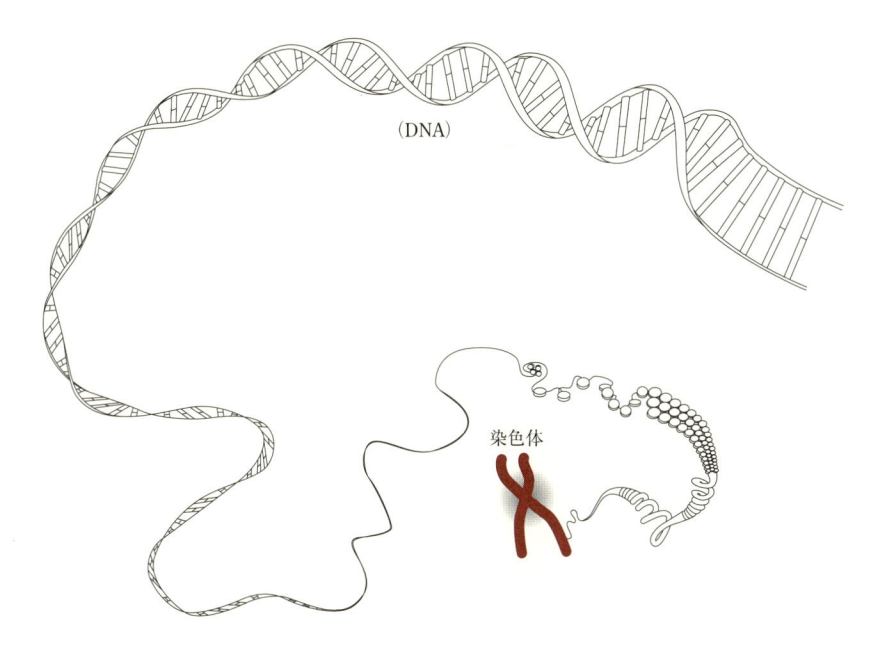

図 2-1　DNA と染色体（National Human Genome Research Institute, www.genome.sov./Glossery/より改変）

　染色体は図 2-1 の下部に示すような左右対称のリボンのような形態をもち，1 対のうち片方は母親由来，もう一方は父親に由来している．性染色体は比較的大きな X 染色体と，染色体中最小の Y 染色体で構成されており，女性では父母からひとつずつ X 染色体を引き継ぎ，男性は母親から X 染色体を，父親から Y 染色体を引き継ぐ．

　生殖細胞の分裂（**減数分裂** meiosis）と，相同染色体の相互組みかえによって，父母に由来する染色体がそのまま次の世代に伝わるのではなく，父母からの遺伝子が染色体レベルで再び組み替えられて伝わる．このしくみによって，世代を経るごとに，全く新しい遺伝子の組みあわせが起こる．この組みかえによって動物は同一種内の遺伝子形にほぼ無限の組みあわせをもつことができる．人類始まって以来，一卵性双生児を除いてだれ一人として，同じ遺伝子の組みあわせをもった人間がいないのはこの組みかえというしくみがあるからである．

染色体のどの部位に，どのような遺伝子があるかを示したものを染色体地図と呼ぶ．ある特定の遺伝子のある場所を遺伝子座と呼び，22本の常染色体と，性染色体のXYの合計24本の染色体上に，その遺伝子座にある遺伝子の機能，酵素名あるいは欠損によって生じる疾患名を示してある．

ひとつの遺伝子座にある遺伝子が単一である場合もあるが，2つあるいは3つ以上ある場合にそれらを**対立遺伝子**（allele）とよぶ．たとえば血液型を決定する遺伝子座には，3とおり（A，B，O）の対立遺伝子が存在する．

心理学の対象となる，性格や気質，あるいは自閉症などの発達障害は，単一の遺伝子ではなく，多数の遺伝子の相互作用によって決定されると考えられている．神経伝達物質であるドーパミンやセロトニンなどの受容体（レセプター）関連遺伝子と，気質やうつなどの疾患との関係が示唆されている．しかし，まだ個人の性格や気質の特性を，遺伝子レベルで説明するには至っていない．

1.3 受 精

卵巣から排卵された卵子と，膣と子宮を経由して卵管に到達した精子は，卵管の最も太い部分である卵管膨大部で**受精**する．受精は卵細胞と精子の接触によって始まり，精子の核と，卵子の核の癒合によって完了する．

受精卵は直ちに有糸分裂を開始し，約3日で12～16個の細胞に分裂する．この時期を**桑実胚**とよび，受精後8週間のヒトを**胎芽**（embryo）とよんでいる．桑実胚は，卵管膨大部から子宮内に運ばれ，子宮内膜に着床する．

受精は，厳密にコントロールされた生体分子反応であり，その中間過程のどこに問題があっても，受精は停止し，卵子と精子は変性消失する．

❷ 胎 児

2.1 胎児発達

桑実胚はさらに細胞分裂（卵割）を続け，受精後約6日で，内部に空洞をもつ杯盤胞（図2-2）とよばれる状態になる．杯盤胞は子宮内部に運ばれ，子宮内膜との接触部から子宮内膜内部に向かって胎芽側の細胞が侵入し，**栄養膜合胞体**とよばれる組織を作りはじめる．栄養膜合法体は，子宮内膜の血

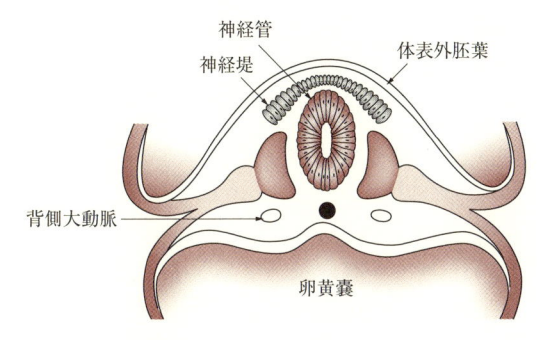

図 2-2　杯盤胞（ムーア，2007 より）

管にも侵入し，その結果母親の血液が栄養膜合法体のなかに入りこむようになる。こうして母親の子宮内膜細胞と，胎芽の細胞から構成される栄養膜合法体が増殖肥大したものが胎盤である。胎盤を仲介して，胎芽は母親と共生関係を結んだことになる。

　私たちの身体には免疫機能があり，自己と異なるタンパク質成分を拒絶するようにできている。胎児は母親と遺伝子を50パーセント共有しているが，父親からも同様に50パーセント遺伝子を受けついでおり，胎児の身体を構成するタンパク質は，母親のものとは異なる。

　しかし，栄養膜合法体が発達する際に，異種のタンパクを排除する免疫機能を免除する機構が作動し，免疫寛容とよばれる状態になる。胎児の栄養膜合法体から，母親の免疫機能を抑制する成分（サイトカインの一種）が分泌されるなど複数の機構がこの免疫寛容にかかわっていることが明らかになっている。

　着床前の胎芽は，受精卵中にまえもって存在する栄養成分を使って，卵割が進むが，子宮内膜への着床によって，母親の血液を介して栄養素と老廃物，ガス（酸素，二酸化炭素）の交換が行われる従属栄養状態となり，出産まで続く。

　胎盤によって，全てではないが母親と血液成分を共有することは，母親を通じて母親の生活環境に曝露されることになる。後に述べる，母親の感染症，薬剤摂取，飲酒，喫煙，環境汚染などによる胎児の神経系への障害の下地がここにできあがるのである。

2.2　神経系の発達

神経系の発生　栄養膜合胞体は当初は，内部に空洞（杯盤体腔）がひとつだけある構造をしているが，細胞分裂が進む中で，胎盤側の細胞塊に層構造が形成され，そのなかにふたつ目の空洞（羊膜腔）ができあがる。ふたつの空洞の間の隔壁にあたる部分を（二層性）杯盤とよぶが，この部分が，細胞分裂と分裂した細胞の分化を通じて，人の身体を形づくる（図2-2）。

羊膜腔側の一層の細胞群を**外胚葉**，（一次）卵黄嚢側の一層の細胞群を**内胚葉**とよぶが，外胚葉は，神経系，皮膚，内胚葉は消化管，内分泌腺などに分化してゆく。外胚葉と内胚葉の間の細胞群は中胚葉とよばれ，骨，筋や血球などがそこから生じる。

さて神経系は，外胚葉から生じる。杯盤の羊膜腔側に縦に線状の溝ができ，溝が深くなるとともに両側の溝の土手（神経堤）が接触融合し，溝は一本の管（**神経管**）となる。また接触し癒合した神経堤は，神経管の背側に位置し，将来脊髄神経節へと分化してゆく。

神経管を輪切りにした図2-2（中央）からもわかるように，最初の神経管は1層の細胞によって構成されており，この1層の細胞が，後に脳と脊髄を構成する神経細胞（ニューロン）や神経膠細胞（グリア細胞）に分化してゆく。

神経細胞の分化　1層の神経管細胞は，神経管の管壁に対して直角の方向に2分裂し，新しく分裂してできた細胞が神経管の外側に位置するように移動することを繰り返して増殖して厚みを増し，多層構造となる。

分裂，移動を繰り返す中で，神経管細胞は2種類の神経を構成する細胞群に分化してゆく。ひとつは，動物の脳機能を支える**神経細胞**（ニューロン）に分化する。ニューロンは，動物の神経活動を担ういくつかのユニークな機能をもっている。

そのひとつは，常時細胞膜の外側がプラス，内側がマイナスに荷電しているとともに，その荷電が部分的に逆転（**脱分極**）した部分が，細胞体から長く延びる突起（樹状突起，軸索突起）に沿って高速（有髄線維（後述）では秒速50〜70メートル）で移動するという特性である。いうまでもなく，この脱分極こそ，神経細胞の活動そのものであり，私たちの神経活動や精神活動の最も基本的な生物学的現象にあたる。

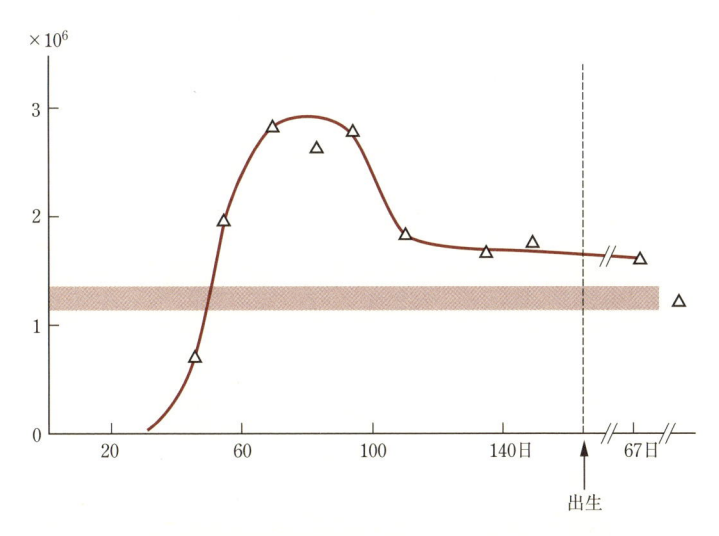

図 2-3　サルの胎児期の神経細胞数（Rakic & Riley, 1983）

　もうひとつの特徴は，この脱分極はひとつのニューロン内だけにとどまらず，シナプスとよばれる隣接細胞との接点（実際には接していないが）を通じて，波及してゆくことができるということである。動物の複雑な行動や，私たちヒトの精神機能も，全て極めて多数の神経細胞のネットワークのうえをシナプスを介して伝播していく膜電位によるといって過言ではない。

　神経細胞は，分裂によって数を増してゆくが，その分裂は胎児期に終了し，出生後は分裂増殖をしないことはよく知られている。さらに動物や流産した人胎児脳の研究によって，神経細胞数は胎児期にピークを迎え，その半数近くが**細胞死（アポトーシス）**を起こすことが明らかになっている。図 2-3 は，サルの脳の神経細胞数を計測した結果であるが，胎生中期に最大となり，その後アポトーシスによって減少した状態で出生を迎えることがわかる。人でも同様の結果が得られているが，なぜこのような一見無駄なことが起こるのかよくわかっていない。シナプス結合の成立が神経細胞の生存に関与しており，一定期間中にシナプス結合ができないとアポトーシスを起こすことも，この大量細胞死の一因であろう（図 2-4）。

　胎児期のシナプス形成に，胎児が体内で受けとる外的な刺激が関与していることは確実であり，個人の発達における胎内環境（経験）の重要性は，も

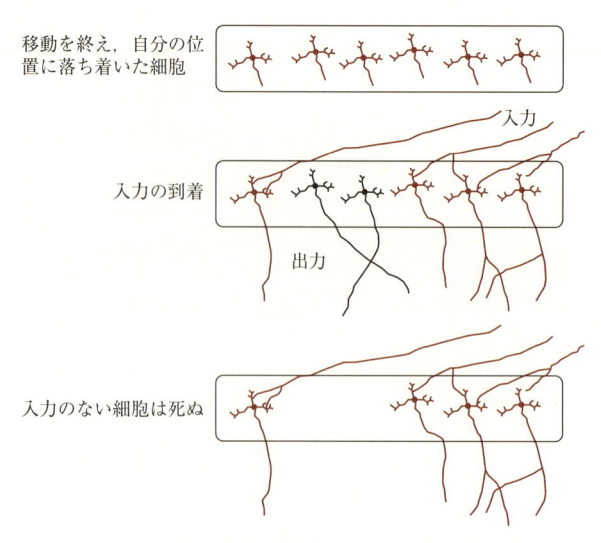

図中ラベル：
- 移動を終え，自分の位置に落ち着いた細胞
- 入力
- 入力の到着
- 出力
- 入力のない細胞は死ぬ

図2-4　シナプス形成は神経細胞生存の必要条件
（Oppenheim, 1989）

っと注目されてよい。いずれにせよ，胎児期に神経細胞の半数が死滅するといったきわめて劇的な変化が起こっているのである。

　神経管の1層の細胞から分化してゆくもうひとつの神経系を構成する細胞（群）は，**神経膠細胞（グリア細胞）**である。グリア細胞は，さらに機能的に数種類に分化し，**アストログリア**（星状グリア），**オリゴデンドログリア**（稀少突起グリア），**ミクログリア**に分化してゆく。

　動物の神経活動を担うニューロンに比べてグリア細胞が神経機能に果たす役割については，十分認識されていない。ヒトの脳は約1500億個の細胞によって構成されているが，そのうちニューロンは150億個に過ぎず，残りの大部分はグリア細胞であることを考えると，その役割は過小評価されている。

　アストログリアはニューロンが正常に活動できるように，ニューロンの周辺の化学的，物理的環境を適正に保っている。オリゴデンドログリアは，後述するミエリン形成を担当する細胞である。ミクログリアは，血液中の白血球の一種である単球が，脳内を自由に遊走しているものであるとされており，主に脳内での免疫機能にかかわっている。

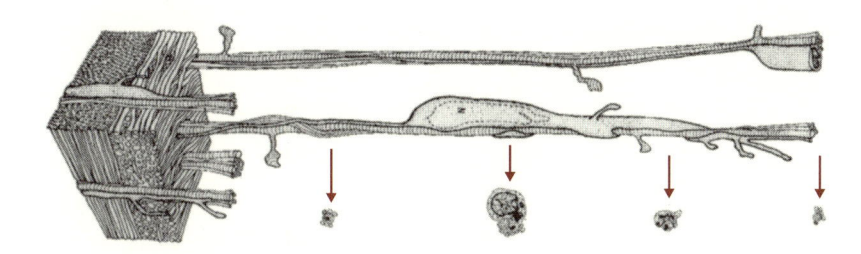

図 2-5　移動中の神経細胞（Rakic, 1972）

　グリア細胞の障害によって引き起こされる障害，疾患については後述するが，神経機能や心理に障害をもたらすことが知られている。

　神経細胞の移動　神経細胞は，原始神経管の一番内側で細胞分裂によって作りだされる。細胞分裂によって新たに生じた神経細胞は，そこからふた通りの移動を繰り返して，その最終的な位置に落ちつく。
　第1段階の移動は，神経管の最内層から，一番外側までの移動である。ラキッチ（Rakic）らによる詳細な研究によって，初期の神経細胞の移動にかかわる大きなふたつの機構が明らかになった。
　まず，神経管の最内側から，最外側に向けての移動である。最内層で分裂によって生じた新しい神経細胞は，先に存在している外側の神経細胞の間をすり抜けて，神経管の最外層まで，グリア細胞の線維（radial glia とよばれる）を伝って移動する。移動の様子が図2-5に示されているが，初期発生における神経細胞は，まだ他の神経細胞とシナプスによるネットワークを形成しておらず，自由に移動できるアメーバ状の形態と運動能をもっている。神経細胞の，グリア細胞の線維にそったちょうど枝を登るナメクジのような移動（図2-5, 右側）は，神経細胞の表面に発現するカドヘリンあるいは神経細胞接着因子（N-CAM）などの細胞接着因子と，細胞外にあるさまざまな分子（コラーゲンなど）との相互作用によって可能になる。また神経細胞の分裂や突起の伸長を促進するさまざまな神経成長因子も，神経細胞の移動に関与している。脳の発生過程におけるニューロンの移動の異常が原因である神経疾患が多数知られている（後述）。

シナプス形成と刈り込み　神経細胞がその機能を果たすためには，他の多数の神経細胞との間に，細胞膜の脱分極を伝達するしくみがあることが必須である。他の神経細胞と細胞膜の脱分極による電気的信号を受けわたしするしくみが**シナプス**である。

　動物の脳が，神経細胞による複雑なネットワークであることは早くから知られていたが，このネットワークが，多数の神経細胞が結合してできあがった結合体であるのか，個々の神経細胞は独立したものであるのか明らかにしたのは，スペインの神経解剖学者である**カハール**（Cajal, S. Ramóny, 1852-1934）である。19世紀末に，神経構造の微細構造についての知見が大幅に増加した。神経組織学者の**ゴルジ**（Golgi, C., 1843-1926,）の開発した神経細胞の特殊な染色法によって，ひとつの神経細胞の多数の突起の先端まで詳細に観察することが可能になった。ゴルジは自らが開発した染色法を駆使して脳の細胞構造について観察を重ね，脳は神経細胞が網状につながった合胞体であるという考え（網状説）を提唱した。同じくゴルジによる染色法を使った脳の神経構造を研究していたカハールは，ゴルジとは全く逆に，個々の神経細胞は独立しており狭い間隙（シナプス間隙）で隔てられていると主張した。後に電子顕微鏡の開発によってカハールの考えが正しいことが証明された。

　神経細胞の軸索の先端に存在する**シナプス小胞**に含まれる神経伝達物質が，軸索を伝播してきた膜電位の変化によってシナプス間隙に放出され，それが反対側にある別の神経細胞の細胞膜に存在する**受容体**（**レセプター**）に結びつき，それが反対側の神経細胞の膜電位の変化を引き起こす。実際には，ひとつのシナプスの膜電位の変化で，神経細胞が興奮（脱分極）を起こすのではなく，ひとつの神経細胞に平均して数千以上あるシナプスのうち一定以上のシナプスで同時に局所的な脱分極が起こったときに初めて，その神経細胞全体が脱分極を起こす。さらに，シナプスには抑制的シナプスと呼ばれる脱分極を抑える作用をもつものもある。ひとつの神経細胞にある数千以上のシナプスの脱分極パターンは理論的にはほぼ無限にあり，その無限の組みあわせのなかで一定の条件を満たした場合だけに神経細胞の脱分極（別の呼び方をすれば，興奮，あるいは発火）が起こるのである。150億ある神経細胞の内部を電気的な興奮（脱分極）が伝わる方法には，このように実質的には無

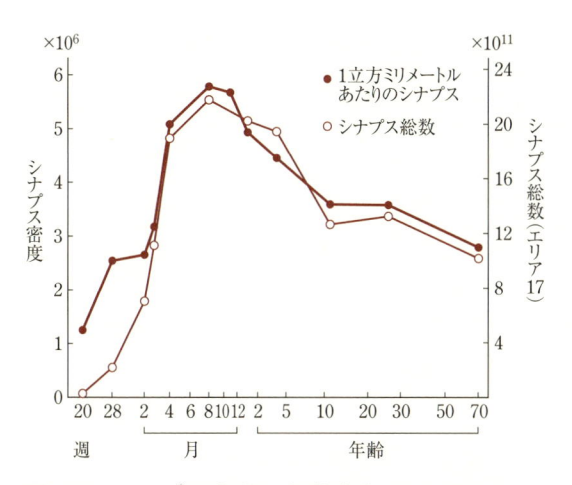

図 2-6 シナプス密度の年齢変化（Huttenlocker et al., 1982）

限といってよいほどのパターンがあり，それが個人の神経，精神活動の個性の源となっている。そして理論的には可能ではあっても，人の脳の働きをコンピューターなどで再現することが現在の技術では困難であるのも，こうした人の脳構造の複雑性にあるのである。

　前述のように，発生初期の神経細胞間にはシナプス結合はない。神経細胞の移動による脳の構造がほぼ定まる胎生（27週）くらいから，シナプス形成が始まる。かつては，シナプスの数は胎生期から増加しはじめ，出生後，運動や精神機能の発達，学習に伴って成人になるまで増加してゆくものと考えられていた。現在でも，早期教育の宣伝文句に，神経細胞同士の結びつき（シナプス）は，幼児期の教育環境が悪いとうまくできてこない，といった記載があるのも，そうした初期の考えかたが反映したものである。

　しかし，シナプス数を人の剖検脳を使って詳細に計測した**ハッテンロッカー**（Huttenlocker, 1982）によって，この初期の考えかたは否定された。図2-6に示したのはハッテンロッカーによる年齢ごとのシナプス密度の変化である。

　図2-6から分かるように，シナプス密度は，胎児期から乳児期には急増するが，1歳以降はむしろ減少するのである。ハッテンロッカーが，シナプス

2章　胎児期・周産期　　83

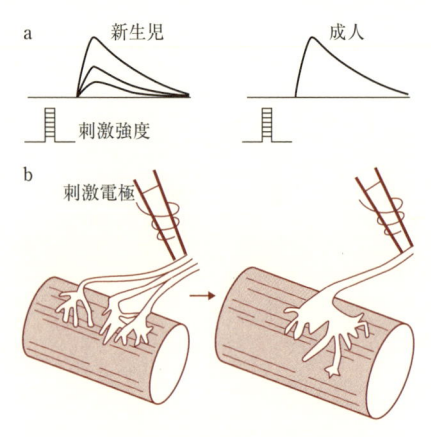

図 2-7 シナプス数減少と機能の向上
（Levitan & Kaczmarek, 1991）

密度の年齢変化を研究することを思いついたのは，精神遅滞児の剖検脳でシナプス密度が低いことを小児神経の臨床で経験していたからである。シナプス密度が高いほうが，それだけ神経ネットワークの機能が高くなると思っていたハッテンロッカーの当初の予想は見事に裏切られたことになる。

　言語や社会性などを急速に獲得してゆく幼児期に，むしろシナプスの密度は減少してゆくという事実はどのように説明すればよいのだろうか。こうした事実を矛盾なく説明するのが，**シナプスの刈り込み**と**長期増強現象**である。

　シナプス刈り込みとは，ちょうど植物の枝を剪定するように，余分なシナプスが切り捨てられてゆく過程のことである。この過程で余分なシナプスは消滅し，ハッテンロッカーの研究で明らかになったように，シナプスの密度は脳機能の発達にもかかわらず減少するという一見逆説的な現象がみられるのである。

　なぜ，数が減少するのに，機能は向上するのだろうか。図 2-7 にシナプス数の減少と，機能の向上の一見逆説的な現象を説明している。図では，神経細胞どうしではなく，神経細胞と筋細胞との間のシナプスで説明してあるが，本質的には同じである。

図2-7の左は，新生児の筋細胞に3つのシナプスが結合している状態である。そのグラフは，3つの個々のシナプスにつながる神経を図のように人工的に電気刺激したときに起こる筋細胞の膜電位変化である。同じ刺激でも，シナプスによって惹起される筋細胞の電位変化に差があることがわかる。まんなかのシナプスが一番効率がよいことも見て取れる。

　図2-7の右は，シナプスの刈り込みによって，まんなかのもっとも効率のよいシナプスだけが残った状態を示す。シナプス数は3つからひとつに減ったが，結果として効率のよいシナプスが残ったことがわかる。発達，学習過程は，シナプス数が増えるのではなく，より効率のよいシナプスだけを残し，効率の悪いシナプスを切り捨ててゆく過程なのである。

　では，神経機能の発達は，シナプスの刈り込みだけで説明できるのだろうか。シナプスの刈り込みは，ハッテンロッカーの図2-6からもうかがわれるように，幼児期から少年期に最も盛んに行われる。思春期を越え成人期になるまで続く精神，運動機能の発達を細胞レベルで説明するためには，シナプスの刈り込みのみでは説明できない。

　シナプスの機能が，頻回に使用されることによって変化することを発見したのは**ブリス**（Bliss, T. V.）らであった。ウサギの海馬にある錐体細胞CA1にシナプスを介して接しているCA3細胞の軸索を電気的に刺激すると，CA1細胞に脱分極が起こる。高頻度で電気的な刺激を与えて改めて電気刺激を与えると，脱分極の電位が大きくなり，その効果は一定の時間続くことをブリスは発見したのであった。長期増強現象（long term potentiation）とよばれるこの現象は，シナプスの機能は，シナプスが頻回に使われることによって向上することを反映したものである。この**長期増強現象**は，学習や記憶の神経学的な基盤であると考えられている。

ミエリン（髄鞘）形成　学習や記憶におけるシナプスの重要性は明らかである。しかし神経系が十全の機能を発揮するために，もうひとつ重要な要素がある。それが**ミエリン形成**（myelination）である。

　ミエリンは前述の神経膠細胞のひとつであるオリゴデンドログリア細胞の細胞体の一部が薄いシート状に伸びだして，神経細胞の軸索突起に何重にも巻きついたものである。ミエリンは脂質に富んだ膜で，細胞外液中で神経細

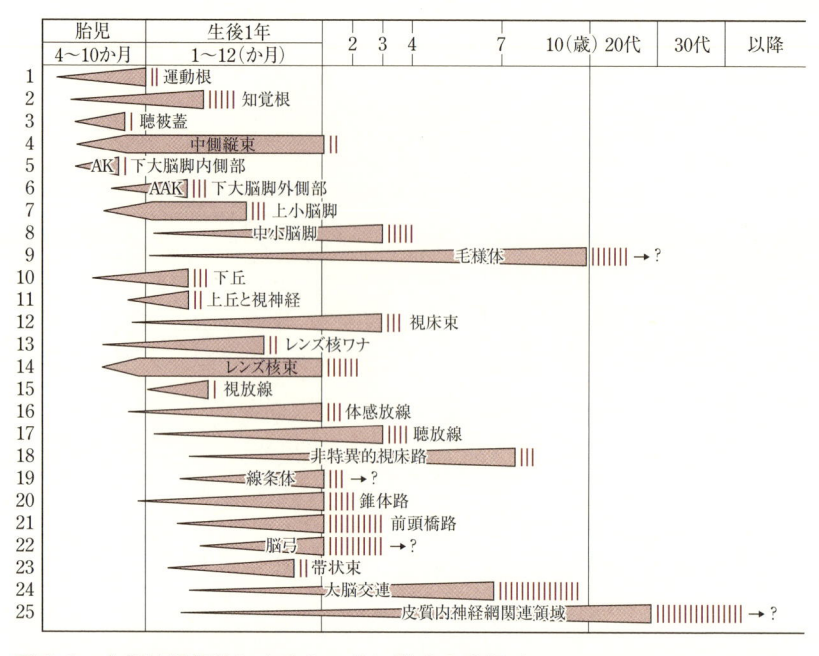

図2-8 中枢神経部位によるミエリン形成の時期（Yakovlev & Lecours, 1967より）

胞の軸索を絶縁する効果と，脱分極の軸索に沿っての伝導速度を上げる効果がある．大脳運動野から脊髄中を下降する人体で最も長い軸索を含む錐体（神経）細胞では，成人ではその伝導速度は秒速50〜70メートルに達する．しかし，ミエリンがまだ十分に形成されていない乳児ではその速度は秒速20メートル前後にとどまる．また，ミエリンの障害による疾患では，伝導速度の著明な低下によって重篤な症状を呈する．

オリゴデンドログリアによるミエリン形成の時期を明らかにしたのが図2-8の**ヤコブレフ**による有名な研究である．

縦線で4分割されているのは，それぞれ胎児期，乳児期，少年期，成人期である．中枢神経系の25の部位によって，ミエリン形成の時期が異なること，早い部分は胎生初期からミエリン形成が始まることがわかる．一番早い

のは，脊髄の運動神経根や知覚神経根である。この図からわかるように，大脳運動野にある随意運動を司る錐体細胞（図2-8の⑳）の軸索などは，乳児期に急速にミエリン形成が起こり，乳児期の随意運動の発達と同期しているが，複数の部分で胎児期からミエリン形成が起こっていることがわかる。かつて新生児は，大脳皮質の機能を欠く「中脳動物」であるといわれた時期があるが，このミエリン形成ひとつをとっても，神経系を含めた人の発達は，すでに胎児期に始まっていることは明らかであろう。

これまで述べてきた，神経細胞の分化，移動，アポトーシス，シナプス形成，ミエリン形成などの中枢神経発達は，遺伝子によって規定されている部分が大きいことは明らかである。しかし変化の大きい部分がより環境によって影響を受けやすいという，人の身体発達の基本的なルールを考えると，今まで考えられていた以上に，胎内環境が中枢神経系の発生と発達に及ぼす影響は大きい。神経と脳の発生については，本章の枝章［身体］「神経と脳の発生」として特に1章を設けて紹介する。

2.3 胎児の脳機能の発達

遺伝的に決定された構造をもつ脳が，さまざまな外界からの刺激（経験）によって発達してゆく，というのが従来の脳発達のモデルである。遺伝的に決定された脳構造は静的であり，経験によって動的に変化する部分がシナプスである。経験によって，シナプスの新生や，刈り込み，そしてシナプス伝達の効率化（長期増強現象）であることはすでに述べた。

胎内ではもっぱら，遺伝子によって規定された脳の構造が構築され，出生後外界の刺激によるシナプスの変化が，ヒトの脳発達の基本であるという考えかたは，大筋では正しい。しかし近年，胎児研究と遺伝子発現の研究によって，出生時をゼロ点としてヒトの脳発達をみてゆくことは不十分であることが明らかになってきた。以下のような事実は従来の見かたを変更することの必要性を示唆している。

① 胎児は，刺激のない世界にいるのではなく，さまざまな物理的環境（音，振動，放射線）や化学的環境（ホルモン，化学物質，薬物）の影響を受けていること。

② 遺伝子発現は，固定的なものではなく，環境によって変化すること（エピジェネシス）。

胎児行動観察　前者についての理解は，さまざまな環境要因による胎児の疾患や，胎児行動の研究によって深まってきた。環境によって胎児が受ける影響については，薬物（抗てんかん薬，睡眠薬），母親の感染症（風疹，サイトメガロウイルス）あるいはホルモン異常症（母親の甲状腺機能低下症，糖尿病）による胎児の病態は，出生後の乳児の疾患として認識され，胎内環境が胎児に与える影響を間接的に理解することの手助けとなっていた。近年は，胎児の行動や脳機能を，胎内にいる状態でモニターすることができるようになった。超音波診断装置の発達によって，胎児の細かな動きを母親の腹部に置いた検知器によってリアルタイムでみることで，音などの刺激や母親の身体状態の変化に伴う胎児の行動を観察することができる。かつては解像力が低く，胎児の大きな身体運動しか見ることができなかったが，最近の装置では，胎児の眼球運動や心拍動，表情などを捉えることができるようになり，乳児の行動観察に匹敵する胎児行動観察が可能になっている。

さらに MRI などの画像検査法を使って胎児の脳の形態を観察することによって，胎児の行動と脳構造の関係を検討することができるようになった。

エピジェネシス　受精卵の分裂によって，体細胞は身体を構成する多種の細胞に分化してゆく。神経系ではニューロンとグリア細胞という全く機能の異なった細胞群に分化する。もっている遺伝情報は同じなのに，その一部だけが翻訳され個性をもった細胞に分化してゆく過程を**エピジェネシス**（epigenesis）とよぶ。遺伝子は固定されているが，DNA のうち翻訳されている部分が異なるのは，DNA が翻訳されてタンパク質が合成される過程が環境によって修飾されるためであることが明らかにされた。「遺伝子は固定されている」という従来の考えかたは，間違いではないが，遺伝子自体は変化しないがその発現（タンパク質への翻訳）は，環境の影響を受けるのである。

胎内環境と胎児の脳発達　このように考えてくると，ヒトは遺伝子情報によ

って形づくられた脳をもって、出生とともに外界の刺激に曝露され、脳が発達してゆくという従来の考え方は改める必要があることは明白であろう。

第一に遺伝子は、胎内環境によってその発現が変容する。薬剤、たとえば**サリドマイド**による四肢奇形は、その典型的な例である。妊娠中の女性の飲酒による**胎児アルコール症候群**（後述）では、94パーセントに小頭症がみられるが（Volpe, 1995）、アルコールが、脳形成を押しすすめる遺伝子発現のプログラムに大きな影響を与えることの証左である。

胎内環境のなかで、胎児の脳内では、遺伝子は環境による修飾を受けつつ、細胞の分化、細胞死、移動、ミエリン形成が進行し、環境による条件づけによって、シナプスの新生、刈り込み、長期増強現象が起こっている。

早期の脳発達に及ぼす胎内環境の影響も無視できない。いわゆる五感のうち、視覚を除く、嗅覚、味覚、触覚、聴覚は、胎内での経験が、胎児行動のみならず、出生後の乳児の行動に影響を与えていることを示す多くの知見がある。頻繁に飲酒をする母親から生まれた乳児は、アルコールの匂いに対して、飲酒しない母親から生まれた乳児よりも強い反応（身体運動）をすることが観察されている（Faas et al., 2000）。これは、胎児期に羊水中のアルコールに暴露された胎児が、アルコールの匂いを記憶していることを示している。さらに、ラットによる動物実験や、人での疫学的研究から、胎児期にアルコールに曝露された人は、成人になったときによりアルコールを好む傾向にあることが示唆されている（Spear & Molina, 2005）。乳児が自分の母親の母乳を好むのも、胎児期に母親が摂取した食物の味や香りを、母親の血液を介して経験し記憶しているためであるとされている（Marlier et al., 1998）。

糖尿病の母親の胎児の脳は、高血糖状態下で発達するが、音への馴化反応が非糖尿病の母親の胎児より遅延することが示されている（Doherty & Hepper, 2000）。胎児の化学的な環境が、胎内での刺激に対する脳の反応に影響を与えていることがわかる。音への馴化反応とは、同一の音を聴取したときに、次第に反応が小さくなることであるが、その反応の場はシナプスであると考えられる。胎児の急速な大脳皮質の増大の背景に、シナプス新生や刈り込み現象があること、そしてその原動力に外界からの刺激があることを考えると、新しいシナプス結合に伴う行動上の変化が胎児にみられることはむしろ当然といってよいだろう。

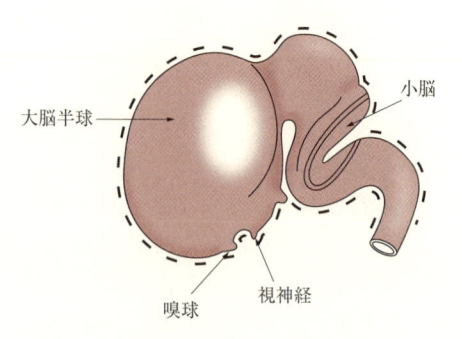

図 2-9　受精後 8 週胎児の脳の外観（ムーア，2007 より）

　胎内での音環境は，体外と異なり，より周波数の低い音が主体であり，胎児が高音より低音によく反応する（心拍変化）こと（Gerhardt & Abram, 1996），音への反応が在胎週数によって変化（発達）すること（Morokuma et al., 2008）などが知られている。非侵襲的な**脳機能イメージング検査法**である**脳磁図**で，胎児脳の音への反応を調べた研究では，28 週の胎児は，500 Hz と 750 Hz の音を聞き分けていることが明らかになった（Draganova et al., 2007）。こうした聞きわけは，胎児が子宮内でさまざまな音を聞いて学習したからこそ可能になったのである。

　このような胎内で胎児が，さまざまな刺激に対して，乳児と同じく敏感に反応している実例は枚挙にいとまがない。しかし胎内での胎児の反応をモニターすることはさまざまな観察手法によって可能になったが，まだ直接に観察できる乳幼児に比べると情報が不足している。今後胎児の行動についての知見が蓄積されることによって胎児心理学の分野はますます発展するであろう。

　胎児脳機能の発達経過　前項で述べた胎児の刺激に対する反応は，当然胎児の月齢によって異なる。本項では，さまざまな条件下での胎児の行動の発達を概観する。

　胎児の運動が最初に検知されるのは，受精後 7〜8 週である。この時期の脳はまだ大脳半球の形成が始まったばかりであり，ニューロンの移動による

層構造は未完成である（図2-9）。**ヤコブレフ**によるミエリン化も，脊髄からでる運動神経（運動神経根）など下位の中枢神経にしか起こっていない。その結果として胎児の運動は，脊髄や中脳に中枢がある運動反射が主なものである。全身を伸展させる驚愕反射様の運動や，四肢の運動もみられる。こうした運動は，関節の発達や，皮膚どうしの癒着を防ぐことに役立っていると考えられている。先天性の神経ないしは筋肉の疾患で，胎児期に四肢の運動が少ないと，全身性の**関節拘縮症**（arthrogryposis）が起こることは，臨床的によく知られている。

第2三半期（4か月）に入ると，大脳半球の急速な発達が起こる。第1三半期にみられた全身の運動はやや減少し，呼吸運動や眼球運動などの局所的な運動が目立つようになる。呼吸運動は，第3三半期ではさらに増加し，胎児の大きな運動の30パーセントを占めるようになる。運動のタイプによって，胎児の発達に伴う生起パターンが異なることも観察されている。呼吸運動や顎の運動，吸啜（きゅうてつ）運動は，胎児月齢とともに徐々に増加し，驚愕反応や全身伸展運動，手を顔にもってくる運動は，いったん増加するが月齢に伴って減少する（de Vries et al., 1985）。

知覚のなかで一番早く発達するのは，触覚である。すでに9週の胎児では口唇への接触によってその部分の動きが誘発される。出生後最初に機能する吸啜反射は，胎内でも初期に出現する。12週になると，手掌（てのひら）への接触で把握反射が誘発される。胎児の手の動きを，超音波検査装置で観察すると，子宮壁や臍帯（さいたい），あるいは自分の顔に触る動きがみられる。手で臍帯をつかむ動きも観察されるが，なかには持続的に臍帯を握ったままでいたために，胎児自身が低酸素状態になり救急で帝王切開をしたという報告さえある（Hebek et al., 2006）。

触覚に次いで，味覚と臭覚が発達する。これらの知覚の発達は，母親の血液成分のなかの味覚や臭覚物質に対する，心拍の変化や胎動から知ることができる。妊娠中に飲酒をした母親から生まれた新生児では，アルコールの匂いに対する反応が，非飲酒の母親から生まれた新生児と異なることについてはすでに述べた。また，新生児が母親の母乳を，他人の母乳や人工乳より好む理由として，母親の血液と母乳中の味あるいは匂いに関する分子の記憶が関係している可能性についてもすでに触れた。

聴覚に対する胎児の反応に関しては多くの研究がある。19週の胎児は，母親の腹壁にあてた 500 Hz の音に反応して体動が観察されるが，より高音域（1000 Hz）では反応がみられない（Hepper & Shahidullah, 1994）。胎児の内耳に達する音は，生体組織に吸収されにくい低音域が中心であり，吸収による音量の損失は 30 デシベル以下である（Gerhardt & Abram, 1996）。28 週になると，500 Hz と 750 Hz の純音に対する胎児脳の反応が異なっていることが，脳磁図を使った研究で明らかになっていることは前項で述べた。子宮内で聞こえる最も強い音は，母親の声である。高音域は組織に吸収されるものの，胎児に母親の声が届いていることは明らかである。新生児の母親の声に対する嗜好性は，母親の声の短期記憶が残っているためと解することができる。

　眼球は，在胎 4 か月ですでに基本的な構造ができあがっており，ゆっくりとした眼球能動が認められる。網膜の中心部では視覚細胞がすでに完成しているが，網膜から一次視覚野（後頭皮質）への視覚投射路のミエリン化はまだ完成しておらず，たとえ網膜に光がはいっても，一次視覚野への刺激はほとんどないものと思われる。在胎 7 か月になると，眼球構造はほぼ完成し，明暗を感じることができる。生後 7 か月で生まれた早産児が，明るい光に対して瞬目したり，顔をしかめたりすることから，すでに視覚野まで視覚刺激が伝達されていることがうかがわれる。しかし子宮内はほぼ暗黒であり，視覚刺激による視覚伝導路や一次視覚野のシナプス形成は，出生後急速に加速される。

　出生時の視覚刺激に対する乳児の反応から，新生児は明暗やコントラストをまだ十分に見わけることができず，大きな物の輪郭がぼんやりと見える状態であることが明らかになっている。一次視覚野への視覚伝導路の完成に，両眼からの視覚刺激が必要であることは，**ヒューベル**（Hubel, P. H., 1926- ）らによる乳児ネコの目の遮蔽実験によって明らかになっている（Wiesel & Hubel, 1963）。乳児期に片眼からの視覚刺激がないと，反対側の眼から入ってくる視覚刺激によって，遮蔽された方の目から一次視覚野へシナプス結合が，反対側のシナプス結合によって置きかえられ，遮蔽目側の視覚投射路の機能は廃絶ないし低下する。しかしこの**シナプス競合**と呼ばれる現象は，成熟したネコには起こらない。つまり生後しばらくの間（**臨界期**）のみ，視覚

刺激の来ない側の視覚野に反対側からの視覚投射路によるシナプス競合が起こるのである。視覚野におけるシナプス競合は，外界からの刺激による脳の可塑性の典型例である。

視覚や聴覚といった外界からの刺激によって，胎児の脳機能を推測するのに比べて，意識や記憶といった高次脳機能についてエビデンスに基づいた科学的な知見を得ることは方法論的に困難がある。

胎児の高次脳機能　心理学が対象とする，言語，記憶，意識といった高次脳機能や，情動が胎児期にどの程度発達しているのか興味あるところであるが，胎児の高次機能の定義そのものと，方法論のうえで困難があり，まだあまりわかっていない。

言語については，胎児が胎内で聞こえる人の声のリズムを出生後まで記憶していること（Moon & Fifer, 2000）や，腹壁にあてたラウドスピーカーから聞かせた母親の声に強く反応する（心拍変化）ことなどから，言語音の聞きとり能力をある程度有していることが推測される。言語半球は約90パーセントの成人では左大脳皮質にあるが，生後すぐに人の声を聞かせて，脳内血流を近赤外スペクトロスコピー（NIRS）とよばれる，非侵襲的な脳血流測定装置で計測した研究によると，生後2日から5日の新生児で，言語中枢が左側頭葉に局在していることが示唆されたという（Peha et al., 2003）。ピーハ（Peha）らは，生後2日〜5日の新生児に，ふつうの会話，録音した会話のテープを逆回ししたもの，さらに何も聞かせない状態で，左右の側頭葉の血流変化をNIRSで計測した。その結果，普通の会話を聞かせたときに，録音された会話のテープの逆回しや，なにも聞かせない状態に比べて，有意に左側頭皮質において血流の増加が認められた。この新生児の明らかな言語音への反応能力が，生得的なものであるのか，あるいは子宮内での外界の言語の聴取という経験によって獲得されたものであるのかは明らかではない。胎児に器具を使って話しかけることを推奨する胎教のグループがあるが，そのような働きかけが，出生後の言語能力に影響を与える科学的根拠はない。

胎児に睡眠・覚醒のリズムがあることは，超音波診断装置による胎児の眼球運動の観察によって明らかになっている（Okai et al., 1992）。**急速眼球運動**（rapid eye movement: REM）の認められる**レム**（REM）**睡眠**は，在胎

28週から明らかになり，REM睡眠の量は，月齢が進むにしたがって増加してゆく。睡眠リズムの周期は，視索上核とよばれる視床下部近傍の神経細胞内の厳密な化学反応による**生体時計**によって，1日約24時間半に定められている。1日に約30分ずつずれる生体内時計と地球自転による1日のずれの調整を行っているのが，網膜の光刺激によって調節される松果体から分泌される**メラトニン**である。胎児は，母親血液中のメラトニン増減によって間接的に，外界の夜昼のリズムの影響を受けている。新生児期はまだメラトニンが分泌されず，一生のうちで唯一メラトニンによる**サーカディアンリズム**の影響を受けない時期である。新生児が生後4か月ころまで，夜昼の区別がなく細ぎれに睡眠をとることも，メラトニンが分泌されないことが関係している。

睡眠の中枢は，脳幹部の**橋**（pons）にあるが，近接する呼吸中枢と密接な関係をもっている。**中枢性低換気症候群**（別名：オンディーヌの呪症候群）は，睡眠時に呼吸が停止してしまう，まれな遺伝子異常による疾患であるが，自律的な呼吸リズム発生が，睡眠時に停止してしまうものである。胎児は羊水を胚のなかに吸い込む呼吸運動をしていることが知られているが，胎児の呼吸はREM睡眠時だけにみられ，REM睡眠が増加するとともに持続的な呼吸運動も増加する。

乳児突然死症候群は，乳児期前半（生後6か月までに集中）に，睡眠時に長い無呼吸状態となり，呼吸が回復せずに死にいたる原因不明の疾患である。メラトニンによる睡眠リズムが確立するまえの時期に多発することから，睡眠呼吸リズムの中枢の未成熟がその背景にあるという考え方がある。

睡眠リズムは呼吸，心拍，体温調節などの自律神経リズムの生成と維持に深く関与している。胎児は膀胱がいっぱいになると，自律神経反射によって自動的に排尿を行うが，胎児の排尿は，REM睡眠の初期に起こることが明らかになっている（Koyanagi et al., 1992）。

胎児期の記憶については，多くの俗説があるが，視覚的あるいは言語的な長期記憶（エピソード記憶）は，視覚や言語機能の発達過程を考慮すると不可能である。出生時の視覚的記憶（自分を見つめる人，出生した部屋の様子の記憶）は，新生児の視力が，近接した大きな形状の認知くらいしかできないことを考えると原理的に不可能であることがわかる。しかし，新生児期

表 2-1 先天性疾患（原因別）

1 遺伝子異常症
2 染色体異常症
3 感染症
4 薬物
5 化学物質・ホルモン
6 物理的原因（放射線など）
7 不明（多遺伝子疾患の可能性）

に胎児期後期の短期〜中期の意味記憶があることは，前述のアルコールや母親の母乳の匂いの記憶や，腹壁のうえから振動刺激を与えた胎児が，出生後に同刺激に対する馴化が早い（Gonzalez-Gonzalez et al., 2006）ことなどからも明らかである。

❸ 先天性疾患

　生殖細胞（卵子，精子）の生成，受精，胎児の成長と発達，そして出生（分娩）過程に何らかの障害があるために，出生前に病態が既に存在している疾患の総称が，**先天性疾患**（congenital diseases）である。

　先天性疾患の，分類方法はいくつかあるが，理解を助けるために，①原因の性質による分類，②病態発生の時期による分類，③病態の種類による分類について概説したあと，主要な先天性疾患の各論について述べる。

　先天性疾患をその原因別に分類したのが表 2-1 である。

　近年の遺伝子学の進歩で，従来は原因不明であった多くの先天性疾患が，遺伝子異常症に分類されるようになってきている。かつては，原因別の先天性疾患のなかで大きな比重を占めていた先天性代謝異常症（酵素異常症）は，欠損あるいは変質した酵素タンパク質をコードしている遺伝子の異常が同定されており，基本的にはほぼすべて遺伝子異常症であると考えてよい。

3.1 遺伝子異常

　遺伝子異常がすべて，発現されるタンパク質の異常を通じて病態につながることは共通であるが，それが疾患（障害）につながる機構には，遺伝子学における急速な知見の積みかさねにより，ひととおりではなく，さまざまな

形があることが明らかになってきた。

　DNAの転写によって細胞内で産生される物質はすべてタンパク質であるが，タンパク質をその機能によって大まかに分類すると，以下のようになる。

①**酵素タンパク**：細胞内外での化学反応の触媒採用：（例）フェニルアラニン水酸化酵素など
②**構造タンパク**：細胞膜や細胞外の基質（マトリクス）の構成成分：コラーゲン，ジストロフィンなど
③**膜タンパク**：細胞膜に存在し，細胞内外の物資移動（イオンチャンネル），表面の受容体（レセプター），接着因子（細胞同士の接着）：アセチルコリンレセプター，カドヘリン，NCAM，HLA，免疫グロブリンなど
④**細胞移動**，細胞内輸送関連タンパク：アクチン，ミオシン，ミクロチュブリル，ダブルコルチン
⑤**血漿タンパク**：アルブミン，セルトロプラスミン，フィブリン，血液型物質，第Ⅷ因子など
⑥その他：ペプチドホルモンなど

　これらの多くのタンパク質について，コードしている遺伝子異常が知られており，またそうしたタンパク質異常による発達にさまざまな障害を起こす，先天性神経疾患が知られている。そのすべてを網羅することは本項の目的ではないので，代表例を挙げてやや詳細な説明を加えてみよう。

　遺伝子型（genotype）の異常が，疾患あるいは障害としての**表現型**（phenotype）につながる古典的な例は，酵素異常症や構造タンパク異常症である。酵素異常症の典型的な発症のメカニズムは，酵素タンパクをエンコードしている遺伝子の1塩基の置換によって，アミノ酸がひとつ異なった酵素タンパクが転写・合成され，それが酵素機能の低下や脱質，酵素反応の停止による基質の増加・蓄積，あるいは反応産物の低下による細胞機能障害が生起するというものである。

　古典的な先天性代謝異常症を例に挙げて，酵素欠損とそれがもたらす病態について説明する。

　アミノ酸代謝異常症のひとつである**フェニルケトン尿症**（phenylketonuria：PKU）は，出生直後より明らかになる重篤な精神・運動発達の遅滞とけいれん（てんかん）を主徴候とする先天性疾患である。出生直後はまったく

正常であるが，ミルク（母乳）を飲みはじめると，易刺激性や頻回の嘔吐が出現し，ついで難治性のけいれん発作がみられるようになる。生後数か月すると運動や精神発達の重度の遅れが目立つようになり，多くの子どもは重度の精神運動発達遅滞児の様相を呈する。フェニルケトン尿症の背景にアミノ酸代謝異常があることは，1930年代に，患者の尿中にフェニルピルビン酸が大量に含まれていることによって気づかれた。食事中に含まれるアミノ酸のひとつであるフェニルアラニンをチロシンに変換する酵素であるフェニルアラニン水酸化酵素（PHA）の活性が低下していることが原因であることがほどなく突きとめられた。胎児期は，母親の肝臓の正常なPHAによって，胎児血中のフェニルアラニン値は正常範囲内に収まっており，正常な子宮内発達を遂げるが，出生後ミルクを飲みはじめてしばらくしてから症状が現れるのはそのためである。現在では，新生児期に血液検査（ガスリー検査）をして，PKUのスクリーニングが行われている。新生児期にPKUと診断された乳児は，フェニルアラニンを含まない特殊ミルクで育てるが，乳幼児期PHAの酵素活性がないために，血液中のフェニルアラニンが異常な高濃度になり，それが神経細胞を障害し臨床症状が発現すると考えられている。PHAをコードする12番染色体上にあるPHA遺伝子の塩基配列の異常（多くは点変異）が，究極の原因である。いままでに400種類以上のPHA遺伝子上の変異がPKUの原因として報告されている。

　テイ-サックス（Tay-Sacks）**病**は，19世紀後半に，眼科医の**テイ**（Tay, W., 1843-1927）による精神遅滞を呈する乳児の眼底所見の報告（Tay, 1880-81）と，サックス（Sacks, B., 1858-1944）による精神遅滞児の脳病理所見の発表（Sacks, 1887）によって知られるようになった，ユダヤ人に多い遺伝性神経疾患である。東欧出身のユダヤ人家系に多くみられ，常染色体劣性遺伝形式で遺伝する。アメリカ在住のユダヤ人では約27人にひとりが保因者であることが知られている。生後数か月までの発達は正常であるが，数か月ごろから精神発達の速度の鈍化と退行（発達指標が後戻りすること）が出現するとともに，聴覚過敏症（音によってけいれん誘発）やてんかんが発症する。テイが報告した眼底所見は，さくらんぼ様の赤い網膜の斑点（cherry red spot）とよばれ，きわめて特徴的な診察所見である。精神運動遅滞は急速に進行し，2歳ごろまでにはすべての自発運動は消失し，寝たきりの状態

遺伝子異常 → 酵素タンパク構造異常 → 酵素活性低下・消失 → 基質の蓄積 → 細胞機能障害・細胞死 → 神経症状

図 2-10　テイ-サックス病の発症機構

になる．通常，生後2〜3年で死の転帰をとる．脳病理所見で，脳神経細胞内に異常な蓄積物があることが発見され，この重篤な遺伝性神経疾患の病態の背景に，神経細胞内の代謝異常が存在することが示唆された．1960年代になって神経細胞の化学的分析によって，神経細胞内にGM2ガングリオシドとよばれる物質が，正常の100倍から300倍蓄積していることが明らかになった．そしてこの異常な蓄積は，神経細胞内のさまざまな物質を分解する細胞内小器官であるライソゾームにおける，ヘキソサミニダーゼとよばれる酵素の欠損とそのためにその酵素によって分解を受けるはずの基質であるGM2ガングリオシドとよばれる多糖類であることが明らかになったのである（Okada & O'Brien, 1969）．現在ヘキソサミニダーゼをエンコードする遺伝子にさまざまな形の変異が起こっていることが明らかになっている．テイ-サックス病の病態は，図2-10に示したような経路で生じている．

　1960年から70年代にかけては，多くの原因不明の遺伝性神経疾患で酵素欠損が次つぎに明らかになった．そして遺伝子解析方法の進歩によって，酵素タンパクの構造異常の背景にある遺伝子異常が次つぎに明らかになっている．

　構造タンパク質をコードする遺伝子異常による遺伝性神経疾患の代表は，**デュシェンヌ**（Duchenne）**型筋ジストロフィー**であろう．別名進行性筋ジストロフィーとも呼ばれるDuchenne型筋ジストロフィーは，フランスの神経科医である**デュシェンヌ**（Duchenne, G. B. A; 1806-75）によって詳しく報告された．患児は，乳児期には特に発達に異常は認められないが，幼児期より筋力が徐々に低下しはじめ，起立困難や歩行障害が出はじめる．全身の筋力低下は徐々にしかし確実に進行し，歩行不能になる．四肢の随意運動が著しく制限され，車椅子あるいはベッド上での仰臥生活を余儀なくされる．

遺伝子異常 → 構造タンパク異常 → 細胞脆弱性 → 細胞変性壊死 → 臨床症状

図 2-11　構造タンパク異常による症状発生

　筋力低下は呼吸筋や心筋にもおよび，呼吸まひ，あるいは心不全によって30歳代以降まで生存することは難しい。患者は男性に限られること，母親を通じて遺伝することから，X染色体上に責任遺伝子があることがわかっていた。X染色体上の遺伝子解析によって1986年アメリカの**クンケル**（Kunkel, L. M.）によって，**ジストロフィン**と名づけられた大きなタンパク質をコードする遺伝子上の欠損が発見され，その本態が明らかになった（Kunkel et al., 1986）。ジストロフィンは骨格筋や心筋を構成するタンパク質であり，筋細胞の細胞膜と，細胞内の収縮タンパク（アクチン）を結びつける役割をもっている。ジストロフィンをコードしている遺伝子に欠損があるために，筋ジストロフィーの患者では，細胞膜が脆弱で筋収縮を繰り返すうちに筋細胞が変性，壊死を起こしてしまうのである。酵素タンパク異常症にならって，遺伝子異常がデュシェンヌ型筋ジストロフィーの症状を引き起こす機構を図示してみると，次の図2-11のようになる。

　細胞膜上あるいは細胞膜を貫通して存在するタンパク質は，細胞どうしの接着や，膜をとおしての物資の移動（チャンネル），受容体を介する情報伝達などきわめて多彩な機能を担っている。**NCAM**（neuronal cell adhesion molecule）は細胞膜を貫通して，細胞膜表面にでているタンパク質であるが，未熟な神経細胞にはみられず，成熟した神経細胞だけにあるタンパク質であり，神経細胞の移動などに重要な働きをしている。特定の神経疾患との関連はいまのところ明らかではないが，**ノックアウトマウス**（人工的に責任遺伝子を壊したマウス）でこのタンパク質の発現を抑えると，精神遅滞を起こすことが報告されている。ヒトの精神遅滞の3分の1は原因不明であるが，原因不明の精神遅滞の一部は，NCAMのような細胞接着因子の異常が背景にあると考えられる。

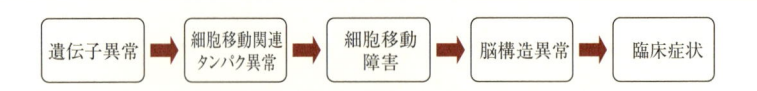

遺伝子異常 → 細胞移動関連タンパク異常 → 細胞移動障害 → 脳構造異常 → 臨床症状

図 2-12　細胞移動障害による疾患のメカニズム

　神経系の発生過程で，神経細胞が移動することを述べたが，神経細胞の移動にかかわるタンパク質の異常による神経疾患が知られている。**二重皮質症**（帯状異所神経症）とよばれる脳奇形症候群では，通常大脳表面にある皮質が脳表面だけでなく，脳の中層にも帯状に存在する。二重皮質症では，**ダブルコルチン**とよばれる，神経細胞の移動に関係するタンパク質をコードしている遺伝子に変異があることが明らかになっている。遺伝子異常が臨床症状につながる道筋は図 2-12 のようになる。このように，遺伝子異常によって，すでに胎生期から脳内の代謝や構造異常が起こる機構は，近年のさまざまな先天性脳疾患の責任遺伝子の発見によって，実にさまざまな様態があることが明らかになってきた。現在は原因不明の先天性脳疾患についても，今後遺伝子異常の発見によって，その病態の理解がなされることが期待される。

3.2　染色体異常

　染色体は DNA が高い密度で折りたたまれたものである。染色体異常症は表 2-2 に示したようにいくつかのカテゴリーに分かれるが，いずれも多数の遺伝子を巻き込んだ異常ということができる。

　染色体数の異常　数の異常は，**倍数体，モノソミー，トリソミー**が代表的なものである。倍数体は，染色体数が正常の 46 本（23×2）ではなく，23 の整数倍（69，92）本ある状態である。倍数体は生殖細胞（卵子，精子）が減数分裂で生じるときに，染色体が分離せずそのまま 46 本の状態で受精したものと考えられる。3 倍体（69 本），4 倍体（92 本）などが報告されているが，ほぼ 100 パーセントが流産ないしは胎内死亡し，出生生存することはまれである。

表2-2 染色体異常の分類

① 数の異常
　　倍数体
　　モノソミー
　　トリソミー
② 構造の異常
　　転座
　　欠失

表2-3 モノソミー，トリソミー

① 常染色体
　　13トリソミー
　　18トリソミー
　　21トリソミー（ダウン症候群）
② 性染色体
　　ターナー症候群（X染色体モノソミー，45XO）
　　クラインフェルター症候群（47XXY）
　　超男性（47XYY）

　モノソミー，トリソミーは，1対の染色体のみが不分離を起こすことによって生ずる。不分離により余分な1本の遺伝子をもった生殖細胞と正常の生殖細胞が受精すると47本の染色体をもった**トリソミー**が，逆に1本少ない22本の染色体をもった生殖細胞と正常な生殖細胞が受精すると45本の**モノソミー**が生じる。染色体番号の小さい常染色体のモノソミーやトリソミー（たとえば1番染色体のトリソミー）では胎児は生存できず流産になる。性染色体（X, Y）はその他の常染色体に比して，生存に必要な遺伝子が少ないためか，トリソミー，モノソミーでも胎児は生存するので必然的に生産児のなかで頻度が高くなる。臨床的によく経験されるトリソミー，モノソミーを表2-3に示す。

　1本の染色体の欠失によってさまざまな臨床症状が生じることは理解しやすいが，余分の染色体の存在による臨床症状発現の機構は理解しにくい。通常2本の染色体の間で調節されている遺伝子発現のバランスが崩れるためであると考えられている。個々の染色体数異常症については，表2-4にその概略をまとめて示した。多くの染色体数異常症にみられる共通症状（徴候）は，さまざまな体奇形と精神遅滞である。

　染色体不分離は，生殖細胞（配偶子）が生成されるときに生じるため，本人の親の世代の性腺のなかで起こる事象である。これに対して，染色体の構造異常は，親の性腺のなかだけでなく，受精前後のあらゆる段階で起こりうる。大部分の染色体構造異常は，薬物，X線，ウイルス感染，化学物質などによる染色体の切断が契機で起こる。切断された部分が消失する欠失，切断された染色体断片が，他の染色体に結合する転座などがその代表例である。

　染色体欠失では，失われた染色体片の中に含まれる遺伝子の発現に異常が

表 2-4　染色体異常症

症候群名	染色体型	頻度	症状	合併症
13トリソミー	13番染色体が3本	10000分の1	精神遅滞 小頭症 口蓋裂, 口唇裂 小眼球症 耳介奇形 難聴 手指変形 単一臍帯動脈	心室中隔欠損 動脈管開存 多発のう胞腎
18トリソミー（エドワード症候群）	18番染色体が3本	6000分の1	精神遅滞 筋緊張亢進 前額部突出 小顎症 耳介低位 手指変形 ロッカーボトム足 股関節開排制限	先天性心疾患 馬蹄腎 口蓋裂 鼠径ヘルニア
21トリソミー（ダウン症候群）	21番染色体が3本	600〜800分の1	精神遅滞 低緊張 特徴的顔つき 巨舌 猿線 第5指中指骨低形成 第1〜第2足指間乖離 高口蓋	先天性消化管閉鎖 骨髄異形性症候群 心内膜床欠損症 てんかん 甲状腺機能低下症
ターナー症候群	X染色体1本	女児 3000分の1	低身長 翼状頸 頭髪線低位 高口蓋 楯状胸 外反肘	大動脈縮窄 馬蹄腎
クラインフェルター症候群	XXY	男児 700分の1	社会適応不全 第二次性徴, 思春期の遅れ 女性化乳房	生殖器低形成 無精子症
超男性	XYY	男児 1000分の1	無症状	

表 2-5　欠失ないし微小欠失症候群

症候群名	欠失・微小欠失部位*	症状	合併症
ウィリアムス症候群	7q11.23	妖精（Elfin）様顔貌，精神遅滞	動脈弁狭窄症
プラダー・ウィリ症候群	15q11⁻13	精神遅滞，低緊張	肥満，性腺機能低下
ミラー・ディーカー症候群	17p13.3⁻	滑脳症，小頭症，精神遅滞，てんかん	性腺機能低下
ネコ泣き症候群	5p⁻	精神遅滞，特異な泣き声	

＊最初の数字が，欠失のある染色体番号，qは長腕，pは短腕を意味する。最後の番号は染色体上の位置を示している。最後の5p⁻は微小欠失ではなく，5番染色体の短腕全体が欠失していることを示す。

起こり，臨床的な症状が生じる。転座では，染色体片が別の染色体に結合するものの，遺伝子の欠損はないので，臨床症状はないのが普通である。近年，染色体の精密分析が可能になり，顕微鏡で見ると一見染色体に異常はないが，微小な欠失とそれによる臨床症状を呈する症候群が多数報告されるようになっている。その多くは，その特異な臨床症状のために，微小欠失が発見されるまでは原因不明の症候群として記載されていたものである。表2-5に代表的な欠失ないし微小欠失症候群の概略を記す。

3.3　胎内感染症

人の先天異常の原因の中で一番多いものは，前述の遺伝子異常と染色体異常である。いまだに原因の分からない先天異常の多くは，未知の遺伝子異常ないしは微小欠失などの染色体異常である可能性が高い。

遺伝子，染色体異常以外の先天性異常の原因のひとつが，**胎内感染症**である。遺伝子異常症は受精以前，染色体異常症は受精前後にその発症起点があるが，胎内感染症による先天異常は，受精後の胎芽あるいは胎児期に発症する。胎内感染症は，妊娠中の母体への感染が，胎児におよぶことによって成立する。胎内感染がすべて，胎児の先天異常につながるわけではなく，器官形成期である第1三半期に感染が起こった場合に比較的高頻度で先天異常を生じる。

胎内感染症によって，先天異常が生じる機構については，詳細なことはわ

表 2-6 胎内感染症

感染症名	病原微生物名	症状	合併症
サイトメガロウイルス感染症	サイトメガロウイルス	子宮内発育不全，肝脾腫，黄疸，血小板減少，小頭症	難聴，頭蓋内石灰化
トキソプラズマ感染症	トキソプラズマ・ゴンディ（原虫）	子宮内発育不全，小頭症，精神遅滞，肝脾腫	網膜炎，頭蓋内石灰化
風疹	風疹ウイルス	子宮内発育不全，精神遅滞，小頭症	白内障，心奇形，難聴
単純ヘルペス感染症	人ヘルペスウイルス	溶血性貧血，肝脾腫，小頭症，水無頭症	脈絡網膜炎

かっていない。胚と器官形成のところで述べたように，神経系に限らず身体発生は，遺伝子情報の発現，細胞分裂と分化，細胞間相互作用，細胞移動，細胞死など時期と場所によってきわめて詳細かつ厳密にプログラムされた過程の積みかさねによって成し遂げられる。病原微生物自体による細胞障害や，胎児胎内における病原微生物に対する炎症反応などが，胎児の器官形成に障害を与えると考えられている。

　先天異常の原因となる胎内感染症でよく知られているのが，**トキソプラズマ，風疹，サイトメガロウイルス，単純ヘルペス**である。トキソプラズマ（Toxoplasma），風疹（Rubella），サイトメガロウイルス（Cytomegalovirus），単純ヘルペス（Herpes Simplex）の頭文字をとって**TORCH**（トーチ）**感染症**という小児科医の慣用句で呼ばれている。単純ヘルペスウイルス感染症以外は，すべて先天性の精神遅滞をきたす胎内感染症である。その主要症状を表 2-6 にまとめて記す。

3.4 薬 物

　数多くの薬物に催奇形性（胎児の奇形を生じる）があることが知られている。胎内感染症と同様にさまざまな薬物が胎児の器官形成や，機能発達に障害を与えることが報告されている。個々の薬物が，胎児の器官形成や機能発達に障害を与える機構についてはわかっていない。

　催奇形性でよく知られているのが，睡眠薬であるサリドマイドと，抗てんかん薬であるフェニトイン，バルプロ酸である。受精後3〜4週の手足の形

表 2-7　催奇形性がある薬物

サリドマイド（睡眠薬）
トリメタジオン（抗てんかん薬）
フェニトイン（抗てんかん薬）
バルプロ酸（抗てんかん薬）
アミノプテリン（抗腫瘍薬）
ワーファリン（抗凝固薬）

成期に母親が**サリドマイド**を服用すると，胎児の四肢形成が障害され四肢奇形が高い頻度で生じる。フェニトイン，バルプロ酸はともに繁用される抗てんかん薬であるが，妊娠中の女性が服用すると，通常より高い頻度でさまざまな身体奇形を含む障害が胎児に生じることが明らかになっている。さまざまな身体奇形は，生産児（生きて生まれる子ども）の3パーセント前後と報告されているが，母親が妊娠中にフェニトインを服用していた場合には5〜10パーセントと増加する。胎児フェニトイン症候群による奇形や障害は，小頭症，前額突出，耳介低位，精神遅滞，心奇形など多岐にわたる。**バルプロ酸**は現在抗てんかん薬として最も多く使われているが，顔面奇形や脊髄奇形などを誘発することが知られている。表2-7に，胎児に催奇形性があることが知られている代表的な薬剤を列挙した。

3.5　化学物質など

妊娠中の母親の体内に取り込まれる薬品以外の化学物質のなかに，催奇形性や奇形以外の障害を誘発する作用をもつものが知られている。母親の喫煙による一酸化炭素とニコチン，飲酒によるアルコールがその代表である。また，母親の糖尿病による高血糖なども，本カテゴリーに含まれる。

余分な化学物質の存在ではなく，必要な物質の欠乏も，奇形や胎児発達の障害の原因になる。飲用水や食物中のヨード不足による**甲状腺機能低下症**の母親から生まれる胎児性クレチン症（甲状腺機能低下症），あるいはビタミンの一種である葉酸欠乏症の母親からは，二分脊椎などの神経管発生異常症が高頻度で生まれることもよく知られている。

胎児性アルコール症候群と，妊娠中の喫煙がもたらす胎児への障害を表2-8にまとめた。

表 2-8　胎児性アルコール症候群と妊娠中の母親喫煙

	原因	症状
胎児性アルコール症候群	エタノール	子宮内発育不全 精神遅滞，小頭症，特有の顔貌，心奇形
妊娠中の母親喫煙	ニコチン 一酸化炭素	子宮内発育不全 低酸素性脳症

3.6　物理的原因

　物理的原因で胎児の発達に影響を与えることが明らかになっているものとしては，放射線被曝がある。

　広島，長崎の原子爆弾による放射能に被曝した妊婦から出生した子どもについての調査（Plummer, 1952）によれば，205人の妊娠前期に原爆に被曝した子どものうち，爆心から1200メートル以内で胎児被曝した11名中9名に，小頭症と重度の知的障害が見られたという。通常のレントゲン検査による被曝では統計的に有意の奇形の増加はみられないが，大量照射では原爆の胎児被曝と同様の奇形が惹起される可能性がある。

④　周生（産）期疾患・障害

　ここまで述べてきたことから，受精から胎芽，胎児にいたる成長発達過程が，遺伝子によってプログラムされたきわめて複雑で繊細な過程であることが理解されたであろう。受精時を個人の生命の出発点と見なすのであれば，胎児期こそ人生の中で最も大きな変化が見られるときなのである。出生から死までを生涯と見なす従来の視点では，この重要な胎児期が抜け落ちてしまうのである。

　さて，子宮内で約40週を経過した満期胎児は，分娩という経過を経て，出生する。それまでは順調に進行していた胎児としての成長，発達は，この時点ではすでに保証されたものと考えたくなる。しかし，立位歩行による骨盤筋の発達という母親側の要因と，大きな脳とそれを収納する頭蓋骨という胎児側の要因によって，人の出産は難産という胎児にとって大きなリスクをはらむものになっている。

表2-9 周産期疾患

疾患名	原因	症状，後遺症
低酸素性脳症	新生児仮死による脳虚血	脳性まひ，てんかん，精神遅滞
頭蓋内出血	新生児仮死	脳性まひ，てんかん
帽状腱膜下出血	産道における頭部圧迫	貧血，ショック
核黄疸	高ビリルビン血症	脳性まひ
分娩まひ	産道における腕神経叢引き抜き損傷	上肢運動まひ

そしてそこに周生期疾患・障害とよばれる一群の病態（表2-9）が胎児を待ち構えているのである。

4.1 低酸素性脳症と脳性まひ

周生期疾患の代表が，**低酸素性脳症**とその結果（後遺症）としての**脳性まひ**である。脳は（成人の場合）体重の2パーセント前後の重さしかないが，心臓が送りだす全血流の20パーセントを消費している。細胞膜電位の変化による電気的信号の伝達や，シナプスにおける神経伝達物質の放出など，神経細胞は人を構成する細胞の中で最も多量に酸素とブドウ糖を消費していることがそうした不釣合いな血液供給が必要な理由である。しかしそのことは逆に血流の減少や，血液中の酸素濃度の減少に対して，神経細胞が最も脆弱である理由にもなっている。

出産時には，相対的に大きな頭が狭い産道を通るために臍帯が圧迫され，一時的に胎児の脳への血液の供給が減少する。通常短時間の脳血流の減少に胎児の脳は十分に耐えられるが，分娩が長引いたり，子宮収縮によって胎盤が剥離したりすることによって，脳への血液供給が長時間減少する状態が生じることがある。この状態を胎児仮死とよぶ。

ブドウ糖と酸素の供給が減った神経細胞内では，ブドウ糖の酸化的リン酸化によって生じる高エネルギー産物である**アデノシン3リン酸（ATP）**が枯渇し，神経細胞膜のATPを利用して膜電位を維持しているナトリウム―カリウムポンプと呼ばれる分子機構が停止し，細胞膜は電位を保てない状態（脱分極）になる。脱分極は，シナプスからの興奮性の神経伝達物質であるグルタミン酸の放出を促し，過剰のグルタミン酸が神経細胞間隙を満たす状態になる。過剰のグルタミン酸は，神経細胞膜にあるNMDA受容体に結合

表 2-10 脳性まひの分類

①まひの部位による分類
　片まひ　　半身のまひ
　対まひ　　下肢のまひ
　四肢まひ　全身のまひ
②まひの性質による分類
　痙直型まひ　　　四肢の硬直，腱反射の亢進
　アテトーゼ型まひ　四肢のくねるような不随意運動（アテトーゼ）
　弛緩型まひ　　　筋緊張低下

し，細胞内へのカルシウムの流入が急激に増大する。このカルシウムの細胞内流入は神経細胞内の分解酵素の活性を刺激し，細胞内に細胞毒である**フリーラジカル**が蓄積し，細胞の障害，ないしは細胞死が惹起される。これが，近年明らかになった神経細胞が低酸素状態によって障害を受ける道筋である。未熟児では，神経細胞よりもミエリン合成を担当するグリア細胞が障害を受けやすく，神経細胞死ではなく，ミエリン産生が障害され，脳室周囲のミエリンの障害（脳室周囲白室軟化症）が生じる。

　脳性まひ（cerebral palsy）は，周産期の低酸素性脳症などの神経細胞あるいはグリア細胞の変性あるいは細胞死によって発症する運動障害の総称である。低酸素性脳症だけでなく，新生児期の**高ビリルビン血症（新生児黄疸）**によって，神経細胞に障害を生じる核黄疸も脳性まひの原因となる。脳性まひは，周産期医療の進歩によって一時減少したが，極小未熟児などの以前は生存できなかった新生児が救命されるようになり，その頻度は1000人に1人程度にとどまっている。脳性まひは，神経細胞やグリア細胞の障害による運動まひであるが，高率に精神遅滞やてんかんを合併する。運動まひの身体部位の分布と，運動まひの種類によって脳性まひを分類したのが表2-10である。

　個人の脳性まひの状態を表現するには，上記の2つの基本的分類を組みあわせて使用することもある。運動まひは，随意的な運動がうまくできない状態の総称であり，痙直型対まひの場合には，四肢の筋緊張が強いために，歩行困難あるいは歩行不能となる。アテトーゼ型まひは，随意運動を円滑に行う機能を持つ大脳基底核の障害による脳性まひであり，核黄疸の後遺症による場合が多い。四肢まひは，合併症として精神遅滞やてんかんを合併するこ

とが多く，一般に重症であるが，まひが下肢に限局する対まひでは，そうした合併症がないかあっても軽症であるのがふつうである。アテトーゼ型の脳性麻痺も，てんかんや精神遅滞の合併は少ない。

脳性まひ児（者）には，医療，理学療法，作業療法，心理的ケア，福祉，就労支援などきわめて幅広い支援体制が必要である。

文献

Doherty, N. N. & Hepper, P. G. (2000) Habituation in fetuses of diabetic mothers. *Early Human Development*, 59, 85-93.

Draganova, R., Eswaran, H., Murphy, P., Lowery, C., & Preissl, H. (2007) Serial megnetoencephalographic study of fetal and newborn auditory discriminative evoked responses. *Early Human Development.* 83, 199-207.

Faas, A. E., Sponton, E. D., Moya, P. R., & Molina, J. C. (2000) Differential responsiveness to alcohol odor in human neonates: Effects of maternal consumption during gestation. *Alcohol,* 22, 7-17.

Gerhardt, K. J. & Abram, R. M. (1996) Fetal hearing: Characterization of the stimulus and response. *Seminars in Perinatology,* 20, 11-20.

Gonzalez-Gonzalez, N. L., Suarez, N. M., Perez-Pinero, B., Armas, H., Domenech, E., & Bartha J. L. (2006) Persistence of feral memory into neonatal life. *Acta Obstetrica et Gynecologica Scandinaviea,* 85, 1160-1164.

Hebek, D., Kulas, T., Selthofer, R., Rosso, M., Popovic, Z., Petrovic, D., & Ugljarevic, M. (2006) 3D-ultrasound detection of fetal grasping of the umbilical cord and fetal outcome. *Fetal Diagnosis and Therapies,* 12, 332-333.

Hepper, P. G. & Shahidullah, B. S. (1994) Development of fetal hearing. *Archives of Diseases in Childhood,* 71, F81-87.

Huttenlocker, P. R., de Courten, C., Garey, L. J., & Van der Loos, H. (1982) Synaptogenesis in human visual cortex-evidence for synapse elimination during normal development. *Neuroscience Letters.* 33, 247-252.

Koyanagi, T., Morimoto, N., Satoh, S., Inoue, M., & Nakano, H. (1992) The temporal relationship between the onset of rapid eye movement period and the first micturition thereafter in the human fetus with advance in gestation. *Early Human Developmemt,* 30, 11-19.

Kunkel, L. M. et al. (1986) Analysis of deletions in DNA from patients with Becker and Duchenne muscular dystrophy. *Nature,* 322, 73-77.

Levitan, I. B. & Kaczmarek, K. (1991) *The neuron.* Oxford University Press.

Marlier, L., Schaal, B., & Soussignan, R. (1998) Neonatal responsiveness to the odor of amniotic and lacteal fluids: A test of perinatal chemosensory continuity. *Child Development*, 69, 611-623.

Moon, C. M. & Fifer, W. P. (2000) Evidence of transnatal auditory learning. *Journal of Perinatology*, 20, S37-44.

ムーア著, 瀬口春道・小林俊博・Eva Garcia del Saz 訳 (2007) 人体発生学, 原著第7版, 医歯薬出版.

Morokuma, S., Doria. V., Ierullo, A., Kinukawa, N., Fukushima, K., Nakano, H., Arulkumaran, S., & Papageorghiou, A. T. (2008) Developmental change in fetal response to repeated low-intensity sound. *Developmental Science*, 11, 47-52.

Okada, S. & O'Brien, J. S. (1969) Tay-Sacks disease: generalized absence of a beta-D-N-acetylhexosa minidase component. *Science*, 165, 698-700.

Okai. T., Kozuma, S., Shinozuka, N., Kuwabara, Y., & Mizuno, M. (1992) A study on the development of sllep-wakefullness cycle in the human fetus. *Early Human Development*, 29, 391-396.

Oppenheim, R. W. (1989) In M. Zigmond (Ed.), *Fundamental neuroscience*. Academic Press.

Peha, M., Maki, A., Kovacic, D., Dehaene-Lambertz, G., Koizumi, H., Bouquet, F., & Mehler, J. (2003) Sounds and silence: An optical topography study of language recognition at birth. *Proceedings of National Academy of Sciences of the United States of America*, 100, 11702-11705.

Plummer, G. (1952) Anomalies occurring in children exposed in utero to the atomic bomb in Hiroshima. *Pediatrics*, 10, 687-693.

Rakic, P. (1972) Mode of cell migration to the superficial layers of fetal monkey neocortex. *Journal of Comparative Neurology*, 145, 61-83.

Rakic, P. & Riley, K. P. (1983) Overproduction and elimination of retinal axons in the fetal rhesus monkey. *Science*, 219, 1411-1444.

Sachs B. (1887) On arrested cerebral development, with special reference to its cortical pathology. *Journal Nervous Mental Disease*, 14, 541-553.

Spear, N. E. & Molina, J. C. (2005) Fetal or infantile exposure to ethanol promotes ethanol ingestion in adolescence and adulthood: A theoretical review. *Alcohol Clinical Experimental Research*, 29, 909-929.

Tay, W. (1880-1881) Symmetrical changes in the region of the yellow spot in each eye of an infant. *Transactions of the Ophthalmological Society of United Kingdom*, 1, 55-57.

Volpe, J. J. (1995) *Neurology of the newborn*. Saunders.

de Vries, J. I., Visser, G. H., & Prechtl, H. F. (1985) The emergence of fetal behavior, II: Quantitative aspects. *Early Human Development*. 12, 99-120.

Wiesel, T. N. & Hubel, D. H. (1963) Effects of visual deprivation on morphology and physiology of cells in the cat's lateral geniculate body. *Journal Neurophysiology*, **26**, 978-993.

Yakovlev, P. I., & Lecours, A. R. (1967) The myelogenetic cycles of regional maturation of the brain. In A. Minkovski (Ed.), *Regional Development of the Brain in Early Life* (pp. 3-70). Blackwell Scientific Publications.

2章 胎児期・周産期

身体 神経と脳の発生

榊原洋一

1 器官形成

　人の胎生期（妊娠期間）は40週（9か月）であるが，それを大きく3期に分けている。最初の3か月（第1三半期）（first trimester）は，**器官形成期**といわれ，幹の章2節で述べた**二層性杯盤**が複雑な過程を経て，さまざまな器官と身体の基礎的な構造ができあがる時期にあたる。

　二層性杯盤を含めた発生初期の人は，胞子あるいは**胎芽**（embryo）とよばれるが，身体構造や内臓が人としての態勢を整える受精後第9週以降を胎児（fetus）とよぶ。最初の3か月は，胎芽から胎児に移行する時期であり，さまざまな要因による奇形はこの時期に発生することが多い。

　第2三半期では，胎児がその大きさを増す時期である。第2三半期の初期（在胎12週）の胎児の平均体重は45グラムであるが，第2三半期の後期（在胎24週）には820グラムにまで成長する。第3三半期になると，胎児の身体は子宮外での生存に対応できるようになる。臨床的には，在胎22週未満の出産を流産とよび，23週から35週までを早産とよんでいる。22週以前の未熟児でも生存することがまれにあるが，例外的である。

　神経管から脳の形成へ　胚盤の背中側の神経溝にそって細胞が増殖した神経堤は，その中間点部分で最初に癒合するが，癒合部分は上下に向かって進み，最後に1本の閉じた管となる（図A参照）。

　これが**神経管**である。神経管の最内層にある神経源細胞は，最初は単層の細胞層であるが，分裂と移動を繰り返し，多層構造の管になる。図Bに示したのは，胚盤のうえで神経堤が盛りあがり，反対側と癒合しはじめている状態を示したものである。

　この複雑な過程は，前述のように遺伝子によって厳密にコントロールされ

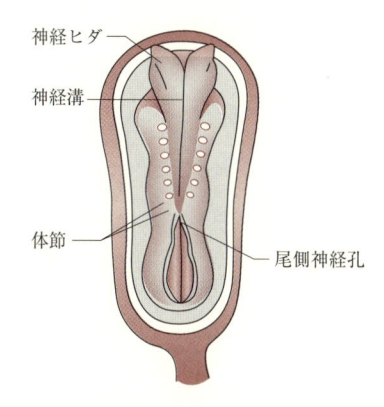

図A　胚盤を背側から見た図（ムーア，2007）
神経溝が中央部で接し管となってゆく様子を示している。

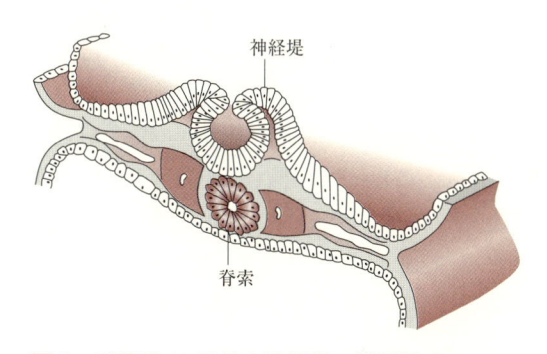

図B　受精後22日目の神経板の横断面（ムーア，2007）

た神経細胞表面に出現する細胞接着分子や，神経成長因子によって調節されている。細胞表面の接着因子の異常や，細胞移動，神経管の形成などの異常で起こるさまざまな先天性の神経疾患が知られている。

2　脳の発生

　神経管の尾側は脊髄となるが，頭側は細胞分化増殖と移動によって管壁の

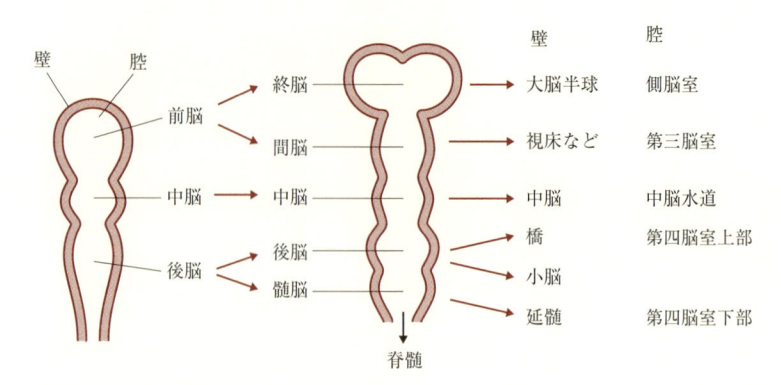

図C　神経管の形成（ムーア，2007）

　厚みが増すとともに，神経管の屈曲がおこり脳となる。神経管の複雑な屈曲の様子を図Cに示した。この図にみられるように，神経管は屈曲するとともにくびれを生じ，いくつかの部分に分かれてゆく。

　神経管は最初は3つの部分に分かれ，受精後5週ごろにはくびれによって5つの部分に分かれる。図は，それぞれの部分が，成人の脳のどの部分に相当するかを示したものである（ムーア，2007）。これらの形態の変化は，神経細胞の分裂増殖，細胞死，移動によって起こり，脊椎動物に共通の過程であるが，霊長類なかでも人では，終脳が特に大きく発達し大きな大脳を有するようになる。大脳皮質では，神経細胞の増殖が著しく，表面に皺を生じる。受精後14週から30週にかけての，胎児の脳の形態変化を示したのが図Dである。大脳皮質の増大化によって，表面の皺（脳回）が形成され，大きな溝によって，前頭葉，頭頂葉，側頭葉などに分かれてゆくことがわかる。

大脳皮質の構造

　脳を構成する神経系の細胞のうち，直接人の神経活動を担うのは，**神経細胞**（nerve cell）あるいは**ニューロン**（neuron）である。多数のニューロンが，シナプスによって複雑な回路を形成し，その回路網の中で生起するニューロンの電気的活動の総体が，神経機能の物質的な基盤である。

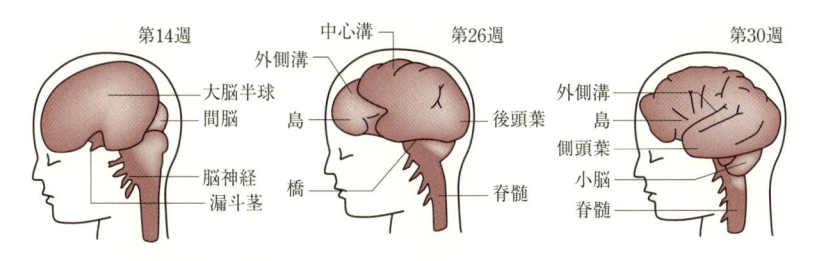

図D　胎児の大脳の形態変化（ムーア，2007）

　ニューロンは脳内に散在するのではなく，群を作って一定の場所に局在している。ニューロンが大きな群を作って存在する部位は，大脳と小脳の皮質，大脳基底核，脊髄の髄質，中脳，脳幹部の神経核などである。

　大脳皮質は小脳皮質とならんで最も多数のニューロンが存在する部位である。これらのニューロン群は，前述（幹）したように，神経管の1層のニューロンが分裂増殖，移動することによって形成される。

　大脳皮質は，場所によって異なるが1～5ミリメートル程度の厚みをもっている。大脳皮質は6層構造をなしている。大脳皮質のどの部分をとっても，この基本的な6層構造は保たれている。このことは，ニューロンの分裂，増殖，移動が，遺伝子によってコントロールされた厳密な機構で起こっていることを示している。しかし場所によってその6層構造に差があることが，ドイツの神経学者**ブロードマン**（Brodmann, K., 1868-1918）によって明らかにされた。

　図Eは，ブロードマンによって明らかにされた，大脳皮質の領野である。同じ模様の部分が，6層構造のパターンが同じである部分を示している。ブロードマンは，こうした似かよった層構造によって大脳皮質を約50の部分に分けた（図E）。

　近年の**脳機能イメージング検査法**（fMRI，PETなど）によって，さまざまな神経機能の大脳皮質の局在が明らかになってきているが，ブロードマンの大脳領野は，脳機能イメージングで明らかになった脳機能とよく対応しており，脳構造とその機能の間に相関があることが明らかになっている。

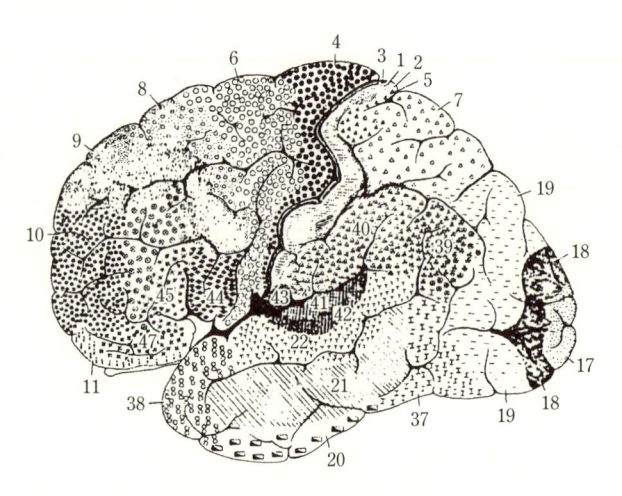

図E　ブロードマンによる大脳領野（Brodal, 1981）
領野と，脳回とが必ずしも一致しないことに注意

文献

Brodal, A.（1981）*Neurological anatomy,* Oxford: Oxford University Press.
ムーア著，瀬口春道・小林俊博・Eva Garcia del Saz 訳（2007）人体発生学，原著第7版．医歯薬出版．

2章 胎児期・周産期

認知 原始反射

斎藤　晃

1　原始反射

新生児は睡眠中，覚醒中にさまざまな行動や反射を示しながら成熟してゆく。新生児が示す一時的行動には内的刺激に対して生じる**自動運動**と外的刺激に対して誘発される**原始反射**がある。自動運動の例としてスタートル（急に抱きつくような行動：深睡眠時），吸啜様行動（何かを吸うような口の動き：浅睡眠時），自発的微笑（口角が斜め上に上がる表情：浅睡眠時）などがある。原始反射の例としては表Aを参照されたい。原始反射は左右対称的に出現し，かつ誘発しやすい**ステイト**（state）は浅睡眠から不活発な覚醒状態のときである。ステイトとは睡眠の鎮静状態から啼泣の興奮状態までのいずれかの段階を意味し，単に状態と呼ぶことも多い（表A）。原始反射を評価することによって，その時点での児の神経学的特徴を知ることが可能となる。原始反射の詳細な理解，誘発手技などに関しては類書を参照されたい（Prechtl, 1977；前川, 1990）。

2　原始反射消長の特徴

原始反射の存在意義は四方反射，吸啜反射，嚥下反射に代表される。新生児はこれら一連の反射によって栄養摂取ができ，生存が可能となる。非対称性緊張性頸反射の生起は生後1～2か月にピークがあるが，多くの原始反射は在胎40週前後にピークがあり，3～4か月以降次第に消失する（図A）。

3　NBAS（新生児行動評価）
3.1　NBAS：新生児を人間として理解する

発達の連続性という視点から，「新生児期の諸特徴がその後の発達を予測するか」という一大テーマが古くからある。原始反射やアプガー指数（心拍

表 A　原始反射の具体例（Prechtl, 1977 より抜粋して作成）

項　目	ステイト*	誘　発　方　法	反　　応
四方反射	3-5	口角，上下唇に触れる	刺激された方へ頭を回転させ指を吸おうとする
吸啜反射	3, 4	人さし指を口の中3～4 cmに入れる	リズミカルに吸う
手掌把握反射	3, 4	指で手掌を圧迫する	指全体で検査者の指をつかむ
足底把握反射	4	親指で母趾球を圧迫する	足の指全体が屈曲する
バビンスキー反射	1-5	足底の外側を爪先から踵へひっかく	親指が反り，他の指は開く
引き起こし反射	4	手首をつかみ，座位になるまで引く	腕の伸展に対して肘を曲げて抵抗，頭を上げる
モロー反射	3, 4	抱きながら，頭を急に数センチ下げる	腕を外転し，ついで内転する
非対称性緊張性頸反射	2, 3	顔を右へ回転し，顎が右肩を超えた所で止める，左側も同様	顎の向いている側の腕と脚を伸ばす

注）ステイトを現す数値の意味は3章［身体］の表Aを参照のこと。

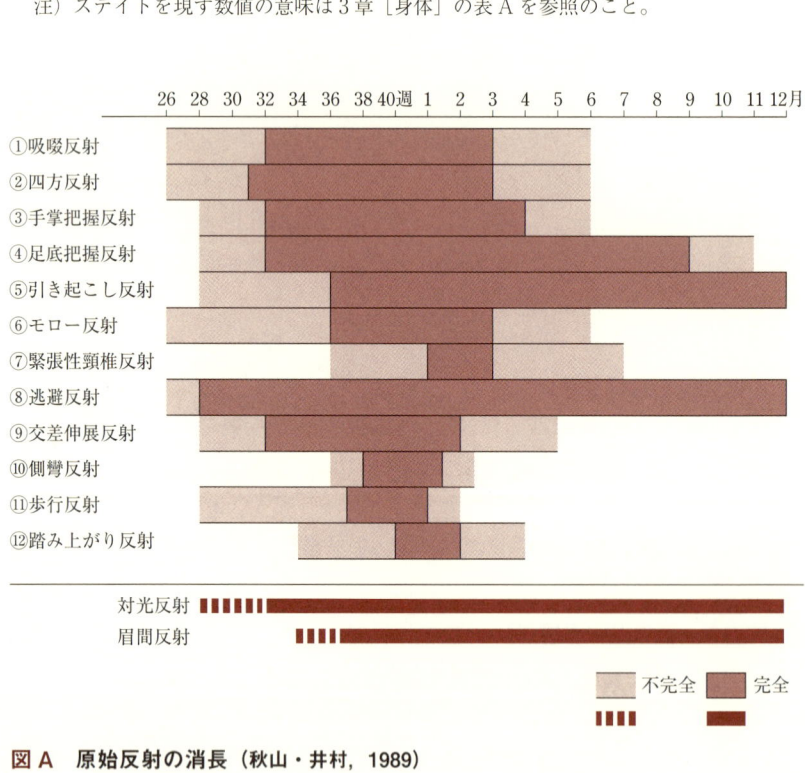

図 A　原始反射の消長（秋山・井村, 1989）

表B　NBAS7 クラスター一覧表（Brazelton & Nugent, 1995）

［慣れ］ 　光，ガラガラ，ベル，触覚刺激 ［方位］ 　非生命的視覚，非生命的聴覚，非生命的視聴覚，生命的視覚，生命的聴覚，生命的視聴覚，敏活さ ［運動］ 　筋緊張，成熟度，座位への引き起こし，防御運動，活動性	［ステイトの幅］ 　興奮の頂点，ステイト向上の迅速性，易刺激性（興奮性），ステイトの易変化性 ［ステイトの調節］ 　抱擁，なだめ，自己鎮静，手を口に ［自律系安定性］ 　振戦，驚愕，皮膚色 ［誘発反応］ 　反射群

数，呼吸，筋緊張，反射性，皮膚色の5項目を出生1分後と5分後の2回評定）で児の個人差や認知・情動発達を予測することは困難である。母親に評定してもらう気質質問紙では，母親の認知的歪を排除できない。

　そこで，1970年代後半から注目され出したのが，ブラゼルトンとヌジェント（Brazelton & Nugent, 1995）が開発した**NBAS**（Neonatal Behavioral Assessment Scale，新生児行動評価）である。NBASは28の行動項目，7の補足項目，18の原始反射を評定する。行動項目と原始反射を慣れ，方位，運動，ステイトの幅，ステイトの調節，自律系安定性，誘発反応の7クラスター（表B）に統合して検討することが多い。満期産児の場合，出生ストレスから回復する生後3日目前後に行われ，授乳後90分経過した浅睡眠時から開始する。所用時間は20～30分で，適用範囲は生後2か月末までである。新生児は急速に発達するので，生後1か月間で複数回行うことが推奨されている。複数回結果の変動を数値化し，これを児の特徴だと理解する訳である。

　この検査は単に原始反射のみを評価するのではなく，生命的・非生命的視聴覚刺激に対する反応，そして施行時間中の易刺激性（啼泣しやすさ）やステイト変動などを評価し，新生児を人間として理解するところに特徴がある。生命的視聴覚刺激とは検査者の顔と声，非生命的視聴覚刺激とは赤いボールとガラガラである。特に方位反応や易刺激性がその後の認知・情動発達を予測する研究があり（後述），新生児期の検査としては他に類をみないものである。また，易刺激性などステイトに関連する項目は外部刺激に対するストレス耐性を評価することであり，育児の困難さを予測することが可能になる。もちろん，新生児期の諸特徴と親を代表とする環境との相互交渉によって，

表C　ナバホ族・白人新生児のNBAS得点（Chisholm, 1989より抜粋・改変）

項目	ナバホ族 (n=18) M (SD)	白人 (n=15) M (SD)	p<
［ステイトの幅クラスター］			
興奮の頂点	4.9 (1.3)	6.9 (1.0)	.001
ステイト向上の迅速性	2.3 (1.7)	4.9 (1.6)	.001
易刺激性	3.4 (1.8)	5.8 (1.2)	.001
ステイト易変化性	2.3 (1.0)	4.7 (2.1)	.001
［ステイト調節クラスター］			
抱擁	5.2 (2.0)	4.9 (1.0)	n.s.
なだめやすさ	8.1 (2.0)	6.6 (1.6)	.001
自己鎮静性	7.0 (1.8)	1.7 (1.8)	.001
手を口に	6.4 (2.0)	5.3 (2.8)	n.s.

注）各項目の最高点は9点。NBASは生後4～10日の間に行われた。

その後の行動特徴が形成されることは言をまたない。

　なお，NBASを施行する際，児の最良の行動（best performance）を引き出すためにはステイトの判断能力，反応の誘発手技，解釈・評定の訓練が必要である。NBASの訓練はNBAS研究会（後掲参照）によって行われている。

3.2　NBASの研究的利用

　NBASを使用した研究は児のリスク因子，分娩時投薬の影響，母親の薬物使用の影響，人種間比較，発達の予測，臨床的介入などに分類される。例えば，母親の麻薬，タバコ，アルコール摂取が方位反応などに与える悪影響に関して多数の報告例がある（Brazelton & Nugent, 1995）。

個人差の測定　NBAS項目中，情動に関連する項目には大きな個人差があることが知られている。例えば，ステイト向上の迅速性（啼泣にいたるまでの刺激数とタイミング）や易刺激性がその典型例であり，これらは啼泣しやすさを意味する。この違いは人種間の違いにも現れ，シショルム（Chisholm, 1989）の研究がその例である（表C）。生後4～10日の新生児において，白人よりもナバホ族の方が興奮の頂点，ステイト向上の迅速性，易刺激性，ステイト易変化性（ステイトの変化数）が有意に低く，なだめやすさ，自己鎮静性が有意に高い，とシショルムは報告した。これはナバホ族の

方が啼泣しづらく，また啼泣後に自ら鎮静しやすく，第三者の介入に対してなだまりやすいことを意味している。

認知・情動発達の予測　NBASと認知発達との関連性を検討した研究としてボーンら（Vaughn et al., 1980）があげられる。彼らはアルス（Als, 1978）の分類を使用して，運動プロセス（運動クラスターに相当）とステイトコントロール（ステイトの幅クラスターに相当）が高いほど9か月目のベイリー検査の精神得点が高かったという。

NBASと情動発達との関連性を検討したものとして，**ストレンジ・シチュエーション法**（strange situation procedure）の実験を使用した研究例が挙げられる。母子再会場面における1歳児の行動を評定して，母親に対する児の**アタッチメント**行動を評定する実験である。

例えば，ウォーターズら（Waters et al., 1980）によれば，B群児と比較してC群児はNBASの方位反応，運動成熟性，自律性のクラスターが低かったという。グロスマンら（Grossmann et al., 1985）によれば，方位反応の高い児はB群を予測し，またB群とA群を最もよく識別したのが生命的視覚刺激（検査者の顔）への反応だったという。一方，母親の心理的状態を考慮したクロッケンバーグ（Crockenberg, 1981）によれば，母親に対する社会的支援が低い場合，易刺激性が高い児は母親との再会場面で高い抵抗行動と回避行動を示した。このように研究によって異なる結果が報告されており，NBAS単独だけでアタッチメントという複雑な行動を予測することは困難である。アタッチメント行動形成に与える要因として児，養育者，家庭環境，などがあり，生後1年間でこれらが互いに複雑に影響しあうと考えるべきであろう。

3.3　NBASの臨床的利用：親意識形成の援助

NBASは開発された当時，研究目的で使用されることが多かったが，現在では臨床目的で使用されることが多い。たとえばNBASを親の眼前にて行うことによって，児のさまざまな能力を親に確認してもらうことが可能であり，その結果，親意識形成に寄与することになる。特に早産児は数週間〜数か月も入院することがあり，産後の母親は児と接触する時間が限定されて

しまう。この場合，児のさまざまな能力を直接確認したり，啼泣を鎮静させる方法を学習することによって母性意識の向上に寄与することが可能となる。また，児の個性を母親に説明することによって退院後，育児上の有益な情報を提供することができる。たとえば，前庭刺激や音に対して過敏な児の場合，児を優しく抱き上げたり，環境を静粛状態にする，などの助言を行なうことができる。このように，NBASは児の個性に応じた育児上の助言を行うことが可能であり，臨床的な介入道具として使用することが可能である（穐山, 1996）。

文献

秋山和範・井村総一（1989）新生児の神経学的診察．奥山和男（監修）新生児の診療と検査（改定第2版）．東京医学社．

穐山富太郎（監修）（1996）ハイリスク新生児への早期介入．医歯薬出版．

Als, H. (1978) Assessing an assessment: conceptual considerations, methodological issues, and a perspective on the future of the Neonatal Behavioral Assessment Scale. *Monogrphs of the Society for Research in Child Developnment*, 43, 14-28.

Brazelton, T. B. & Nugent, J. K. (1995) *Neonatal behavioral assessment scale* (3rd ed.). London: Mac Keith Press.（穐山富太郎（監訳）（1998）ブラゼルトン新生児行動評価（第3版）．医歯薬出版．）

Chisholm, J. S. (1989) Biology, culture, and the development of temperament: A Navajo example. In J. K. Nugent, B. M. Lester, & T. B. Brazelton (Eds.), *The cultural context of infancy. Vol. 1: Biology, culture, and infant development* (pp. 341-364). Norwood, NJ: Ablex.

Crockenberg, S. (1981) Infant irritability, mother responsiveness, and social support influences on the security of infant-mother attachment. *Child Development*, 52, 857-865.

Grossmann, K., Grossmann, K. E., Spangler, G., Suess, G., & Unzner, L. (1985) Maternal sensitivity and newborns' orientation responses as related to quality of attachment in northern Germany. *Monogrphs of the Society for Research in Child Developnment*, 50, 233-256.

前川喜平（1990）写真で見る乳児検診の神経学的チェック法（第3版）．南山堂．

NBAS研究会　〒852-8520 長崎市坂本1-7-1　長崎大学医学部保健学科内（mail: nbas_jimu@yahoo.co.jp）

Prechtl, H. F. R. (1977) *The neurological examination of the full term newborn in-*

fant (2nd ed.). London: William Heinemann Medical Books Ltd. [for] Spastics International Medical Publications. (岩山和子(訳), 内藤寿七郎(監修)(1979)新生児の神経発達. 日本小児医事出版社.)

Vaughn, B., Taraldson, B., Crichton, L., & Egeland, B. (1980) Relationships between neonatal behavioral organization and infant behavior during the first year of life. *Infant Behavior and Development,* 3, 47-66.

Waters, E., Vaughn, B. E., & Egeland, B. R. (1980) Individual differences in infant-mother attachment relationships at age one: Antecedents in neonatal behavior in an urban, economically disadvantaged sample. *Child Development,* 51, 208-216.

White, R. W. (1959) Motivation reconsidered: The concept of competence. *Psychological Review,* 66, 297-333.

2章　胎児期・周産期

感情　泣き・痛み

陳　省仁

　乳幼児にほとんど毎日見られる泣きやぐずりは，一見単純そうな日常的できごとである。けれども養育者や保育士や・医療関係者にとって，時に厄介な現象・行動・問題でもある。系統的研究が始まってから約半世紀が経ったいまでも，泣きに関する問題の多くは未だに解明されていない（Barr, Hopkins & Green, 2000）。ここでは発達心理学の視点から「泣き・ぐずりの発達」，「泣きと愛着関係の形成」および「新生児・乳児の泣きと痛み感覚」の3つの側面を取り上げる。

1　泣き・ぐずりの発達
1.1　泣き：顕著な行動
　赤ちゃんや新生児という言葉から連想される言葉のひとつは**泣き**である。泣きは出産直後の元気さの徴ととらえられる。たとえば，「活発啼泣」は新生児の身体状況の指標である**アプガースコア**（Apgar score）の評価における「呼吸能」の判定基準として用いられている（赤須・西田，1971）。しかし，泣きそのものは新生児が生きていく（あるいは発達する）には必須ではない。泣かなくともかまわないが，子育てにおいて，泣きやぐずりを完全に避けるのは困難であろう。泣きやぐずりは，新生児・乳児のサバイバルと発達にとって有利であるために進化の過程で残されたと考えられる。

1.2　ヒト新生児の泣きの特徴
　出産直後の新生児の多くに特徴のある間歇的泣きが観察される。特に母親から分離されて仰向けの姿勢に寝かされた場合，四肢の動きで身体バランスが崩れて驚愕反射が起こると共に，平均15回の呼吸サイクル（20〜30秒，これを1単位とする）の泣き声の系列（バウト bout）が観察される。出産

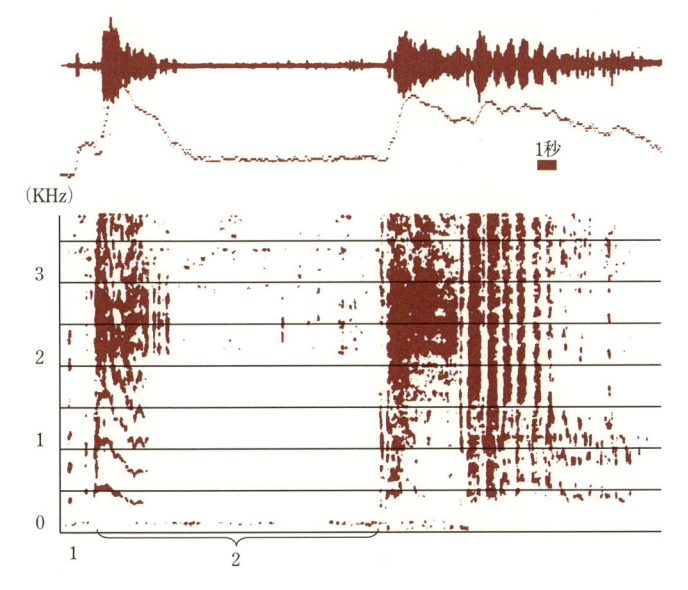

図A　出産直後の1バウトの泣き（14サイクル）
1は驚愕反射によるシャックリ様の短い発声。2は約9秒間の無呼吸を含む最初の長い呼気発声，約13.2秒。この例の1バウトの持続時間は約26秒。

直後の易刺激性の高い状態にいる新生児の典型的泣き声は，シャックリ様の短い発声に続いた長い呼気発声（有声部分と無声部分あわせて10秒以上持続するばあいもある）のあとに，10回前後の短いリズミカルな泣き声で終了するというパターンである（図A, Chen, 1990）。これらの泣きを発声する前，中，後はほとんど眼を閉じたままであり，さらに発声中はしかめっ面を示しながら，四肢を激しく動かす。

1.3　新生児・乳児の泣きの発達

　出産数時間後，新生児の易刺激性は低くなり，泣きは往々にして睡眠から覚醒へ移行するときに起きる。そのときにはしかめっ面を示しながら，喉頭破裂音や鼻に搾り出すような発声で泣き声は始まり，リズミカルな一連の泣き声に達するまでに前より時間がかかり，出産直後の泣き声とは異なったパ

ターンを示す。

10名の健常対象児（男児5名，女児5名）について，生後0日，3日，4週，8週と12週で観察した音声信号と間隔データの分析（呼気発声 $n=2516$，発声間隔 $n=2209$）から以下の結果が得られた（Chen, 1990）。

①呼気発声の長さは0日から8週間において短くなり，12週時長くなる傾向がある（平均は0.98秒（0日），0.95秒（3日），0.76秒（4週），0.72秒（8週），0.91秒（12週））。一方発声間隔は3日目以降は長くなる傾向を示す（平均は0.41秒，0.31秒，0.49秒，0.61秒，0.68秒）。

②一まとまりの泣き系列（バウト）の長さは3か月間でかなりの変化を示した。それぞれの時期の平均の長さは15.3単位，52.4単位，24.3単位，16.0単位，と7単位であった。遅くとも生後4週目において，泣きは弱く短い喉頭破裂音で始まり，徐々に発声の強度と長さが増大し，1～2分をかけて最初の長い呼気発声の位相に達した。

③上述の生後4週目に見られた発声パターンの変化は，泣きの発声時に共起する行動的変化をともなう。特に，泣き発声前と終了後の（1）開眼／閉眼および（2）発声しながら眼で周りを探索する行動は生後4週から8週目以降顕著に増加する。この行動変化は生後4週目頃からの乳児の泣きはより伝達的になることを示唆する。この結果と同様な観察は欧米でも報告された（Hopkins & van Wulfften Palthe, 1987; Gustafson & Green, 1991, Hopkins, 2000: 193）。発声だけではなく，泣きと共起する行動の発達的変化は，泣きの本質について我々に示唆を与えるのみならず，泣きにまつわる育児の実践のヒントを与えると思われる。

1.4　その後の発達：原因不明の「夜泣き」

個人差や月齢によって変動はあるが，生後8，9か月までの乳児の日常生活における泣きやぐずりの頻度はかなり高い。現代化社会の養育者，特に初めて子育てをする養育者は，むしろ乳児の泣きやぐずりの頻度の高さや泣きのしつこさにより小児科医や泣きの専門家に援助を求めなければならないほど困ることがある。日本ではほとんど知られていないが，英語圏では少なくとも1980年代以降，乳幼児の泣きに悩まされる養育者のための**泣きのクリニック**（cry clinic）が知られ利用されていた（Kirkland, 1985）。

生後2,3か月の乳児にしばしば原因不明の「**夜泣き** (colicky crying)」が見られた。多くの場合，特に原因がなく乳児が夕方から夜間にかけて数十分から数時間しつこく泣き，いかなるなだめも効かず，養育者や小児科医師を狼狽させることがある。小児科医の間ではこの現象を前から知られているが，未だにその正体は不明である (Barr, 1990; Barr & Geertsma, 1993; Barr & Gunnar, 2000; Lehtonen, Gormally, & Barr, 2000)。愛着関係や養育環境に問題のない家庭の健常乳児にも「夜泣き」と同様な過度の泣きが見られる (St. James-Roberts & Halil, 1991; Barr, 1998)。

　半世紀前にこの問題を取り上げたウェセール (Wessel et al., Harris & Detwiler, 1954) が提唱した「3のルール」(3週間連続，週に3日以上，毎日3時間以上泣いた場合) が「夜泣き」の定義として広く使われている (Lehtonen, Gormally & Barr, 2000)。

　バー (Barr, R. G.) の研究によれば，欧米社会の健常乳児の泣きの発達曲線に2〜3か月時と7〜9か月時のピークが見られ，夜泣きの出現時期は泣きの正常発達曲線と重なる (Barr, 1990)。

　乳児の原因不明の夜泣きに関して，2つの説明概念が仮説として提出されている。ひとつは乳幼児の気質研究から出された「持続的難し気質仮説 (persistent difficult temperament hypothesis)」(Carey, 1972; Weissbluth, 1987) で，もうひとつは「過渡的反応性仮説 (transient responsivity hypothesis)」である (Barr & Gunnar, 2000)。これらの仮説を検証するため，泣き中に50％の蔗糖水（スクロース）を用いる実験で後者を支持する結果が報告された (Barr, et al., 1999)。この実験で (1) 乳児の泣きの頻度と泣きの長さ（しつこさ）は乳幼児の情動制御の異なった過程を反映する，(2) 過度な泣きは反応性の自己制御過程の問題と関連する，(3) 泣きのパターンおよびディストレス制御と関係する中枢神経のオピオイド依存性鎮静系の存在が示唆された (ibid)。

　泣きの発達や原因不明の夜泣きの理解に気質研究の概念を用いた研究の可能性はさらに追求されるべきである。

表A　新生児行動状態

行動状態	眼の開閉	規則的呼吸	粗大運動	発声
STATE 1	−	+	−	−
STATE 2	−	−	+	−
STATE 3	+	+	−	−
STATE 4	+	−	+	−
STATE 5	+・−	−	+	+
STATE 6	（行動状態間の移行）			

（Prechtl, 1974; Wolff, 1987による）

2　泣きと愛着関係の形成
2.1　泣きやぐずりと養育行動

　泣きは生後すぐ観察でき，1〜2歳まで頻繁に出現する乳児の顕著な行動状態のひとつである（Prechtl, 1974; Wolff, 1987）。**プレヒトル**（Prechtl, H. F. R.）によれば，発達初期の子どもには6つの**行動状態**（behavioral states）が観察される（表A）。それらは「子の空腹，栄養，水分の程度，および覚醒 - 睡眠周期内のどの時間帯にあるか，などの生理的変数に依存する」とされている。また，**ブラゼルトン**（Brazelton, T. B.）の**新生児行動評価**においても配慮すべき重要な要因となっている（Brazelton, 1988）。新生児期以降も養育者は子どもの行動状態を頻繁にモニターしながら対応し，時には子どもの状態間の移行を促進し介入を行う。

　さまざま変化する子どもの行動状態に応じての養育者の対応が即ち相互交渉である。発達初期の子どもにとって，相互交渉の質は子どもの愛着関係と社会性の発達に重要な影響を及ぼす。ここでは子どもの泣き・ぐずりを中心とする相互交渉と後の愛着関係の形成について述べる。

　泣き・ぐずり−解除・介入相互交渉行動系列　乳児初期において，泣きやぐずりが頻繁に起きる。泣きやぐずりの起因はさまざまで，空腹，目覚め，疲れ，オムツ汚れによる不快感，過度の興奮と痛みは日常の生活に繰り返し起きる状況である。これらの泣きやぐずりに対する養育者のさまざまの対応は，子どもの機嫌や健康状況および養育者の対応の適切さや技術によって，成功したり失敗したりする。泣きやぐずりに対する対応や介入がうまくいった場合，

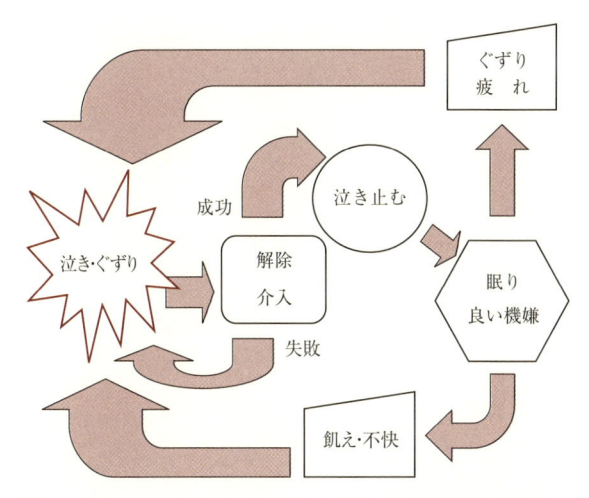

図B　泣き・ぐずりの解除・介入による相互交渉行動系列

　子どもは泣き止んで，あるいはご機嫌になり遊び出す，あるいは眠りに入る。対応がうまくいかない場合，泣きやぐずりは続き，養育者は手を変え品を変えなだめ続けるか，あるいはあきらめ，感情的になる。その結果として子どもはあるいは泣き疲れて眠ってしまうか，あるいはますます興奮してぐずり続ける。いずれにしても，時間がかかり養育者も疲れ，泣き疲れた子どもはやがて眠りに入るのである。次の泣きやぐずりは上述した理由のいずれかによって再び引き起こされ，養育者はまた対応し「泣き・ぐずり－解除・介入　相互交渉行動系列」が再び始まる。最初の介入がうまくいった場合でも，泣き止んで機嫌を直した子どもも，そのうちに疲れ，空腹，オムツの汚れ，あるいは過度に興奮するため，再びぐずりや泣きの状態になる。乳児期に頻繁に見られるこのような泣き・ぐずりの介入と対応を中心とした相互交渉を図式的に表すのは図Bである。

2.2　泣きやぐずりの対応と母子の心理

　発達初期の養育者と子どもの相互交渉には泣きやぐずりのようなネガティヴなこと以外に喜びや楽しさも含まれるであろうが，初期の関係の発達の重要な側面は図Bのようなパターンの繰り返しで形成されると十分に考えら

れる。泣きやぐずりに対する養育者の対応は相互交渉である以上，関わる2人にその場で心理的・感情的反応を起こすだけではなく，繰り返されるパターンによる長期的影響も当然考えられる。そのひとつは**愛着理論**で指摘された子どもの内的作業モデルの形成への影響である（Bowlby, 1969/1984; Bretherton, 1985）。さらに，養育者の養育者としての有能さに関する自己像や自己評価の形成である。

生後1年間に起きる介助を要する泣きやぐずりの回数は少なく見積もっても1000回は下らないとすれば，図Bのような相互交渉の結果として，泣きとぐずりがほどほどうまく対応された子どもは養育者のことを「安心感の得られる――」，「信頼できる――」存在と捉えがちであろう。逆に，対応の結果は失敗が多い場合，「安心感の得がたい――」，「頼りになり難い――」相手と受け止められやすいであろう。養育者のほうも，前者の経験が多い場合には，有能と感じ，後者の場合には，自信をもてなくなるであろう。

3 新生児・乳児の泣きと痛み感覚
3.1 泣きと処置痛：実践と考え方の変化

出産直後の新生児に対してさまざまの痛みがともなう（と思われる）処置が必要とされる時もある。身体計測，採血，注射，吸引，栄養挿管，肛門検温など以外に，姿勢や場所の移動や抱きなどにおいても不快感を伴うことがあるだろう。これらの場合，新生児はしかめ面と共にぐずりと泣きを発する。欧米において，処置から泣き出すまでの潜時，泣きの長さ，泣き声のピッチ（基本周波数）および泣きの逓減や逓増のパターンなどは痛みの強度や種類の指標として用いられてきた（Crag, Gilbert-MacLeod & Lilley, 2000; Green, Irwin & Gustafson, 2000）。

新生児の包皮を切除するという習慣（割礼 circumcision）は日本ではあまり知られていないようだが，欧米では以前から広くルーチンのように行われてきた。さらに，しろうとには驚きであるが，このような処置は1980年代半ばまでほとんど麻酔なしで行っていたようである（Barr, Hopkins & Green, 2000. p. 1）。しろうとの養育者は当然新生児も痛みを感じると考えるが，一昔前の新生児の中枢神経系の機能と発達に関する知識と信念を持つ当時の医療関係者はそうは考えていなかった。幸い，80年代後期のアナンド

(Anand & Hickey, 1987) やフィッツジェラルド (Fitzgerald, 1991; Fitzgerald & Anand, 1993)) などの研究によって，新生児は大人と同じように痛みを感じ，特に未熟児にとって痛みはもっと耐えがたいものであることがわかった。

文献

赤須文男・西田悦郎 (1971) 産科学要綱．診断と治療社．

Anand, K. J. S. & Hickey, P. R. (1987) Pain and its effects in the human neonate and fetus. *New England Journal of Medicine*, 317, 1321-1347.

Barr, R. G. (1990) The normal crying curve: What do we really know? *Developmental Medicine and Child Neurology*, 32, 356-362.

Barr, R. G. (1998) Crying in the first year of life: Good news in the midst of distress. *Child: Care, Health and Development*, 24, 425-439.

Barr, R. G. & Geertsma, M. A. (1993) Colic: The pain perplex. In Schechter, N. L., Berde, C. B., & Yaster, M. (Eds.), *Pain in infants, children, and adolescents* (pp. 587-596). Philadelphia: Williams & Wilkins.

Barr, R. G. & Gunnar, M. (2000) Colic: The 'transient responsivity' hypothesis. In R. G. Barr, B. Hopkins & J. A. Green (Eds.), *Crying as a sign, a symptom, and a signal: Clinical, emotional and developmental aspects of infant and toddle crying* (pp. 41-66). Mac Keith Press.

Barr, R. G., Young, S. N., Wright, J. H., Gravel, R. G., & Alkawaf, R. (1999). Differential calming response to sucrose taste in crying infants with and without colic. *Pediatrics*, 103(5): e68.

Barr, R. G., Hopkins, B., & Green, J. (2000) Crying as a sign, a sympton and a signal: Evolving concepts of crying behavior. In R. G. Barr, B. Hopkins & J. A. Green (Eds.), *Crying as a sign, a symptom, and a signal: Clinical, emotional and developmental aspects of infant and toddle crying* (pp. 1-7). Mac Keith Press.

Bowlby, J. (1969/1984) *Attachment*, 2nd ed. Harmondsworth: Penguin.

Brazelton, T. B., 穐山富太郎監訳，山口幸義・山口和正・川崎千里訳 (1988) ブラゼルトン新生児行動評価．第2版医歯薬出版．

Bretherton, J. (1985) Attachment theory: Retrspect and prospect. *Monographs of the Society for Research in Child Development*, 50 (Serial No. 209), 3-38.

Carey, W. B. (1972) Clinical applications of infant temperament measures. *Behavioral Pediatrics*, 81, 823-828.

Chen, S. J. (1990) The development of spontaneous crying in early infancy: The ontogeny of an action system. Doctoral dissertation, Faculty of Education, Hokkaido University.

Craig, K. D., Gilbert-MacLeod, C. A., & Lilley, C. M. (2000) Crying as an indicator of pain in infant. In R. G. Barr, B. Hopkins & J. A. Green (Eds.), *Crying as a sign, a symptom, and a signal: Clinical, emotional & developmental aspects of infant and toddle crying* (pp. 23-40). Mac Keith Press.

Fitzgerald, M. (1991) The developmental neurobiology of pain. In M. R. Bond, J. E. Charlton, & C. J. Woolf (Eds.), *Proceedings of the VIth World Congress on Pain* (pp. 253-261). Amsterdam: Elsevier.

Fitzgerald, M. & Anand, K. J. S. (1993) Developmental neuroanatomy and neurophysiology of pain. In Schechter, N. L., Berde, C. B., & Yaster, M. (Eds.), *Pain in Infants, Children, and Adolescents* (pp. 11-31). Philadelphia: Williams & Wilkins.

Green, J. A., Irwin, J. R., & Gustafson, G. E. (2000) Acoustic cry analysis, neonatal status and long-term developmental outcomes. In R. G. Barr, B. Hopkins & J. A. Green (Eds.), *Crying as a sign, a symptom, and a signal: Clinical, emotional and developmental aspects of infant and toddle crying* (pp. 137-156). Mac Keith Press.

Gustafson, G. E. & Green, J. A. (1991) Developmental coordination of cry sounds with visual regard and gestures. *Infant Behavior and Development,* **14**, 51-57.

Hopkins, B. & van Wulfften Plathe, T. (1987) A qualitative approach to the development of movements during early infancy. In Prechtl, H. F. R. (Ed.), *Continuity of neural functions from prenatal to posnatal life. Clinics in Developmental Medicine,* No. 94 (pp. 179-197). London: Spastics International Medical Publications.

Kirkland, J. (1985) *Crying babies: Helping family cope.* London: Methuen.

Lehtonen, L., Gormally, S., & Barr, R. G. (2000) 'Clinical pies' for etiology and outcome in infant presenting with early increased crying. In R. G. Barr, B. Hopkins & J. A. Green (Eds.), *Crying as a sign, a symptom, and a signal: Clinical, emotional and developmental aspects of infant and toddle crying* (pp. 67-95). Mac Keith Press.

Prechtl, H. F. R. (1974) The behavioral states of the newborn infant. *Brain Research,* **76**, 185-212.

St. James-Roberts, I. & Halil, T. (1991) Infant crying patterns in the first year: Normal community and clinical findings. *Journal of Child Psychology and Psychiatry and Allied Disciplines,* **32**, 951-968.

Weissbluth, M. (1987) Sleep duration and infant temperament. *Journal of Pediat-*

rics, **99**, 817-819.

Wessel, M. A., Cobb, J. C., Jackson, E. B., Harris, G. S., & Detwiler, A. C. (1954) Paroxysmal fussing in infancy, sometimes called "colic". *Pediatrics*, **14**, 421-434.

Wolff, P. H. (1987) *The development of behavioral states and the expression of emotion in early infancy: New proposals for investigation.* Chicago: University of Chicago Press.

言語 新生児の言語感受性

大藪　泰

　乳児の耳にはさまざまな音が届いている。乳児が話し言葉を獲得するためには，人が声帯を使って話す音声と，その他の音の区別ができなければならない。その区別ができても問題は残る。人の声帯から出される音声がまた一様ではないからである。話す速さ，アクセント，話し声の高低など千差万別である。さらに，話し言葉自体が異なれば，その特徴には大きな違いが生まれ，成人には聞き取ることさえ困難になる。それでは，そうした話し言葉を，乳児はいつからどのように認識するのだろうか。そしてその認識は話し言葉のどんな特徴に基づいているのだろうか。近年，こうした言語感受性について，新生児期にまでさかのぼって研究が行われるようになった。

1　音声のカテゴリ知覚

　1970年代初頭，新生児の言語知覚の研究が，**音声のカテゴリ知覚**を対象にして始まった。その当時，多くの研究が，成人には話し言葉のカテゴリ知覚は可能だが，話し言葉以外の音では不可能であることを明らかにしていた。たとえば，[b] と [p] の聞きわけは，**音声開始時間**（VOT：voice onset time），つまり口唇の開放から声帯が振動するまでの時間の次元で行われており，25ミリ秒以下の場合には [b]，25ミリ秒以上では [p] としてカテゴライズされていることが知られていた。重要なことは，VOTが25ミリ秒をまたぐ10ミリ秒と40ミリ秒の2つの音は異なる音 [b] と [p] として聞きとられるが，VOTが25ミリ秒を超えると40ミリ秒と70ミリ秒ではもちろん，40ミリ秒と100ミリ秒のように物理的距離が倍になっても同じ [p] 音として聞き取られるということである（図A）。

　アイマス（Eimas et. al., 1971）は，この子音 [b] と [p] に母音 [a] を組み合わせた [ba] と [pa] を合成し，一定以上の強さのサッキング（吸

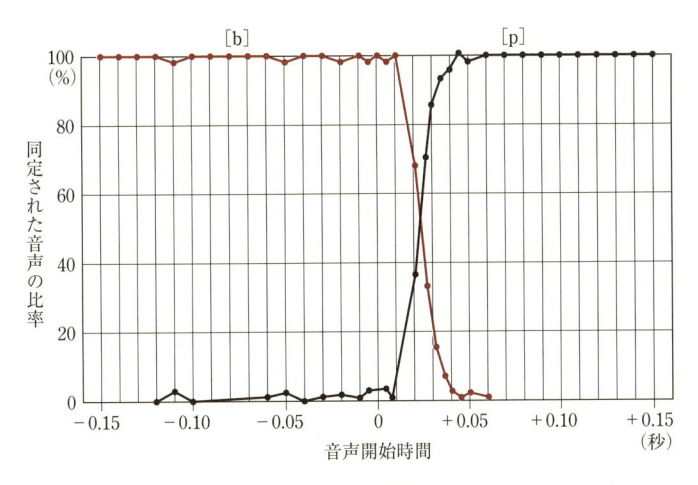

図A [b] 音と [p] 音のカテゴリ境界（Miller, 1991/1997）

啜）を一定率以上するとこれらの音がヘッドホンから聞こえてくる人工乳首を新生児に吸わせた（**高振幅サッキング法**）。乳児は，自分の行動に随伴して生じる外界の刺激を容易に検出し，その刺激を繰りかえし出現させようとする。たとえば，[ba] がサッキングに随伴して生じると，その音を繰り返し聞こうとしてサッキング率を増加させる。しかし，やがて馴化が生じ，サッキング率が低下する。アイマスらは，このときを見はからって別の音 [pa] を聞かせたのである。もしも新生児がその音をいままでの音とは違う音として聞きとれば，馴化が崩され，再びサッキング率が増加するはずである（馴化-脱馴化法，第1章参照）。アイマスらはこの仮説どおり，VOT 25 ミリ秒を境にして [b] から [p] へ，あるいは [p] から [b] へ音を切り替えると，新生児がサッキング率を再び増加させることを見いだしたのである。同様なカテゴリカル知覚は他の子音（Trehub & Rabinovitch, 1972 など）や母音（Kuhl, 1979 など）でも認められている。

一方，1970年代の話し言葉の知覚に関する比較言語研究は，日本人には [r] と [l] の聞きわけが難しいように，成人では母語にはない音響的に類似した音の聞き分けが困難であること，しかし幼若な乳児では言語環境に関わりなく区別可能であることを見いだしていた（Trehub, 1976 など）。Eimas（1975）は，こうした研究結果から，乳児は広範で完成された言語感受性をもって誕生するが，聞いたり使用したりする経験がない音声に対する感受性は喪失されると主張した。しかし，この感受性能力の低下は喪失によるものではなく，注意の再構造化によるという見解もみられたのである（Werker & Logan, 1985）。

最近，言語経験は母国語の音声の聞きわけ能力を維持させるだけでなく，カテゴリ分類の鋭敏化に貢献している可能性が指摘されだした。音声に対する基本的なカテゴリ知覚は誕生時から存在するにせよ，経験がもつ役割の見なおしが検討されだしたのである（Werker & Curtis, 2005）。言語経験はカテゴリ化能力の維持に有効なだけであり，誕生時から言語音に対する完成された感受性が存在するという理論は再検討が求められている（Saffran et al., 2006）。

この項の最後に，音声のカテゴリ知覚は人以外の動物にもみられることを指摘しておきたい。チンチラ，日本ウズラ，セキセイインコなどである。たとえば，チンチラ（南米産のリスくらいの大きさのげっ歯類）は，[ba] と [pa] という音声をカテゴリカルに知覚する（Kuhl & Miller, 1978）。音声のカテゴリ知覚は人間だけに特殊化された能力ではない。それは他の霊長類とも共有する知覚的なバイアスである可能性が高い（Saffran et al., 2006）。

2　話し言葉の選好

人間の乳児は，誕生直後から，他の音よりも話し言葉のほうに耳を傾けやすい，と信じられている。しかし，この選好能力を妥当な研究方法で検討した研究は少ない。たとえば，話し言葉とホワイトノイズ（すべての周波数成分を同等に含む音のこと。ホワイトは光がすべての周波数成分を同等に含むと白色になることによる）を使って，話し言葉の選好を見いだした実験があるが，この結果から新生児は他の音より話し言葉を好むと結論づけることは難しい。ホワイトノイズは，もともと好まれる音ではないし，話し言葉との間には音声成分にまったく共通性がないからである。

最近，Vouloumanos と Werker らの研究グループは，話し言葉の選好を厳密な統制のもとで検討した一連の実験研究を報告している。次に，彼らが新生児を対象に行った研究データを紹介しておきたい。

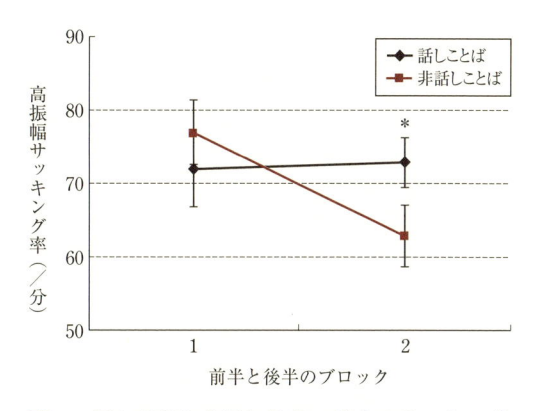

図B 話し言葉と非話し言葉に対するサッキング
×P=.010 （Voulonmanos & Werker, 2007）

　Vouloumanos & Werker（2007）は，生後1週間以内の新生児を対象に，高振幅サッキング法を使って，人が実際に話した言葉（"lif" という音節）と，この音節の音響的な構造特性（持続時間，ピッチ輪郭，フォルマント（音声スペクトルを構成する共振周波数成分のこと。母音はフォルマントの違いによって区別される）など）に一致させた人工音との選好実験を行った。一定以上の強さでサッキングすれば，それに随伴した話し言葉か人工音のいずれかが新生児に提示されたのである。刺激の提示は，いずれか一方を1分間提示しつづけ，そのあとの1分間は別の刺激に切りかえるという手順であり，交互に合計8分間の提示が実施された。結果は，8回の試行期を前後に分けると，前半の4回では両者に差がないが，後半の4回では話し言葉の方が人工音より高振幅のサッキングが有意に多かった。また前半から後半にサッキングが減るという現象もみられなかった（図B）。この研究結果は，新生児には，話し言葉以外の音より話し言葉に耳を傾けやすいバイアスがあることを示唆している。
　それでは話し言葉への選好能力は，胎児期に音声を聞いた経験によるのだろうか。彼らは，子宮壁によってフィルターがかかったような話し言葉を作り出した。こうすると新生児は，フィルターにかかった話し言葉を，話し言葉ではない音声と等価に扱ったのである。この結果は，胎児期における話し言葉の特徴の聞き取りに疑問を抱かせ，新生児にみられる選好が出生前の話

し言葉の聴覚経験による直接的な結果ではない可能性を示唆している。

こうした話し言葉に対する鋭敏な選好性は，ニューロイメージング法を利用した研究でも見いだされている。牧・山本（2003）は，生体透過性の高い800ナノメートル周辺の近赤外光により大脳皮質の血行動態を画像計測する**近赤外光トポグラフィ**（NIRT：Near Infra-Red Light Spectroscopic Topography）を用いて，生後1週間以内の新生児で，①通常の会話を聞かせたとき，②その会話の逆回しの音を聞かせたとき，③何も聞かせないときの脳活動に伴う血行動態変化を観測した。その結果，通常の会話を聞いたときにだけ，大人の言語野・聴覚野に相当する部位で，顕著な脳活動を観測している。

3　異なる言語の弁別能力

日本人の新生児が英語を聞いたとき，その英語はどのように聞こえるのだろうか。日本語と英語がごちゃ混ぜになって聞こえるのだろうか，それとも日本語と英語の違いに気づいているのだろうか。

メレールら（Mehler et al., 1988）は，流暢にフランス語とロシア語を話すバイリンガルの女性に，同じ物語をフランス語とロシア語で話してもらって録音した。そして，この録音から，どちらの言語も17秒ほどの長さの15個のサンプルを抽出した。母語がフランス語の生後4日の新生児をグループに分け，一方にはフランス語のサンプルを他方にはロシア語のサンプルを聞かせ，同時にサッキング率を測定したのである。図Cがその結果である。3つのサンプルをひとつのブロックにして，3ブロックの平均サッキング率が示されているが，一貫してフランス語の場合で高いことがわかる。また，母語がフランス語以外の家族の新生児では，ロシア語よりフランス語に対してサッキングを多くする傾向はみられなかった。それゆえ新生児には，母語とそれ以外の言語とを聞き分ける能力があることが示唆されたのである。

さらに興味深いのは，このふたつの話し言葉を低域フィルターにかけ，音声上の特徴は除去し韻律的なリズムだけを保存した実験を行っていることである。このような操作をすると，言葉のイントネーションは変わらないが，音の区別は難しくなる。ちょうどプールにもぐって会話を聞いているのに似た状態である。フランス語かどうかはわかるが，単語はまったくといっていいほどわからない。このような処理をされたフランス語とロシア語を聞かさ

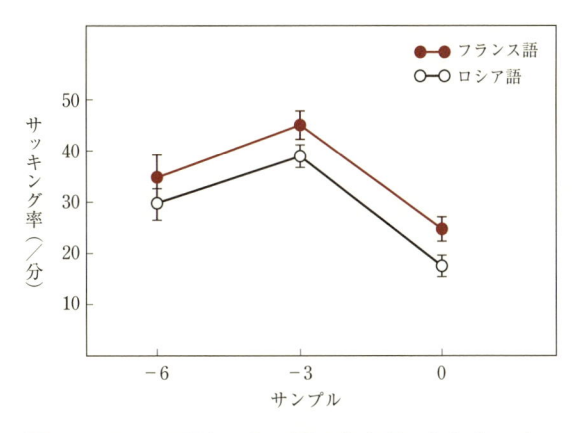

図C　フランス語とロシア語の文を聞いたときのサッキング率（Mehler et al., 1988）

れても，生後4日の新生児は区別をしたのである．**韻律特性**への反応を示す同様の結果は，英語とスペイン語を母語にする新生児でも報告されている（Moon et al., 1993）．こうした事実から，メレールらは，子宮内で話し言葉の韻律的なリズムを聞いた経験が，新生児の話し言葉の聞き分けに影響した可能性があると解釈した．しかし，その後，フランス人の新生児がまったく聞いたことがない英語とイタリア語の区別をすることが明らかにされており（Mehler & Christophe, 1995），話し言葉の聞き分け能力の獲得を出生前の経験に求める考えには異論がある（Saffran et al., 2006）．

　話し言葉はリズムによって，**強勢リズム**（英語，ロシア語），**音節リズム**（フランス語，スペイン語，イタリア語），そして**モーラリズム**（日本語）の3つに分類できる．アスリン（Aslin）ら（1998）によれば，メレール（Mehler et al., 1996）は，生後4日のフランスの新生児にはモーラ（本書4, 5章［言語］参照）を基盤とする日本語の変化を区別できないと報告した．フランス語の基本的なリズム単位である音節の場合には，単語の時間の長さを同じにした2音節語と3音節語の区別ができるが，日本語を2モーラから3モーラへと変化させても区別することができないのである．このように新生児は，母語のリズムの変化には敏感に反応するが，母語とは異なったリズムをもつ話し言葉のリズム変化に対する感受性は弱いと考えられる．また，すで

に紹介したように異なるリズム特性をもつ言語どうしの区別は可能だが，同じリズム特性をもつ言語どうしの場合には区別が難しいことが知られている (Nazzi et al., 1998)。

文 献

Aslin, R. N., Jusczyk, P. W., & Pisoni, D. B. (1998) Speech and auditory processing during infancy: Constraints on and precursors to language. In D. Kuhn & R. S. Siegler (Eds.), *Handbook of Child Psychology. 5th ed. Vol. 2, Cognition, perception, and language* (pp. 147-198). Wiley.

Eimas, P. D. (1974). Auditory and linguistic processing of cues for place of articulation by infants. *Perceptual Psychophysiology,* **16**, 513-521.

Eimas, P. D. (1975) Speech perception in early infancy. In, L. B. Cohen & P. Salapatek (Eds.), *Infant perception: From sensation to cognition* (pp. 193-231). Academic Press.

Eimas, P. D., Siqueland, E. R., Jusczyk, P. W., & Vigorito, J. (1971). Speech perception in infants. *Science,* **171**, 303-306.

Kuhl, P. K. (1979) Speech perception in early infancy: Perceptual constancy for spectrally dissimilar vowel categories. *Journal of the Acoustical Society of America,* **66**, 1668-1679.

Kuhl, P. K. & Miller, J. D. (1978) Speech perception by the chinchilla: Identification function for synthetic VOT stimuli. *Journal of the Acoustical Society of America,* **63**, 905-917.

牧　敦・山本由香里 (2003) 発達科学におけるニューロイメージングの役割：光によるニューロイメージング法を中心に．ベビーサイエンス，**3**, 28-34.

Mehler, J. & Christophe, A. (1995) Maturation and learning of language in the first year of life. In, M. S. Gazzaniga (Ed.), *The cognitive neurosciences* (pp. 943-954). MIT Press.

Mehler, J., Dupoux, E., Nazzi, T., & Dehaene-Lambertz, G. (1996) Coping with linguistic diversity: The infant's point of view. In, J. L. Morgan & K. Demuth (Eds.), *Signal to syntax.* Erlbaum.

Mehler, J., Jusczyk, P. W., Lambertz, G., Halsted, N., Bertoncini, J., & Amiel-Tison, C. (1988) A precursor of language acquisition in young infants. *Cognition,* **29**, 143-178.

Miller, G. A. (1991) *The science of words.* Freeman. (無藤　隆ら訳 (1997) ことばの科学：単語の形成と機能．東京科学同人．)

Moon, C., Cooper, R. P., & Fifer, W. P. (1993) Two-day-old infants prefer their native language. *Infant Behavior and Development,* 16, 495-500.

Nazzi, T., Bertoncini, J., & Mehler, J. (1998) Language discrimination by newborns: Toward an understanding of the role of rhythm. *Journal of Experimental Psychology: Human Perception and Performance,* 24, 756-766.

Saffran, J. R., Werker, J. F., & Werner, L. A. (2006) The infant's auditory world: Hearing, speech, and the beginnings of language. In, D. Kuhn & R. S. Siegler (Eds.), *Handbook of Child Psychology. 6th ed. Vol. 2: Cognition, Perception, and language* (pp. 58-108). Wiley.

Trehub, S. E. (1976) The discrimination of foreign speech contrasts by infants and adults. *Child Development,* 47, 466-472.

Trehub, S. E. & Rabinovitch, M. S. (1972) Auditory-linguistic sensitivity in early infancy. *Developmental Psychology,* 9, 74-77.

Vouloumanos, A. & Werker, J. F. (2007) Listening to language: Evidence for a bias for speech in neonates. *Developmental Science,* 10, 159-164.

Werker, J. F. & Curtis, S. (2005) PRIMIR: A developmental framework of infant speech processing. *Language Learning and Development,* 1, 197-234.

Werker, J. F. & Logan, J. S. (1985) Cross-language evidence for three factors in speech perception. *Perception and Psychophysics,* 37, 35-44.

2章 胎児期・周産期

社会　胎児へのまなざし

玉井真理子

1　問題の所在

1.1　障害児の出生は「失敗」か？

ある推理小説の一節を紹介しよう。

「遺伝子チェックの結果はどうだったの？」
　顔見知りになった主婦が隣りから声をかけてきた。ルルミと名付けられた女の赤ん坊をあやしている。
「いえ……」
　百合絵の曖昧な返答に，主婦は驚きの顔になった。
「まさか――，まだ受けてないの？　もう十三週目でしょう？」
「ええ」百合絵は小さく微笑む。
　相手は，理解できないわ，という表情だった。経済的理由のはずはないんだし，と，あれこれ詮索している様子だった。
　出生前診断における胎児の遺伝子チェックは，もはや社会的要請にもなりつつあった。母親達は超音波映像診断と同じ感覚で遺伝子の診断を仰ぐ。ほとんどの主婦が，良き母親としての一つのコースとして当然の如くそれを受け入れ，ＤＮＡレベルでの安心感を求める。しかし，ほとんど，であってすべての母親がそうだというわけではなかった。百合絵と同じように，奇妙にわだかまる抵抗感を覚えている者も少なくなかった。

（中略）

「今度の子には可哀想なことしないように，ちゃんと親の役目果たさないとだめよ」
　隣りの主婦が言う。
「あなた，一度失敗してるんだから」
　ちょうど診察室から声がかかったので，百合絵はその席を離れた。
　　　　　　　　　　　　　　柄刀　一『if の迷宮』（光文社文庫，19〜28 ページ）

作者は，ある主婦の台詞を通して，いわゆる障害児の出生を「失敗」と表現している。障害をもった子どもをこの世に誕生させてしまうことが「失敗」と見なされる社会が，本当に到来するのだろうか。それほど遠い未来のことではなく，すでにすぐそこにあるのだろうか。子どもは授かりものであり，どんな子どもが生まれてくるのかはだれにもわからなかったし，制御もできなかった，という牧歌的な時代は終焉しているのだろうか。

1.2　胎児へのまなざしの変化と生殖技術

　ここでは，胎児へのまさざしの変化という観点から，そのような変化に少なからず影響を及ぼしていると思われる**生殖技術**（reproductive technology）について概観してみたい。胎児，すなわち生まれてくる前の子どもへのまなざしの変化は，生まれたのちの子どもの存在のみならず，子どもの育ちをどうとらえ，どう受けとめ，どう引きうけるか，といったことと無関係ではありえないと思うからである。

　やや踏み込んだいいかたをするなら，子どもがこの世に誕生すること，ましてやどのような子どもが誕生するかは，もはや人知の及ばないことがらではない。子どもがモノ化しているとはいわないまでも，人間の知恵が進展させてきた技術によって，一定程度制御できるものとなっている。筆者が気になるのは，制御可能性が拡大することはあっても縮小することはないだろう，という人びとの感覚である。実際の制御可能性はもしかするとそれほど大きくないのかもしれないし，そういった制御可能性とひきかえにリスクを抱えこむことも必至であるはずなのに，それにもかかわらず，子どもの存在や質についての制御可能性が縮小するとはあまり思えない，というこの感覚はどこからくるのだろうか。

　なお，英語の assisted reproductive technology は「生殖補助医療」と訳されることが多く（たとえば，厚生労働省など），その実態に鑑みれば，ここで取り上げる reproductive technology も「生殖技術」ではなく「生殖医療」と訳されるのだろう。家畜などはともかく，少なくとも人間に対しては医療の枠内でそれら諸技術が用いられることがほとんどであることからすれば，積極的に後者の訳（＝生殖医療）を支持する立場もある。他方，筆者は，reproductive technology のすべてを果たして本来の医療と考えていいのか

という疑問があり，あえて前者の訳（＝生殖技術）を用いているひとりである。

1.3 生殖技術の3つの側面

さて，生殖技術と社会との関係について，誤解を恐れずにあえて大胆にかつ図式的に歴史をたどってみよう。1970年代は産まないための技術としての**人工妊娠中絶**（中絶）が問題になった。そして1980年代は，1983年に国内初の体外受精児が誕生したことの影響もあってか，一転して産む技術としての不妊治療が脚光を浴びた。1990年代は，選んで産む／産まないための出生前検査および診断（以下，出生前診断とする）が，社会問題化した観があった。生殖技術にはこのような3つの側面があるといってもいい。

上記のまとめがあまりに図式的すぎるとすれば，ひとつには，1970年代には，「不幸な子が生まれない運動」とのちに総称されるようになる，**出生前診断**（この時代は羊水検査）の普及を目指す行政主導型の運動を見落としている点であろう。とりわけ選んで産む／産まないためのそれを語るうえでは特筆すべき出来事が1970年代初頭に起きており，論者によってはこれを日本の生命倫理学の成立の端緒とみる向きもある。

ここでは，最近話題になることが多い不妊治療と出生前診断を取りあげるが，中絶が重要でないと考えているわけではないことをお断りしておく。

2 不妊治療
2.1 不妊治療とは何か

不妊（sterility）の定義は，結婚して，あるいは性的なパートナーがいて，とくに避妊をしているわけでもないのに1年以上妊娠しない状態をさす。このような不妊という状況に医療的に介入しようとする営み全般が不妊治療である。そのために用いられる技術が生殖補助技術であるが，つまった卵管を外科的に開通させる手技などまで含めて生殖補助技術とよぶかどうかは微妙なところであり，通常は，人工授精や体外受精を指す。また，用いられる技術そのもののレベルとして差異があるわけではないが，心理社会的・倫理的な問題性という点で，代理懐胎（代理出産）が生殖技術の一種として紹介される場合もある。

2.2 人工授精・体外受精・代理懐胎

人工授精はある意味で原始的な方法であり，男性の体から精子を取りだし女性の体に注入する方法だが，夫（特定の性的パートナーを含む。以下同様）の精子を用いる場合と，夫以外の精子を用いる場合がある。前者を，**AIH**（artificial insemination with husband の略），後者を **AID**（artificial insemination with donor の略）あるいは **DI**（donor insemination）とよぶ。

体外受精は，1978 年に世界初の体外受精児ルイーズ・ブラウンがイギリスで誕生したことを嚆矢として，その後日本でも 1 万人以上の子どもがこの技術の恩恵によって生まれているといわれている。卵子と精子をともに体外に取りだし培養液のなかで混ぜあわせる（in-vitro fertilization）だけでなく，精子を卵子の中に人工的に注入する顕微受精という方法も開発されている。いずれも受精卵（胚）を子宮内に移植すること（embryo transfer）がセットになっているため，IVF-ET と略記される。

代理懐胎に関しては，海外で代理懐胎によって生まれたタレント夫婦の子どもの国籍問題が連日マスコミで取りあげられたことが記憶に新しい。代理懐胎とは，カップル以外の女性に妊娠・出産を引き受けてもらうことであり，依頼するカップルの受精卵を使う場合，卵子の提供まで受ける場合がある。

2.3 生殖技術と親子のきずな

生殖技術は，主に畜産の領域で開発されたものが人間（ヒト）に応用されたものが多いともいわれているが，親子の関係が複雑になることは想像に難くない。第三者の精子および卵子を用いて胚を作り，別の（卵子の提供者ではない）女性にこれを移植して代理懐胎によって出生した子どもを，さらにまた別のカップルが育てる状況を想像してみて欲しい。そこには 5 人の親——卵子の母，精子の父，産みの母，育ての母，育ての父が存在することになる。

AID で生まれた子どもの出自を知る権利は，法的には保障されていない。また，妻（母親）が産んだ子どもが自分とは遺伝的なつながりのない子どもであることを主張して夫（父親）の側が起こす嫡出否認の訴えは，AID の場合であってもこの訴えを起こすことができないという法的な規定があるわけではなく，あくまでも医療実務上の同意書レベルの拘束があるのみである。

AIDで生まれた子どもの法的地位の不安定さもさることながら，心理社会的影響も看過できない。日本ではそのことを子どもに隠し通す親が多いとの調査結果もある。その一方で，AIDで生まれた当事者たちが海外で，そして日本国内でも自ら声をあげはじめている。そもそも人はなぜ遺伝上の親を知りたいと願い，そのように願う人に共感を示すのだろうか。

　他方，代理懐胎をめぐってしばしば問題となるのは，ベビーM事件である。これは，有料で代理懐胎を引き受けた女性が子どもを出産した後に依頼者カップルへの（子どもの）引渡しを拒否したというアメリカでの事件である。訴訟にまで発展し一定の決着はついたものの，代理母に親子の情が芽生えたことが子ども引渡し拒否の理由であると解説されることが多く，真相はともかく，そのたぐいの解説は一定の説得力をもって私たちに問題を投げかけている。

3　出生前診断
3.1　出生前診断とは何か

　先に，出生前検査および診断をまとめて出生前診断と呼ぶことにすると述べた。厳密には，出生前に胎児を対象として行われる臨床医学的な検査のデータをもとに，しかるべき医療専門職によって医学的な見地から総合的に下される判断を診断とよぶのであって，概念上両者は区別されうるものであるが，（概念上はともかく）実務上は両者が分かちがたく結びついていることは事実であり，また用語としても厳密には区別されず互換的に用いられている印象がある。

　さて，その出生前診断であるが，平たくいえば，胎児が病気であるかどうか，あるとすればどのような状態なのかを出生前に診断することであり，広義には，胎児および妊婦の健康管理や，出生直後の適切かつすみやかな医療的処置に役立てようとするものである。しかし狭義には，胎児の疾患の有無や程度によって人工妊娠中絶（以下，中絶とする）を考慮する目的で行われるものだけを指し，医療の世界を離れると，むしろこの狭義の意味あいで出生前診断という用語が使用されている。

3.2 望んだ妊娠と望まない子ども

　中絶は望まない妊娠をしてしまった女性にとっての選択肢のひとつであるが，出生前診断の場合は妊娠や子どもをもつこと自体を望んでいないわけではない。一定の疾患を有した子どもの出生を望んでいないのだ。さらにいうなら，そのような子ども一般が出生することを社会的なレベルで阻止しようとするのではなく，（そのような子どもが）わが子として誕生し親として出会うことを回避したいと望んでいる女性やカップルにとって，個人的な希望をかなえるための選択肢のひとつが出生前診断である。

　選択肢とはいっても，中絶について規定している日本の母体保護法は，胎児異常を理由とした中絶を正面切って認めているわけではない。こうした胎児条項（とよぶことがある）を明文化して法律の条文に盛り込むことには賛否両論があり，決着はついていない。ちなみに筆者は，現行**母体保護法**への胎児条項導入について，個人的には反対の立場である。

　さて，望んだ妊娠での望まない子ども，とでもいうべきある意味での乖離状況は，胎児と妊婦との関係に影を落としている。アメリカの社会学者バーバラ・カッツ・ロスマンが指摘するように，出生前診断の結果が出るまで，妊娠したことをだれにも告げず，だれからも覚られないようにし，胎動さえも気づかないふりをする妊婦が出現している。彼女はそれを「仮の妊娠」とよんだ。

　また，出生前診断を受けることを選択したという明確な意図があるわけでもないのに，超音波検査等をきっかけにして，思いがけず胎児の疾患やその可能性を指摘される例もある。待ち望んだわが子は，ある日突然自分を脅かす「モンスター」になる。「オニかバケモノか」と語った妊婦がいる。「エイリアンがお腹を食い破って出てくる夢を見た」と体を震わせた女性がいる。

おわりに

　子どもをもつということ，すなわち親としてわが子の存在を引き受けるということは，障害をもった子どもが一定程度必ず生まれてくるという事実を引き受けることにほかならない。多くの障害児の親たちは，そのことを明確に意識したり言語化するかどうかは別として，心と体の全体で，あるいは日々の生活の営みのなかで感じとってきたはずだ。そもそも，どんなに望ん

だとしても子どもをもつことができるかどうか，誰にもわからないし，望みがかなえられない場合もあるということは，社会全体の了解事項であったはずだ。

　子どもがこの世に存在すること／しないことや子どもの質についての制御可能性は，知らぬ間に，いつのまにか，誰も気づかぬうちに，増大してきたのでは決してない。人間の素朴な希望やささやかな知恵が蓄積されることによって，そうなってきたのだ。技術の進展それ自体を止めることはできない，という言説の欺瞞性に気づかないふりをしていてはいけない。技術の進展を止めようとしない自分がそこにいるだけなのだ。

参考文献

玉井真理子（2006）遺伝医療とこころのケア．日本放送出版協会．

玉井真理子（1995）障害児もいる家族物語．学陽書房．：資料で読む．法政大学出版局．

Rothman, B. K.（1993）*The tentative pregnancy: How amniocentesis changes the experience of motherhood*. W. W. Norton.

3章 乳児期

河合優年

❶ はじめに

　本章では，乳児期（infancy）について今日明らかになっていることについて述べられる。それらに先立ち，発達的変化の意味をふくめて，乳児期がもつ意味について論じる。**発達段階**としての乳児期は，生後1か月から1歳までの期間をさして用いられる。この時期は後述するように，誕生時にあらかじめ準備されていた種々の機能を用いて，新しい環境とりわけ対人関係への**適応**がはかられる時期であると考えられる。言いかえると動物としてのヒトが社会的存在としての人間に変わっていく重要な時期であるといえる。

　この適応という考えかたは，発達そのものの理解とも密接に関係している。かつて発達は，未熟な存在である赤ん坊が，有能な存在としての大人・成人に至るまでの上昇的変化を中心として捉えられてきた。このような考えかたは，ある機能の量的・質的変化という視点からの発達観に基づくものであった。しかし，この枠組みでは成人期以降の下降的変化については扱えないこととなり，発達は成人をもって完了するような捉えかたを導くことになる。いうまでもなく，記憶能力や運動能力は，時間軸にそって上昇的に増加し，およそ20歳前後にピークにいたり，その後は再び緩やかに減少してゆき，これに伴ってさまざまな能力が低下してゆくことになる。ここには，前述した上昇的な発達の姿はみられない。しかしながら，私たちの実際の姿をみて

みると，人は衰えた機能を他の働きによって補い，「うまく」生きてゆこうと自らを変化させてゆく。記憶力の衰えにはメモなどの外部記憶をより活用するだろうし，視力の低化には眼鏡を使って対応しようとする。この「うまく」生きてゆくために自らを変えてゆこうとする能力こそが発達の本質であると考えられるのである。

　発達とは，個体が持っている種々の機能を使って，環境の中で快適に生存を続けるための継続的な営みなのである。このような視点からこれまでの発達心理学の知見をとらえてみると，個々の機能の質的・量的な変化とともに，よりうまく生きるためにそれらの機能が組みあわさりそれらを要素としたより上位の機能が構築され，個体の状態と環境との相互作用の質を変化させていることが読みとれる。たとえば，母子関係のありかたをみてみると，言語理解がなされるまえの関係性が，物理的にも近距離で直接的なものであったのに対し，言語の成立後は，より遠距離からの間接的な関係性に移行し，目のとどく範囲の中での活動を許すことになる。このような変化はまた，子どもの側からすると活動範囲の拡大をもたらし，環境への能動的でかつ間接的な相互作用を可能とするのである。言語機能の獲得は，子どもがそれまでにもっていた基礎的な知覚や運動の機能を要素とする，より能動的で間接的な相互作用を導いたのである。このような視点はもちろん，**ピアジェ**（Piaget, 1952）や**ブルーナー**（Bruner, 1968, 1970），**ゲゼル**（Gesell, 1934）など経験説，生得説の両方においても示されている。しかし，発達心理学のテキストなどにおいては，依然として個々の機能の時間的変化に強調点があり，それらの時間軸に沿った縦割りの変化が記述されているのも事実である。

　たとえば子どもと物の操作を考えてみても，その要素として種々の機能が組み合わされていることがわかる。図3-1はそのような例を図式的にあらわしたものであるが，単一の機能が時間とともに変化するだけでなく，それらが相互に関係してより上位の機能系が形成されることが示されている。同様の枠組みはゲゼルにおいても示されている（Gesell, 1945, 14章）。ある行動が出現するまえに準備されていた機能系は，より上位の機能の中に組みこまれながら，入れ子構造のように変化してゆくのである。

　このような移行の過程は，上述した母子関係の形成過程や手指の操作だけでなく，ハイハイから歩行への移行など乳児期のさまざまな行動において観

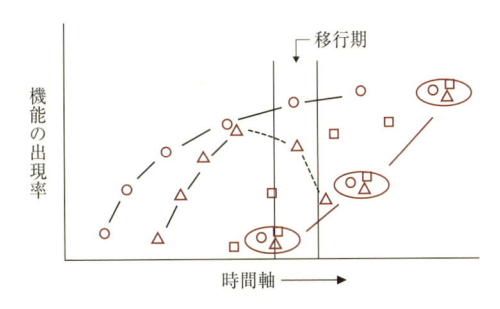

図 3-1 個々の要素が連関して新しい機能を作り出す
要素は全てが単独の機能としてのこるのではなく、新しい機能の中に取り込まれ、単独では観察されなくなるものがある。○は視覚、△は手のばし、□は手指の操作性。これらが組み合わさって視覚対象の操作という行為が成立する。

察される。

このような移行期の例が**フォーゲル**（Fogel, 2006）によって示されている（表 3-1 参照）。彼によると、私たちの行動は、それまでにもっている機能や行動がいきなり新しい機能に置きかわるのではなく、その間に橋渡しの段階があり、そこでは両方の状態が同時に存在していると考えられている。このような橋渡しは、人間の行動が急激に変化することを防ぎ、緩やかで適応的な変化を作りだす機能をもっている。

表 3-1 段階の移行期として考えられるブリッジ期の例

前の段階	ブリッジ	新しい段階
友人関係 →	婚約関係 →	結婚生活
ハイハイ →	つかまり歩き →	歩行

この考え方によると、人間行動の変化はブリッジ（bridge）という移行期をはさんで、それ以前の構造とそれ以後の構造が緩やかにつながってゆくとされている。ブリッジ期においては、以前の行動と新しく構成される行動が同時に存在している。移行期に入るとしばらくは先の段階での行動特徴が優勢であり、不安定な状態になると、安定している先の行動に戻るが、次の段階の行動が徐々に優勢となる。

歩行の例では、つかまり立ちで歩き始めの時期では、ハイハイが優勢でかつ安定した移動手段である。しかし、移行期の後半になるとこの行動は新し

い行動に取ってかわられ，新しく創生された二足歩行という行動が優勢となる。この時期の行動は，入れ子構造となっており，両方の行動が観察されることになる。このような移行期を含む緩やかな変化こそが人間発達のポイントであるといえる。一方で，私たちの周りで生じる，急激な変化は事故や天災のような場合であり，それが作りだすストレスは大きなものとなる。

　このようなフォーゲルの移行期という考え方を、移動能力の変化を例にとりながら考えてみると以下のようになろう。

　段階1における行動：段階1において観察される優勢な行動の変化【ハイハイ自体がその段階の中で変化する】＋新しい行動の創発【ここではつかまり立ちが生じる。しかし段階1の中ではこれ自体が変化することはない】として捉えられる。

　段階2における行動：段階1における優勢な行動と創発した行動の変化【ハイハイと段階1で創発したつかまり立ちがこの段階で変化する】＋新しい行動の創発【歩行が生じる。しかし段階2の中では歩行行動自体が巧緻化することはない】として捉えられる。

　段階3における行動：段階2で創発した歩行行動が巧緻化する【段階2において創発された歩行が優勢となり，それが巧緻化してゆく】。この歩行という行動は、さらに走りやジャンプなどの行動の下位の要素となる。

　彼の考え方は，運動に限らず，ある段階において創発した行動は要素として行動の一部として存在し，次の段階の行動変化の中で確立されるということであり，何らかの前段階を経ることなく新しい行動は出現しないというものであった。このような過程の中で、要素間の相互連関が新しい行動を作り出していくのである。

　「うまく」生きていくために，その時点で働いている機能をどのように組みあわせて使っているのかという視点から人間の時間軸に沿った変化をとらえると，機能の獲得期だけでなく喪失期における変化をもうまく説明してくれそうである。このように考えると，まさに人間は生涯にわたって発達しているといえるのである。

　ここでは，乳児期における発達を，誕生時にどのような機能が準備されているのか，またそれらはどのような働きをしているのかという視点からのべてみる。誕生時から準備されている機能を種々の機能の始発時期（オンセット）とその働きからとらえてゆくことにする。

❷ 乳児観の変化

2.1 乳児の能力に関する認識の変化

　乳児期の特徴は，養育者への依存性である。乳児は食べ物や保温，移動など養育者の援助なく生存することは困難である。そのような意味では，この時期では生存そのものにかかる機能が優先されるということになる。乳児健診においても，4か月時点では反射などを中心とした視点が多く盛りこまれている。これに対して，乳児の知覚などの機能は未熟であり，環境との相互作用も十分ではないと考えられていた。進化論で有名な**ダーウィン**（Darwin, C.）は，「乳児の伝記的素描」のなかで乳児の視覚機能が生後45日まで機能しておらず，追視行動の開始は生後7か月を過ぎてから生じると記述している（Darwin, 1951）。

　このような乳児観が変化したのは，1963年に報告された**ファンツ**（Fantz, R. L.）の研究によるといえよう（Fantz. 1963）（本章 p. 189 参照）。ファンツは図3-2のような刺激を用いて新生児と乳児の視覚機能についての研究を行った。その結果，人間の赤ん坊が生後間もない時期から高度の知覚機能を有していることが示されたのである。このことは，乳児が無力であるとするそれまでの認識を大きく変えたのである。その後の研究では本章においてのべられているように，視覚，聴覚，触覚などの基本的な感覚器官の働きだけでなく，情動の読みとりや表出においても乳児の有能性が明らかとなってきているのである。これらの結果は，乳児が外界と相互作用することができる有能な存在であることを示すものであった。

2.2 乳児研究の方法

　乳児観を大きく変えた近年の研究は，ものいわぬ乳児の能力を切りだすための新しい研究方法のうえに成り立つものであった。本章で述べられている多くの研究は，これらパイオニアたちの研究方法を用いたものであるといっても過言ではないであろう。

　これらの研究方法は，馴化-脱馴化法，選好注視法などである。**選好注視**は，複数の刺激図形を被験児に見せ，どの刺激をより長く，もしくはより頻回に見るかを指標として乳児の視覚能力を判断しようとするものである。こ

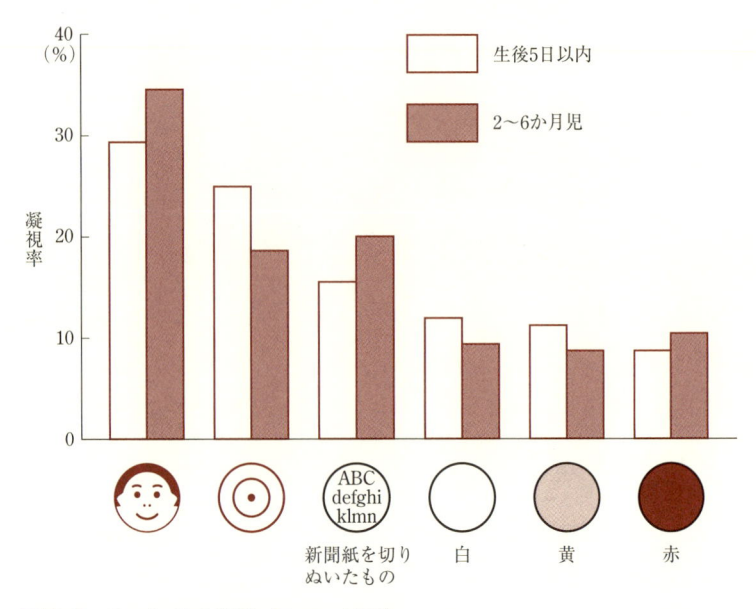

図 3-2　ファンツの実験（Fantz, 1963）

れにより，選好注視を指標としての記憶実験などが進むことになったのである（第1章参照）。**馴化−脱馴化法**は，同じ刺激を強化をともなわないで繰り返し提示すると，それに対する反応が少なくなり，いわゆる馴れとよばれる現象が生じる。その後異なる新しい刺激を提示すると，注意の回復が生じる。これを指標として，新しい刺激が区別されていることを示そうとしたものである（第1章参照）。これは視覚だけでなく聴覚などより広範囲での適用が可能となるものであった。これ以外にも，母子相互作用場面などでの乳児の行動を詳細に分析し，そのパターンなどを明らかにしようとした，マイクロ分析や，視線の動きを分析し，乳児が母親の顔や視覚刺激のどの部分を見ているのかを解析するアイマーク・レコーディングなど，多くの新しい方法が開発されている。

　これらの方法を用いて，以下に述べられるような多くの乳児に関する研究が展開された。

❸ 社会的存在としての人へ：乳児期の特徴

3.1 ヒトから人間へ

　人間の発達を考えるとき，その生物学的存在としての側面を置き去りにすることはできない。先に述べたように，人間は有機体（organism；生き物）として，生存のためには外界との相互作用を必須のものとしている。生命の維持という視点では，食物の摂取と排泄に代表されるような代謝機能がある。このような機能は動物としての「ヒト」がもつ，最も基本的な働きである。受精によって生じる発生の過程が遺伝子に組みこまれたしくみによって自動的に展開されるように，生きるためのしくみが自動的に展開されるのである。それは，体温調節や呼吸だけでなく，視覚機能や聴覚機能などの感覚器や，新生児反射のような運動機能においても観察される。このような点ではヒトは他の動物ときわめて近い存在なのである。ゲノム研究に代表されるように，人間が他の動物とどのような共通性をもっているのかに関心をよせる研究領域からの最新の情報は，私たちが他のホ乳類と多くの共通性をもっていることを指し示している。問題は，このような遺伝によって規定されている基本的な機能がどのように統合され，動物としての「ヒト」が社会的存在としての「人間」となってゆくのかである。発達心理学の醍醐味はまさにこの過程の解明にあるともいえるのである。どのような機能が準備されており，それらを組みあわせてどのような人間行動が形成されるのかが，発達の問題となるのである。

　生きてゆくための機能をもった「ヒト」は，外界との相互作用をするための，感覚器や効果器を使って外界からの情報を収集し自らを変えてゆく。このとき最も重要となるのが環境としての他者の存在である。乳児期は誕生時に準備された機能を使った，最初の人間関係が形成される時期であり，その意味でも「人間」発達にとってきわめて重要な時期といえる。ハヴィガーストが提案している乳児期の発達課題には，生存に関するものだけでなく，社会的存在としての「人間」に移行するための課題が多くあるが，自己と他者の関係から成りたつのちの発達にとって重要な働きがこのころに形成されるのである。

3.2 外界との相互作用

相互作用はインタラクション（interaction）を訳したものであるが，まさにそれが示しているように，互いのアクション（action）とリアクション（reaction）によって規定されるやり取りを意味している。アクションは乳児の外界の物に対する行動であり，そのなかには，手による物の操作や微笑や泣きによる人間に対する対人行動も含まれている。この関係は，図3-3に示すように乳児が行動を起こして環境がそれに対して応答するだけではなく，逆に環境が乳児に働きかけて乳児が行動を起こすというように，双方向性のものである。

作用者として自ら反応を作りだす動物，特にヒトにとっては，社会的存在としての人間との関係性は特に重要な活動となる。それは，自らを取りまいている人間環境が，それぞれの文化・社会において固有のルールをもっていることによっている。このルールの習得は，社会的存在としての人間への過程となるのである。

乳児は，人間だけでなく，自己を取りまくさまざまな環境に働きかけ，その特性を取りこみ，自己の行動を調整してゆく。乳児期が，以降の発達段階と大きく異なる点は，感覚系，運動系の調整とそれらを使っての社会的な働きの両方が進む点である。乳児はこの活動のなかで，さまざまな環境の規則を学習することになる。

人以外の環境との相互作用は，さまざまな様相で観察される。図3-4は，外界の視覚刺激に対する手のばしの乳児期の発達的変化を示したものである（Kawai, 1987）。当初は緩やかに位置の調整と速度の調整がなされていたのであるが，月齢に伴い巧緻化されてゆくようすが示されている。これは，環境と相互作用するための視覚能力と運動能力が高まると同時に，それらが適切にカップリングされ，より正確で効率のよい運動に変わってゆくことを示している。このような諸機能の発達像については後述される。

知覚能力の向上や操作能力の巧緻化はまた，他者との相互作用を作りだす重要な鍵となる。それは，まさに情報の収集と外界への働きかけのチャンネルの増加を意味しているのである。このことは，言語が十分に獲得されていない乳児期に，表情や泣きなどの非言語的なチャンネルをとおして他者とのコミュニケーションが重要であることからも推察されることである。

図 3-3　外界との相互作用

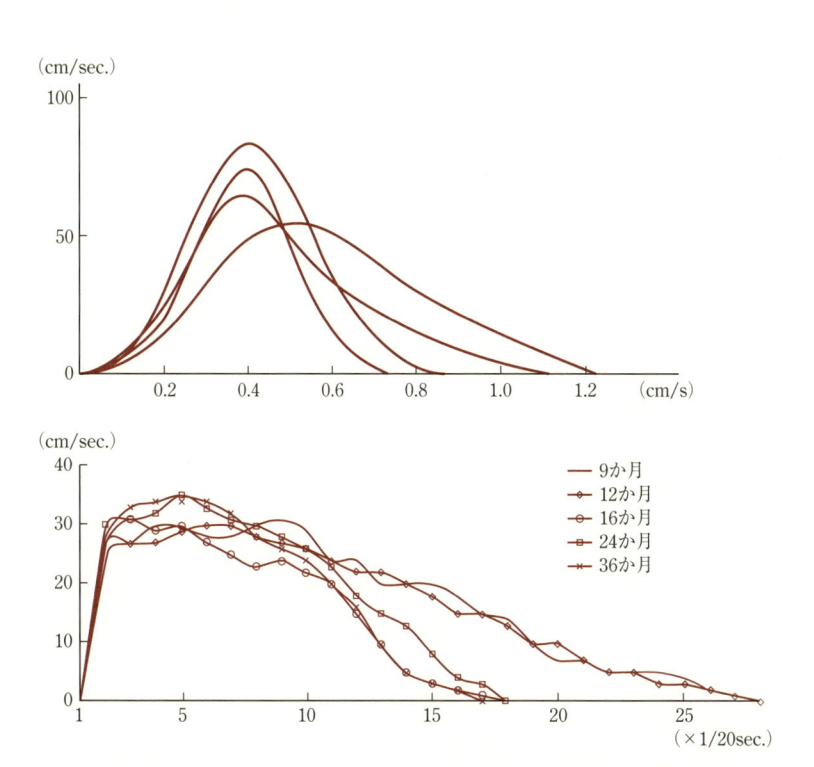

図 3-4　外界の視覚刺激に対する手のばしの乳児期の発達的変化（Kawai, 1987）
上図は大人で観察される種々の加速・減速のタイプを示す。一気に加速し，減速する一峰型を示す。下図は乳児から幼児にかけての加速・減速の変化を示す。視覚と運動のカップリングが進むにつれ，多峰型から一峰型の大人の手のばしの形に近づいてゆくことが分かる。

この時期における養育者は人間環境の主たる媒介者であり、子どものちの社会性とも密接に関係することになる。乳児期には、「人見知り」という社会性に関する日常会話においても使われる道標がある。この8か月不安という現象は、3か月スマイルとならんで乳児の対人関係の発達を示す現象であるが、自己と他者の関係性を非言語的な行動で示す典型的なものといえる。このような自己と他者との関係性は、**エインズワース**（Ainsworth, 1978）による**愛着**のタイプにみられるように幼児期の母子関係と関連してゆくことになる。

　乳児期はこのように機能の発達的な変化と、それに基づいた社会的な行動の発達的変化が絡み合った、ヒトから人間への変化を形作る、他の発達段階の基礎となる時期として位置づけられるのである。

❹ 乳児期における発達を作りだすもの：
感覚運動系の発達とその適応的な意味

4.1　何が準備されているのか：感覚と知覚

　さて、これまで概観してきたように乳児期には、生得的に準備された種々の機能を用いて、外界との相互作用が活発に行われることになる。このような活動を支えている機能にはどのようなものがあるのだろうか。

　乳児が外界からの情報を受け取るのは先述したように、感覚器官をとおしてである。感覚は辞書的に説明すると外界の感覚刺激を受容器が受けとり、その信号を脳に伝えるまでの働きということになる。そこには、対象がどのようなものであるのかという情報はなく、そこになにかがあるという情報だけが伝えられることになる。分かりやすい例で考えてみる。

　私たちがふだんの生活でも経験することであるが、なにかが首のうしろにさわっているという場合を想像してみよう。それがなにであるかわからないが、手で押さえつけて捕まえてみた。そっと手を開いて見てみると、髪の毛であった。虫ではなかったと安心する。感覚器は刺激に対して反応するわけで、この時点ではそれがなにであるのかがわかっていないということになる。これに対して、虫ではなく髪の毛であったという、対象の認識は知覚過程ということになる。もちろん、人間の心理過程は複雑で、知覚されたもの

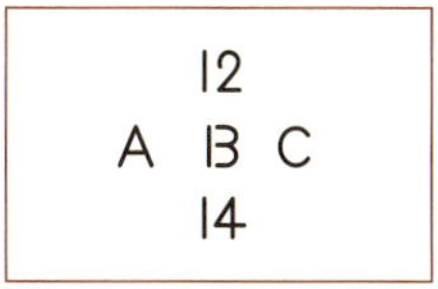

```
 12
A B C
 14
```

図 3-5　環境刺激の意味づけと経験の例
まん中の文字はタテに読むと 13，ヨコに読むと B となる

はさらにそれがどのような文脈で提示されるのかによって意味づけが変わってくることになる。このような環境刺激の意味づけには経験の効果が大きく関与することになる。図 3-5 は，そのような例である。13 は視覚刺激であると考えられる。13 が存在しているのであるが，それは形として 12 や A と違うということであり，対象が区別されて知覚されているということを意味している。しかし，形態的には同じである 13 を B として読みとるのか，13 として読みとるのかはその前後の刺激が規定することになる。このような経験が作りだす意味づけの働きこそが，社会的存在としての人間の真骨頂ということになる。

　外界からの刺激を取り込む感覚機能は，誕生時点でおおむねオンセットされている。運動機能は後述するように，知覚のオンセットに比べると遅れて機能しはじめる。これは，知覚情報の取りこみとその統合が行われるまで，運動系が始発を待っているようにも受けとめられる。対象のもつ奥行きや大きさ，重さなどの情報を分析できるようになるまえに，対象を操作したり，移動しはじめるということはそれ自体が危険な状況と結びつく可能性が高く，適応的な変化という意味からも，知覚と運動の発達順序は合理性をもっているといえる。刺激の有無に対する反応という意味での感覚系の始発は胎児期にあるが，環境刺激との関係性という点からすると，感覚・知覚機能の発達は乳児期にあるといえよう。

　これら諸機能の変化の概要が表 3-2 に示されている。乳児期においては，これらの機能系が急速にその精度を高めると同時に，モダリティ（様相）間での統合がなされてゆくことが読みとれる。視覚機能については，形態だけでなく色覚なども比較的早くから区別されている。聴覚も同様で，胎児期にはすでに母親の身体を介して外部の音刺激に対して反応している。これらの

表 3-2 感覚・知覚運動の初期発達

	受精	20週	30週	40週	誕生	1か月	3か月	6か月	9か月
視覚		強い光に反応	瞳孔収縮	視力は，0.25c/deg*	25c/くらい			1c/deg	安定した視覚世界
色					赤や緑に反応（モノトーンという説もある）		色彩に反応		
形				コントラストのつよい部分	輪郭線を追える	図形の細部も見る			
聴覚		内耳感覚器完成		音に反応	音刺激の区別	音源の定位	音韻の区別	イントネーションの区別	視覚と聴覚の統合
味覚				溶液（蔗糖液）濃度の区別が可能					
嗅覚				臭いの弁別可能					
触覚				口唇周辺が敏感					

＊c/deg：視覚1度の中に1サイクル（例えば白と黒）のくり返しがあるものを区別できる時を1c/degとする。

ことは，ヒトの機能系が誕生時点ではすでに外界の情報を取りこむ可能性をもっていることを示している。

　聴覚についての研究結果は，この機能が胎児期に始発しているだけでなく，誕生時には胎内で聞いていた情報を他の聴覚情報と比較し，弁別的に知覚していることを示している（室岡ら，1979）。室岡らの研究では，新生児に胎内で聞いていたと思われる臍帯動脈の血流音を聴かせ，そのときの行動を観察しているのであるが，胎内音を聴かせた時に安静状態になるというものであった。このことは，聴覚機能が胎児期にオンセットされているだけでなく，記憶機能も始発していることを示唆するものといえよう。このように，これら視覚や聴覚における個々の機能が，母子関係の形成や環境のモデルを乳児のなかに形成することになるのである。

　上述してきたように，乳児は生得的に準備されている機能を使って環境の情報を取りこみ，自分を取りまいているさまざまな対象を理解することになる。しかし，環境と相互作用するためには，このような情報の取りこみに加えて，外界に対する働きかけが必要となる。

　言語というコミュニケーション手段をもたない乳児にとって，非言語的な

チャンネルは環境に対する働きかけの重要な経路となるのである。このような乳児の外界への働きかけには，情動の表出にみられるような，快や不快に関する情報の発信，ハイハイや歩行のような移動，手による操作のような外界への直接的な働きかけなどが含まれている。

4.2　環境への働きかけ：情動表出機能と運動機能の発達

　乳児が外界と相互作用するためには，先に述べたような外界の知覚とそれに対する乳児からの働きかけが必要となる。ギブソン（Gibson, 1979）は，人間が運動するためには知覚が必要であるが，同時に知覚するためには運動が必要であると述べている。このことは，乳児の知覚世界の確立においても当てはまることである。対象を認識するためには対象を知覚する機能が必要であるが，同時に対象がどのようなものであるのかを知るためには対象の操作が必要となるのである。視覚刺激に対して手のばしをするためには，視覚機能が必要である。その意味では外界を知覚することが外界との相互作用を開始する第一段階となる。しかし，刺激がどのような特性をもっているのかを知るためには，対象に働きかけそこからのフィードバックを受けとる必要がある。図3-6はそのような調整の過程を示している。このような対象に関する視覚情報が対象の操作のために準備される運動パターンと一致しないとき，乳児は再度の調整行動を求められることになる。

　たとえば，小さくて軽いと推定された実際には重い物体をもたせると，乳児はその重さに対して準備した腕の力以上の重さを感じ，思わず対象を落下させたりする。同様の行動は成人においても観察することができる。私たちは，重そうな色をした発泡スチロールでできた立体物を提示されそれをもつような指示を受けたとき，それまでの経験によって得られた情報をもとに，その重さを推定して，それを支えることができるような準備態勢をとる。その状態でそれを手わたされると，対象は上方向に跳ねあげられるような動きとなる。これは，視覚情報によって予測された重さと実際の重さのズレによって生じる運動である。このような経験は実生活においても数多く経験される。そのつど私たちは，運動のパターンと視覚情報との調整をするのである。予測した対象の属性と実行された行動の結果得られた対象の属性とのズレは経験によって調整され，それは経験の関数として内在化されることになる。

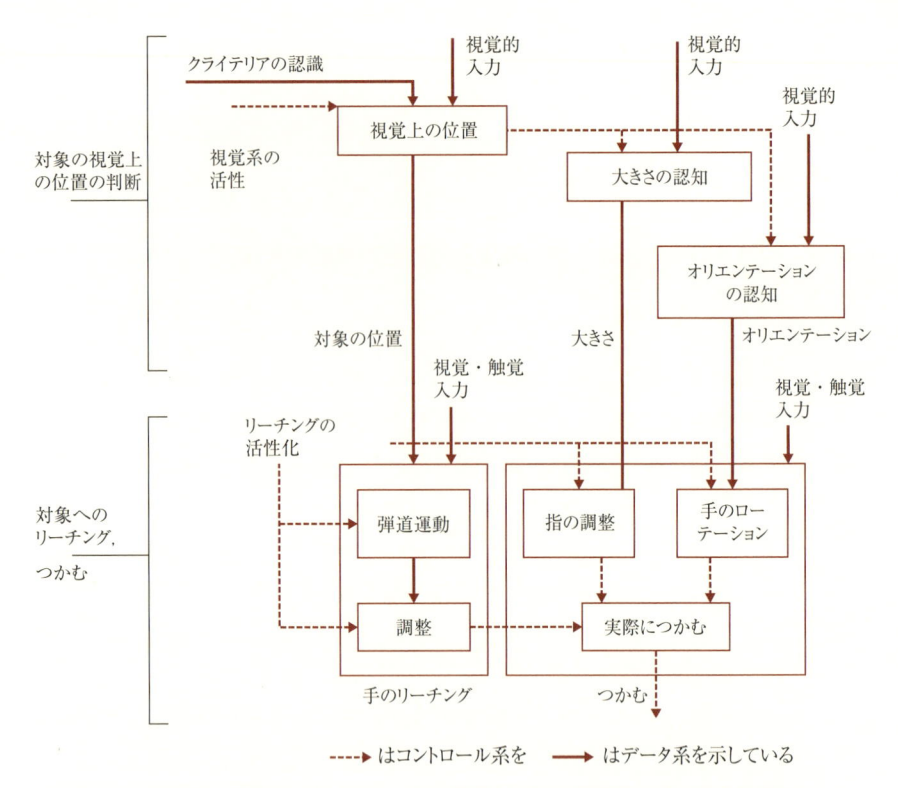

図 3-6　視覚的に誘発されたリーチング行動における視覚・運動の協応過程
対象へのリーチングが位置決めと手の加速・減速によって成立するのに対し，操作は多くの情報の統合が必要となる。

　このような考えかたによると，乳児の行動形成過程について，観察される行動は予め準備されているのだという考え方は成りたたない。もちろん多くの場合，環境との相互作用が行動の解発刺激もしくは引き金となり，その後に調整行動が進行することになるのであるが，外界との調整は経験によって修正されるのである。
　これまで，乳児の外部対象の操作と，その行動の結果として得られるフィードバック情報にもとづく調整行動として乳児の相互作用を記述してきた。しかしながら，人間にとっての重要な相互作用はそれ以外にもある。それは外的環境としての人間との相互作用である。この相互作用は，社会的な存在

表 3-3　子どもの能動的な移動能力と母親の表情参照の関係

	母親の表情	子どもの表情（はいはい後）		
		変化なし	楽しそう	緊張顔
はいはい前	楽しそう	3	2	3
	恐れている	4	1	3
		変化なし	楽しそう	緊張顔
はいはい後	楽しそう	3	5	0
	恐れている	2	0	6

(Bertenthal et al., 1984)

としての人間として重要な機能をもっている。それは，自身の行動が他者の行動と関係しているということである。このような他者との相互作用の始発は誕生後すぐから乳児期にかけてみられる。もちろん，言語が獲得される前の乳児では，私たちが用いるような言語的なコミュニケーション能力はない。言語にかわるものとして，快不快に対応する四肢の運動，ジェスチャー，音声，表情などの非言語的チャンネルが用いられることになる。知覚機能のところで述べたように，乳児は大人が示す表情を区別して模倣できるとされているが，乳児がもつ泣きや微笑みなどの表出系は，快と不快を中心とした内的な状態を養育者に伝え，自身のストレスを軽減し安定させる働きをもつことになる。乳児は，これらの機能を使って能動的に環境としての人間に働きかけ，その結果としての関係性を学習し，人的環境についての情報を精緻化させてゆくのである。このような他者との関係性の精緻化は，社会的存在としての乳児をより明確にしてゆく。8か月不安とよばれる見知らぬ他者への行動は，まさにこのような自己と他者の関係がわずか8か月間に形成されることを示しているのである。

　養育者の表情の意味を読みとり，自己の行動を決定するという対人活動が，乳児の運動機能と関係していることを示す研究がなされている。バーテンサールとキャンポスらの研究は，能動的な移動が，外界との関係性と密接に関係していることを示している（表3-3，Bertenthal et al., 1984）。このことは，乳児の発達を理解するためには，個々の機能の時間的な変化を追うだけでは十分でないことを示している。

❺ 社会的存在としての人間へ

　人間が他の動物と大きく異なるのは，他者との関係のなかで自己を位置づける存在であるということである。乳児期は機能的にも未熟であり，環境側である養育者に代表される人間が乳児の発信している信号を読みとることが重要となる。この環境からの応答性が後の社会性と関係することは多くの研究から明らかとなっている。そのような意味で対人的な関係性，とりわけ母親との関係性は，乳児理解の重要な視点となる。

5.1　母子関係のなりたち

　乳児をとりまく環境の中には多くの他者が存在している。そのなかでも重要な存在が養育者であり，そのなかでも母親の存在は大きな意味をもっている。このような母子間の密接な関係性は，多くは授乳という生物学的特徴に依存しているものであるが，社会的な役割として文化が作りだしてきた母親に対する役割分担の考えかたも反映されたものといえる。しかし，少なくとも現段階においては，乳児期において最も子どもと接触する可能性の高い他者は母親であるといってよいであろう。

　このような母子関係は双方向的なものであるが，乳児自身がもっている養育者からの行動を引きだす特性もある。図3-7は，**ローレンツ**（Lorenz, K.）の**ローレンツ・スキーム**とよばれるものであるが（Lorenz, 1943参照），乳児がもつ特徴そのものが養育行動を引き起こすと考えられる。このような特徴に加えて，笑い声や泣きなども養育者との相互作用を作り出す重要な働きをしているといえる。このような相互作用のきっかけとなる特徴が乳児にあるのである。

　もちろん，乳児期の母子関係は双方向的であり，このような養育行動を引きだすような特性があったとしても，環境がそれに反応しなければ相互作用は生じないことになる。**スターン**（Stern, D.）は母子の相互作用をダンスのようであると述べている（Stern, 2002）が，母と子は相互にあたかも糸をよりあわせるようにして，コミュニケートしている。子どもが母親を見る，母親が笑いかける，子どもが声を立てる，母親が微笑む，というような微細なやりとりが続くのである。このような行動は，私たちのふだんの生活におい

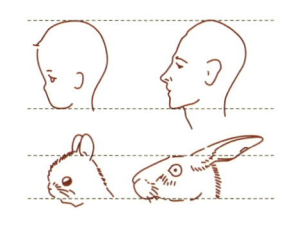

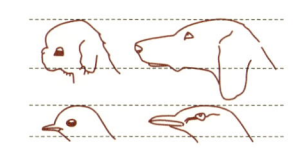

図 3-7　ローレンツ・スキーム（Lorenz, 1970）
つき出たでこと丸い顔・身体の比率に特徴がある。

ても観察される。対面して話し合っているときに，互いの発話のタイミングがぶつからないように相手に合わせて順番をまったり，自らの意思をしめすかのように，互いに身体を乗り出したり引いたりする行動もそのようなリズミカルな相互作用といえる。このような活動は**エントレイメント**（entrainment）とよばれており，乳児期における母子関係を中心とした社会的な関係性の習得においては重要な働きをしている。

5.2　社会的信号としての微笑と泣き

母親と乳児の間に，行動の規則的な応答関係が形成されることは，社会という人為的な規則をもつ環境に適応してゆくためには重要なことである。このためには自己のもつ種々の機能を用いて，相互作用する必要があるが，表出系はそれほど多くなく，精度も高くない。そのため，図 3-3 に示した，相互作用の環境側のチャンネルに関していうと，読みとりの精度を高め，表出の強さを強める必要がある。大人が乳児に対して話しかけたり，機嫌を取るときに，音やその高さをデフォルメし，強調しようとするのはそのあらわれといえよう。乳児側がもつ表出のチャンネルは前述されているとおりであるが，そのなかでも情報量が多く，頻回に使われるのは微笑と泣きである。

基本的情動と呼ばれる，快不快の表出はこのふたつのチャンネルが主となる。表情の分析は，まゆ，目尻，口角の角度などによってなされるが，乳児はこれらを有効に使って自身の内面情報を発信しているのである。乳児が社会的存在としての人間に変化する過程ではこれらの情動はさらに，誇りや恥ずかしさのような，人間関係のなかで形成される社会的なものを生みだして

ゆくのである。

微笑は感情表出のなかでも快感情と結びついており，大人の接近行動を引きおこしたり，相互作用を持続する働きをする。このような微笑は，表情の表出機構としては誕生直後から準備されており，コミュニケーションを意図したものではない自発的微笑などが観察される。この自発的な微笑が，数か月後には社会的な意味をもつ笑いへと変化してゆく。

同様に誕生直後から準備されており，母子間において生じる相互作用の道具として重要な機能を果たしているのが「**泣き**」である。泣きは「産声」と言われるように，誕生直後から準備されており，かつその泣き方で新生児の状態が判断されるくらいの情報量をもっている。陳（1991，1993）によると，生後数週間たった赤ん坊は，泣きながら周りを見るという行動を取ることができる。このような活動のなかで，自分の泣きという発声行動が環境のなかの特定の情報，たとえば養育者の授乳やあやしの行動と結びつけられることが考えられる。そのなかで，自分の「快」感情を引き起こす養育者の特定の動きや表情が，泣きの行動と結びついてゆくことになる（第2章［感情］泣きを参照）。

エインズワース（Ainsworth, 1978）は，養育者と赤ん坊の絆を規定する要因は，子どもが発信する信号に対する感受性であると述べているが，赤ん坊の泣きに対して適切な応答を返していると自己評価した母親の子どもは，9か月時点で泣きの量が少なく，肯定的な感情表出が多く，社会的相互作用が円滑に行えるなどの特徴が観察された。逆に，泣きを無視しつづけられた子どもは，不安が強く，泣きの量が多く，自己沈静力に劣るという特徴が明らかにされている。

微笑にしろ泣きにしろ，言語によるコミュニケーションが可能となるまえの乳児期においては，彼らが発する非言語的信号が社会的相互作用の主要なチャンネルであり，これらに対する環境，とりわけ養育者の応答性がのちの発達にとって重要ということになる。このような点からすると，乳児研究の視点を乳児自身とともに環境に向けることが必要であろう。

6 文化がつくる発達

　乳児期の母子関係がその子どもの後の社会性発達と関係していると述べてきた。しかし，子どもは母親との閉じた関係のなかだけで育つのではなく，より広い社会のなかで生活しており，所属している文化の影響を受けている。**『〈子供〉の誕生』** を著した**アリエス**（Ariès, Ph.）によると，中世ヨーロッパにはそもそも子どもという概念がなかったとされている（第1章参照）。文化が子どもという存在そのものを規定していた好例といえる。この時代では，7〜8歳以前の子どもは人間ではなく，動物として扱われており，言語理解が可能になるといきなり大人として扱われていたのである。子どもは環境との相互作用のなかで社会的存在となってゆくのであるが，その基準は子どもの側ではなく，環境が大きな規定要因として働いているのである（Ariès, 1973）。このような，子どもを取りまく環境の重要性は，**ピアジェ**などにみられるように，子どもが直接相互作用する対象との関係について言及されることが多い。しかし，上述したように養育者の行動基準を与えている文化や社会の働きがあることは事実である。

　このような養育行動は，乳児期においても，添い寝のように具体的な行動から，「お食い初め」など種々の育ちに関する文化的な伝承行動まで，意識的にしろ無意識的にしろ私たちの行動に影響を与えているのである。

6.1 生態学的なとらえ方

　これまで述べてきたように，人間は他者との関係性を無視して存在しえない。**ブロンフェンブレナー**（Bronfenbrenner, U.）は，子どもを取りまくさまざまな環境が直接的，間接的に子どもの発達に影響を与えていることを図3-8のような形で示している（Bronfenbrenner, 2005）。

　彼の考えかたは**生態学的モデル**とよばれるものであるが，子どもをとりまく環境は，子どもを中心としてそれを取り囲むように同心円状に広がっており，それらが相互に関係しあって子どもの発達に影響していると考えられている。実際問題として，子どもは真空のなかで育つわけではなく，多くの社会的なグループのなかで育ってゆく。子どもは彼らを取りまく養育者などの直接的な働きかけのなかで発達するのであるが，その働きかけかたは，養育

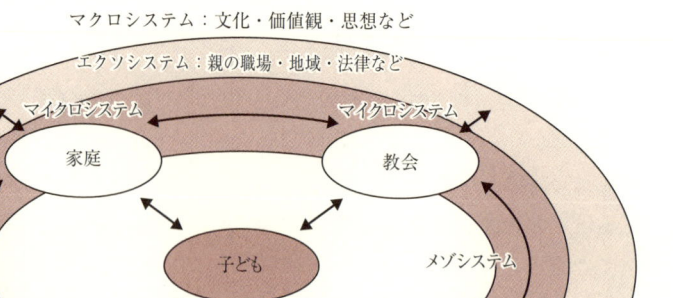

図 3-8　子どもを取り巻く環境システム（Fogel &. Melson, 1987）

者の所属している地域社会や，文化のもつ価値観，信念体系など間接的影響を反映しているものであると考えているのである。子どもがどのような存在であると考えられているのかは，時代や文化によって大きく異なる。先に述べた知覚機能についても，かつては未熟で誕生直後には外界からの情報が処理されているとは考えられていなかった。このことが，母親の養育行動に関連していたことは容易に推測できる。ブロンフェンブレナーの考えかたは，子どもの発達を文化というみえない環境を含めてとりだそうとしたところに大きな意味があったのである（Bronfenbrenner, 2005）。

　乳児研究においては，子どもをとりまく環境理解が重要であることはよくしられているが，関係する要因の複雑さや分析の方法などの問題から現段階での研究ではその一部が扱われていることが多いといえよう。この点については，上述のブロンフェンブレナーにおいても詳述されているところである。

6.2　文化による差異

　判断基準や期待される姿は，**文化**によって異なるのであるが，このような差異性は直接的に伝えられるのではなく，養育者を介して間接的に子どもに

影響を与えることになる。乳児期はそのような，行動の意味を学習する出発点となるのである。

乳児期に準備されているコミュニケーションのチャンネルは，情動の表出との関係で述べたとおりであるが，このチャンネルの理解は，文化によって異なることが知られている。私たちは，どのようなときにどのような表情をすればよいのかを，文化や社会的な慣習としてもっている。このような感情を解読するための規則（decoding rules）がわからなければ，コミュニケーションによって誤った意味が伝えられたり理解されたりすることになる。子どもは，自分の行動に対して母親がどのようなときにどのような反応を取るのかということから，環境としての人間行動の意味を理解してゆくことになる。

子どもを対象としたものではないが，**感情表出**のありかたが，文化的な規則によって影響されることを示した研究がマツモト（Matsumoto, D.）らによってなされている（Matsumoto & Ekman, 1989）。この実験では，ストレスを作りだすような映像を見ている時の，日米の学生の表情が比較されている。日米ともに，被験者一人で見ているときの感情表出に違いはなく，ネガティブな表情が優勢であった。しかしながら，同じ文化に育った他者が同席する状況におかれると，日本人学生は，ひとりの時と異なり否定的な感情を隠してより肯定的な表情を示したのである。これに対してアメリカの学生は，他者の存在に関わりなく同様に否定的な感情表出を続けた。このような結果を解釈する最もよい説明は，基本的な感情表出は，人がひとりでいるときに働くものであり，社会的な関係性が関与する条件では，文化の表出に関する規則が適用され，人前であらわに望ましくない感情表出をするなという日本のルールがあらわれたのだというものではないだろうか。

このことは，生得的な機構を基礎として作りだされている感情表出が，文化という意味づけの過程を経ることによって，個々の文化に固有の表出ルールをもつにいたることを示唆している。文化は，長い時間をかけて子どもに社会のもつルールを植え付けるといえる。

6.3 文化と民族

これまで述べてきた感情表出の文化的な違いは，表情という外界から観察

される行動によるものであった。このようは文化的な変化は経験によって作られると考えるのが順当であるが，乳児期に観察される情動と関連する生理的変化に民族による違いがあることが報告されている。

ルイス（Lewis, 1993）らは，日本人とコーカソイド（白人）の4か月児が予防接種の時に示す行動を，観察とストレス物質の分泌量を指標として比較している。その結果，白人の子どもは，日本の子どもに比べるとより強い感情表現をより長く表出することが明らかになった。しかし，興味深いことに，ストレス物質であるコルチゾールの量を比較すると，行動とは逆に，日本の子どもの方がより多くのストレス物質を分泌していることが明らかとなったのである。日本の赤ん坊は，行動ではより抑制的であるのに，生理的にはより強く反応していたのである。

これらのことは，感情の表出にみられるストレスに対する差異性が文化差だけでなく民族においても存在することを示唆している。乳児期にみられるコミュニケーションの手段としての表出は，このような生理的な反応傾向と，環境との相互作用によって作られる規則の理解というふたつの基本的な過程を含んでいるのである。このような，生得的機構と環境との相互作用が，乳児の発達的変化を作りだすのである。

発達初期にみられる養育者と乳児の相互作用の質がのちの子どもの発達と関係していることは疑うべきもないことであるが，母親の行動も変化することが報告されている。ツムバーレン（Zumbahlen, 1996）らの研究によると，子どもが8か月になるまえには怒りや恐れを表出しない母親が，8か月を過ぎて子どもが移動できるようになると禁止や危険回避などの表出をするようになることが明らかになっている。このことは，感情表出に対する環境からの働きかけが，子どもの行動に依存していると同時に，それがまた子どもの感情表出と関係していることを示しているのである。

これまで述べてきたように，私たちは多義的で多様相の情報から相手のもっている感情を理解している。しかし，このような感情の表出行動は，それがどのような状況で使われたのかという背景的な情報なくしては理解することはできない。乳児の社会化の過程は，個体と環境の力動的な相互関係のなかで展開されているのである。第3章で繰り返し述べられているのは，乳児がいかに有能であっても，環境が適切にそれらをチューニング（調整）し，

社会の中において機能させるのかという働きがなければ，ヒトは人間とはならないということである。

❼ 乳児期の発達：発達ストレス

7.1 発達とストレスの関係性

ストレスという用語は，今日では日常的に用いられ，生活体にとって不快な刺激とそれに対する心理的な反応一般として受け止められている。このようなとらえかたは**セリエ**（Selye, H.）が当初定義していた生物的ストレスよりも，**ラザラス**（Lazarus, R. S.）のものに近いといえる。嶋（2003）によると，「ラザラスらは，環境とヒトとの関係に注目し，個人のもつ資源に負担をかけたり，個人の持っている資源を超えたり，個人の安寧を危機にさらしたりするものと評価されるような，個人と環境との関係」をストレスと定義した。つまり，彼らの定義によれば，「ストレスとは，ストレッサーのように個人の外部に存在するものでも，生体の側の反応というセリエの定義のように個人の内部に存在するものでもなく，環境からの要請と，それに対する個人の対処能力のバランスに注目し，環境からの要請の方が個人の能力を超えるときにストレスとして評価されるというように，認知的側面を重視したものとなっている」とされている（嶋，2003, p. 46）。

この環境と個体の相互作用という枠組みは，まさに発達的変化の機構そのものでもある。これまで述べてきたように，発達を作りだす機構には，遺伝的なものと環境的なものとがあるが，個体は，環境と自己との調整を行いながら変化しているといえる。このやりとりのなかには，自己の欲求充足のための活動や，環境に合わせるための自己の行動を変えるような活動などが含まれている。**ピアジェ**は，自己のもっている**シェマ**（schema：ある種の行動レパートリーと考えられる機能的な行動の構造）を使って外界に働きかけ，新たな対象をその中に取り込むという**同化**（assimilation）（赤ん坊の吸啜反射が指吸い行動に使われるような現象）と，既存のシェマで外界の対象が同化できないときに，シェマ自体を変形させることによって対応するという**調節**（accommodation）という，ふたつの活動の均衡によって発達を説明しようとしている。この過程には，個体が環境との相互作用によって作りだすズ

レこそが変化の機構であると考えられているのである。そこには，発達が自動的に生じるのではなく，さまざまな刺激に対して個体がどのように反応するのか，反応可能であると判断するのかという認知的な側面が含まれているのである。

このように考えると，適応的な変化として定義された発達は，変化を強いられるという意味でのストレス場面ときわめて近い位置にあることに気づく。皮肉なことにより快適に生きるための変化と述べた発達は，自ら快適に生きるためにストレスをつくる存在となるのである。

7.2 発達段階と課題

ここでもう一度発達について考えてみることにする。発達は時間軸に沿った変化であり，連続的なものである。身体的にも心理的にも非連続ではないが，質的にみたときには共通性をもついくつかの段階としてとらえることができる。

誕生直後の赤ん坊は，子宮内環境から子宮外環境への移行にともなって，自発呼吸や温度調節，栄養の摂取など，適応のための行動を始発させることになる。これが円滑に行われないと死に至ることになる。その意味で，前にも述べたが，発達課題は生活体としてのヒトが社会的存在としての人間に変化するための必須のものといえよう。

同様に，乳児期から青年期，成人期にいたるまで，個体を取りまく環境に適応するために，人間は自分を変化させたり，環境を変化させる働きかけを行うのである。このような，適応のための変化は，急性であっても緩やかな持続的なものであっても，個体にとっては現在の状況を変化させる圧力として働くものとなっている。各発達段階で獲得していなければならない行動を示したものが発達課題と呼ばれるものである。表3-3は**ハビガースト**の発達課題を示したものである（Havighrst, 1953）。彼の考えかたは，西欧の文化に根ざしたものであり必ずしも日本において妥当であるとはいえない点はあるが，各発達段階においてどのような行動達成が期待されているのかを理解する助けとはなろう。

発達課題において示されている事項は，よくみるとストレッサーそのものであることに気づく。乳児期以降の発達をみてみると，それらは家庭や学校

発達の段階と課題

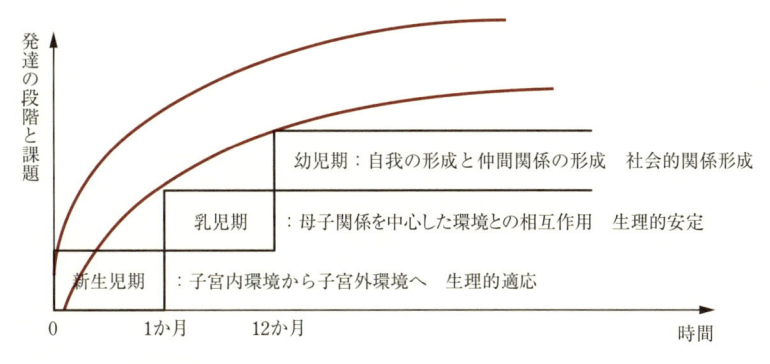

```
              幼児期：自我の形成と仲間関係の形成　社会的関係形成
       乳児期 ：母子関係を中心とした環境との相互作用　生理的安定
新生児期 ：子宮内環境から子宮外環境へ　生理的適応
0    1か月    12か月                                時間
```

図 3-9　発達段階と適応

表 3-3　ハビガーストの発達課題

乳児期・児童初期（就学まで）
(1) 睡眠と食事における生理的リズムの達成
(2) 固形食を摂取することの学習
(3) 親ときょうだいに対して情緒的な結合の開始
(4) 話すことの学習
(5) 排尿排便の学習
(6) 歩行の学習
(7) 正・不正の区別の学習
(8) 性差と性別の適切性の学習

児童中期（学童期）
(1) 身体的ゲームに必要な技能の学習
(2) 積極的な自己概念の形成
(3) 男・女の適切な性役割の採用
(4) 仲間と交わることの学習
(5) 価値・道徳観・良心の発達
(6) パーソナリティの独立と家族との結びつきの弱化
(7) 基本的読み・書き・計算の技能の発達
(8) 自己および外界の理解の発達

（東　洋他（編）発達心理学ハンドブック，p. 401 より）

において習得されるべき学習目標となるものである。このなかには，幼稚園の登園時にみられる分離不安のような急性でかつ強いものから，慎みの教育のように，弱くて緩やかではあるが持続的で繰り返し与えられるものなどが含まれている。乳児期は，これらの学習を可能とする環境からの働きかけを受け入れ，環境に働きかけるための機能をそれぞれが育つ環境の中で調整

(チューニング) する重要な時期といえるのである。このようにみると, 発達課題は本来生得的にもっている動物としての特性を, しつけや教育という活動によって, 段階的に社会的に適応できるものの中に組みこんでゆく作業であるといえる。社会という人間が作りだした環境に適応するためには, 本来個体がもっていないルールの習得が必要であり, それは個体にとっての変化の圧力であるということになる。現状を維持し, 変化への抵抗を示すことは, 発達過程においては頻回にみられることである。

このような変化への圧力によって作られるストレスを, "distress" (ディストレス) としてとらえるのか, それとも達成感を伴った発達を作りだすエネルギーとしての "eustress" (ユーストレス) としてとらえるのか, そこに発達観の分かれ目がある。いずれにしろ, 発達が何らかのストレスであり, そのストレスこそが発達的変化を作りだすとする発達ストレスの考え方は, 一考に値するかもしれない。

7.3 発達ストレスの視点からみた新生児期から乳児期

新生児期の最大の課題は体温調節や自発呼吸, 養分の摂取にみられるような, 生理的な適応である。この段階での反応は未熟で, 養育者による十分な管理が必要となる。

新生児にとって子宮外という新たな環境における刺激は, ある意味ではすべてが胎児期の行動からの変化を求めるものであり, 個体への圧力であると考えられるのである。このことは, 光や音についても同じである。強度の照明が新生児にとってストレスであることは, 容易に想像がつく。

これ以外にも急性のストレス刺激として**痛み**の存在がある。新生児は穿針などによる四肢の痛みに対して回避反応を示すが, その評価については**NIPS** (neonatal infant pain scale) などが用いられている。これは, しかめた顔や啼泣, 四肢の動き, 覚醒レベルなどに基づくストレス反応に基づくものである。

自ら回避行動を起こすことが難しい新生児にとってのストレス反応は生理的変化であったり外見上観察しにくいものであるため, 心理学の世界においても取りあげられることは少なかった。

生後1か月以降の乳児期における発達ストレスは, 新生児とは少しことな

るものになる。乳児期は母子関係の形成とそこからの離脱に特徴づけられる。母乳の摂取にみられる母子の直接的なつながりは，離乳を経て間接的なものに移行してゆく。このような関係性の移行は，赤ん坊にとって強いストレスとなる。

このような関係性の最も強いと思われるものが母子間に形成される愛着である。生後1年間の愛着の質が後の発達と関係する可能性のあることはボウルビィの研究によって知られているところである（Bowlby, 1969）。母子間に形成される愛着は，母親の抑うつ傾向，育児態度の一貫性欠如，子どもの欲求と母親の応答のミスマッチなどによって正常に働かないことがある。このような場合に乳児はストレスを受けることになり，それが後の行動にまで影響することになるのである。このような比較的長い期間での愛着対象の喪失だけでなく，短期的な母親からの分離に対しても子どもはさまざまな反応を示す。エインズワースによって考案された**ストレンジ・シチュエーション法**（本書第1章参照）は，愛着の質を分類する方法であるが，これによって子どもは大きく3つのタイプに分類される。Aタイプと呼ばれる子どもは，分離に際しての混乱がないが，同時に再会時においても喜びを示さないとされている。Bタイプは分離に対して抵抗と混乱を示すが，再会時には容易に安定する子どもたちである。Cタイプは，Bと同様に分離によって混乱を起こすが，再会時には甘えたいけれど甘えられないというような二律背反的な行動を示す子どもたちである。

遠藤（2005）は諸研究を概括して，Aタイプの子どもでも，分離に際して心拍数やコルチゾールの指標ではストレス反応が高くなっていることや，Aタイプでかつ気質的に怖がりやすい子どもでは，ストレス状態が長く尾を引くことなどを報告している。このような愛着関係の成立は，8か月不安にみられる他者への回避反応などと相まって後の社会性につながって行くことになる。このような自我の形成はこの時期の重要なメルクマール（指標）であるが，同時に環境との相互作用が大きなストレッサーであることを示唆している。このような乳児期の養育者との関係を中心としたストレスは幼児期になると，幼稚園や保育園の登園時に観察される分離としても持続的に存在する。

乳児期に経験される環境との相互作用は，個体が生得的にもっている機能

を，対人関係の中においていつどのように使うのかという，社会性の獲得と密接に関係している。個々の機能がどのように変化してゆくのかを記述し，そのしくみを明らかにしようとした発達研究においてその達成と獲得が個体に対してどのような意味をもっているのかについて考えてみることも意味をもつだろう。

発達は本来的にストレスであり，変化に対するエネルギーを必要とするものである。このような視点から乳児期の発達をとらえてみると，何が見えてくるだろうか。ひとつの問題提起として読者に考えていただきたい。

❽ まとめ

これまでみてきたように，乳児期の発達は，生得的に準備された基本的な機能が相互に機能連関をもちながら，その時点で必要とされている適応的な変化を作りだしているという視点から整理できそうである。

発達的な変化は，個体になんらかの変化を生じさせる。本章の最初に述べたように，新しい行動のまえには，ブリッジとなる時期が存在するが，そこではそれまでもっていた行動様式と新たに創発した行動が共存しある種のコンフリクト状態を作りだす。ブリッジ期の不安定さから抜けだすためには，新たな外的な刺激・エネルギーが必要であり，それは状態の歪み，すなわちストレスを作りだすことになる。このように考えると，自己調整を絶えず要求される発達現象はそれ自体がストレスなのかもしれない。

これまで，乳児が生得的にもっている働き，それらを道具とした相互作用の存在，そして相互作用を通じて社会の規則を伝えるエージェントとしての母親の働き，さらには母親の働きかけに意識的・無意識的に影響を与えている文化・価値観について述べてきた。そのどの過程も，乳児にとっては絶えず自らの状態を変化させるという，変化の過程であった。乳児期は，動物としてのヒトが社会的存在としての人間に変化する重要な時期であると同時に，発達研究の視点からも，発達の機構を解明するのに適した重要な時期でもある。

本章の幹として，乳児期の発達を考える上での大きな枠組みについて述べてきたが，個々の機能系がどのように発達してゆくのかについては，枝の部

分に詳述されている。最後に今後の研究の方向性について少しだけ述べておくことにする。

発達心理学の領域では乳児期における行動発達に関して膨大な知見が蓄積されてきている。しかし，これらの観察可能な行動を支えている神経基盤や遺伝情報についての研究は，異領域で進められている。今後このような種々の領域との架橋が必須のものとなってくることは必至である。もちろん，このような試みはいくつかなされている。たとえば，文部科学省は，1999 年に会議をもち，脳科学と教育・発達心理学などとの架橋研究をスタートさせている。今後，発達現象の基礎にある生物学的な特性が解明されることにより，さらなる変化の機構解明が進むものと期待される。

この 50 年間に日本人を含めて，人間の生活環境が急速に変化してきた。このような例は枚挙にいとまがない。携帯電話に代表されるように，コミュニケーションの手段は，対面状況からメディアを介した間接的なものに変化している。このような流れのなかで，これまで人類がもってきた，表情やジェスチャーなどの情報伝達チャンネルの機能は変わってきていると思われる。身体発達も身長の伸びに見られるように，大きく変化している。このような環境の急速な変化は，進化の過程で形成されてきた遺伝情報の適応できる範囲なのであろうか。人工的につくられた 1 日の周期の中で，養育者は深夜においても乳児を明るい環境に置くようになってきた。このような変化が乳児の発達にどのような影響を与えているのかなど，解明するべき問題は山積しているように思われる。

人間行動の形成過程を解明する学としての発達心理学が果たすべき役割は大きい。

文献

Ainsworth, M., Blehar, M., Waters, E., & Wall, S. (1978) *Patterns of attachment.* Hillsdale, NJ; Erlbaum.

Ariès, P. (1973) *L'enfant et la vie familiale sous l'Ancien Regime,* Plon, 1960 / 2e ed., Seuil, （杉山光信，杉山恵美子（訳）(1980)「子供」の誕生：アンシャン・レジーム期の子どもと家族生活．みすず書房．）

Bertenthal, B. I., Campos, J. J., & Barrett, K. C. (1984) Self-produced locomotion:

An organizer of Emotional, cognitive, and social development in infancy, In R. N. Emde & R. J. Harmon (Eds.), *Continuities and discontinuities in development* (pp. 175-210).

Bowlby, J. (1969) *Attachment and loss, Vol. 1, Attachment.* London, Hogarth Press.

Bowlby, J. (1973) *Attachment and loss, Vol. 2, Separation: Anxiety and anger.* London Hogarth Press.

Bowlby, J. (1980) *Attachment and loss, Vol. 3, Loss: Sadness and depression.* London Hogarth Press.

Bronfenbrenner, U. (2005) *Making human beings human: Bioecological perspectives on human development.* Sage Publications.

Bruner, J. S. (1968) *Process of cognitive growth: Infancy Heinz Werner Lecture Series, Vol. 3.* Worcester, Mass.: Clark University Press. (平光昭久（訳）(1971) 幼児の認知成長過程. 黎明書房.)

Bruner, J. S. (1970). The growth and structure of skill. In Connolly, K. (Ed.), *Mechanisms of motor skill development.* New York: Academic Press.

陳　省仁 (1991)「泣き」や「ぐずり」と乳児の発達. 三宅和夫（編）乳幼児期の人格形成と母子関係. 東京大学出版会.

陳　省仁 (1993) 乳児の運動・情動発達におけるダイナミック・システムズ・アプローチ. 無藤　隆（編）現代発達心理学入門（別冊発達, 15). ミネルヴァ書房.

Darwin, C. (1877) A biographical sketch of an infant. *Mind, 2,* 285-294. In Dennis, W. (Ed.) (1951) *Readings in child psychology.* New York: Prentice-Hall.

遠藤利彦・田中亜希子 (2005) アタッチメントの個人差とそれを規定する諸要因. 数井みゆき・遠藤利彦（編）アタッチメント：生涯にわたる絆 (pp. 49-79). ミネルヴァ書房.

Fantz, R. L. (1963) Pattern vision in newborn infants. *Science,* 140, 296-297.

Fogel, A. & Melson, G. F. (1987) *Child development: Child, family, society.* West publishing Company.

Fogel, A., Garvey, A., Hsu, H., & West-Stroming, D. (2006). *Change processes in relationships: Relational-historical research on a dynamic system of communication.* Cambridge, UK: Cambridge University Press.

Gesell, A., Thompson, H., & Amatruda, C. S. (1934) *Infant behavior, its genesis and growth.* New York: McGraw-Hill. (新井清三郎（訳）(1982) 小児の発達と行動. 福村出版.)

Gesell, A. & Amatruda, C. S. (1945) *The embryology of Behavior: The beginnings of the human mind.* New York: Harper & Brothers Publishers. (新井清三郎

(訳)(1978)行動の胎生学.日本小児医事出版社.)
Gibson, J. J. (1979) *The ecological approach to visual perception.* Boston, MA; Houghton Mifflin.
Havighrst, R. J. (1953) *Human development and education.* Longmans & Green.
堀内 勁(2003)デベロップメンタルケアの歴史的背景.周産期医学,33(7),807-811.
堀内 勁・飯田ゆみ子・橋本洋子(編著)(2002)カンガルーケア.メディカ出版.
Kawai, M. (1987) Development of reaching behavior from 9 to 36 months. *Japanese Psychological Research,* 29, 184-190.
Lazarus, R. S. & Folkman, S. (1984) *Stress, appraisal, and coping.* New York, NY: Springer.
Lewis, M., Ramsay, D. S., & Kawakami, K. (1993) Differences between Japanese infants and Caucasian American infants in behavioral and cortisol response to inoculation. *Child Development,* 64, 1722-1731.
Lorenz, K. (1943) Die angeborenen Formen moglicher Erfahrung. Zeitschrift für Tierpsychologie, 5.
Matsumoto, D. & Ekman, P. (1989) American-Japanese cultural differences in intensity ratings of facial expression of emotion. *Motivation and Emotion,* 13, 143-157.
室岡 一・佐々木 毅・中村三和・松本次郎・若麻績佳樹(1979)胎内音の新生児に及ぼす影響.小児科,20,259-265.
Piaget, J. (1952) *The origins of intelligence in children.* New York: International Universities Press. Original pub. 1936 (M. Cook, trans.), reprinted 1974.
嶋 信宏(2003)ストレスとコーピング.氏原寛他(編)心理臨床大事典(pp. 46-48).培風館.
荘厳舜哉(2003)母子関係の成り立ち.河合優年(編)看護実践の心理学(pp. 13-24).メディカ出版.
Stern, D. N. (2002) *The first relationship: Infant and mother.* Cambridge, MA: Harvard University Press.
山西みな子(2003)ベビーマッサージ:親と子の絆を高める.メディカ出版.
Zumbahlen, M. & Crawley, A. (1996) Infants early referential behavior in prohibition contexts: The emergence of social referencing? Paper presents at the meeting of the ICOS.

3章 乳児期

身体 睡眠と覚醒のステイト

斎藤　晃

1　ステイト：睡眠・覚醒のステイト

　新生児の睡眠から覚醒，啼泣に至るまでの「鎮静―興奮」のいずれかの段階を**ステイト**（state），あるいは**状態**と呼ぶ。プレヒテル（Prechtl, 1977）によれば，ステイトは6つの段階に区分される（表A）。ステイト2〜3間の移行状態がまどろみである。

　満期で出生した新生児の睡眠サイクル（浅睡眠―深睡眠―浅睡眠のサイクル）は平均47.0分，生後8カ月で50.3分である（Stern, et al., 1969）。睡眠は眼球が左右に急速に動く**レム**（rapid eye movement：REM）**睡眠**とそれ以外の**ノンレム**（non-rapid eye mmovement：NREM）**睡眠**に区別される。成人の睡眠サイクルは90〜100分であり，睡眠はNREMで始まる（Dement & Kleitmann, 1957）。が，新生児の睡眠はREMで始まり，NREMで始まるのは生後2〜3か月以降である（Emde & Metcalf, 1970）。ロフウォーグら（Roffwarg, et al., 1966）によれば，新生児の総睡眠時間約16時間中，REM睡眠は約50％を占め，加齢に伴って減少し，生後12か月になると30％に減少する（図A）。新生児期睡眠の特徴として，REM睡眠時に出現する微笑があげられる。外部刺激なしに出現するので，自発的微笑（生理的微笑）と呼ばれる。

2　乳児の睡眠パターン
2.1　乳児のサーカディアンリズム

　成人は1日1回の睡眠をとり，24時間を1周期とする**サーカディアンリズム**（概日リズム）をもつ。新生児は1日に何度も睡眠と覚醒を繰り返す**ウルトラディアン・リズム**（超日リズム）をもつ。1日1回の睡眠を単相性睡眠，1日複数回の睡眠を多相性睡眠ともよぶ。

表A　新生児のステイト（状態）（Prechtl, 1977 をもとに作成）

ステイト1：閉眼，規則的呼吸，体動なし（深睡眠，規則睡眠）
ステイト2：閉眼，不規則呼吸，大きな体動なし（浅睡眠，不規則睡眠）
ステイト3：開眼，粗大運動なし（不活発な覚醒）
ステイト4：開眼，粗大運動あるも，啼泣なし（活発な覚醒）
ステイト5：啼泣状態。開眼，閉眼いずれもあり（啼泣）
ステイト6：その他の状態

注）一般的に使用されている睡眠—覚醒の用語を括弧内に付した。

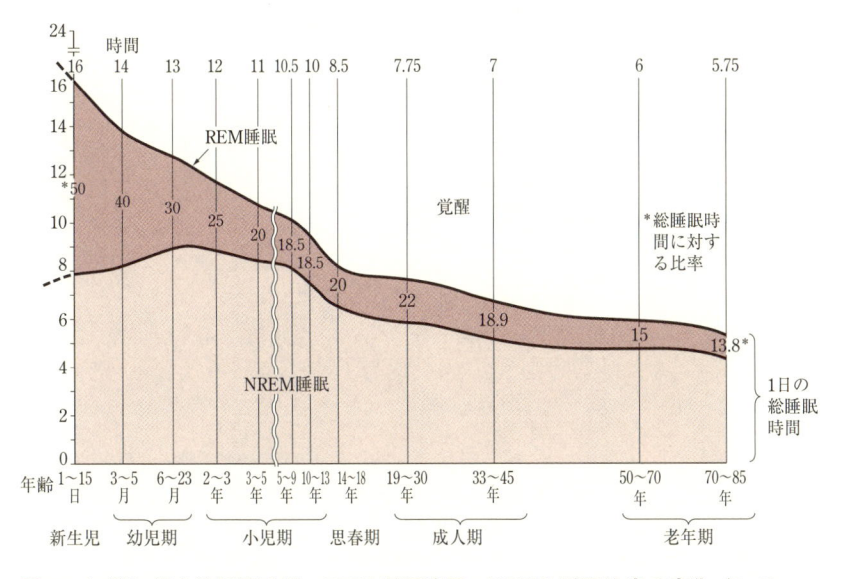

図A　加齢に伴う総睡眠時間，REM睡眠時間，NREM睡眠比率の変化（Roffwarg, Muzio, & Dement, 1966）

　生後2, 3か月児の睡眠時間帯が1日によって大きく異なる，という相談を母親から受けることがある。毎日の睡眠時間帯を図示してもらうと，多くの場合は少しずつ時間帯が後退している。この現象はクライトマンとエンゲルマン（Kleitmann & Engelmann, 1953）が報告した後退現象に一致している（図B）。

　新生児の睡眠はステイト2とまどろみが優勢であるが，生後1か月頃から

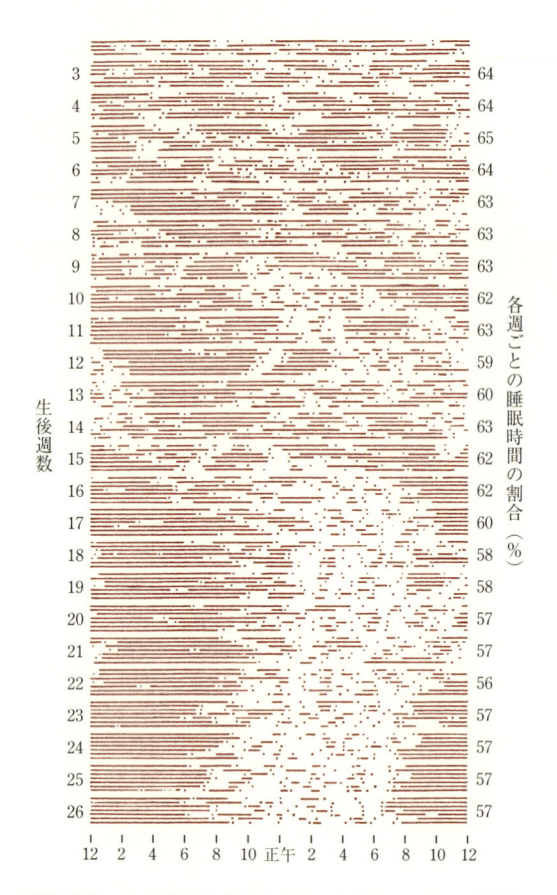

図 B 睡眠パターンの変化（Kleitmann & Engelmann, 1953）
注）ある新生児の生後 11 日から 182 日までの睡眠・授乳パターンの変化である。実線は睡眠，点は授乳，空白は覚醒を意味する。

覚醒と睡眠の違いが明確になる。そして生後 2〜4 か月にかけて睡眠時間帯の後退現象が出現する。これは成人に実験をした際に出現するフリーランニング周期（後述）と同じ現象である。生後 4 か月頃になると 1 日の睡眠回数が減少し，覚醒時間は昼間に移動し，睡眠－覚醒のリズムは 24 時間に収束する。これは児の睡眠リズムが，サーカディアンリズムに同期したことを意味する。この頃，夜間の睡眠時間は長くなり，中には連続して 6 時間以上睡眠する児も出現する。

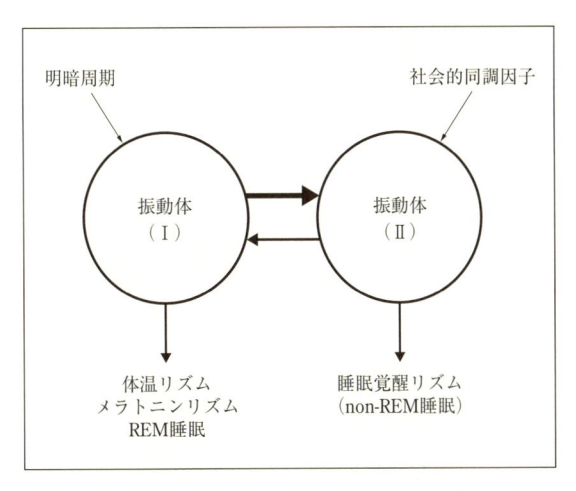

図C ヒト生物時計の2振動体仮説概念図（本間，2003）

2.2 サーカディアンリズムへの同調：2振動体仮説

　生物はさまざまな生物時計をもち，この時計には時間的周期性をコントロールする振動体が内在されていると考えられている。クォーツ時計と同じく，この振動体は一定の周期で規則的に振動するメカニズムをもつ。明暗や温度変化のない一定環境下に置かれると，人間は体温変動の周期，睡眠－覚醒の周期をそれぞれ独立して示す。これをフリーランニング周期と呼ぶ。成人の場合，実験方法によって結果が異なるが，深部体温周期は24.2〜24.9時間，睡眠－覚醒周期は約29時間以上である（Aschoff, et al., 1967; Czeisler, et al., 1999; Kronauer, et al., 1982）。

　人間の生物時計には，明暗周期因子→振動体Ⅰ→体温変動周期，社会的同調因子→振動体Ⅱ→睡眠－覚醒周期，という影響の連鎖が存在し，さらに振動体Ⅰ・振動体Ⅱの両因子は通常，互いに影響を与え合いながら同期してサーカディアンリズムを形成していると考えられている。そして振動体Ⅱが振動体Ⅰに与える影響力よりも振動体Ⅰが振動体Ⅱに与える影響力の方が4倍あるという。これが2振動体仮説である（Kronauer, et al., 1982）。そして，REM睡眠リズムは深部体温周期に同期している（Czeisler, et al., 1980）。これらの知見を分かりやすく図式化したのが図C（本間，2003）である。では

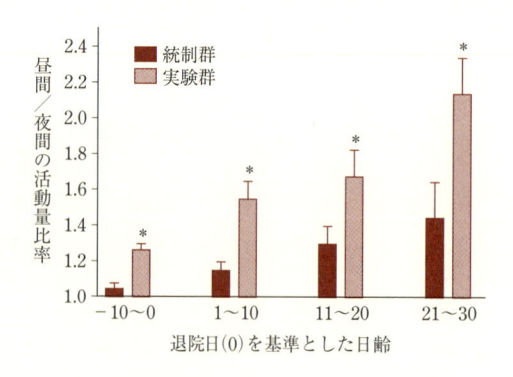

図 D　昼間／夜間の活動量比率（Rivkees, Mayes, Jacobs, & Grosss, 2004）
注）横軸は退院10日前から退院後30日までの10日分ずつの4ブロックである。
*p＜.001

　新生児はどのようにして，生後数ヶ月を経てサーカディアンリズムを形成するのだろうか，以下に研究例を紹介する。

　明暗周期因子の影響　新生児は母体より出生した直後から**明暗周期因子**をもつ環境下で生活する。この明暗周期の影響に関して，リブキーズら（Rivkees, et al., 2004）が早産児を対象として研究を行っている。彼らは昼間，保育器にキルト地をかけて暗くした場合（統制群）とはずす場合（実験群）の2群の明暗条件を作り，児の活動量を調査した。夜間には両群ともキルト地がかけられた。キルト地をはずすと天井の蛍光灯の光（約240ルクス）にさらされる。この明暗コントロールは在胎換算で平均32週目から開始され，平均36週の退院まで続けられた。実験開始の32週目から退院後1か月まで，加速度計によって活動量を測定するアクティウォッチが児の足首に取り付けられた。

　その結果，昼間/夜間の活動量比率は，統制群よりも実験群の方が退院前から退院後1か月まで有意に高かった（図D）。退院後10日間のサーカディアンリズムは統制群が24.77時間，実験群が23.99時間であり，両群間の差は有意であった。

この研究では退院後の家庭内における明暗をコントロールしていない。しかし，児の活動量は覚醒―睡眠に同期しているので，入院中の明暗因子が児のサーカディアンリズムに影響を与えることをこの研究は示唆した。成長ホルモン分泌などを考えるならば，新生児期から家庭内の明暗をコントロールをすることに十分な意義があるといえよう。

社会的同調因子の影響　成人の場合は，環境条件を統制して社会的同調因子がサーカディアンリズムに影響を与えることが証明されている（Aschoff et al., 1971）。新生児にとっての社会的同調因子は授乳，オムツ交換などである。家庭内では，児の要求（啼泣）に応じて与えられる自律哺乳が多い。オムツ交換も児の要求に応じて行なわれる。従って，新生児期～生後4ヶ月までの自律哺乳が児のサーカディアンリズムに影響を与えないという研究があるが（Matsuoka, et al., 1991），その結果は当然と言えよう。社会的同調因子が乳児のサーカディアンリズムに与える影響に関しては今後の研究が待たれる。

3　覚醒ステイトの意義：社会的相互交渉

　覚醒ステイトにおいて児はさまざまな行動を行なう。親を代表とする環境への影響という意味では啼泣と微笑が強い影響力をもつ。これらはボウルビィ（Bowlby, 1982）の言う信号行動であり，環境に働きかける積極的な信号行動だと解釈されている。啼泣は親に否定的な感情を生起させ，親は迅速に鎮静することに腐心する。一方，微笑は親に肯定的な感情を生起させ，親子の相互交渉が持続することになる（第2章［感情］も参照）。

　出生当初，1日の多くの時間を占めていた睡眠時間は次第に減少し，覚醒時間が増大する。そして，睡眠時に示した自発的微笑は減少し，生後1～2ヶ月以降，覚醒時に人間の刺激（顔や声かけ）に対して社会的微笑を示すようになる。養育者は自分の声や顔に対して児が微笑するのを見て，児に対する好意的感情が増大する。この結果，親子の相互交渉が益々増大することになる。微笑に関しては類書を参照されたい（Kawakami, et al., 2008；Messinger & Fogel, 2007；大藪，1992）。

　また，生後1か月以降，児の焦点距離は数メートルに伸びる。覚醒ステイトにある児は部屋内の視覚的探索を始め，これは児の好奇心を満たす。そして環境が応答的であれば，ホワイト（White, 1959）のいう環境と相互交渉

するコンピテンス（competence）が増大するのである。このように，ヒトが人になるために覚醒ステイトの意義があるといえよう。

文献

Aschoff, J., Fatranska, M., Giedke, H., Doerr, P., Stamm, D., & Wisser, H. (1971) Human circadian rhythms in continuous darkness: Entrainment by social cues. *Science,* **171**, 213-215.

Aschoff, J., Gerecke, U., & Wever, R. (1967) Desynchronization of human circadian rhythms. *The Japanese Journal of Physiology,* **17**, 450-457.

Bowlby, J. (1982) *Attachment (2nd ed.), Attachment and Loss, Vol.1.* New York: Basic Books.（黒田実郎他（訳）(1991) 愛着行動（新版）. 岩崎学術出版社.）

Czeisler, C. A., Duffy, J. F., Shanahan, T. L., Brown, E. N., Mitchell, J. F., Rimmer, D. W., Ronda, J. M., Silva, E. J., Allan, J. S., Emens, J. S., Dijk, D. J., & Kronauer, R. E. (1999) Stability, precision, and near-24-hour period of the Human circadian pacemaker. *Science,* **284**, 2177-2181.

Czeisler, C. A., Zimmerman, J. C., Ronda, J. M., Moore-Ede, M. C., & Weitzman, E. D. (1980) Timing of REM sleep is coupled to the circadian rhythm of body temperature in man. *Sleep,* **2**, 329-346.

Dement, W. & Kleitmann, N. (1957) Cyclic variations in EEG during sleep and their relation to eye movements, body motility, and dreaming. *Electroencephalography and Clinical Neurophysiology,* **9**, 673-690.

Emde, R. N. & Metcalf, D. R. (1970) An electroencephalographic study of behavioral rapid eye movement states in the human newborn. *Journal of Nervous and Mental Disease,* **150**, 376-386.

本間研一 (2003) ヒトのサーカディアンリズム. 千葉 茂・本間研一（編），サーカディアンリズム睡眠障害の臨床. 新興医学出版社.

Kawakami, K., Takai-Kawakami, K., Kawakami, F., Tomonaga, M., Suzuki, M., & Shimizu, Y. (2008) Roots of smile: A preterm neonates' study. *Infant Behavior & Development,* **31**, 518-522.

Kleitmann, N. & Engelmann, T. G. (1953) Sleep characteristics of infants. *Journal of Applied Physiology,* **6**, 269-282.

Kronauer, R. E., Czeisle, C. A., Pilato, S. F., Moore-Ede, M. C., & Weitzman, E. D. (1982). Mathematical model of the human circadian system with two Interacting oscillators. *American Journal of Physiology,* **242**, R3-17.

Matsuoka, M., Segawa, M., & Higurashi, M. (1991) The development of sleep and wakefulness cycle in early infancy and its relationship to feeding habit. *Tohoku*

Journal of Experimental Medicine, 165, 147-154.
Messinger, D. & Fogel, A.(2007)The interactive development of social smiling. In Kail, R.(Ed.), *Advances in Child Development and Behavior*, 35, 327-366. Oxford: Elsevier.
大藪　泰(1992)新生児心理学. 川島書店.
Prechtl, H. F. R.(1977)*The neurological examination of the full term newborn infant (2nd ed.)*. London: William Heinemann Medical Books Ltd.[for]Spastics International Medical Publications.(岩山和子(訳), 内藤寿七郎(監修)(1979)新生児の神経発達. 日本小児医事出版社.)
Rivkees, S. A., Mayes, L., Jacobs, H., & Gross, I.(2004)Rest-activity patterns of premature infants are regulated by cycled ighting. *Pediatrics*, 113, 833-839.
Roffwarg, H. P., Muzio, J. N., & Dement, W. C.(1966)Ontogenic development of the human sleep-dream cycle. *Science*, 152, 604-619.
Stern, E., Parmelee, A. H., Akiyama, Y., Schultz, M. A., & Wenner, W. H.(1969)Sleep cycle characteristics in infants. *Pediatrics*, 43, 65-70.
White, R. W.(1959)Motivation reconsidered: The concept of competence. *Psychological Review*, 66, 297-333.

3章 乳児期

認知　顔の知覚

山口真美

1　生まれたばかりの赤ちゃんでも顔がわかることの不思議

　その昔ドイツの医師の観察から，生まれたばかりの赤ちゃんは目が見えず，耳も聞こえないと結論づけられた。これはたった1回，新生児の目のまえで手をかざして反応しなかったことによる見解だ。乳児を対象とした実験方法が格段に進歩したいまでは，胎児のころから聴覚は機能し，視覚も生まれた直後から発達することがわかっている。そもそも乳児の身体能力を鑑みると，生まれたばかりの新生児が成人と同じように動くことはできないわけであり，さらにたった1度の実験試行で反応しなかったからといって能力がないと決めつけてしまうのは早急なのである。

　乳児の特性を生かした実験方法が開発されてからは，乳児の驚くべき認知能力が次々と明らかになった。そのひとつに，顔認識の生得性がある。生まれたばかりの赤ちゃんでも顔を好み，顔の方を見ようとするという。

　幼い乳児に顔が見えること，それはとても不思議なことである。その理由に，新生児の視力の限界がある。そもそも新生児で視覚が機能しているとはいえ，その機能は成人と同等ではない。乳児の視力発達はゆっくりと進む。新生児の段階では0.02程度，生後6か月になっても0.2程度しかない。たとえば生後3か月頃の乳児の視力では，顔は図Aの右のように見える。こうした視力の限界から考えると，生まれてすぐに顔だと見抜いて注目することそれ自体，奇跡のようなものである。

2　新生児を対象とした顔認識実験

　新生児が顔に注目できることを解明した実験には，主にふたつの流れがある。

　ひとつめはメルツォフとムーア（Meltzoff & Moore, 1977）によって行わ

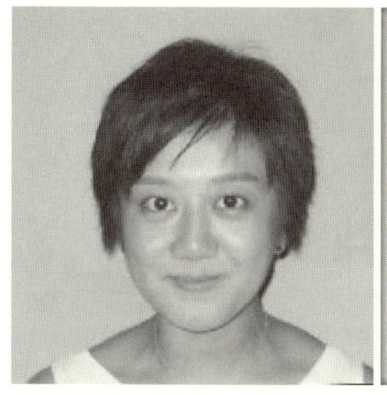

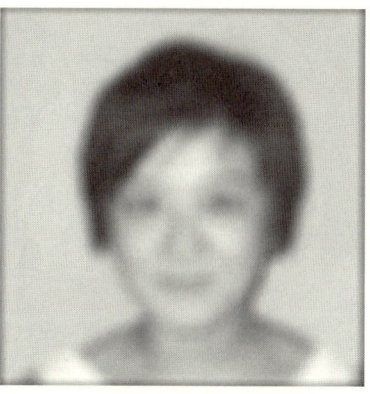

図A 赤ちゃんの視力で見えるであろう顔（テキサス大学 Herve Abdi 教授提供）
低空間周波数成分だけで表現した。

れた，「**新生児模倣**」の実験だ。新生児の目の前で舌を出したり唇を突きだすような動作を繰り返し何度も見せる。その後しばらく乳児の行動を観察し，先に提示した動作と同じような顔の動きが観察されることを示したのである。生まれたばかりの新生児が相手の顔の動きに注目し模倣できるということを示したこのデータは驚くべきものであった。とはいえ批判も多い。真似をしたという新生児の舌出し動作が，興奮を示す反応と同じというのだ。つまり新生児は模倣したのではなく，動いたものを見せつづけられたことによって興奮しただけというのである。同じ動きをしつこく示してその後長いこと新生児の動作を観察することによって示された「模倣」は，その実験条件が特異なこともあり，一般的な模倣とは異なるものといえる。

もうひとつの実験は，顔模式図形への注目だ。

顔模式図形への注目は，乳児の特性を利用した**選好注視法**という実験法の開発中に**ファンツ**（Fantz, 1963）によって発見された。「選好注視法」とは，乳児が特定の図形を一貫して好むことを利用した実験方法（第1章幹参照）で，生後46時間から生後6か月児を対象として好む図形の選出が行われた。そのなかに顔模式図形も含まれていたのである。

ファンツの実験を発端に，新生児を対象とした顔模式図形への好みを調べる研究が続けられた。新生児でも顔の基本的構成要素を好むかどうかが調べ

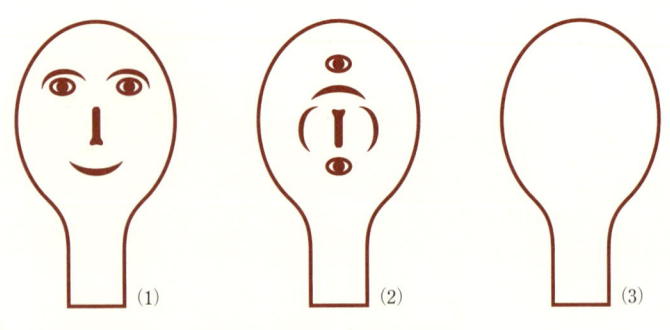

図B　ゴーロンらの実験に使われた顔模式図形
(1) 目鼻口の正しい位置にある図形
(2) 目鼻口を全く崩してバラバラにした図
(3) なにも描かれていない図

られた。成人の顔研究から，顔認識における重要な情報は目鼻口といった個別要素ではなくて，目鼻口の位置関係という配置情報が重要であることが知られている。新生児でも成人と同様に顔の基本的な配置に敏感かどうかが，ゴーロンら（Goren et al., 1975）によって調べられた。

　実験では，新生児の顔の中心から周辺へと刺激図形を動かして見せ，刺激への追従反応が調べられた。実験の結果，図B (2) や (3) ではなく，図B (1) のような目鼻口が正しい配置にある顔図形に追従反応が多く観察された。新生児でも成人と同様，顔の基本的配置をもとに顔を検出しているのである。

　さらにシミョンら（Simion et al., 2002）により，新生児が見る顔のゲシュタルト特性を解明する実験が行われた。その結果，新生児は目鼻口の具体的な形がなくても，目鼻口の位置に四角形が並んでさえすれば注目することが発見された。新生児は目鼻口の具体的形態ではなくて，目鼻口の配置構造を好むのだ。

　新生児が顔を好むという主張の一方で，顔図形のもつ複雑さが影響していると主張する立場もある。乳児が複雑な図形を好むという欲求は強い。目鼻口が並んだ顔は，目の白黒が縞のように並び，コントラストがはっきりと見える。顔そのものではなく，この白黒コントラストに注目しているというのである。

　クライナー（Kleiner, 1987）は，顔らしさと複雑さのふたつの要因を検討

図C　クライナーの実験に使われた顔図形（Kleiner, 1987 から作成）
顔の図の複雑さ（縞の見ための強さ）を保ったまま顔らしさを削った図と顔らしさを保ったまま図の複雑さ（縞の見た目の強さ）を削った図。

した。顔図形の複雑さ（縞の見ための強さ）を維持したまま顔らしさを削った図と，顔らしさを維持したまま図形の複雑さ（縞の見ための強さ）を削った図を用意し，乳児の好みを調べたのである（Kleiner, K, A., 図C参照）。

（1）の図では，白黒の濃淡の複雑さ（縞の見ための強さ）を変えずにモザイクをかけることによって，顔らしさが減らされ，（2）の図では顔らしさを維持したまま，白黒のトーンを薄くすることで白黒の濃淡の複雑さ（縞の見ための強さ）が減らされている。もし乳児が（1）の図を好むなら，顔そのものを好んでいることになり，逆に（2）を好むなら，図の複雑さを好むのであって，顔そのものを好んでいないことになる。実験の結果，顔の魅力は複雑さの魅力と同じ程度であることがわかったのである。

3　顔処理をつかさどる脳の領域と全体処理

顔は脳の特別な領域で処理される。顔領域とよばれる**上側頭溝**（STS）や**紡錘状回**（fusiform gyrus）がそれにあたり，この特定部分に損傷を受けると，顔だけがわからなくなる「**相貌失認**(そうぼう)」という状態になることが知られている（図D参照）。

いつごろから顔固有の脳領域が活動するのか，近赤外線分光法（**NIRS**）を用いて脳内の血中ヘモグロビンの変化を測定する実験が，大塚（Otsuka,

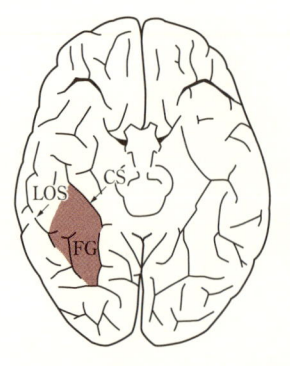

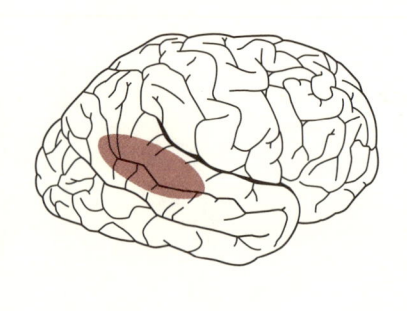

図D　上側頭溝（右）と紡錘状回（左）

2007）らによって行われた。対象は生後5～8か月児で，人見知りが始まる頃にあたり，顔認識においては既知顔と未知顔の区別が可能となる重要な時期と考えられている。このころに発達する顔認識に「全体処理」がある。成人のようにたくさんの顔を記憶し区別するためには，目鼻口の個別の情報ではなく，目鼻口の配置関係を利用した「全体処理」が必要とされるというのである。これは新生児の実験で発見された「顔の基本的配置」がさらに進歩したもので，顔の基本的配置がどのように個々の顔で変わっているかで顔を区別するのが「全体処理」である。

　この「全体処理」の発達は，コーヘンら（Cohen & Cashon, 2001）によって調べられている。生後5か月以降の乳児に男性と女性の顔を学習させる。この男女の顔の間で口や目を入れ替えた顔を合成し，この合成顔を，学習した顔と別の顔と見なすかどうかを調べるのである。口や目を入れかえて作った合成顔は顔全体が変わるため，学習した顔とは全く異なる印象となる。ただしそれは，顔を「全体処理」した場合に限られる。目鼻口の部分だけに注目した場合，入れ替えた口と目は学習した顔にも存在しているため，学習した顔との区別ができない。つまり，新しい組みあわせの合成顔を先に見た顔と違うと見なせるかどうかで，顔を「全体処理」しているかどうかを調べることができる。実験の結果，生後8か月で全体処理に移行することがわかった。

　この「全体処理」を示す証拠のひとつに，「**倒立効果**」がある。顔を逆さ

にすると，顔処理が難しくなるという現象だ。倒立効果は顔学習が進み，全体処理ができたことを前提に生じるといわれる。大塚らの実験（Otsuka et al., 2007）では，倒立した顔と正立した顔で，乳児の脳活動を比較している。実験では，視覚的には顔と同じ物体である野菜と比べ，顔を見たときに顔領域の活動が高まるかが調べられた。もちろん顔領域は顔特有に反応するため，同じ物体でも意味の異なる野菜には反応しない。さらに正立顔と倒立顔で脳活動に違いがあるかが検討された。顔学習が進んで全体処理ができているのであれば，倒立よりも正立の顔で反応が高まるはずである。実験の結果，生後5～8か月の乳児で顔領域にあたる右側頭の活動が顔を見たときに高まり，しかも倒立と比べて正立の顔でこの傾向が強いことがわかった。ちなみに顔領域の活動は成人でも右半球側が強い。これらのことから，人見知りの始まるころに，乳児の顔処理は成人と同じレベルの高度な処理に移行する可能性が示されるのである。

文献

Cohen, L. B. & Cashon, C. H. (2001) Do 7-month-old infants process independent features or facial configurations? *Infant and Child Development,* 10, 83-92.
Fantz, R. L. (1963) Pattern vision in newborn infants. *Science,* 146, 296-297.
Goren, C. C., Sarty, M., & Wu, P. Y. K. (1975) Visual following and pattern discrimination of face-like stimuli by newborn infants'. *Pediatrics,* 56, 544-549.
Kleiner, K. A. (1987) Amplitude and phase spectra as indices of infants' pattern preferences. *Infants Behavior and Development,* 10, 40-50.
Meltzoff, A. N. & Moore, M. K. (1977) Imitation of facial and manual gestures by human neonates. *Science,* 7, 75-78.
Otsuka, Y., Nakato, E., Kanazawa, S., Yamaguchi, M. K., Watanabe, S., & Kakigi, R. (2007) Neural activation to upright and inverted faces in infants measured by near infrared spectroscopy. *NeuroImage,* 34, 399-406.
Simion, F., Valenza, E., Macchi V., Turati C., & Umiltà, C. (2002) Newborns' preference for up-down asymmetrical configurations *Developmental Science,* 5, 427-434.
山口真美（2003）赤ちゃんは顔をよむ――視覚と心の発達学．紀伊國屋書店．
山口真美（2006）赤ちゃんは世界をどう見ているのか．平凡社新書．
山口真美（2010）美人は得をするか――「顔」学入門．集英社新書．

3章 乳児期

感情 気質・性格・人格

陳　省仁

1　用語の整理と定義
1.1　気質，性格，人格

　一般の人にとって，性格や人格は心理学の固有のテーマと思われ，心理学の教科書などでも必ず人格や性格の章が設けられていた。素朴心理学において人間の性格や個性は生まれつきの，年をとっても変わらない素性のようなものがその根底にあるととらえる。「三つ子の魂百まで」という諺は，このことを反映している。

　従来の心理学における対象の中心は大人である。そこでは**人格**あるいは**パーソナリティ**（personality）とは，「個人の環境に対する独自の適応を決定している複数の心理・生理系の，個人内にある力動的体制」（**オルポート** Allport, G. W.），「精神的行動の個体的条件の総体」（**矢田部達郎**）のことをいう。人格（パーソナリティ）に関する理論のほとんどは，体質・体型や神経系の類型をその基礎とした。たとえば，古代ギリシアの**四大体液論**，近代の**クレッチマー**（Kretschmer, E.）の体格と性格関連論や**アイゼンク**（Eysenck, H. J.）の内向・外向性に関する神経系類型論などが有名である。

　一方，**性格**（character）は「人格の意志的な側面の傾向性」としてとらえられ，人格と比べて「生得的な素質を基礎に持つ変容困難な傾向性」という意味が濃いといわれる（北村，1981：393）。現代の心理学において「人格心理学」「パーソナリティ」は未だに使われているが，性格という用語は「性格障害（異常）」「性格検査」の他にほとんど使わず，「性格学」「性格心理学」などの用語はやや歴史的なニュアンスを帯びる。

　気質（temperament）という用語と概念は以前から用いられてきた。その概念に乳幼児を対象とした発達心理学研究において，特に1980年代後半以降アメリカを中心に，新しい理論的内容が加えられた。現在，心理学の概

念としての気質はほとんど乳幼児の気質を指す。「気質研究」は養育者を対象とする数種類の調査票や子どもを対象とする実験室や自然場面での行動観察を主な方法として用いる発達研究のことを意味することが多い。近年気質と注意機能との関係が注目され，さまざまのイメージングの技法を用いて乳幼児の気質と認知発達の問題が教育の観点から取りあげられている（例えば，脳科学者の**ポスナー**（Posner, M. I.）と気質研究者の**ロスバート**（Rothbart, M. K.）が著書 *Educating the Human Brain*（2007）で早期教育に関する提言を行っている。

1.2 乳幼児気質研究の時代背景

　心理学研究の主流を支配してきたのは北米，特にアメリカの心理学である。日本の心理学もその圧倒的影響を受けて独自の心理学はほとんど未開発である。第2次世界大戦前後は（ソーンダイク，ハル，ワトソン，スキナーが代表した）アメリカ流の行動主義心理学の影響下，子育て（parenting）および人格形成の議論と実践において，一種の環境決定・環境万能主義が流行した。1960年代の末まで，子どもの発達や社会化において，子どもの持つ個性や特徴はほとんど問題にされず，養育者や大人の影響力が強調されるばかりであった。発達心理学においてこの傾向を変えたのは，**ベル**（Bell, R. Q.）の社会化における諸影響力の方向性の再解釈およびその後の子ども側要因の強調と受け入れであった（Bell, 1968, 1971, 1974）。また，**ケイガン**（Kagan, J.），**エムデ**（Emde, R.），**トーマス**（Thomas, A.），**チェス**（Chess, S.）やオソフスキー（Osofsky, J. D.）などアメリカの乳幼児発達研究をリードした心理学者が人間発達における生物学要因に眼をむけ，その重要性を強調したのもこの時期であった（Kagan, 1979）。

1.3 気質の定義と基本構造

　気質は多くの心理学での用語や概念と同じく，ひとつの構成概念である。現在気質についての普遍的定義は存在しない。「体質的基礎をもつ発達の早期から見られ，長期にわたってある程度の安定性を示す個人の行動と情動表出に関する個人差である」という定義は多くの研究者に受け入れられるであろう。

気質の背後にあるネットワーク（感覚・運動器官と機能，感情および認知システム）は人間が生まれもつ共通のものである。けれどもこれらの表現である特定パターンの気質的傾向は，人によって異なる。言いかえれば，この異なる傾向には生得的基礎があり，生後発達における環境との相互交渉の結果により，さまざまな気質が観察される。1980年代から今日までの乳幼児・児童の気質に関する研究から，気質は「感情，注意，動機」の3つの基本構成部分で構成されるという考え方は，主な研究者の間で共有されている。

気質研究は，初期から，**行動のスタイル**（the 'how' of behavior）を強調した。特に**反応行動**（reactivity），情動表出および動機（接近・回避）における個人差が，気質研究の主な内容である。

2 気質研究の展開
2.1 縦断研究から乳幼児の気質研究へ

アメリカにおいて，20世紀初頭に始まった**児童研究運動**（child study movement）と1950年代まで続いた**児童発達運動**（child development movement）がのちの児童心理学の成立に寄与した。**ベイリー**（Bayley, N.），**ゲゼル**（Gesell, A. L.）や**シャーリー**（Shirley, M. M.）の乳児に関する縦断研究は，乳幼児の人格形成における個人差の持続性を探究する研究の嚆矢となった（Shirley, 1933; Gesell & Ames, 1937）。1979年に出版された乳幼児研究ハンドブックでのレヴューによれば，20世紀前半のアメリカで行われた縦断研究の数は主なものだけでも10以上を数えた（Beckwith, 1979）。1956年に始まった**ニューヨーク縦断研究**（The New York longitudinal study）は，乳児の気質に関する縦断研究に大きな影響を及ぼした（Thomas, Chess, Birch, Hertzig, & Korn, 1963）。

この研究において，生後6か月までの乳児の行動に関する養育者からの報告に基づいて，以下の9つの乳児の気質的特徴を抽出した。すなわち，活動レベル，反応の閾値，哺乳・睡眠・排泄のリズム性，反応の強度，新奇の状況に対して接近か回避か，普段の機嫌，変化への適応，気の散りやすさ及び注意のスパンである（Thomas et al., 1963）。これらの気質の次元はのちに幼児研究にまで適用され，研究者の間で広く採用された。その後1980年代において気質の発達的変化の側面や気質測定の臨床的応用の可能性などが指

表A　子どもの扱いやすさ・扱いにくさと関連する気質的特徴

気質的性質		2か月時	2歳時
活動レベル		服を着せる時や睡眠中動かない 睡眠中しょっちゅう動く，わめく	パズルを静かに楽しむ。長時間レコードを聞く
		オムツ換え時体をくねらす	家具によじ登る，探索する。寝かされるとベッドから出たり入ったりする
リズム性		生後から4時間間隔授乳 便通は規則的	毎日昼ごはんをよく食べる。寝る前必ずおやつを食べる
		毎朝目覚め時間は違う 食の量は一定しない	昼寝時間変動する。便通は不定期トイレットトレーニングは困難
接近／回避傾向		微笑む，手ぬぐいをしゃぶる，ずっと哺乳瓶を好む	お祖父ちゃん宅に初めて泊まるときもよく眠る
		シリアルを最初から拒否，見知らぬ人が現れたら泣く	遊び場で見知らぬ子を回避する初めて砂浜に行くとき泣いた，水に入らない
適応性		最初お風呂時受身的だが，現在は大好き。看護師に微笑む	直ぐ従う。お祖父ちゃん宅へ1週間滞在しても受け入れる
		突然の大きい音に驚き。オムツ換えに抵抗する	散髪する度泣きわめく，しつこく反抗する
反応の強度		オムツが濡れても泣かない。お腹が空いたら泣くよりもぐずる	他の子に叩かれたらびっくりするが叩き返さない
		オムツが濡れたら泣く。満腹になったら食べ物を強く拒否	興奮や喜ぶとき大声で叫ぶ。玩具が取られたら大声で泣く
機嫌の質		初めての食べ物を試食時舌鼓を打つ。親に微笑む	姉妹と遊ぶ，キャッキャッと笑う。上手く靴を履けたら微笑む
		哺乳の後ぐずる，乳母車が揺られると泣く	散髪で泣きわめく。母親が離れると泣く

各項の上段が扱いやすさ，下段が扱いにくさ（Thomas, Chess, & Birch, 1968による）

摘され，最初の9次元はかなり修正され，新しい気質測定の道具が開発された。例えば，臨床的応用や子育ての視点から，上述の9次元から6つを選んで，「扱いやすい子」と「扱いにくい子」の特徴的気質パターンを取り出した（表A）。

2.2　気質発達研究の展開：質問票から実験室へ

　上述したトーマスらの縦断研究から出発した初期の気質研究は，主に対象

児の養育者に対するアンケートあるいは面接による資料に基づいた以下のものが広く知られている。小児科臨床の視点による乳幼児気質アンケートはキャーリーとマックデヴィットによる生後1年目乳児用の**乳児気質質問票・修正版**（Carey & McDevitt, 1978），マックデヴィットとキャーリーによる1歳児と2歳児用**トドラー気質質問票**（Fullard, McDevitt, & Carey, 1984），とベイツとベイリズ（Bates & Bayles, 1984），あるいは**ロスバート**とゴールドスミスによる**乳児行動特徴質問票**と**トドラー行動質問票**（Gartstein & Rothbart, 2003; Goldsmith, 1996）。後者2つは心理生物学的視点による測定道具であり，ロスバートによるものは子どもの「活動性，正の感情，恐れ，制限に対するディストレスおよびその後のなだまりやすさ」を評価し，ゴールドスミスのものは「活動性，正の感情，怖がり，怒り傾向と興味の持続」を測定しようとする。

　質問票による気質の評価は，あくまでも子どもの個性に関する養育者の知覚・認識や印象である。それに対して，乳幼児の気質的特徴についての理論的関心からは，直接に子どもの行動や情動表出にアプローチする必要が感じられる。研究を重視する実験室での気質測定の道具は，80年代から90年代にかけて主にアメリカで開発された。上述ゴールドスミスとロスバートの質問票と並行して考案された**ラブ・タブ**（Lab-Tab.）は研究者の間で広く知られている。これは2歳までの子どもの怖がり，怒り，正の感情性，持続性と活動水準をさまざまな場面で測定する実験室での観察手順である（Goldsmith & Rothbart, 1991; 1992）。日本において，星・草薙・陳によって，この手順を日本の幼児に適用して実験室の計測と質問票で得られた結果との関係を検討した研究がある（星・草薙・陳，1997）。

　これらの質問紙や実験室観察手順は，乳幼児の気質特徴の全般に対してさまざまの角度から検討を行っている。そこで，**ケイガン**（Kagan, J.）は乳幼児期からの行動発達における連続性と不連続性の問題に関心をもった。彼は3歳までの子どもがさまざまの場面で示した回避行動を数少ない一貫性・連続性をもつ体質的・気質的特徴ととらえた。ケイガンと彼の院生たちが気質の一側面である行動の抑制性を取り上げ，実験室の行動観察と心拍の計測などを用いて，乳幼児の抑制・非抑制行動の発達の研究を行った（Kagan, et al., 1984）。日本では草薙が実験室での行動観察によって乳幼児の情動表

出と接近・回避傾向を検討した（草薙，1993）。

2.3　気質システムの発達と注意機能

新生児・乳児の気質的特徴には生後すぐに観察が可能な，養育者や周りの人にも大きな影響を及ぼす，最も顕著な個人差がある。例えば，泣きやぐずりの頻度，なだまりやすいかなだまり難いか，睡眠や生理的リズムは規則的か否か，さらに刺激に対して敏感か否か，新しい人，物や状況に興味をもって自ら進み，すぐ慣れるか，またはその逆かなどがある。それらは養育者や保育士の対応の仕方，そして相互交渉によって形成されてくる愛着関係の質に大きく影響する。特に養育者との相互交渉において，養育者の社会化の方略が子どもの注意機能に大きな影響を及ぼすと思われる。

近年気質の基礎過程に関する理論が注目されてきた。気質の表出は，「刺激作用に対する特徴的反応性（reactivity）という過程」と「これらの反応を生体内部から**自己制御**（self-regulation）するという過程」で構成される（Rothbart & Bates, 1998）。前者（反応性）は「ある刺激に対する子どもの反応の潜時，反応の種類および反応の強度」と関係し，後者（自己制御）は「子どもがいかに情動的・動機的反応を制御しようとするかの側面」と関係する。自己制御として，ぐずるとき，子どもが対象物から注意をそらすか，指しゃぶりをして自己鎮静しようとするのか，それとも，嫌がる対象に注視を続けたため，逆にますますぐずってしまうかという例を挙げることができる。ロスバートは気質行動の下位過程の注意の制御過程を仮定し理論化を行った。それによれば，発達初期に見られる注意のシステムは大脳の後頭部が中心であり新奇刺激への定位を可能にする。一方，注意の執行制御を司どる注意システムは大脳の前部にその中心があり，生後18か月以降から小学校の低学年まで発達する（Posner & Rothbart, 2007: 22, Wachs & Bates, 2001: 469）。

最近まで，気質研究は乳児期の初期に焦点をおいていたため，気質の反応的（reactive）側面が強調されてきた。上述したロスバートの気質の発達研究から，発達的にやや遅れて発現する**努力制御系**（effortful control system）は幼児期の行動発達，特に衝動行動の制御能力の発達にとって重要であることが指摘された。その研究によれば，乳幼児期から学童期にかけての子ども

の衝動行動のコントロールは，**行動抑制系**（Kagan et al., 1984）と努力による制御系がかかわる。前者は乳児後半から見られるより受身的コントロールの機能である。後者は学童初期に発現するより高次な注意機能で攻撃性の低さ，負の感情や不機嫌の少なさ，および共感性の高さ・罪悪感の持ち易さと関連する（Rothbart, Ahadi & Hershey, 1994）。

最新の神経モデルの探索の知見によれば，上記の努力による制御系は中央線前頭領域（midline frontal areas）に表現される。扁桃核は，努力制御系に制御され，反応的負の感情（reactive negative affect）と関連する（Posner & Rothbart, 2000; Rothbart & Rueda, 2005）。

3 気質と子育て・教育の実践

乳幼児の気質という概念と実証的研究は，子どもの発達や社会化の過程における親や環境要因の圧倒的強調に対する反省から生じた，子ども側の要因の認識の産物である。しかし，子育てや教育の実践において，この3，40年間の研究から，従来の良い親や教師の最良の知見以上の，気質に基づいた実証的で検証された評価・計測と育児・教育方法を生み出すには至らなかった（Wachs & Bates, 2001: 491）。ただし，乳幼児の気質の研究によって，小児科臨床，子育て支援および教育において，さまざまな問題に直面する際，前より子どもの気質的特徴と養育者・教師の期待や認知とのズレに眼をむけ，対策を考えるようになったと言えよう。このように起きた問題に対する「**捉え直し**（re-framing）」の視点はこれからの子育て支援や子どもの発達臨床一般に役に立つと考える。

学校教育の実践において，学習に関連する学童の気質的特徴（たとえば，状況適応性，活動性，正の感情（機嫌）や**社会的定位**（social orientation），注意持続性など）と学習の結果（成績）との関係についての知見は，教師の学級運営の目標として参考になる（Keogh, 1989; Martin, 1989）。また，新年度・新学級に当たって，担任が子どもの気質的特徴を把握することは幼児・児童の事故防止につながる（Matheny, 1989）。

小児科臨床において，気質質問票による子どもの活動性や注意についての把握は，ADHD疑いの子どもと健常児のヴァリエーションとの区別にある程度参考になる。キャーリーはADHDの診断をする際に子どもの気質特徴

への配慮を促している (Carey, 1999, Wachs & Bates, 2001: 492)。

文献

Bates, J. E. & Bayles, K. (1984) Objective and subjective components in mothers's perceptions of their children from age 6 months to 3 years. *Merrill-Palmer Quarterly,* 30, 111-130.

Beckwith, L. (1979) Prediction of emotional and social behavior. In J. D. Osofsky (Ed.), *Handbook of Infant Development* (pp. 671-706). John Wiley & Sons.

Bell, R. Q. (1968) A reinterpretation of the direction of effects in studies of socialization. *Psychological Review,* 75, 81-95.

Bell, R. Q. (1971) Stimulus control of parent or caretaker behavior by offspring. *Developmental Psychology,* 4, 63-72.

Bell, R. Q. (1974) Contributions of human infants to caregiving and social interaction. In M. Lewis & A. Rosenbloom (Eds.), *The effect of the infant on its caregivers* (pp. 1-19). Wiley.

Carey, W. & McDevitt, S. (1978) Revision of the infant temperament questionnaire. *Pediatrics,* 61, 735-739.

Fullard, W., McDevitt, S., & Carey, W. (1984) Assessing temperament in one-to-three-year-old children. *Journal of Pediatric Psychology,* 9, 205-216.

Gesell, A. L. & Ames, L. B. (1937) Early evidence of individuality in the human infant. *Scientific Monthly,* 45, 217-225.

Garstein, M. A. & Rothbart, M. K. (2003) Studying infant temperament via the Revised Infant Behavior Questionnaire. *Infant Behavior and Development,* 26, 64-86.

Goldsmith, H. H. (1996) Studying temperament Via eonshuction of the Toddler Behavior Assessment Questionnaire. *Child Development,* 67, 218-235.

Goldsmith, H. & Rothbart, M. (1991) Contemporary instruments for assessing early temperament by questionnaire and in the laboratory. In J. Strelau & A. Angleitner (Eds.), *Explorations in temperament: International perspectives on theory and measurement* (pp. 249-272). Plenum Press,

Goldsmith, H. & Rothbart, M. (1992) *Laboratory temperament assessment battery (LAB-TAB), Locomotor version 2.01, Description of procedures.*

星 信子・草薙恵美子・陳 省仁 (1997) 乳児の気質的特徴としての情動表出におけるスタイルは存在するか：実験室気質測定による検討．教育心理学研究, 45, 96-104.

Kagan, J. (1979) Overview: Perspectives on human infancy. In J. D. Osofsky (Ed.), *Handbook of infant development* (pp. 1-25). New York: John Wiley &

Sons.
Kagan, J., Reznick, J., Clarke, C., Snidman, N., & Garcia-Coll, C. (1984) Behavior inhibition to the unfamiliar. *Child Development*, 55, 2212-2225.
Keogh, B. K. (1989) Applying temperament research to school. In G. A. Kohnstamm, J. E. Bates, & M. K. Rothbart (Eds.), *Temperament in childhood* (pp. 437-450). New York: Wiley.
北村晴朗（1981）「人格」項．新版心理学事典（p.393）．平凡社．
草薙恵美子（1993）乳幼児の気質の構造：情動表出傾向及び接近傾向における一考察．発達心理学研究, 4, 42-50.
Martin, R. P. (1989) Activity level, distractability, and persistence: Critical characteristics in early schooling. In G. A. Kohnstamm, J. E. Bates & M. K. Rothbart (Eds.), *Temperament in childhood* (pp. 451-461). Wiley.
Matheny, A. P., Jr. (1989) Temperament and cognition: Relations between temperament and mental test scores. In G. A. Kohnstamm, J. E. Bates & M. K. Rothbart (Eds.), *Temperament in childhood* (pp. 263-282). Wiley.
Posner, M. I. & Rothbart, M. K. (2000) Developing mechanisms of self-regulation. *Development and Psychopathology*, 12, 427-441.
Posner, M. I. & Rothbart, M. K. (2007) *Educating the human brain*. American Psychological Association.
Rothbart, M. K., Ahadi, S. A. & Hershey, K. (1994) Temperament and social behavior in childhood. *Merrill-Palmer Quarter*, 40, 21-39.
Rothbart, M. K. & Bates, J. E. (1998) Temperament. In W. Damon (Series Ed.) & N. Eisenberg (Vol. Ed.), *Handbook of child psychology: Vol. 3, Social, Emotional, and Personality Development* (5th ed.) (pp. 105-176). Wiley.
Rothbart, M. K. & Rueda, M. R. (2005) The development of effortful control. In U. Mayr, E. Awh, & S. W. Keele (Eds.), *Developing individuality in the human brain: A tribute to Michael I. Posner* (pp. 167-188). American Psychological Association.
Shirley, M. M. (1933) *The first two years of life: A study of twenty-five babies, Vol. 3, Personality Manifestations*. Minneapolis: University of Minnesota.
Thomas, A., Chess, S., & Birch, H. (1968) *Temperament and behavior disorders in children*. New York University.
Thomas, A., Chess, S., Birch, H. G., Hertzig, M. E., & Korn, S. (1963) *Behavioral Individuality in Early Childhood*. New York University.
Wachs, T. D. & Bates, J. E. (2001) Temperament. In G. Bremner & A. Fogel (Eds.), *Blackwell handbook of infant development* (pp. 465-501). Blackwell Publishers.

Watson, J. B. (1928) *The psychological care of the child and infant.* W. W. Norton.

3章 乳児期

言語　前言語

小椋たみ子

英語の乳児（infant）の語源は，「語らない者」で，その期間は誕生に始まり，言葉の開始により終わりを告げる（Bower, 1977）。1歳前後に子どもは有意味な言葉を話しはじめるので，乳児期は言語獲得の準備期といえる。ここでは，言語獲得へいたるまでの前言語期のコミュニケーション能力の発達と言語獲得の基盤となる概念システムの発達，言語発達を促す養育者の関わりについて概説する。

1　前言語コミュニケーションの発達

コミュニケーションには，人と人との情動性に富んだ，**間主観的**（inter-subjective）——二者間で何かの観念や気分が共有される共感性に近い概念——な対人的な調合的統合（親交：communion）のプロセスと，人と人との間の情報の流れ（伝達：transmission）のプロセスが含まれている（Adamson, 1996）。

言語は最も強力な，効率的なコミュニケーション手段であるが，子どもは言葉でのコミュニケーションが可能になる前に，表情，視線，目の動き，音声，身ぶりなどでコミュニケーションをする。誕生後，言語獲得にいたるまでのコミュニケーションの発達過程をレディ（Reddy, 1999）を参考に概観してみる。

1.1　新生児期：生得的に有する社会的能力

乳児は誕生時から，人間の顔，音声，スピーチへの関心を示し，生後数分で，いろいろな顔のしぐさや音を模倣する。

胎児期においてさえ，母親の声の振動が羊水に伝えられ，母親の声を学びはじめている。生まれたばかりの新生児はさまざまな音声の特徴に注目でき

る。人の声を同じピッチと強さの他の音よりも、女性の声を男性の声よりも、母親の声を他の女性の声よりも好んで聞くことが吸啜反応を指標とした実験的研究より明らかになっている。視覚的にも人の顔を長い時間凝視する。人は生まれながらにして人に反応する能力をもっている。

1.2 生後2〜3か月の情動のコミュニケーション

3か月ぐらいまでに乳児はコミュニカティブなやりとりのなかで足、発声、凝視、表情の全身で行動を行う。これは、大人の会話の非音声的側面のダイナミックな特徴と類似しているので、「原会話」とよばれている。その特徴の第1は乳児自身の他の行為（発声、手の身ぶり、凝視）と協応し、またパートナーの発声、凝視、微笑などの行為とも協応している。第2に乳児は大人を単に模倣しているだけではなく、大人の方が乳児を模倣する。第3に情動や注意を力動的にお互いに調律している。第4に乳児はインタラクションをうまく維持しているだけでなく、いやなときにはインタラクションをうまく避ける。情動的な原会話は相互的であり、乳児は活発にこの原会話に参加している。この段階では、すでに、相補的で共感的な人間らしい反応を求める相手とのやりとりに、表情や音声、体の動きによる非言語的な表現が効果的に用いられている。この段階のコミュニケーションは単なる感情の表現であり、意図的なものではない。

1.3 生後半年における規則性や驚きを楽しむコミュニケーション

乳児はますます環境に関心をもち、時には見なれたパートナーへの関心だけでなく、環境のなかのほかの事物へ関心を移していく。乳児のコミュニケーションへの注意や関心を高めるのに、パートナーはリズムのある発声をしたり、突然変化させたり、終わりにしたり、テーマや変化のフォーマットを用いる。歌や手遊びや身体を動かすリズミカルなお決まりのやりとりを子どもは喜び、子どもの方がリードしていく。ゲームでのやりとりは、活動が関心の焦点となっている。

1.4 他者の注意や情緒を理解したコミュニケーション：8〜12か月

乳児は他者の注意を理解し、心が意図をもっていることを理解するような

行動を行う。子どもは自分の方から，物を渡したり，みせびらかして，他者の注意をひきつける行為を繰り返したり，他者がほかのものを見ているときに他者の視線を追ったり（**追随凝視**），新奇な事物への大人の情動反応をモニターしたり（**社会的参照**），からかったりして（teasing），子どもの関心を他者へ広げていく。子どもからの意図的な話題を含むコミュニケーションが行われ，大人，子ども，物の**三項関係**が成立する段階である。社会的相互作用，**共同注意**（対象に対する注意を他者と共有する行動），依頼行動といった非言語的コミュニケーションスキルの機能はこの段階で発達する。

1.5　原言語としての指さし：12〜15か月

　ウエルナーとカップラン（Werner & Kaplan, 1963）は，指さしは社会的文脈のなかで産出される指示的行為であるため，それは真の象徴化にむかう第一歩と考えた。**原命令の指さし**（proto-imperative pointing）と**原叙述の指さし**（proto-declarative pointing）の2種類がある。原命令の指さしは，要求の指さしともいわれ，自分では取れない玩具が欲しいときに，それがおいてある玩具棚の方を指さし，助力をもとめる身ぶりである。原叙述の指さしは，たとえば，めずらしい物を見つけたときに一緒に大人に見てほしくて，指さしをして，他者の注意を事物へ向けようとするものである。原命令，原叙述の指さしとも乳児はターゲットを指さしし，大人の顔をふりかえり，大人が身ぶりや指さされているターゲットに注意をしているかチェックする。指さしには，言葉と共通する記号的な働きがある。指によって，さすもの（指：すなわち，意味するもの，能記）とさされるもの（指さし対象：すなわち，意味されるもの，所記）が分化しているといえる。原叙述の指さしは，原命令の指さしよりも認知的に複雑であるといわれている。原叙述の指さしでは，乳児がある人に事物を示すには，他者が注意の対象を知覚（表象）しているということを理解（表象）できる必要があり，複雑な（メタ）表象の技能が必要とされている。原叙述の指さしは，出来事への驚き，お気に入りのターゲットの知覚など，乳児があらたに見たものを人に知らせようとするモチベーションに動機づけられている。一方，原命令の指さしでは手段─目的関係だけの単純な理解だけで十分である。

1.6 言語でのコミュニケーション

　生後2年目に入ると，子どもは，身ぶりだけでなく，意味内容をもった言葉を理解し，言葉によるコミュニケーションを行うようになる。**トマセロ**（Tomasello, 1997）は，語彙獲得の認知的基盤として，(1) 他者がなにについて話しているのか，その指示対象を認知し，カテゴリーをつくることを可能にする子どもの能力，(2) 他者が言語のさまざまの部分を使用している際に，その他者の意図が何かを理解できる子どもの能力をあげている。子どもは前言語コミュニケーションでの大人とのやりとりのなかで，他者や他者の意図的な動作についての深く広範な理解を行い，このうえに，語の学習を行っていく。

2　前言語期における言語獲得の準備：概念システムの発達

　養育者との情動的コミュニケーションを基盤として，乳児はこの世界の意味を獲得していく。この意味の獲得は乳児の認知能力の発達におっている。認知発達は子どもにより記号化される意味内容の発達を可能にする。言語記号の特徴としてふたつのことがあげられている。ひとつは「**恣意性**（arbitrary）」といわれるもので，言語記号とそれにより表されているものの関係は人間が作りだしたものである。もうひとつは「**慣習性**（conventional）」で，その言語社会の人たちの約束に基づくものである。たとえば，日本語で犬を「inu」，英語で「dog」というのは，言葉と表示対象は本来的な有縁関係をもたず，人為的にそれぞれの言語体系に基づいて作りだされたものである。言語学者の**ソシュール**（Saussure, F. de; 1857-1913）は，言語の意味作用は語の音声のもつ聴覚表象（**能記**：意味するもの）と，それによって指示される対象（**所記**：意味されるもの）の表象関係からなるとした。表象関係を理解できる認知能力が言語獲得には必要である。ピアジェは0歳から2歳までを**感覚運動期**と名づけ，この時期をさらに6段階に分けている。彼によれば生後2年目の終わりに生起する第Ⅵ段階の感覚運動的な行動に代わる，「あるものを他のもので表現する」**象徴機能**の発達こそが言語の獲得を可能にし，子どもの精神機能を質的に転換させるとしている（Piaget, 1948）。1970年代，80年代には言語と認知の関係についてピアジェの感覚運動期を操作的に評価するウズギリス—ハント乳幼児精神発達評価尺度（Uzgiris &

Hunt, 1975)を使用して，多くの言語指標と認知指標の相関研究や出現期の対応の研究が行われた。これに対して，マンドラー（Mandler, 1998）は，言語獲得に先行する認知発達の関係をみた研究の多くは，知覚，運動技能を反映した項目はどれか，表象の概念的形式を反映した項目はどれかの明確な分析を行わないで，相関分析していることを批判している。マンドラーは，乳児期早期から概念表象の発達を仮定し，言語獲得の開始を可能にしている概念システムは生後9か月までに準備されていることを彼女の研究や他の研究から概観している。概念的表象は知覚対象や事象を選択的に分析する機構である知覚的分析により知覚処理や身体運動から抽象され，空間内の運動や力の働きを含む意味を生じさせ，表象する。前言語的表象を認知言語学者が使用するイメージスキーマ（image schema）という用語で説明している。対象間の包摂，部分—全体，上下，結合，事象間の起点—経路—着点（source-path-goal）関係という意味の表象がなされる。そして，この基礎の上に言語的表象が獲得されると考える。マンドラーは特定の語と特定の認知（概念）との関係を研究対象とし，一方，ピアジェの感覚運動知能を認知指標とした研究では語の出現，語彙の急増，文法の出現といった全般的な言語能力との関係を研究対象としていると考えられる。

3 言語発達を促す養育者の関わり

養育者は言葉を習得しはじめた子どもが言葉の機能，語意，統語的規則を発見しやすいようにさまざまな手がかりをあたえ，言語獲得の足場となるコミュニケーションの場をつくっている。**ブルーナー**（Bruner, J.; 1915-　）は言語獲得の過程についての主張の中心に社会的な相互作用を重視し，**言語獲得援助システム**（language acquisition support system：LASS）が人間には備わっているとしている。子どもが生得的にもつ能力を引きだすように環境からの刺激を養育者が調整することにより言語獲得がなされていく。

養育者が乳幼児に話しかけるとき，大人どうしが話す言葉とは異なり，音声面，語彙面，文法面，語用面で独特な言葉かけであることが指摘されている。**マザリーズ**（motherese），**育児語**（baby talk），乳幼児に向けて話す言葉（infant directed speech：**IDS**　または child directed speech：**CDS**）とよばれている。母親だけでなく，父親や年上の兄弟などを含めた大人や年長者

が乳幼児に語りかけるときにも使用する。その特徴として，荻野（2002）は，パラ言語的素性（ピッチが高い，誇張した抑揚，文末に高い音，ゆっくり明瞭に話す），音韻的素性（音韻素性の単純化や反復），統語的素性（短い文，単純構造，平均発話長が低い），意味的素性および語彙選択（特殊な語の使用，語彙制限，意味関係の制限，「いま，ここ」でのトピックに限定される），相互作用的特性（ゆっくりと発話，反復が多い，模倣・拡充模倣が多い，聞き返しが多い）などの特徴をあげている。このような特徴をもつ育児語は子どもの言語発達に大きな役割を果たしている（Sachs, 1997）。第1の役割として，韻律的特徴は乳児の注意をひきつけ，視線をあわせ，母親に反応し，母親との情緒的な絆を強固にするのに役だつ。また，乳児は養育者の言葉に注意をむけ，誇張した韻律的な特徴により，話されている言葉の内容が理解できなくても，ほめているのか，禁止しているのかなどメッセージのコミュニケーション意図に気がつくようになる。育児語のイントネーションが対成人語のイントネーションに比較して，連続した話し言葉から単語を切り出すのを促進するとの報告もある（Thissen, Hill, & Saffran, 2005）。養育者の語りかけの第2の役割は乳児が言語を理解していないときでも，会話をしているように順番交代し，双方向のやりとりをつくっていることである。養育者は乳児が発したことに言語，非言語で応答し，会話のようにしていく。乳児の側の行動を意図的コミュニケーションであるように養育者は取り扱い，乳児の反応を引きだそうとする。第3の役割は乳児が事物に関心を示す6か月頃から養育者は事物やそれらの潜在力を一緒に探索して相互交渉するように励ます。養育者は遊びや養育場面，絵本場面，共同注意の社会的な文脈で事物や行為や事物の特徴にラベルづけをする。これらの養育者のラベルづけを伴う事物への共同注意は言葉の獲得を促進していく。第4の役割は構造化された場面で話すことを子どもが学ぶような機会を養育者が与えているということである。

　以上のように，前言語期はコミュニケーション技能，概念システム，ここでは触れなかったが音韻知覚，韻律知覚などの言語獲得の基盤となる能力が準備される時期である。また，養育者は子どもの言語獲得を促進する働きかけをしている。

文献

Adamson, L. B. (1996) *Communication development during infancy*. Westview.（大藪　泰・田中みどり（訳）(1999) 乳児のコミュニケーション発達――ことばが獲得されるまで．川島書店．）

Bower, T. G. R. (1977) *A primer of infant development*. Freeman and Company.（岡本夏木（訳）(1980) 乳児期――可能性を生きる．ミネルヴァ書房．）

Mandler, J. M. (1998) Representation. In D. Kuhn & R. Siegler (Eds.), *Handbook of Child Psychology*, Vol. 2 (5th ed.) (pp. 225-308). Wiley.

荻野美佐子（2002）養育者の役割．岩立志津夫・小椋たみ子（編），言語発達とその支援（pp. 35-38）．ミネルヴァ書房．

Piaget, J. (1948) *La naissance de l'intelligence chez l'enfant* (2nd ed.). Delachaux et Niestle.（谷村　覚・浜田寿美男（訳）(1978) 知能の誕生．ミネルヴァ書房．）

Reddy, V. (1999) Prelinguistic communication. In M. Barrett (Eds.), *The development of language* (pp. 25-50). Psychology Press.

Sachs, J. (1997) Communication development in infancy. In J. Berko-Gleason (Ed.), *The development of language* (4th ed.) (pp. 40-68). Allyn and Bacon.

Thissen, E. D., Hill, E. A., & Saffran, J. R. (2005) Infant-directed speech facilitate word segmentation. *Infancy*, 7, 53-71.

Tomasello, M. (1997) The pragmatics of word learning. 認知科学, 4(1), 59-74.

Uzgiris, I. C. & Hunt, J. Mc V. (1975) *Assessment in infancy: Ordinal scales of psychological development*. University of Illinois Press.（白瀧貞昭・黒田健次（訳）(1983) 乳幼児の精神発達と評価．日本文化科学社．）

Werner, H. & Kaplan, B. (1963) *Symbol formation: An organismic-developmental approach to language and the expression of thought*. Wiley.（柿崎祐一（訳）(1974) シンボルの形成――言葉と表現への有機-発達論的アプローチ．ミネルヴァ書房．）

3章 乳児期

社会 愛着

遠藤利彦

1 他者との関係のなかに生まれてくる子ども

　読者は生まれた直後のヒナ鳥が親鳥のあとをついて回る光景を目にしたことがあるかもしれない。鳥のヒナには，生後一定時間内に目にした動く対象にくっついてゆこうとする傾向が生得的に組みこまれているらしい。実のところ，こうした行動傾向は特に鳥類に限ったものではなく，広くさまざまな生物種に認められることが知られている。発達心理学では一般的に，このような他の対象との近接関係を維持したり回復したりしようとする生体の傾向を，「**愛着**（attachment）」という術語でよんでいる（Bowlby, 1969）。そして，ヒトの乳児においては，他の生物種にもまして，この愛着が発達的に際立って重要であることが指摘されている。たとえば栄養摂取にしても運動にしても体温維持にしても，相対的に未成熟な状態で生まれてくるヒトの乳児は，他者との近接関係が保障され，そしてその他者から保護してもらえなければ，いかなる意味でも生きのびることができないからである。その意味で，ヒトの乳児の発達は，本質的に他者の存在を前提にして成りたっているといえる。ある研究者らは，特定他者との緊密な愛着関係のなかにあって，自分は安全であるという感覚（fellt security）を絶えず得ようとする傾向こそが人間という存在の本質であり，そしてだれかから保護してもらえるということに対する信頼感（confidence in protection）が，人間の健常な心身発達を支える基本的要件であると考えている（Bowlby, 1988; Goldberg, 2000）。

　ヒトの乳児にとって他者は，単に保護してくれる存在であるということに止まらない別の意味での重要性も有している。それは，ヒトの乳児が，完成体とはほど遠い状態の脳を持って生まれてくるということと関係している。新生児の脳は，成人のそれの4分の1ほどしかなく，誕生時から成体になるまで実に300パーセント近くも脳重を増大させる。この数値は，ヒトの最も

近縁種であるチンパンジーのそれが約30パーセントほどでしかないことを考えると，ある意味，驚嘆に値するといえよう。このことは，ヒトの脳およびその機能の大半が，出生後に，環境からのさまざまな刺激を受けながら漸次的に構成されるしくみになっていることを意味する。そして，脳の発達に必要な刺激の多くを付与するのが，特に養育者であることに異論を差しはさむ余地はなかろう。ヒトの乳児は，養育者との緊密な愛着関係のなかにあって，養育者からさまざまな刺激を受けることではじめて脳を，そして心を作り上げ，生物学的存在としての「ヒト」から社会的存在としての「人間」へと徐々にその重みを移していくといえるのである。

2　愛着の発達：物理的近接から表象的近接へ

　いくらヒトの乳児が未成熟な状態で生まれてくるとはいえ，成長が進めば当然，その**愛着行動**は，単に人の方に顔や視線を向けたり（**定位**），各種感情を表出したりする（**発信**）だけではなくなってくる。移動能力の発達に伴って，徐々にあと追いやしがみつきなど，自ら近づき近接関係を維持・回復しようとする行動（**能動的身体接触**）が加わってくる。さらに，発達が進めば，愛着はただ行動として外側にあらわれるものだけではなくなってくるようである。

　ボウルビィ（Bowlby, 1988）は，愛着を乳幼児期のみならず，個人がある程度自律性を獲得した後でも，形を変え，生涯を通じて存続するものだと仮定している。ボウルビィによれば，他者との近接関係を維持するということは，文字通り距離的に近い位置にいつづけるということのみを意味する訳ではない。それは，たとえ物理的には離れていても，特定対象との間に相互信頼に満ちた関係を築き，そしてなにか困ったことがあればその対象から助けてもらえるという主観的確信を絶えず抱いていられるということをも意味するのだという。こうしたことからすると，愛着の発達とは行動レベルの近接から表象レベル（主観的意識のうえで）の近接へと徐々に移行していく過程であると言うことができる。すなわち，幼い子どものころは，安心感を，物理的近接関係を確立・維持することによってしか得られないが，大きくなるにつれて，そうした現実の近接に頼らなくとも，主要な対象との関係に関するある種のイメージや主観的確信をとおして，それを得ることができるよう

になるということである。ボウルビイは，こうしたイメージや確信を，愛着に関する「**内的作業モデル**（internal working model）」とよび，その生涯発達過程における特別な機能を強調している。彼によれば，私たちが幼い頃からその後長期にわたって，かなり一貫した対人関係のパターンやパーソナリティを維持し得るのは，乳幼児期における愛着の特質を内在化した，この内的作業モデルが徐々に安定性や固定性を増し，一種のテンプレートとしてさまざまな対人関係に適用されるようになるからだという。

3　愛着の個人差とそれを生み出すもの

当たりまえではあるが，関係というものはふたりの人間がいてはじめて成り立つものである。このことは，たとえすべての個人が潜在的に他の対象との近接関係を確立・維持したいと欲していても，相手側の関わりいかんでそれが容易に満たされない場合があるということを意味する。大人であれば，そうした場合，その対象との関係をあきらめて別の対象を探し，新たな関係を作ることもできよう。しかし，乳幼児には，養育者を自分の力で選び変えることができない。そのため，彼らは，どのような養育者であれ，その対象との間で，最低限，安全の感覚が維持できるよう，その養育者の関わりの質に応じて，自分の近接のしかたを調整する必要に迫られ，そこに愛着の個人差が生じてくることになる。

エインズワース（Ainsworth et al., 1978）によれば，愛着の個人差は，特に養育者との分離および再会の場面に集約して現れるという。彼女は，統制された条件下で生後12～18か月の子どもにこうした分離と再会を経験させ，その反応を見る体系的な実験手法，すなわち「**ストレンジ・シチュエーション法**」（strange situation procedure 本書第1章幹参照）を開発し，子どもの愛着の特質が以下3タイプに振り分けられることを明らかにしている。そのひとつのタイプは，養育者との分離に際し，さほど混乱・困惑した様子を示さない上に再会時に養育者をあまり喜んで迎えることがなく，何かよそよそしい態度を見せる一群の子どもである（**回避型**）。一方，分離に際して苦痛や混乱を示す子どもは，再会時の行動パターンによってふたつのタイプに分けられる。ひとつのタイプは，再会しても容易に落ち着かず，時折，養育者に激しい怒りを向けるなどの両価的な態度が顕著にみられるタイプである

(**アンビヴァレント型**)。もうひとつのタイプは再会時にそれまでのぐずった状態から容易に落ち着きを取りもどし、喜びと安堵の表情をみせながら養育者に積極的に身体接触を求めていくタイプである(**安定型**)。

エインズワースによれば、回避型の子どもの養育者は相対的に子どもに対して拒絶的にふるまうことが多いという。子どもの視点からすると、いくら愛着のシグナルを送ってもそれを適切に受け止めてもらえることが少ない。それどころか、愛着のシグナルを表出したり近接を求めていけばいくほど、養育者が離れていく傾向があるため、逆説的ではあるが、子どもはあえて愛着行動を最小限に抑え込むことによって(つまり回避型の行動をとることで)養育者との距離をある一定範囲内にとどめておこうとするのだと解釈できる。

一方、アンビヴァレント型の子どもの養育者は、相対的に子どもに対して一貫しない接しかたをしがちだという。子どもの側からすれば、いつどのような形で愛着欲求を受け入れてもらえるか予測がつきにくく、結果的に子どもは養育者の所在やその動きにいつも過剰なまでに用心深くなる。そして子どもはできるかぎり自分の方から最大限に愛着シグナルを送出しつづけることで、養育者の関心を引きつけておこうとするようになるらしい。このタイプの子どもが、分離に際し激しく苦痛を表出し、かつ再会場面で養育者に怒りをもって接するのは、またいついなくなるかもわからない養育者に安心しきれず、怒りの抗議を示すことで自分がひとり置いていかれることを未然に防ごうとする行動と解しうる。

それに対して、安定型の子どもの養育者は、相対的に子どもの潜在的な欲求やシグナルに対して**敏感性**や**応答性**が高く、しかもそれが一貫しており予測しやすいのだという。子どもの側からすれば、こうした養育者の働きかけには強い信頼感を寄せることができるということになろう。すなわち、自分が困惑していると養育者は必ずそばに来て自分を助けてくれるという見とおしや確信を有し、どうすれば養育者が自分の求めに応じてくれるかを明確に理解している分、子どもの愛着行動は全般的に安定し、たとえ一時的に分離があっても再会時には容易に立ち直り安堵感に浸ることができるのだろう。

なお、近年こうした3タイプに収まらない、第4の愛着タイプの存在が注目を集めている。**メイン**(Main, 1991)によれば、安定型はもちろん、回避

型は養育者に対する愛着シグナルを一貫して抑えこもうとする点で，またアンビヴァレント型は愛着シグナルを最大限に表出し，愛着対象を常時自分のもとに置いておこうとする点でいずれも整合的かつ組織化された（organized）愛着であると考えることができる。しかし，こうした行動の一貫性を著しく欠いた子どもも一定割合存在するのだという。より具体的には，顔をそむけた状態で親に近づこうとしたり，再会の際に親にしがみついたかと思うとすぐに床に倒れ込みそのまま顔を上げなかったり，親の存在そのものに対して突然すくみ固まってしまったりするといった不可解な行動，換言するならば，近接と回避の間のどっちつかずの状態にありつづけるような子どもがいるというのである。こうした子どもは，個々の行動が全体的に秩序立っていない（disorganized）あるいは何をしようとするのかその行動の方向性が定まっていない（disoriented）という意味で，**無秩序・無方向型**とよばれている。これまでのところ，近親者の死など，心的外傷から十分に抜けきっていない養育者や**抑うつ**傾向の高い養育者の子どもに，また日ごろから**虐待**されているような子どもに多くみられるという指摘がなされており，現在，臨床的な視点からも多大な関心が寄せられている（数井・遠藤，2005；2007）。

なお，愛着の個人差の規定因として気質を含めた遺伝要因の関与を考える向きもあるが，近年の**行動遺伝学**的研究からは，愛着に関しては遺伝要因よりも環境要因の影響力が相対的に強いことが明らかになっている（Bokhorst, et al., 2003）。

4 生涯発達過程における愛着の意味

先述したようにボウルビィは，乳幼児期の愛着に基礎を置く内的作業モデルが，生涯にわたる対人関係やパーソナリティの連続性を支えると仮定していた。こうした仮定は果たしてどれだけ妥当なものといえるのだろうか。

これまでの研究はおおむね，乳幼児期における愛着の個人差が，その後の各発達ステージにおける社会的行動や適応性あるいは人格特性などを一定程度予測するという結果を得ているようである（Goldberg, 2000）。また，20年以上にわたる長期縦断研究のいくつかは，ストレンジ・シチュエーション法による乳児期の愛着分類と**成人愛着面接**（adult attachment interview）

(Main & Goldwyn, 1984）による成人期の愛着分類とが有意に理論的に想定されるとおりの合致を示すことを明らかにしている。ちなみに成人愛着面接とは成人に自らの過去の親子関係の特質を問う面接であるが，なにを話したかよりもいかに話したかを重視し，その分析をとおして記憶のなかにある養育者像への表象的な近接のありかたを4タイプに分類するものである（乳児期の回避型に相当する**愛着軽視型**・安定型に相当する**自律安定型**・アンビバレント型に相当する**とらわれ型**・無秩序型に相当する**未解決型**）（Hesse, 1999）。さらに養育者自身の愛着がその子どもの愛着にいかなる影響を及ぼすかという愛着の世代間伝達に関しても数多くの研究が行われ，養育者の成人愛着面接等による表象レベルの愛着分類がその子どもの行動レベルの愛着分類を有意に予測するという結果も得られている（数井ら，2000；van Ijzendorrn, 1995）。

このように概してボウルビィの仮定は一定の支持を得ているわけであるが，それはあくまでも統計的に有意であることを示すものにすぎず，なかには当然，現に不連続性を示すケースがあることを度外視してはなるまい。現在の愛着研究は，こうした不連続性が乳幼児期以降のいかなる要因によって生じうるのかについての精細な解明を主要課題のひとつとして掲げているようである（数井・遠藤，2007）。

文 献

Ainsworth, M. D. S., Blehar, M. C., Waters, E., & Wall, S. (1978) *Patterns of attachment: A psychological study of the Strange Situation*. Erlbaum.

Bokhorst, C. L., Bakermans-Kranenburg, M. J., Fearon, R. M. P., van Ijzendoorn, M. H., Fonagy, P., & Schuengel, C. (2003) The importance of shared environment in mother-infant attachment security: A behavioral genetic study. *Child Development*, 74, 1769-1782.

Bowlby, J. (1969) *Attachment and Loss: Vol. 1, Attachment*. Basic Books.

Bowlby, J. (1988) *A secure base: Parent-child attachment and healthy human development*. Basic Books.

Goldberg, S. (2000) *Attachment and development*. Arnold.

Hesse, E. (1999) The Adult Attachment Interview: Historical and current perspectives. In J. Cassidy & P. R. Shaver (Eds.), *Handbook of attachment* (pp. 395-433). Guilford Press.

数井みゆき・遠藤利彦（編）(2005) アタッチメント：生涯にわたる絆. ミネルヴァ書房.

数井みゆき・遠藤利彦（編）(2007) アタッチメントと臨床領域. ミネルヴァ書房.

数井みゆき・遠藤利彦・田中亜希子・坂上裕子・菅沼真樹 (2000) 日本人母子における愛着の世代間伝達. 教育心理学研究, 8, 323-332.

Main, M. (1991) Metacognitive knowledge, metacognitive monitoring, and singular (coherent) vs. multiple (incoherent) models of attachment: Findings and directions for future research. In C. M. Parkes, J. Stevenson-Hinde, & P. Marris (Eds.), *Attachment across the life cycle* (pp. 127-159). Routledge.

Main, M. & Goldwyn, R. (1984) *Adult attachment scoring and classification* system. Unpublished manuscript, University of California, Berkeley.

van Ijzendoorn, M. H. (1995) Adult attachment representations, parental responsiveness and infant attachment: A meta-analysis on the predictive validity of the Adult Attachment interview. *Psychological Bulletin*, 117, 387-403.

4章 幼児期

中澤　潤

❶ 幼児という時期

　幼児期は2歳前後から小学校就学までの時期をいう。この時期は人としての基礎が形成される時期である。すなわち，直立二足歩行の開始に引きつづく多様な運動機能の向上，他者との意思の相互コミュニケーションを可能にする語彙の急増や文法の習得，また思考や問題解決を可能にする認知機能の大きな発達がみられる。同時にこれら諸側面の発達を基礎に，社会的な側面においても依存から自立への歩みが展開する。

1.1　幼児期の発達の基盤にある生物学的特徴
(1) 大脳の発達
　大脳のシナプスは乳児期に急増し幼児期になると減少していく。たとえば後頭野の**シナプス**数は4～8か月頃にピーク（成人期の150パーセント以上）となり，その後減少する（Nelson, Thomas, & de Haan, 2006：図4-1）。環境からの刺激入力が少ない回路は次第に減少していく（この減少は**刈り込み**とよばれる，第2章幹参照）が，環境からの刺激により活性化される回路は保持されカプセル化する。これが，脳の各領域が特定の機能をもつようになるメカニズムと考えられている。

　大脳皮質の機能単位は「**モジュール**（module）」とよばれる。発達認知神

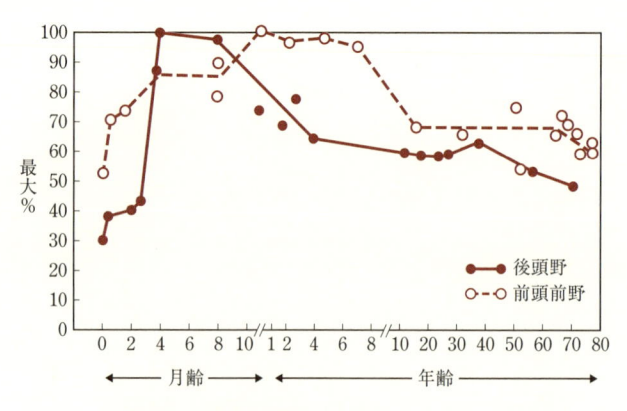

図4-1 後頭野と前頭前野におけるシナプスの増減
(Nelson, Thomas, & de Haan, 2006)

経科学ではこの神経学的モジュール（脳の構造単位）に認知的モジュール（脳が分化的に機能することの仮説的構成体）を当てはめようとしてきた。**フォーダー**（Foder, 1983）は，人の心は「**変換器**（transducer）」（外界の感覚情報を処理する器官で，外界情報を知覚システムが処理できるようにフォーマットする），「**入力系**（input system）」（認知の開始であり，刺激情報を処理し，中央処理の高次思考過程へ外界の表象を送る），「**中央処理装置**（central system）」（プランニング，問題解決，抽象思考のような高次認知機能を司る）からなるとし，入力系をモジュールとみた。入力系の特徴は，領域固有で（特定の刺激のみを入力し処理する），カプセル化され（各モジュールは独立し，他のモジュールとは遮蔽され独自の課題に独自の方法で機能する），強制的で（その処理は自動的に生じ，意識による統制は受けない），極めて急速な処理がなされることである。フォーダー（Foder, 1983）は，認知的モジュールを進化の過程で獲得された生得的なものとする。

フォーダー（Foder, 1983）のこの主張に対し，カーミロフ＝スミス（Kermiloff-Smith, 1992）は認知的モジュールという考えは認めるものの，それは生得的なものではなく発達の所産であり，子どもが環境と相互作用することにより，特定の神経構造やモジュールが構成されるとする。

ライリーら（Reilly, Bates, & Marchman, 1998）は，生後6か月以前に生

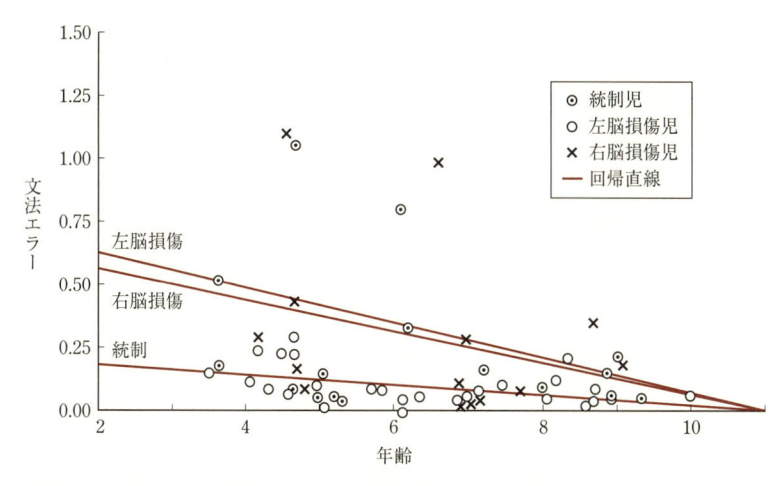

図 4-2 各個人の 1 命題（1 つの動詞を単位とする叙述）当たりの文法エラー（Reilly, Bates, & Marchman, 1998）

じた半球の損傷をもつ 3〜9 歳（平均 6 歳）の子（右脳損傷 13 名，左脳損傷 18 名）と健常児（31 名）の，絵本のストーリーの叙述を分析した。脳障害児は健常児より文法や叙述スキルで幾らかの遅れがあったが，同時に発達の明瞭な影響があった。例えば，図 4-2 は個々の子どもの叙述のなかの文法エラーを示したものである。3 つの群の回帰直線は左から右に下がっており，どの群でも年齢があがるにつれてエラーが減少する。4 歳頃では健常児と右脳損傷児，左脳損傷児に大きな差があるが，6 歳までにその差は狭まり，9 歳ではほぼその差がなくなっている。大人の言語処理の中枢とされる左半球の損傷をもつ子も十分な言語発達を示したことは，必要なら脳の他の部分が言語を処理できるということである。これは，生得的な言語処理モジュール領域が使えない場合，言語的刺激を与える環境との相互作用をとおして他の領域に新たなモジュールを作ることができるという可塑性を脳がもつことを示すもので，カーミロフ＝スミス（Kermiloff-Smith, 1992）の主張を支持している。なお，**幼児期の言語発達**については枝（[言語] 話し言葉）を参照されたい。

　幼児期は思考や問題解決能力が著しく発達する時期である。それを支えて

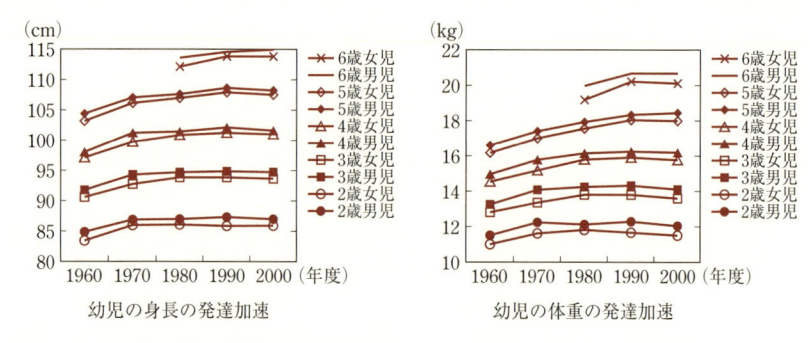

図 4-3　幼児期の身体発達とその時代差（厚生労働省，2001 より作成）

いるのが，大脳の前頭前野の発達である。前頭前野ではシナプス数が 12～18 か月頃にピークとなり幼児期・児童期をとおして維持され，その後減少する（図 4-1）。前頭前野に関連した認知機能は，作業記憶，プランニングや活動の系列的実行，反応の抑制制御能力である。

(2) 身体・運動発達

　幼児期は身体的な発達が著しい。日本の幼児の 2 歳から 6 歳にかけての身体発達をみると，年に身長では約 7 センチメートル，体重では約 2 キログラム増加していく。この幼児期の身体発達には**発達加速現象**が見いだされてきたが，近年ではほぼ終息が見られる（厚生労働省，2001：図 4-3）。
　身体的発達に伴い筋力も発達し，多様な運動が可能となる。幼児期にはまず**粗大運動**が発達し，2 歳ごろには走ることができはじめ，3 歳で走る動きが完成する。また 3 歳では片足跳びなどの跳躍運動が始まる。こうした粗大運動に続き，**微細運動**が発達し，4～5 歳にかけ手指の巧緻性が発達し，箸やクレヨンの使用や，ボール投げが可能になる。また 4～5 歳では平衡感覚（平均台渡りや自転車乗り），柔軟性（前転），協応性（ボールのキャッチやキック）が発達し，5 歳を過ぎると持久力も高まり，鬼ごっこ，ドッジボールなどをかなりの時間持続的に行えるようになる。
　身体・運動の発達や自己意識の成立を基盤とし，保護者の援助をとおして，幼児は**基本的生活習慣**を確立し，**身辺自立**を獲得していく（本章の枝［身

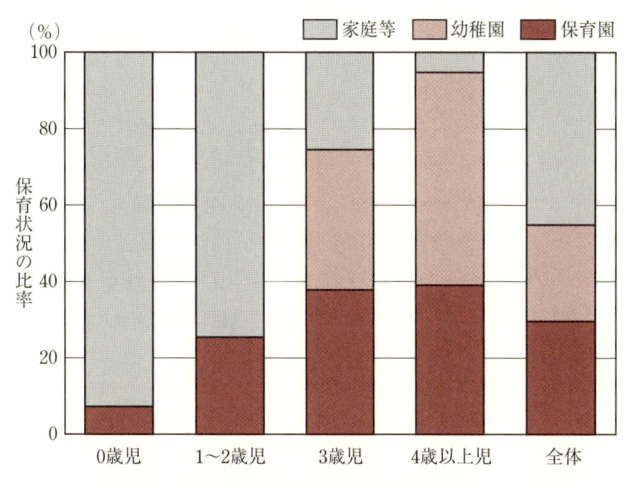

図 4-4　就学前児の保育状況（逆井，2007）
保育所入所児童数は福祉行政報告例（概数）による。【厚生労働省（2006 年 4 月 1 日現在）】幼稚園在園児童数は学校基本調査による。【文部科学省（2006 年 5 月 1 日現在）】就学前児童数は国勢調査（0〜5 歳児人口）による。【総務省統計局（2005 年 10 月 1 日現在）】

体］身辺の自立参照）。

1.2　家庭から社会へ：幼児期の社会文化的特徴

　幼児期の大きな特徴は，**家庭から社会へ**と踏みだす点にある。乳児が主に家庭内で養育されるのに対し，幼児期になると保育所や幼稚園への通園が開始される。2006 年の家庭保育の割合は 0 歳児 92.6 パーセント，1・2 歳児 74.5 パーセント，3 歳児 25.0 パーセント，4 歳以上児 5.1 パーセントと年齢が上がるにつれ低下し（逆井，2007：図 4-4），幼児は家庭内での保護者からの庇護を離れ，ほかの子との関係のなかに入ることになる。そこでは，個別の家庭の文化から仲間や園の文化への移行やその受容が行われる。

　日本の幼児は家庭では甘えがちでわがままであるのに，園という集団の場では良い子となり適切にふるまう。ピーク（Peak, 1991）は，家庭から園への**環境移行**の過程で，どのように日本の幼児は集団生活での態度や規律を獲得していくのかを観察した。それによると，まず，親は入園前に園への良い

イメージを与え，幼児は幼稚園に大きな期待をもつ。そして入園式により，新しい発達の段階に入ったことが幼児自身にも自覚される（米国の幼稚園では一斉の入園式はない）。入園当初，保育者は，園が楽しく安心できる場であるようにするために，直接的な訓練や権威を用いて抑えることは可能な限り避け，モデリング，個別の援助，保育者の要求が達成されるまでクラス全体を待たせておくなど，間接的な指導により日課に慣れさせ，集団生活にふさわしい習慣や態度，規律の定着を図るのである。このような親や保育者の配慮により，幼児はわがままが自由に発揮できる家庭の文化とは異なり，「良い子」であることが求められる園の文化へと移行しそれを受容していく。

❷ 幼児の知的発達

2.1 構成主義による幼児期の認知発達
(1) ピアジェの認知発達理論

ピアジェ（Piaget, 1970）は，人を，活動を通して外界の認知・理解の枠組み（**シェマ**）を構成していく存在とみる（これを構成主義という）。認知発達とは，質的に異なる高次のシェマを獲得していくことであり，段階的に一定の方向に進展する。いったん高次のシェマを獲得すると認識はそれまでとは異なるものとなり，以前の認識のしかたにはもどれない（ピアジェについては第1章参照）。

ピアジェによれば，幼児期は**前操作的思考段階**にあたる。操作的思考とは，頭のなかで行われる論理操作をいい，前操作的思考段階はその前段階である。前操作的思考は，さらに**象徴的思考段階**と**直観的思考段階**に区別される。

象徴的思考段階（1歳半〜4歳ころ）では外界の事象をイメージや言語により保持し，活動や思考に利用するようになる。見立てやごっこ遊びはその例である。この段階の幼児はまだ経験が不十分であり，彼らのもつ概念は未熟なもので（これを**前概念**とよぶ），上位概念と下位概念の区別がなかったり，主観的な概念分けが行われたりする。またこの時期は自他の区別が明確ではなく自己中心的な思考が特徴である。**人工論**（世のなかのものはすべて人が作ったと考える），**生命論**（ものにはすべて生命や心があると考える），**実念論**（考えたことや夢でみたことは実在すると考える）などは，この時期

の未分化な思考の表れである。

直観的思考段階（4歳〜7・8歳ごろ）では，徐々に世界を概念化し理解できていくが，まだ自分の主観的な観点を離れることは難しい。その例が「**保存**」課題である。たとえば，同じ大きさの2つのコップに入れた同量の水の一方を，より細長いコップに入れると高さが高くなった方が多いと判断することがこの時期にみられる（Piaget & Szeminska, 1941）。目立ちやすい水の高さに注意が惹きつけられ，それによって判断がなされるためである。「保存」を成立させる「同一性（水を増やしたり減らしたりしていない）」「補償（高さは高くなったけど幅は細くなった）」「可逆性（元に戻せば同じになる）」による理由づけが可能となるのはその後の具体的操作期とよばれる段階に入ってからである。

認知発達のメカニズムは以下のように説明される。外部からの情報と自身がもつシェマが矛盾する場合，幼児は認知的葛藤を体験し，「**均衡化**」すなわち調和・バランスをとろうとする。均衡化のためにまず行われるのが，外部情報を自分のもつシェマに合わせて解釈し理解する「**同化**」である。たとえば，「医師は男で，看護師は女」というシェマをもつ子は，仲間の「僕のお母さんは医者だ」という発言を，友だちの母親は医者ではなく看護師であろうと解釈する。これが同化である。しかし，情報とシェマの間の矛盾・葛藤がさらに大きくなると自分のもつシェマを変えなければもはや理解できなくなる。こうした新たなシェマの獲得が「**調節**」である。先の例でいえば，実際に病気になったとき，友だちの母親が病院で治療してくれ，看護師さんに指示を出しているといった経験をすることで，「医師には男も女もいる」という新たなシェマを獲得することになる。調節による新しいシェマの獲得が，認知発達をもたらす。

(2) ヴィゴツキーの社会的構成主義理論

ヴィゴツキー（Vygotsky, 1934）は，認知発達とは文化の獲得であり，文化の体現者である大人との協同という社会的な過程をとおして構成されるとする。この立場は，社会的構成主義とよばれる。協同行為としての発達・学習過程は**発達の最近接領域**という概念により説明される。子どもは，課題を独力で解決できる限界（現時点での発達水準）と，その限界のうえに大人か

らヒントなどの援助を受けることにより解決できるレベル（潜在的な発達可能水準）をもつ。この発達可能水準の領域が「**最近接発達領域**（zone of proximal development；ZPD）」とよばれる。ヴィゴツキーは，発達・学習過程とは子どもの成熟しつつある領域に働きかけ，それによって発達可能水準を現時点の実際の発達水準へと変えること，それに伴いまた新たな発達可能水準が生まれることとする。大人が与える援助を「足場」（scaffold）とよぶ（Wood, Bruner, & Ross, 1976）。大人は子どもの発達を促す足場づくりを行い，子どもが独力で遂行が可能となると，足場を次第に外していく。幼児期は保護者や教師，さらに仲間との協同的な相互作用をとおして認知発達が大きく進む時期である。

2.2 情報処理による幼児期の認知発達
(1) ピアジェ再考の動き

ピアジェの認知発達理論は，幼児の認知発達研究の大きな位置を占め，その意義はいまなお失われてはいない。しかし，この間ピアジェの提唱した概念の発達時期の見なおしもなされてきた。たとえばゲルマン（Gelman, 1972）は缶で覆ったおもちゃのネズミ2匹と3匹のいずれか一方を当たりとし，シャッフルしては3～6歳児に当たりの缶を選ばせた。毎回の選択に当たり外れのフィードバックを与え，幼児が毎回当たりの方を選べるようになったときに，実験者はこっそり当たりの方のネズミの数を加えるか減らすか，あるいはネズミの配置を変えるかした。当たりと思う缶を開けたときの幼児の驚き反応を3段階で評定したところ，ネズミの配置の変化に出会った幼児に比べ，数の変化に出会った幼児は明らかに驚きが大きかった（表4-1）。これは幼児が何もしなければ数は同じであるという数の保存の基礎を認識していることを表している。

数の保存課題では，「どちらが多いですか，それとも同じですか」と尋ね，一方の列を変形した後に再度同じ質問をする。この方法についてシーガルら（Siegal, Waters, & Dinwiddy, 1988）は，変形後の2回目の質問は変形前の最初の質問とは違った回答を求められているのだと幼児に解釈され，反応を歪めるという。実際3～5歳児の数の保存課題で，変形後に1回だけ質問された子は，通常の変形前後に質問を繰り返される手つづきを与えられた子に

表 4-1 幼児の驚き反応評定の平均（3点満点）
（Gelman, 1972 より作成）

第1実験	おもちゃを取り除く	配置を変える
3歳児	1.44	0.25
4歳児	1.20	0.50
5歳児	1.75	0.50
第2実験	おもちゃを加える	配置を変える
3〜4歳児	1.50	0.31

比べ，保存反応をより多く示した。このように，ピアジェの課題は日常の文脈と関連をもたず，質問の理解など多様な能力が必要で，幼児の認知能力を過小評価することになるとされる。

またピアジェ理論では，ある認知発達段階にある子はどのような領域の課題にもその段階のレベルで答える普遍性をもつとされる。しかしチー（Chi, 1978）は子どもの認知機能は発達段階に縛られるのではなく，得意な領域で大人以上に伸ばすことも可能であるとする。たとえばチーとコースク（Chi & Koeske, 1983）は，恐竜に詳しい5歳児の恐竜の知識構造を分析し，肉食・草食といった食性により分類し，外見や防御メカニズム，生息地など多様な属性を付与していることを見いだしている。これらの研究から，個人の認知は**領域固有**（domain specific）の知識の集合から形成されているという見かたが一般的になっている。

(2) 幼児期の記憶

ワーキングメモリ　ワーキングメモリ（作業記憶 working memory）は，問題解決に用いる短期記憶をいう。感覚記憶から入る外界情報と長期記憶のなかにある情報を問題解決のために結合し，思考が行われる。幼児期を通して作業記憶容量は増大し，後述するように多様な思考課題の遂行を高める基礎となる。

記憶方略　方略（strategy）とは「認知的な目的を達成するための，意識的で統制可能な心的・行動的な活動である」（Schneider, 2004）。記憶方略には記銘時のリハーサル（記銘対象の復唱）や体制化（バラバラに提示された記銘対象を動物や果物など同じカテゴリーに属するものにまとめて憶える），

検索時の検索手がかりの使用（忘れものをした場所を思いだすためにその日行ったところを順に思いうかべる）などがある。3～4歳児は記憶方略を産出できず，与えられた方略を用いてもその効果がない**媒介欠如**（mediation deficiency）の段階，5歳児は同じく方略を産出できないが，教示や簡単な訓練により方略を用いることができ，有効な結果を得られる**産出欠如**（production deficiency）の段階にある。産出欠如は幼児の記憶容量が狭く，方略の生成と実行を一度に行うことが難しいことによると考えられる（Schneider, 2004）。さらに，それに続く幼児期後期や児童期前期に，自主的に方略を生成し実行するが，遂行が改善しない利用欠如（utilization deficiency）という段階があるという主張もある（Miller & Seier, 1994）。

事象記憶：自伝的記憶とスクリプト　**自伝的記憶**（autobiographical memory）は個人の生活体験のエピソード的記憶である。自己意識の確立，すなわち自己を感情をもち，思考し，行為する，他者とは異なる独立した存在であるという認識をもつことが，自伝的記憶に必要とされる（Howe & Courage, 1993）。3歳児は自分の体験を1事象あたり4語，6歳児は12語を使って伝え，幼児期をとおして聞き手が自分の体験を追体験できるよう，より詳細に語るようになる（Fivush & Haden, 1997）。私たちは3歳以降の自伝的記憶をもつが（Bauer, 2006），こうした叙述機能の発達がその背景のひとつと考えられる。

　反復的な日常事象体験をとおして構成される事象の一般的展開の知識（たとえば，園での昼食時の活動でなにがどのような順序で行われるか）を，**スクリプト**（script）とよぶ。3歳児も保育所での昼食時の活動のスクリプトをもち（Nelson, 1978），3歳から8歳にかけスクリプトはより詳細になり，選択肢を提示したり（ランチを食べるかなにかする，○○するときもある），条件を提示したり（もし○○だったときには，××する）して一般性や多様性を表現するようになる（Nelson & Gruendel, 1986）。園生活のスクリプトを作りあげた幼児にとり園生活はスムーズなものとなる。同時に園生活スクリプトから外れる遠足のような行事体験はユニークなものとして記憶されやすくなる（中澤ら，1993）。

メタ認知　**メタ記憶**（metamemory）とは，記憶過程を制御する役割を果たす認知機能である（Flavell, 1971）。現在では記憶を含めより広く認知活動

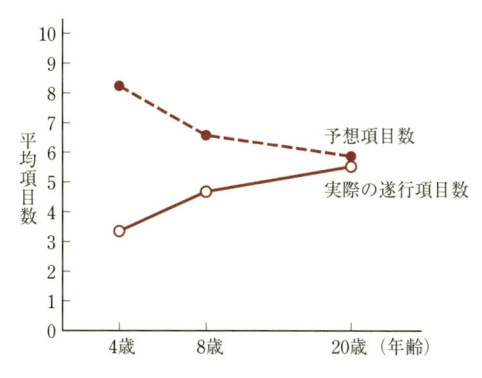

図4-5 各年齢群の予想と実際の遂行のズレ
（Yussen & Levy, 1975より作成）

を対象とする**メタ認知**（metacognition）としてとらえられている。メタ認知にはふたつの側面がある。ひとつは，メタ認知の知識，すなわち認知の遂行に影響する3つの要因，人（年齢，知能等），課題（記憶であれば再生か再認か，記憶材料の数や記憶するために利用できる時間等），方略（認知課題の遂行を促す方略）の知識である。もうひとつは認知課題遂行中の自己の遂行の**モニタリング**と**自己制御**である。幼児期から児童期にかけてメタ認知的知識は増えていく（Kreutzer, Leonard, & Flavell, 1975）。自己の記憶のモニタリング能力を検討したユッセンとレヴィ（Yussen & Levy, 1975）は子どもに自分の記憶スパンを予測させ，実測との差を示している（図4-5）。幼児は自分の記憶能力を過大評価しており，モニタリング能力に乏しいことがわかる。

(3) 幼児期の問題解決

作業記憶容量の増加　ケース（Case, 1978）は，ピアジェの示す発達段階の上昇は，ワーキングメモリの容量が増加しより多くの情報を作業記憶にとどめておけることにより，複雑な情報処理が可能となることによるという。

図4-6は個数の異なる水とジュースの入ったコップを混ぜあわせたとき，AとBどちらが味の濃いジュースを飲めるかを尋ねる課題である。この課題では，数えるという操作と得られた数情報を作業記憶にとどめることが重

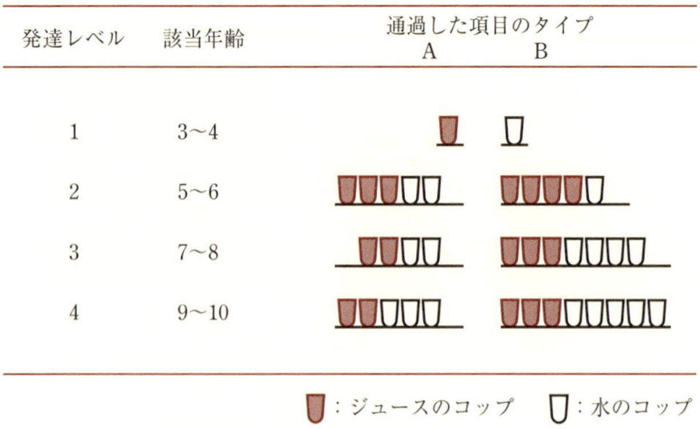

発達レベル	該当年齢	通過した項目のタイプ A	B
1	3~4		
2	5~6		
3	7~8		
4	9~10		

▊：ジュースのコップ　▯：水のコップ

図4-6　ジュース課題（Case, 1978）

要となる。

　3~4歳児はジュースの有無にしか注目しない。したがって、一方のみにジュースがある場合は解けるが、その他の場合は解けない（課題を解くために作業記憶にとどめておく必要のある最大の記憶単位数は「A（あるいはB）のジュースの数」の情報1個）。5~6歳児は、A・Bそれぞれのジュースの数にのみ注意し、多い方が濃いという。このとき、水の数には注意しない（最大の記憶単位数は「Aのジュースの数」、「Bのジュースの数」の2個）。7~8歳児はジュースだけでなく、水の数にも注意し、ジュースの数が水より多い方を濃いという。しかしA・B両方ともジュースが水より多い場合や、少ない場合はわからなくなる（最大の記憶単位数は、「Aではジュースと水のどちらが多いか」、「Bのジュースの数」、「Bの水の数」の3個）。9~10歳児はA・Bそれぞれのジュースの数と水の数の差をもとに選ぶ。しかし、比率が必要な問題は解けない（最大の記憶単位数は、「Aではジュースと水のどちらが多いか」、「Aのジュースと水は何個違うか」、「Bのジュースの数」、「Bの水の数」ないし「Aではジュースと水のどちらが多いか」、「Aのジュースと水は何個違うか」、「Bではジュースと水のどちらが多いか」、「Bのジュースと水は何個違うか」の4個）。

　ケイス（Case, 1984）は、発達につれ**作業記憶容量**が増加するようにみえるのは、実質的な容量が拡大するのではなく、習熟により操作が自動化し操

作スペースが減少することで,容量に余裕が生まれることによると考えている。実際ケイスら（Case, Kurland, & Goldberg, 1982）は3〜6歳児で数の記憶範囲とテープで聞かされた数字をすぐ繰りかえして言うまでの速度が直線的な負の相関をもつこと,すなわち多く記憶できる（貯蔵スペースが大きい）幼児ほど,数字を言いかえす速度は速い（操作スペースは小さい）ことを示している。

方略の発達　シーグラー（Siegler, 1976）は,認知発達をより複雑な方略が形成され使用される過程として説明する。子どもは一定の**方略**（ルール）をもち,それを用いて問題解決に当たる。そのルールは子どもが課題のなかのどこに注目し情報を取りいれるか,すなわちなにを符号化するかによるとする。

彼は子どものルールの発達を天秤課題により明らかにした。天秤におもりをのせ,どちらが下がるか,釣りあうかを尋ねる。この課題では,左右のおもりの数と支点からの距離のふたつの次元の符号化が必要である。符号化の特徴により,以下4種のルールが想定される。

ルールⅠ：おもりの数のみの符号化に基づく判断で,おもりの多い方が下がり,同じときは釣りあうとする。

ルールⅡ：おもりの数が違うときは,多い方が下がる。しかし,おもりの数が同じときには,支点からの距離を判断に入れ,遠い方が下がり,同じときは釣りあうとする。

ルールⅢ：おもりの数と距離の双方を符号化し,双方の次元が等しければ釣りあうとし,一方の次元が等しければ他方の次元で判断。しかし,一方がおもりの数が多く,他方が支点からの距離が遠い場合は判断基準をもたない。

ルールⅣ：おもりの数と距離の双方を符号化し,数と距離の乗算により判断。

シーグラー（Siegler, 1976）は,実際子どもがこのようなルールをもっているかを明らかにするために,表4-2に示す6つのタイプの課題を設定した。これらの課題では上記の各ルールを使うと,表4-2のルール欄の理論値が予測される。実際にこの天秤課題の判断を5〜17歳児に求めたところ,正答率は表4-2の年齢欄の結果となった。理論値と実際の値を比較するとよく対応しており,5〜6歳児はルールⅠ,9〜10歳児はルールⅡ,13〜14歳児はル

表4-2 天秤課題における問題，予測値，実測値（Siegler, 1976より作成）

問題タイプ	ルール（予測値）				年齢（実測値）			
	I	II	III	IV	5〜6歳	9〜10歳	13〜14歳	16〜17歳
バランス	100	100	100	100	94	99	99	100
重さ	100	100	100	100	88	98	98	98
距離	0（「釣り合う」と反応）	100	100	100	9	78	87	95
葛藤-重さ	100	100	33（チャンスレベルの反応）	100	86	79	53	51
葛藤-距離	0（右へ傾くと反応）	0（右へ傾くと反応）	33（チャンスレベルの反応）	100	11	32	48	50
葛藤-バランス	0（右へ傾くと反応）	0（右へ傾くと反応）	33（チャンスレベルの反応）	100	7	17	26	40

ールIIIを使っていることがうかがわれる。ただし，16〜17歳児でもルールIVを完全に示すには至っていない。

　幼児期のルールの出現をみるために，シーグラー（Siegler, 1978）では，3〜5歳児を対象とした。3歳児はルールを用いない（すべての課題でチャンスレベルの反応となるため，正答率の予測は33パーセント），4歳児はルールIを使う者とランダムな反応をする者が半数ずつ（ルールIをすべての課題で用いると，バランス，重さ，葛藤-重さの3つで正答するが，他の3つでは誤答となるので予測正答率は50パーセント。ランダムの場合33パーセントであるので，全体として正答率の予測は42パーセント），5歳児は全員がルールIを用いる（50パーセントを予測）ことを予想した。実際に天秤課題を行ったところ，正答率は3歳児（34パーセント），4歳児（44パーセント），5歳児（49パーセント）と，予想とよく一致しており，5歳になるとルールIを用いるようになるとしている。

　さらに，符号化を検討するため，3歳児と4歳児におもりのついた天秤を15秒見せてから隠し，別の天秤にそれと同じようにおもりをつけさせる再生課題を行った。おもりの数が正しかったのは3歳児で35パーセント，4歳児で73パーセント，支点からの距離が正しかったのは3歳児も4歳児も10パーセント以下だった。4歳児は距離には注意できないが，数をある程度

重視しつつあるといえる（Siegler, 1978）。シーグラー（Siegler, 1986）は符号化とルールは循環的に働き認知発達を進めるとする。はじめは符号化とルールは釣りあっているが，子どもがそれまで見のがしていた課題の特徴を符号化し始め，それが子どもの学習能力を高めることになり，より高度なルールの学習を容易にするのである。

シーグラーとジェンキンス（Siegler & Jenkins, 1989）は，単純な計算問題の解決に用いられる方略の出現を検討した。彼らは，1から5までの数の加算問題を週3回11週間与え，その過程でいつどのように幼児がmin方略（例えば3+5のとき，「6, 7, 8」というように，より大きい加数（この場合は5）をもとにして，そこからより小さい加数分（この場合3）を数えあげる方略）を発見するかを観察した。min方略の発見の時期は個人差が大きいが（早くて実験開始後2セッションめ，遅くて30セッションめ），min方略発見の試行とその直前の試行の回答時間は他の試行に比べ長い傾向にあり，認知的活動が活性化していたことを示した。また，幼児は発見した方略を使いつづけるわけではない（min方略発見後の5セッションの12パーセントしかそれを使わなかった）。しかし，10よりも大きな加数を含む2+23のようなより難しい問題が与えられるようになると，min方略の使用は60パーセントへと急増した。このように，新しい方略の有効性が高い問題に直面することが，方略の置きかわりに重要であった。

これらの研究を踏まえ，シーグラー（Siegler, 1996）は子どもの問題解決に用いるルール（方略）は発達につれ質的に変化していくというよりも，子どもは幾つかの方略を重複的にもっており，発達につれそれらの相対的な使用頻度が波のように変化するとする（overlapping wave model：図4-7）。

論理的推論 具体的な事柄による推論はピアジェの具体的操作期に入る6歳ごろ，科学的・抽象的な論理的推論はさらにその後の形式的操作期に入る11～12歳までできないとされてきた（Inhelder & Piaget, 1958）。しかし，幼児になじみのある材料や設定を用いた**生態学的妥当性**の高い課題の設定により，幼児が論理的推論能力をもつことが確認されている。

演繹推論は前提を踏まえ（前提が現実と一致しているか否かにかかわらず）結論を論理的に導きだすことをいう。たとえば3段論法課題「すべての猫は吠えます」「レックスは猫です」「レックスは吠えますか？」の場合，幼児は

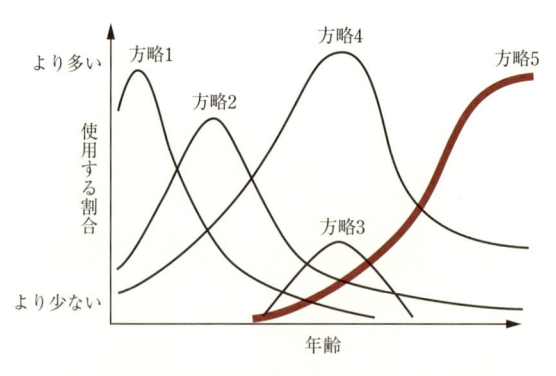

図 4-7 認知発達における重複的な方略の出現図式
（Siegler, 1996）太線は最も進んだ方略

　経験に縛られる**経験的バイアス**をもち，経験とは異なる**反事実的前提**による演繹推論ができない。ディアスとハリス（Dias & Harris, 1988）は 5 歳児と 6 歳児に，上記のような反事実的前提にもとづく演繹推論と，事実的前提にもとづく演繹推論（「すべての猫はニャーと鳴きます」，「レックスは猫です」，「レックスはニャーと鳴きますか？」），および幼児の知らない事実を前提とする推論（「すべてのハイエナは笑います」，「レックスはハイエナです」，「レックスは笑いますか？」）を行った。このとき半数の子どもには猫やハイエナのおもちゃを使い吠えたり笑ったりする「遊び」モードで，残り半数の子には「遊び」の要素がなく単に口頭で課題を与えた。その結果，口頭で与えられた場合は事実的前提にもとづく演繹推論課題のみしかできなかったが，遊びモードではどの課題でもよくできた。さらに 4 歳と 6 歳児の一方の群には反事実的推論課題を単に口頭で（言語群），他方の群にははじめに「他の星にいるってことにしましょう」といい，お話を語るような芝居がかったイントネーションをつけて（遊び群）行った。その結果，4 歳児でも 6 歳児でも遊び群の正答率が高かった（図 4-8）。現実の制約を離れることのできる遊びのなかで幼児は自由に思考を展開させることができ，それが認知発達を促しているといえる。
　ところで，演繹推論が可能となるには，前提をはじめ複数の情報を作業記

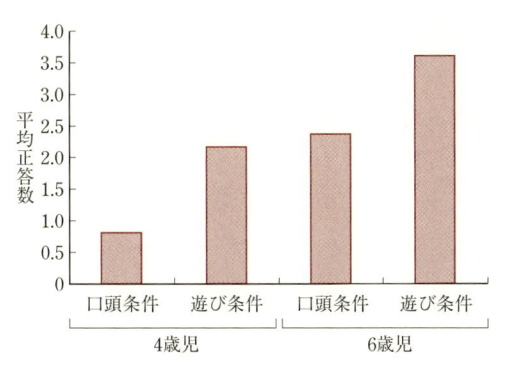

図 4-8　論理的回答数（正答数）（Dias & Harris, 1988）
最大値＝ 4

憶の中にとどめ判断しなければならない。実際，**作業記憶容量**が大きいほど演繹推論の成績はよい。また反事実的前提の推論の場合，経験的バイアス（猫はニャーと鳴く）という事実の知識を抑制し，「猫は吠える」という前提で推論することが必要となる。このような**抑制制御**の能力は，幼児の演繹推論の成績と関連している（中道，2007）。

2.3　幼児期の認知発達をめぐって
(1) 素朴理論

人は生得的に因果に注目する**因果バイアス**（causal bias）を備えており（Goswami, 1998），幼児もどのような出来事もなんらかの原因によって引きおこされると仮定する傾向が強い（因果決定主義）（Wellman & Gelman, 1998）。幼児の因果的体系を求めるこのような特徴が反映されたものが**素朴理論**（naïve theory）である。素朴理論とは世界に対する一貫した因果的な知識体系であり，それを根拠とする予測や解釈が可能となることから，「理論」とよばれる。しかし，それは科学的・事象的な検証をとおして確立された科学理論ではなく，限定的な認知能力や体験をとおして素朴に作りあげられたものである。

素朴理論の研究は，**素朴物理学**（物体の運動など私たちを取りまく物理的

世界の認識)，**素朴心理学**（人の心や行動の認識)，**素朴生物学**（人と他の生物の生命維持機能の認識）という3つの領域で研究が展開されている。素朴物理学は**馴化-脱馴化法**のような実験手法（第1章参照）を用いて乳児を対象に多くの研究が展開され（Baillargeon, Needham, & De Vos, 1992; Spelke, 1991)，乳児でさえ物理的に支えられていないものは落下するなどの認識をもつことが示されている。このような認識を発達初期からもつことは3次元の物理的世界に生きる人間にとってその生存に有効に働く。素朴心理学は**心の理論**研究として最も大きく発展してきている。群れの中で養育され，その発達に他者との関わりを必須とする人間にとって，人の心の理解も生存に重要である。心の理論についての詳細は本章の枝（[認知］心の理論）に詳しい。また素朴生物学はケアリー（Carey, 1985)，稲垣と波多野（Inagaki & Hatano, 2002）を中心に切りひらかれてきた領域である。素朴生物学は私たちの生命の維持に直接関わる知識であり，発達初期に生物と無生物の区別や病気や栄養の因果的認識をもつことは生存価を高める。

(2) 素朴生物学

　5歳までに幼児は生物学の素朴理論をもち，それは幼児に身近である人間のアナロジーから構成され，幼児は生命現象を生気論（活力やエネルギー）で説明する（Inagaki & Hatano, 2002)。稲垣と波多野（Inagaki & Hatano, 1996）は，幼児が生物と人工物とを区別していることを示している。4・5歳児に動物（例：ひよこ)，植物（例：双葉)，人工物（例：コーヒーコップ）の絵を見せ，その絵の数時間および数年（数か月）後の絵をふたつの絵から選ぶよう求めた（ひよこの場合は，もとと同じ大きさのひよこ（S）か，大きな鶏（L）；双葉の場合は，もとと同じ大きさの双葉（S）か，大きい花が咲いたひまわり（L）；コーヒーカップの場合は，もとと同じ大きさのコーヒーカップ（S）か，大きいコーヒーカップ（L))。数時間後も数年後も小さい方の絵を選んだ者をSS（人工物ではこれが正答)，数時間後は小さい方数年後は大きい方の絵を選んだ者をSL（動物と植物ではこれが正答)，数時間後も数年後も大きい方の絵を選んだ者をLL，数時間後は大きい方数年後は小さい方の絵を選んだ者をLSとし，その出現数を見ると4・5歳児ともに動物と植物にはSL反応が多く，人工物にはSS反応が多かった（この

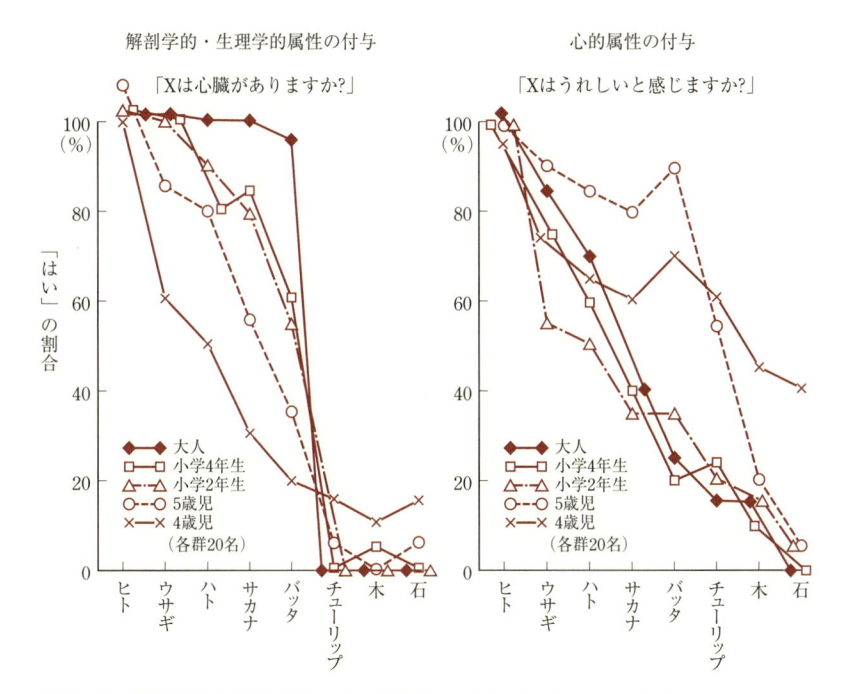

図 4-9　属性付与の発達パターンの例（Inagaki & Sugiyama, 1988）

　正答反応の割合は5歳児で76パーセント，4歳児で57パーセント）。幼児は生物と人工物を区別し，人工物はときを経ても変化しないが，動物と植物は時間が経つと大きくなると認識しており，その認識は4歳児より5歳児が高い。

　また稲垣と杉山（Inagaki & Sugiyama, 1988）は生物の属性を幼児が人間のアナロジーにより理解していることを示した。4歳児，5歳児，小学2年，小学4年および大人（大学生）に，「対象Xには属性Yがあるか？」を尋ねた。属性は解剖学的・生理学的属性（例：Xに心臓がありますか？），心理的属性（例：Xはうれしいと感じますか？），観察可能な属性（例：Xは目がありますか？）の3種であった。観察可能な属性はどの年齢でも正答は高かった。対象Xを人との進化的類似性の順に並べてその属性があるとしたもの（イエス反応）の割合を図4-9に示す。解剖学的・生理的属性では大人は動物と植物以下の間に大きなギャップがあり，それらの間を明確に区別し

ており,カテゴリーに基づく判断をしていた。一方4歳児や5歳児のイエス反応の割合はヒトとの進化的類似性が遠くなるに従い徐々に低下しており,彼らが人間との類似性に基づき属性付与を行っていることが示された。心的属性ではどの年齢でも徐々に低下しており,学校の生物学では教えられない心的属性については,大人であってもバッタやチューリップに心を付与する者もいる。この結果は,幼児が人間との類似性に基づく生物概念を持っており,その後より体系化された動物概念へと変化していくことを示している。この人間との類似性に基づく判断(**擬人化**と呼ばれる)により,幼児は動物と植物の共通性を捉えられ,それに基づき生物学的知識を拡張できるのである。

人間の身体機能の働きをどう考えるかも,また素朴生物学が検討している領域である。身体機能については,**意図的因果**(意図により身体現象が引き起こされるとする考え)から,**機械的因果**(生理学的メカニズムにより身体現象が引き起こされるとする考え)への発達が想定されていた(Carey, 1985)。しかし,稲垣・波多野(Inagaki & Hatano, 1993)は,これとは異なる,**生気論的因**果すなわち,身体や臓器には活動を引き起こし持続させる力(生気)があり,それにより身体現象が引き起こされると考える時期があるとした。6歳児,8歳児と大学生に「私たちが,毎日食べ物を食べるのは,どうしてだと思いますか」と尋ね,「私たちが,おいしい食べ物を食べたいから(意図的)」,「お腹が食べ物から元気が出る力をとるため(生気論的)」,「胃や腸の中で,食べ物の形を変えて体に取り入れるため(機械的)」の3つから適切と思う答えを選ばせた。意図的因果の選択は発達につれ低下し,逆に機械的因果の選択は発達につれ増加した。生気論は6歳児で54パーセント,8歳児で34パーセントと幼児期に特徴的な説明概念であることが見いだされた。生気論的説明は,生物学的現象の説明に特有なものであり(Inagaki & Hatano, 2002),素朴生物学における基本的な推論形式なのである。

(3) 素朴理論と制約

発達初期の乳幼児が素朴理論を構成する背景には,それを支える機能をもつことが推察される。それが**制約**(constraint)である。制約とは対象のどこに注意し符号化するのか,何を記憶にとどめるのかなど私たちの認知機能

を一定の方向に制限し，それ以外の側面の情報は処理しないようにさせる枠組みをいう。制約により，発達の幅や方向は限定されるが，逆に限定された情報のみを効率的に処理することができる。発達初期の制約は，生存に必要な環境情報の処理，それにもとづく知識体系（理論）の構成，その理論にもとづく行動の予想や制御を可能とし，それが個体の生存可能性を高めると考えられる。稲垣と波多野（Inagaki & Hatano, 2002）は制約として3つをあげている。第1は生得的制約であり，生物学的に組みこまれているものである。たとえば，乳児期の物理的世界の認識や乳児後期から幼児期初期における言語発達（Newport, 1990）は，生得的な制約によるものと考えられる。第2の制約はある領域における先行知識である。チー（Chi, 1978）にみられるように，子どもでさえ領域固有の知識を大人以上にもつことができる。理論は領域（物理学，心理学，生物学といった）のなかで展開するものであり，ある領域での豊富な知識はその領域における理論構成に有効に働くであろう。第3は社会文化的制約である。子どもや養育者が所属する社会文化は，養育者との相互作用を媒介として，子どもの認知や思考に一定の方向づけを与える（ヴィゴツキー，1934/2001）。

❸ 幼児の自我発達と幼児楽観主義

3.1 自己概念

　乳児期までの身体的な自己や鏡映像を通した自己の把握を超え，幼児期は自己理解を進めていく時期である。幼児期の自己概念を検討したデーモンとハート（Damon & Hart, 1988）は，幼児が自己を，身体（僕の目は青い），活動（僕はとっても速く走れる），社会（きょうだいがいる），心理（僕はとっても幸せ），好み（ピザが好き）や所有物（オレンジ色の猫とテレビが部屋にある）など多様なカテゴリーからとらえていることを報告している。特に，その叙述は具体的で自己概念が行動と結びついている。

　この時期の自己評価は極めてポジティブである。たとえば，5歳児は自分について述べる場合，否定語を用いず，肯定的な語（やさしい，いい子など）のみを用いて自己を述べる（佐久間・遠藤・無藤，2000）。同様の結果は多くの調査にみられる（Bjorklund, Gaultney, & Green, 1993; Stipeck,

1984)。このような幼児の肯定的自己評価や万能観は，以下のような多様な要因に由来すると考えられる（Bjorklund, 2000; Harter, 2006）。

①幼児の認知能力の乏しさによる。メタ認知能力に乏しく，自己の状況を適切に把握できない（Yussen & Levy, 1975）。

②幼児は願望と実際のコンピテンスを区別することが難しく，理想自己と現実自己を別のものとして形成できない。そのため，自己評価は理想や望ましい自己概念と融合しポジティブになる。スティペック（Stipeck, 1984）はこれを**願望的思考**（wishful thinking）とよんだが，これはピアジェ（Piaget, 1926）の「魔術的思考（思考と物質的世界を混同し，そこに因果関係を想定する）」やフロイト（Frued, 1939）のナルシシズムに由来する「思考の全能性」とつながる。

③幼児はある概念（自分の遂行）と他の概念（他者の遂行）を関連づける能力に乏しく，自己評価のために他者との能力比較ができない（Ruble & Dweck, 1995）。

④幼児は視点取得能力に乏しく，他者による自己への評価を自己評価に組みいれることができない（Harter, 1999）。

⑤幼児は課題の遂行を楽しむことに関心があり，結果に関心がない。したがって，課題を行うこと自体で成功感・達成感を得，評価がポジティブになる（Stipeck, 1984）。

⑥幼児は，対照的な特性（たとえば良い面と悪い面，ポジティブな感情とネガティブな感情）が自分のなかに同時にあることを把握できず，全か無かの思考様式をもつ（Fisher et al., 1984）。幼児に周囲の大人は援助的で賞賛するように接するため，自己認識はポジティブになる。感情では肯定感情が述べられ（いつも楽しい），ネガティブ感情は否定されがちである（僕は怖いことなんかない）。

3.2 幼児楽観主義の意味

このように幼児は今の自分の姿を肯定的にとらえるバイアスをもっている。また自己の現状だけではなく，発達する事や自己の将来にも強い肯定感をもっている。たとえば，幼児は年長者に比べ，今できないことも将来大きくなるとできるようになり，不適切な性格特性も将来は適切なものになり，今良

くない生物学的,遺伝的特性も大人になるとよりよいものになると考える(Lockhart, Chang, & Story, 2002；中島・稲垣, 2007)。

このような**幼児楽観主義**(young children's optimism)と名づけられる非現実的な自己の現状への肯定観・万能観や将来への楽観主義にはどのような意味があるのだろうか。前述のように幼児楽観主義は幼児の多様な認知発達の制約に由来するものであるが,それは逆に,幼児の発達を促す機能があると進化心理学からは考えられる(Bjorklund & Green, 1992; Bjorklund & Pellegrini, 2002)。

まず,幼児の現状や将来への楽観主義は活動への動機づけ要因となる。**バンデューラ**(Bandura, 1986)はある領域で**自己効力感**をもつ人は,その領域の活動に,より長期間携わり結果的にスキルを伸ばしていくとする。たとえば,模倣は社会的学習による社会性の獲得に重要な機能をもつ(Bandura, 1986)が,幼児は他者の行動の模倣ができるという事前の予測評価と,また実際に遂行した後に上手くできたかの事後評価の双方が高かった(Bjorklund, Gaultney, & Green, 1993)。このような自己評価の高さは,さらに他者の模倣を行うような動機づけとして働き,結果的に社会的行動の習得につながる。幼児の行動の実行可能性の自己評価と,実際の行動を調べた水元(1996)も,「できるにもかかわらず自己評価が低い子」より「できないが自己評価は高い子」がより生き生きと積極的に遊ぶことを報告した。実力にかかわらず,自己を肯定的に評価するという姿勢が,積極的な遊び行動をもたらし,それが結局は行動の可能性を拡大させていくという好循環を産むであろう。

幼児楽観主義はまた失敗や葛藤体験に対する情緒的な防御要因になる。幼稚園等で仲間といざこざを体験した幼児がその後すぐにその相手と仲良く遊ぶのはよく目にすることである。幼児の記憶容量の狭さや,自伝的記憶の構成の未熟さは,結果的に過去の対人葛藤にこだわらず人間関係づくりを進めていく基礎となっている。さらに,たとえ今はできないことや不十分なことがあったとしても,これから大きくなるにつれいろいろなことができるようになるという,幼児の発達や将来への大きな期待や,成長を前向きに受け止めようとする姿勢は,家庭から幼稚園へ,また幼稚園から小学校への大きな移行を,期待をもって迎え,乗り越えさせることになるのであろう。

❹ 幼児の社会性の発達

4.1 幼児の仲間関係
(1) 仲間関係の形成

　幼児期になると，親など家族内の関係に加え，仲間との接触が次第に多くみられるようになる。特に，家庭から幼稚園や保育所への移行により幼児は仲間と出会い，仲間との関係を形成していく。幼児期の**仲間関係**（peer relation）には以下のような意義がある。

①仲間がいることで交流や遊びの楽しさを味うことができ，お互いに支えあい情緒的な安定を与えあう。

②仲間との交流において，自分の欲求を適切に表出するためのさまざまな社会的スキルを獲得し，互いの欲求を調整するための社会的ルール，協力，協調，共感の能力を身につける。

③仲間との活動を通して認知的な発達を相互に促しあう。

仲間関係の形成過程　　幼児期の仲間関係の形成の過程をみると，幼稚園新入園の4歳児が遊び場面でひとりでいる時間の割合は，入園1週目は平均76パーセント，2週目は平均70パーセントであったが，4週目は平均50パーセントに低下した。幼児が相互作用する同性の仲間の人数は入園1週目から次第に増加するが，異性の仲間の人数にはこのような増加はなく，幼児は主に同性の幼児との交流を中心に仲間関係を発展させていく（中澤，1992）。また4歳新入園児の親友関係は早期に形成され長期に維持される。観察時間の10パーセント以上共にいる子を仲良し，30パーセント以上共にいる子を親友とすると，仲良しは入園後2か月に出現し入園後3か月までしか維持されなかったのに対し，親友は入園後1.5か月で出現し夏休みを挟んだ入園後6か月にも維持された（謝，1999）。親友どうしの幼児は行動パターンが類似しており，相互に向社会的行動を行いあうが，同時にいざこざも多い。親友同士のいざこざはどちらか一方的に勝つ負けるというのではなく，交渉によって公平な関係をもたらすよう解決される（Rubin, Bukowski, & Parker, 2006）。

仲間入りと社会的スキル　　毎日の園生活のなかで，子どもは仲間との相互作用をどのようにはじめるのだろうか。これは，仲間入り等の場面の観察等か

ら検討されている。すでに遊んでいる仲間集団に参加する「仲間入り」場面では，その集団の進行中の行動を真似る（成功率64パーセント），その遊びにふさわしい質問をする（成功率52パーセント），入れて欲しい旨言う（成功率48パーセント）と成功しやすい。しかし，進行中の遊びを邪魔したり（失敗率81パーセント），大人に仲間入りの仲介を依頼した場合（失敗率67パーセント）は失敗しやすく，言葉をかけないでただ周囲を回るだけだと無視されがちである（無視率81パーセント）(Corsaro, 1979)。興味深いことに，仲間入りの場面では，パーテン(Parten, 1932)では相対的に未熟と見なされた行動が有能なスキルとなる。すなわち，仲間の遊びを良く見て（傍観），仲間に入れてくれそうな子の近くで遊び（平行遊び），進行している遊びについて質問をするのである。仲間から受容される子は，状況に応じて仲間入りのスキルを適切に構成できる子である。

相互作用開始における方略の縦断発達をみると（松井・無藤・門山，2001），3歳の入園後3〜8か月の時期には模倣的方略（動きを真似る）が多く，平行的に同じことをしていたが，その後，暗黙的方略（遊びの内容を説明することで遊びに誘ったり，遊びの内容に関わる発語をすることで遊びに入りたい意志を示す）の使用が主流となり，4歳（入園後17〜23か月）では明示的な方略（言語的な誘いや要求「入れて」）が用いられるようになった。仲間入りにおけるこの明示的な方略についての，4歳新入園児を対象とする倉持・柴坂（1999）の2年間の観察では，明示的な方略の使用により仲間入りは成功しやすいが，その後は方略よりも，仲間入りを受け入れる側の子にとって仲間入りする子が一緒に遊びたいと思う子であるかどうかが仲間入りの成功に影響した。このように，幼稚園における仲間との関係の深まりと関連しながら，対人関係開始の方略やスキルは変化していく。

(2) 仲間関係と社会・文化

子どもが適切な仲間関係を持てるかどうかは，子ども個人の能力やスキルのみに依存するのではなく，仲間集団の側の視点やそれを包含する文化にも影響される。たとえば，刑部（1998）は，食べるのが遅いなど場面に応じた行動がとれないことで保育者から問題視され仲間から排斥された4歳男児Kの保育者や仲間の見かたの変容を示している。新たに保育園に入った子ども

たちがKをよりどころとして遊ぶようになったことから，仲間や教師のKへの見かたが変化し，K自身の行動は変わっていないにもかかわらず最終的には問題をもつ子と見なされなくなった。また，柴山（Shibayama, 2005）は，日本の保育園に入園した中国人4歳男児Oが，おもちゃを順番に使えない「わがままな子」と評価されることの背景に保育文化の違いがあることを示している。中国ではおもちゃの使用には教師の指示のもとでなされるものであり，日本に来るまで中国の幼児園に通っていたOには日本の保育文化である順番に使うというルールが理解できなかった。同時に保育者も中国のそのような保育文化を理解していなかったことがこのような評価をもたらしたのである。

4.2 社会的問題解決と社会的情報処理

社会的情報処理のステップ　仲間関係のなかで子どもが出会うさまざまな対人的葛藤は，適切な解決を求められる社会的問題と見なすことができる（D'Zurilla & Goldfried, 1971; Spivack & Shure, 1974）。このような見かたに立つと，行動は，問題解決の過程の結果として表出されたものと見なすことができ，それをもたらした問題解決で働く認知過程の検討が興味深い問題となる。このような視点に立つものとして，ドッジ（Dodge, 1986; Dodge & Pettit, 2003）による**社会的情報処理**（social information processing）アプローチは最も注目されてきた（中澤，1996）。このモデルでは，子どもは生物学的に制約された知覚機構とデータベース（社会的な行動のルールの知識や過去経験などの長期記憶）をもって，ある社会的状況（社会的問題）に直面する。そこで子どもはその状況のなかにある社会的手がかりを「知覚・符号化（1. 手掛りの符号化）」し，「表象・解釈（2. 手掛りの解釈）」し，その解釈に対応する適切な反応を長期記憶（データベース）の中から「探索（3. 目標の明確化）」し，そのなかの最も有効で実行可能と思われる反応を「選択・決定（4. 反応アクセス・構成）」し，「実行（6. 実行）」するという5つの系列的なステップを通してその情報を処理する（その後のモデルでは，「表象・解釈」と「探索」の間に新たに「目標設定（5. 目標の明確化）」のステップが加えられている（Crick & Dodge, 1994：図4-10））。この情報処理過程は通常は無意識的になされており，課題が新奇であったり複雑であった

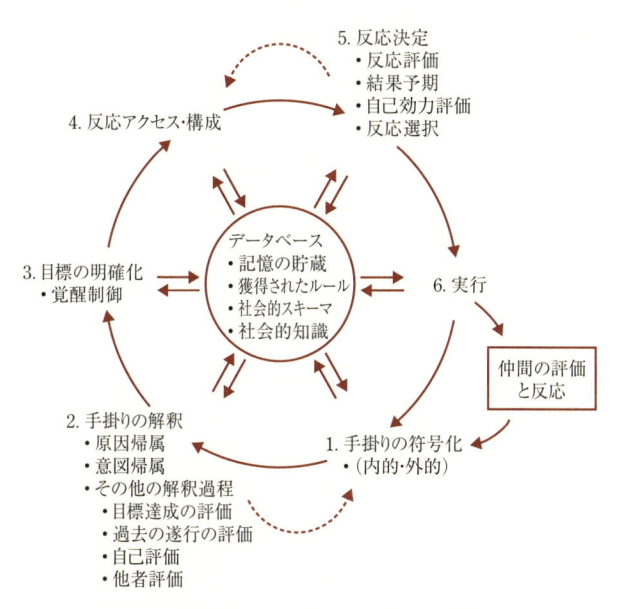

図4-10 子どもの社会的適応の改訂社会的情報処理モデル
(Crick & Dodge, 1994)

りするときにのみ意識化される。子どもが、情報を効率的に正確に処理すると、他者から有能だと判断される行動をとる可能性が高まる。一方、あるステップでうまく処理できなかったり、偏ったやりかたで処理すると、結果的に逸脱した行動をとる可能性が高まる。

意図帰属　社会的情報処理の第2ステップの「表象・解釈」では、対人葛藤場面における相手の意図をどのように認知し、帰属するかが、後の行動選択に影響すると考えられている。幼児の意図認知には、他者の心を適切に理解することが重要となる。鈴木・子安・安（2004）によると、「心の理論」における誤信念課題ができた幼児は葛藤の相手の故意性の有無がよく理解できた。

方略の生成　社会的情報処理の「探索」では、問題解決場面でどのような反応を生成できるかが適応と関係する。限られた方略しかもたない場合、行動は柔軟さを欠くことになる。また生成された方略が攻撃的な方略のように不

適切なものであれば，仲間のなかでの適応は不適切なものとなる。解決方略を多く生成できる幼児は，攻撃行動が少ない（Shure & Spivack, 1980）。先の鈴木・子安・安（2004）では，誤信念課題ができた幼児は解決方略として自己抑制的方略の選択が多かったが誤信念課題ができなかった幼児は攻撃的方略の選択が多かった。

4.3 仲間関係における感情制御

仲間関係を作り維持するうえで，対人葛藤場面における感情やその統制は重要である（Eisenberg, Spinrad, & Smith, 2004; Hubbard, & Dearing, 2004）。5・6・7歳児の感情を喚起するビデオを見ているときの表情変化と，行動の教師評定や仲間指名との関係をみた研究によると，感情喚起場面後の安静場面でも表情表出の多い子は，教師から非社会的で向社会性は低く，過活動傾向をもつと評定され，仲間から好きだという指名が少なかった（中澤・中澤，2004）。この結果は，喚起されたネガティブ感情を安静場面で沈静化できない者は，その感情を他の場面までもち越してしまい，結果的に不適切な行動をとりやすいことを示唆させる。それが，周囲の適応的でないという評価をもたらすのである。

社会的情報処理と**感情制御**の関連について，攻撃的・非攻撃的な児童を対象とした研究では，攻撃的な児童のみがネガティブ感情喚起のもとで敵意帰属を示した（Dodge & Somberg, 1987）。攻撃的児童は感情制御力に弱く，そのために情報処理が冷静に行えないことを示している。攻撃的・非攻撃的幼児を対象とした片岡（1997）によると，攻撃的幼児だけでなく非攻撃的幼児もパソコンゲームで連続して負け，ネガティブ感情を喚起されたあとには操作前より敵意帰属が高まった。幼児ではまだ全体に感情制御能力が乏しいことによると考えられる。幼児の感情の理解や表出の制御については枝（[感情] からかい／うそ）を参照されたい。

4.4 発達精神病理学

仲間関係に影響を与え，また仲間関係の結果もたらされる行動として，向社会的行動，攻撃行動，引っ込み思案行動等が検討されている（**道徳性**や**向社会性の発達**については枝（[社会] 道徳性／向社会性）を参照されたい）。

特に適応上の問題行動として**外在化問題行動**（externalizing problem behavior：自分の外の対象に向ける攻撃や非行などの行動）と内在化問題行動（internalizing problem behavior：自分に向けるうつや，引っ込み思案，不登校のような行動）のふたつがある。さまざまなリスク要因が子どもの外在的・内在的問題行動をもたらす過程，すなわち問題生成のメカニズムの検討が行われている。このメカニズムにおいて，**媒介要因**，すなわちリスク要因と問題行動をつないでいる要因，ならびにこの媒介の過程に影響を与える**調整要因**，すなわち影響の大きさや問題発生の時期を規定する要因の解明が行われるようになった。これが，**発達精神病理学**（developmental psychopathology）研究である（Cummings, Davies, & Campbell, 2000; Wenar & Kerig, 2000）。外在的・内在的問題行動発生の要因として，出生前の家族状況，出生時の子どもの気質，保護者との愛着関係，保護者の養育態度，認知制御能力（社会的情報処理），感情制御能力，仲間からの受容，仲間の間での世評などが想定されており，長期縦断研究を通して子どもの問題行動の発生過程が検討されている。たとえば，乳幼児期の外在的行動特徴，家庭の社会経済的な不安定さなどの要因は，10歳時点の外在的問題行動に関連している（菅原ら，1999）。

❺ 幼児と遊び

5.1 幼児にとっての遊び

幼児にとって，**遊び**はその生活のすべてと言ってもよいものである。遊びとは，①喜びに満ち・楽しく，②内的に動機づけられた主体的で，③なにかのために行われるのではなく，それをすること自体が優位で，④非現実的・非日常的な活動である。遊びのなかで，幼児は現実の制約を離れ，自分の思いを発揮して，想像豊かにさまざまな活動に積極的に取りくむことができ，多くのことを学ぶ。

遊びのもとでは，幼児も現実の制約をはなれ反事実的前提に基づく演繹的推論すら可能となる（Dias & Harris, 1988）。

図 4-11　各レベルの対象物（高橋，1984）

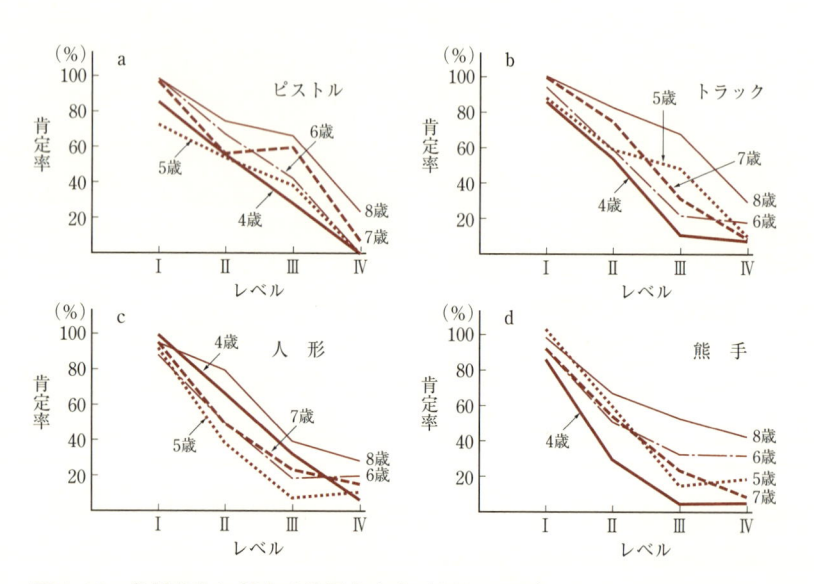

図 4-12　各対象物に対する使用肯定率（高橋，1984）

5.2 知的発達と遊び：遊びとイメージ
(1) イメージ能力

遊びを成立させる要素は多様である。幼児によくみられる「**見立て**」や「**ふり**」の遊びを考えてみよう。「見立て」とは「仮定的な状況を現実の状況に楽しみをもって当てはめること」(Lillard, 1993) である。見立てやふり遊びが成立するには、見立てやふりの基礎となる子どものイメージ能力が重要である。見立ては1歳半くらいから可能になってくる。発達につれ見立ては素材の形態・機能の類似にとらわれなくなる（高橋，1984；図4-11・図4-12）。つまり、見立てられるものとのズレを子どもはイメージによって補うことができてくるのである。

加用 (1980) は、幼児の持つ事物や役割のイメージと現実を対比させる質問を行い、そのズレや矛盾をどう克服するのかを調べている。たとえば、事物については、砂場で砂のハンバーグを作っている子に「何作ってるの？」と尋ね、子どもが「ハンバーグ」と答えたら、「でも砂だよ」と言いかえす。役割については、「何になってるの？」と尋ね、「お母さん」という答えに「でも××ちゃんでしょ」と言い返す。それによると、子どもたちは、以下の3つの段階を示した。

第1段階：遊びのうえでのの命名は可能だが現実的意味を対置されるとその矛盾を克服できない（黙り込む、「ハンバーグだもん」）。

第2段階：事物では矛盾を克服できるが（「うそっこだからいいの」）、役割ではできない。

第3段階：事物・役割双方で矛盾を克服できる。

このように、幼児は単にイメージを展開しそのなかに浸るだけの段階から、イメージと現実のズレを理解しながら、遊びを展開できるようになっていく。

(2) イメージの共有

ごっこ遊びは即興的に展開する。幼児は決められたシナリオのなかで動くのではなく、遊びのなかで相手が発する会話や行動を受けて次の発話や行動をその都度決定し、実行していく。このような即興的なごっこ遊びが成立するには、他の参加者と遊びのイメージが共有されなくてはならない。

ごっこ遊びを成立させる要因のひとつに幼児のふりの理解がある。友だち

が積み木を耳に当てて「もしもし」と言っているなら，電話をかけていると理解することで，それに対応した反応を行うことができる。このように他者のふり行動に適切に対応するには，ふりを行っている人が心のなかにどのような表象を描いているのかを理解することが必要となる。これは，心の理論にみられる他者の心の理解と関連するものといえる。ところで，何かのふりをするにはそれについてのイメージや知識が必要であることを，幼児は理解しているのだろうか。3・4歳児から5・6歳児にかけ，犬を知らない人は犬のふりができない，ライオンについて誤った知識をもつ人はその知識内容にもとづいたライオンのふりをするということの理解が進んでいく（杉本，2008）。

　ごっこ遊びの中では**スクリプト**（script）も重要な役割をもつ。買いもの，食事，洗濯，幼稚園の生活などさまざまな日常のスクリプトを幼児が共通にもつことにより，ごっこ遊びは大きな破綻をせずに展開していく。

(3) メタコミュニケーション

　ごっこ遊びを成立させ展開・維持するためには，自分の遊びのアイデアを仲間に伝えたり，仲間がどのように考えているのかを理解しなければならない。ソウヤー（Sawyer, 1997）は，**フレーム**という概念を基に，ごっこ遊びで幼児が自然に行っている遊びの枠組みの設定を論じている。フレームとは，幼児がごっこ遊びを行うなかで設定する遊びの場面や約束事をいう。遊びのはじめに，幼児は何ごっこをするのか，またそのなかで誰が何の役をするのかといったフレーム設定の発話を行う。たとえば，洗濯ごっこで，「私の家では洗濯機に洗剤入れるよ。洗剤作らなくちゃ」という発話は「洗濯ごっこ」をはじめるよという遊びの枠組み設定の発話である。また「ここベランダってことにしようよ」といった発話は遊びのなかの約束事を取り決めるものである。このような発話をかわしてフレームを共有することで，遊びの共有が可能となる。新たに仲間が遊びに入ったときにもフレーム発話は行われる。倉持（1994）によると，遊びに途中から入る子どもに，それまで遊んでいた子はみたてや状況，役割の説明である「設定」（例：「私はお母さんね」「今から買いものに行くのね」）発話を多くする。

　フレームができていったん遊びが始まると，そこでなされる遊びの枠組み

や役割に応じた発話を**インフレーム発話**とよぶ。「もっと洗濯しなくちゃ」など，役割から出る発話である。しかしながら，幼児はまたごっこ遊びの途中で，フレームを抜け出し，新たな枠組みを設定したりする（例，「うちはそうじゃないよ。洗剤，そうやって入れないで」）。このような，遊びからいったん離れ，遊びの枠組みを設定調整し合う発話を**アウトオブフレーム発話**という。幼児が遊びのなかのコミュニケーションで使うこのような発話は，よりよく遊ぶための，つまりよりよくコミュニケーションするためのコミュニケーション，すなわち，メタコミュニケーションといえる。このように，ふり遊びはコミュニケーションスキルを発達させる機会を与える。

　メタコミュニケーションがなされるのは，幼児が自他のイメージが必ずしも同じでないことを理解するからである。この背後には，**心の理論**の発達があると考えられる。実際，アスティントンとジェンキンス（Astington & Jenkins, 1995）は，誤信念課題に優れている幼児（3～5歳）はふり遊びのなかの「設定」発話が多いことを示している。

5.3　社会的発達と遊び
(1) 遊びと性差

　幼児は主に同性との交流を中心に仲間関係を発展させ，性別による遊び集団を形成するが（中澤，1992），このもとには，男児と女児の活動性や玩具などの好みの違いがあると考えられる。たとえば，男児は自動車やボールなど動的な玩具を好み，女児は人形やままごと道具など静的で家庭的な玩具を好む。認知発達論では，子どもが自分の性別を同定できるようになると自己の性に応じた社会的な性のスキーマを取り入れようとし，自分の性にあった玩具で遊ぶようになる（Maccoby, 1988），社会的認知理論ではモデリングや直接強化学習を通した性役割学習がなされることによる（Bandura, 1986）と説明してきた。

　これに対し，アレキサンダーとハインズ（Alexander & Hines, 2002）は，進化心理学的な視点から玩具の好みを検討している。彼らはオス・メス各44匹ずつのベルベットモンキーに，男児玩具（ボール，パトカー），女児玩具（人形，赤い鍋），中性的な玩具（絵本，ぬいぐるみの犬）を5分ずつ提示し，その間の接触率を調べた。図4-13に示すように，男児の玩具ではオ

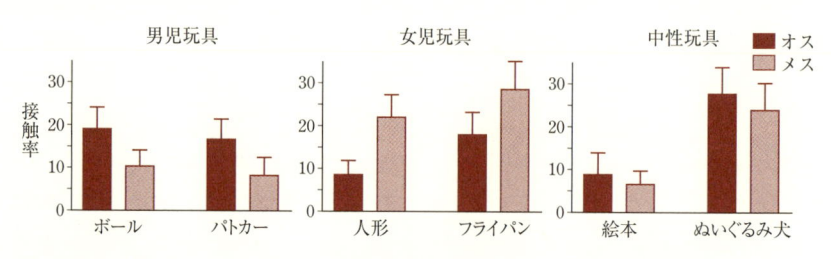

図 4-13　ベルベットモンキーの玩具接触率（Alexander & Hines, 2002）

スが，女児の玩具ではメスの接触率がそれぞれ有意に高く，中性玩具では有意な性差はなかった。オスがボールやパトカーを好むのは，それらが空間を移動するもので，ラフで活動的な遊びを誘発するからであろう。これはオスのもつ猟や食料の採取，交尾相手を探すという移動の特性に合致する。メスが人形や鍋によく接触したのは人形（ピンクの顔）や鍋（赤）の色によるのであろう。これらは，生きている乳児の顔を示す色で，メスの養育行動を引き出す解発刺激となったと考えられる。ヒトの幼児の玩具選択にも意識化できない部分でこのような生物学的・進化的な基盤がある可能性が示唆される。

(2) 仲間関係と遊び

孤立遊び　パーテン（Parten, 1932）の古典的な研究では，2～5歳児にかけて仲間との相互作用は，何もしない，**孤立遊び**，傍観，平行遊び，連合遊び，協同遊びへと発達するとされる。しかし，このような発達に応じた相互作用のパターンの単純な想定は，実際の幼児の行動を隠してしまうことになる。たとえば，年長の子どもは，連合遊びや協同遊びのみを行うわけではなく，これらどの段階の行動も示す。また幼児期を通して感覚運動的な孤立遊び（たとえば，ボールを目的もなくつく）は減少するが，構成的な孤立遊び（例えば，積み木で何かを作る，クレヨンで絵を描く）は幼児期を通して減少はしない（Rubin, Watson, & Jambor, 1978）。このように，孤立遊びは単純に未熟なものとみるべきではなく，個の活動をとおして楽しむ遊びの形態があることも無視できない。

仲間との遊び　とはいえ，幼児期の遊びの楽しみはやはり仲間あってのものといえる。仲間は遊びの重要な要素であり，気心の知れた仲間と活動を共

にするとき，遊びは大きく発展し，遊びの楽しさは何倍もの大きさになる。仲間との楽しい体験を通して，幼児は他者志向への歩み，すなわち社会性発達を踏みだすことになる。仲間との遊びに影響する要因には，社会的情報処理，社会的スキル，他者の視点や感情の理解や，感情制御能力，そして受容的な仲間関係がある。社会的スキルでは，役割に応じた行動スキルをもち，適切に表出できることや，遊びのなかで生じるさまざまな意見の違いやイメージの違いを調整するコミュニケーションスキルが求められる。また，役割を演じている仲間の視点や感情についても理解し，それに応じて行動することも必要になる。同時に，遊びのなかでは，他者との意見や欲求の衝突や葛藤を経験する。そのような体験のなかで，それぞれが欲求の抑制や調整を行うことにより，より楽しく遊べることを学んでいく。

❻ 就　学

6.1 就学レディネス

　幼児期は小学校への**就学**によって終わる。幼稚園や保育所における遊びを中心とする，活動を通した学びから小学校では教科書を用いる静的な学びへの移行がある。そのため，幼児期後期には就学の準備状態（**就学レディネス**）の確立が求められる。就学レディネスには多様な側面がある。運動スキルの面では，歩く，走るなどの大筋運動や，文字を書くのに必要な手指の巧緻性の獲得がある。学習に取りくむための集中スキルの獲得も重要となる。また認知スキルとしては，教科の学習に直接関わる入門期の文字の読み書きや基礎的な加算・減算等の初期算数スキルがある。さらに仲間集団のなかで安定的に勉強するための社会情緒的スキル（内在化・外在化問題行動をもたないこと）も重要と考えられる。ダンカンら（Duncan et al., 2007）はアメリカで行われた6つの大規模縦断研究のメタ分析を行い，就学後の学業成績（8歳から14歳にわたる）の予測力が最も高かった5・6歳時の就学レディネススキルは初期の算数スキルであり，次いで初期の読みスキル，それに続いて注意スキルが影響していること，社会情緒的行動は影響していなかったことを見いだしている。

6.2 リテラシー

　日本語のかなの1字は1モーラ（音韻の単位）と1対1対応をしている。そのため，日本の幼児はアルファベットなど他の文字体系をもつ文化の幼児よりも早い年齢での**読み書き**が可能となる（Akita, 2005）。かな文字読みの基本には単語を音韻に分解することが必要で（天野，1988），日本の幼児は4歳頃に音節を意識し，かな文字を読みはじめる。幼児の**音韻意識**を促す遊びとして，しりとりやカルタが有効に働いている。幼児が読める文字数は3歳で18.6文字，4歳で49.7文字，5歳で65.9文字であり，書くことのできる文字数は3歳で4.5文字，4歳で20.9文字，5歳で44.6文字であり，20年間の間により早期化している（島村・三上，1994）。しかしながら，文字が読めることと文章を読むこととはそのままつながることではない。秋田ら（1995）は，はじめは絵本の絵について話している子が，ひらがなが25文字くらい読めるころから拾い読みをしはじめること，しかしながら46文字すべてが読める子でさえ縦書きの文章を横書きのように読むような間違いをすることを報告している。この結果は，文字を学んだことと文章を読むこととは別であり，幼児期を通して子どもは読み経験を重ねながら文の読みを習得していくことを示している。

6.3 遊びと学び

　幼児期をとおして展開される**遊び**は，就学後の**学び**とどうつながるのであろうか。遊びは知的な学びの基礎として以下の3つの役割を果たしている。第1に，学びの意欲（学習の動機づけ）や関心をもたらす。人生経験の少ない幼児にとっては毎日が新しく，知的好奇心がかき立てられる。遊びという自己の関心のある動機づけの高い活動のなかで，さまざまな挑戦が行われ，やる気，達成感，成就感，自己効力感，有能感が獲得される。

　第2に，学びの基礎となる認知能力・スキルをもたらす。遊びのなかで文字や数量，自然への関心や認識を深めることができる。さらに，作る，工夫する，歌う，体を動かすなどの基礎スキルを獲得していく。実際，幼稚園や保育所での遊び活動と小学校の教科内容とのつながりはさまざまな点でみられる。

　第3に，学びを支える環境をもたらす。知的な疑問（なぜ，どうして）を

喚起するようなズレのある環境の設定，また子どもの疑問に応える保護者や保育者による応答的環境，さらには幼児同士が協同的に問題解決に取りくむ良好な仲間環境があることは，知的な学びを支え，のちの仲間との協同的な学びや教師との相互作用をとおした学びの基礎となる。学びは安心できる人間関係のなかで成立するものであり，そのためにも，幼児にとって豊かで安定的な人間関係を家庭，幼稚園や保育所で育成し，小学校入学期における人間関係の再構築のていねいな支援を行うことが重要となる。安定した人間関係に支えられ移行期を乗り越えることが，学習への意欲を発揮することを可能にする。

文献

Akita, K. (2005) Developmental process of literacy in Japan; Kana reading in early childhood. In D. W. Shwalb, J. Nakazawa, & B. J. Shwalb (Eds.), *Applied developmental psychology: Theory, practice, research from Japan* (pp. 137-153). Information Age.

秋田喜代美・無藤　隆・藤岡真貴子・安見克夫（1995）幼児はいかに本を読むか？：かな文字の習得と読み方の関連性の縦断的検討．発達心理学研究，6，58-68.

Alexander. G. M. & Hines, M. (2002) Sex differences in response to children's toys in nonhuman primates (Cercopithecus aethiops sabaeus). *Evolution and Human Behavior*, 23, 467-479.

天野　清（1988）音韻分析とこどものliteracyの習得．教育心理学年報，27，142-164.

Astington J. W. & Jenkins, J. M. (1995) Theory of mind development and social understanding. *Cognition and Emotion*, 9, 151-165.

Bandura, A. (1986) *Social foundation of thought and action: Social cognitive theory*. Prentice Hall.

Bauer, P. J. (2006). *Remembering the times of our lives: Memory in infancy and beyond*. Erlbaum.

Baillargeon, R., Needham, A., & De Vos, J. (1992) The development of young infant's intuitions about support. *Early Development & Parenting*, 1, 69-78.

Bjorklund, D. F. (2000) *Children's thinking: Developmental function and individual differences*, 3rd ed. Wadsworth.

Bjorklund, D. F., Gaultney, J. F., & Green, B. L. (1993) "I watch therefore I can do": The development of meta-imitation over the preschool years and the advantage of optimism in one's imitative skills. In R. Pasnak & M. L. Howe (Eds.), *Emerging themes in cognitive development, Vol. II: Competencies* (pp. 79-102). Springer-Verlag.;

Bjorklund, D. F. & Green, B. L. (1992) The adaptive nature of cognitive immaturity. *American Psychologist*, 47, 46-54.

Bjorklund, D. F. & Pellegrini, A. D. (2002) Evolutionary perspectives on social development. In Smith, P. K. & Hart, C. H. (Eds.), *Handbook of childhood social development* (pp. 44-59). Blackwell.

Carey, S. (1985) *Conceptual change in childhood.* MIT Press. (小島康次・小林好和（訳）(1994) 子どもは小さな科学者か――J. ピアジェ理論の再考. ミネルヴァ書房.)

Case, R. (1978) Intellectual development from birth to adulthood: A neo-Piagetian interpretation. In R. S. Siegler (Ed.), *Children's thinking: What develops?* (pp. 37-71). Erlbaum.

Case, R. (1984) The process of stage transition: A neo-Piagetian view. In R. J. Sternberg (Ed.), *Mechanisms of cognitive development* (pp. 19-44). W. H. Freeman.

Case, R., Kurland, D. M., & Goldberg, J. (1982) Operational efficiency and the growth of short-term memory span. *Journal of Experimental Child Psychology*, 33, 386-404.

Chi, M. T. H. (1978) Knowledge structures and memory development. In R. S. Siegler (Ed.), *Children's thinking: What develops?* (pp. 73-96). Erlbaum.

Chi, M. T. H. & Koeske, R. D. (1983) Network representation of a child's dinosaur knowledge. *Developmental Psychology*, 19, 29-39.

Corsaro, W. A. (1979) "We're friends, right?": Children's use of access rituals in nursery school. *Language in Society*, 8, 315-336.

Crick, N. R. & Dodge, K. A. (1994) A review and reformulation of social information-processing mechanisms in children's social adjustment. *Psychological Bulletin*, 115, 74-101.

Cummings, E. M., Davies, P. T., & Campbell, S. B. (2000). *Developmental psychopathology and family process: Theory, research, and clinical implications.* The Guilford Press. (菅原ますみ（監訳）(2006) 発達精神病理学：子どもの精神病理の発達と家族関係. ミネルヴァ書房.)

Damon, W. & Hart, D. (1988) *Self-understanding in childhood and adolescence.* Cambridge University Press.

Dias, M. G. & Harris, P. L. (1988) The effect of make-believe play on deductive reasoning. *British Journal of Developmental Psychology*, 6, 207-221.

Dodge, K. A. (1986) A social information processing model of social competence in children. In M. Perlmutter (Ed.), *The Minnesota symposium on child psychology*, Vol. 18 (pp. 77-125). Erlbaum.

Dodge, K. A. & Pettit, G. S. (2003) A biopsychosocial model of the development of chronic conduct problems in adolescence. *Developmental Psychology*, 39, 349-371.

Dodge, K. A. & Somberg, D. R. (1987) Hostile attributional bias among aggressive boys are exacerbated under conditions of threats to the self. *Child Development*, 58, 213-224.

Duncan, G. J., Dowsett, C. J., Claessens, A., Magnuson, K., Huston, A. C., Klebanov, P., Pagani, L. S., Feinstein, L., Engel, M., Brooks-Gunn, J., Sexton, H., Duckworth, K., & Japel, C. (2007) School readiness and later achievement. *Developmental Psychology*, 43, 1428-1446.

D'Zurilla, T. J. & Goldfried, M. R. (1971) Problem solving and behavior modification. *Journal of Abnormal Psychology*, 78, 107-126.

Eisenberg, N., Spinrad, T. L., & Smith, C. L. (2004) Emotion-related regulation: Its conceptualization, relations to social functioning, and socialization. In P. Philippot & R. S. Feldman (Eds.), *The regulation of emotion* (pp. 277-306). Lawrence Erlbaum Associates.

Fisher, K. W., Hand, H. H., Watson, M. W., Van Parys, M., & Tucker, J. (1984) Putting the child into socialization: The development of social categories in preschool children. In L. Katz (Ed.), *Current topics in early childhood education*, Vol. 5 (pp. 27-72). Ablex.

Fivush, R. & Haden, C. A. (1997) Narrating and representing experience: Preschooler's developing autobiographical accounts. In P. van den Broek, P. J. Bauer, & T. Bourg (Eds.), *Developmental spans in event representation and comprehension: Bridging fictions and actual events* (pp. 169-198). Erlbaum.

Flavell, J. H. (1971) First discussant's comments: What is memory development the development of? *Human Development*, 14, 272-278.

Foder, J. A. (1983) *The modularity of mind: An essay on faculty psychology.* MIT Press. (伊藤笏康・信原幸弘 (訳) (1985) 精神のモジュール形式——人工知能と心の哲学. 産業図書.)

Freud, S. (1939). Der Mann Moses und die Monotheistische Religion. Allert de Lange (渡辺哲夫 (訳) (2003) モーセと一神教. 筑摩書房.)

Gelman, R. (1972) Logical capacity of very young children: Number in variance rules. *Child Development*, 43, 75-90.

Goswami, U. (1998) *Cognition in children.* Psychology Press. (岩男卓実・上淵

寿・古池若葉・富山尚子・中島伸子（訳）（2003）子どもの認知発達．新曜社．）

刑部育子（1998）「ちょっと気になる子ども」の集団への参加過程に関する関係論的分析．発達心理学研究，9，1-11．

Harter, S.（1999）*The construction of the self*. Guilford Press.

Harter, S.（2006）The self. In N. Eisenberg（Ed.），*Handbook of child psychology, 6th Edition, Vol. 3: Social, emotional, and personality development*（pp. 505-570）. John Wiley & Sons.

Howe, M. L. & Courage, M. L.（1993）On resolving the enigma of infantile amnesia. *Psychological Bulletin*, 113, 305-326.

Hubbard, J. A. & Dearing, K. F.（2004）Children's understanding and regulation of emotion in the context of their peer relations. In J. Kupersmidt & K. A. Dodge（Eds.），*Children's peer relations: From development to intervention*（pp. 81-99）. American Psychological Association.

Inagaki, K. & Hatano, G.（1993）Young children's understanding of the mind-body distinction. *Child Development*, 64, 1534-1549.

Inagaki, K. & Hatano, G.（1996）Young children's recognition of commonalities between animals and plants. *Child Development*, 67, 2823-2840.

Inagaki, K. & Hatano, G.（2002）*Young children's naïve thinking about the biological world*. Psychology Press.（稲垣佳世子・波多野誼余夫（著・監訳）（2005）子どもの概念発達と変化——素朴生物学をめぐって．共立出版．）

Inagaki, K. & Sugiyama, K.（1988）Attributing human characteristics: Developmental changes in over-and-under-attribution. *Cognitive Development*, 3, 55-70.

Inhelder, B. & Piaget, J.（1958）*The growth of logical thinking from childhood to adolescence*. Basic Books.

Karmiloff-Smith, A.（1992）*Beyond modularity: A developmental perspective on cognitive science*. MIT press.（小島康次・小林好和（監訳）（1997）人間発達の認知科学——精神のモジュール性を超えて．ミネルヴァ書房．）

片岡美菜子（1997）攻撃及非攻撃幼児の敵意帰属に及ぼすムードの効果．教育心理学研究，45，71-78．

加用文男（1980）こどものあそびにおける「現実」と「虚構」の認識的分化——理論と予備調査．東京大学教育学部紀要，20，343-351．

厚生労働省（2001）平成12年乳幼児身体発育調査（http://www.mhlw.go.jp/houdou/0110/h1024-4.html）

Kreutzer, M., Leonard, C., & Flavell, J. H.（1975）An interview study of children's knowledge about memory. *Monographs of the Society for Research in Child Development*, 40（Serial No. 159）.

倉持清美（1994）就学前児の遊び集団への仲間入り過程．発達心理学研究，5，

137-144.

倉持清美・柴坂寿子 (1999) クラス集団における幼児間の認識と仲間入り行動. 心理学研究, 70, 301-309.

Lillard, A. S. (1993) Pretend play skills and the child's theory of mind. *Child Development*, 64, 348-371.

Lockhart, K. L., Chang, B., & Story, T. (2002) Young children's beliefs about stability of traits: Protective optimism? *Child Development*, 73, 1408-1430.

Maccoby, E. (1988) Gender as a social category. *Developmental Psychology*, 24, 755-765.

松井愛奈・無藤 隆・門山 睦 (2001) 幼児の仲間との相互作用のきっかけ――幼稚園における自由遊び場面の検討. 発達心理学研究, 12, 195-205.

Miller, P. H. & Seier, W. L. (1994) Strategy utilization deficiencies in children: When, where, and why. In H. W. Reese (Ed.), *Advances in child development and behavior*, Vol. 25 (pp. 107-156). Academic Press.

水元陽子 (1996) 幼児におけるコンピテンスの認知と遂行能力. 日本発達心理学会第7回大会発表論文集, 140.

中道圭人 (2007) 幼児の条件推論とワーキングメモリおよび抑制制御の関連. 教育心理学研究, 55, 347-358.

中島伸子・稲垣佳世子 (2007) 子どもの楽天主義――望ましくない特性の変容可能性についての信念の発達. 新潟大学教育人間科学部紀要, 9, 229-240.

中澤 潤 (1992) 新入幼稚園児の友人形成――初期相互作用行動, 社会的認知能力と人気. 保育学研究, 30, 98-106.

中澤 潤 (1996) 社会的行動における認知的制御の発達. 多賀出版

中澤 潤・小林直実・亀田優子・鍛治礼子 (1993) 幼児は事象の知識をどのように獲得するか――遠足の知識とスクリプトの形成過程. 千葉大学教育学部研究紀要, 41, 155-165.

中澤 潤・中澤小百合 (2004) 社会的行動と情緒制御の発達. 日本教育心理学会第46回総会発表論文集, 31.

Nelson, C. A., Thomas, K. M., & de Haan, M. (2006) Neural bases of cognitive development. In D. Kuhn & R. S. Siegler (Eds.), *Handbook of child psychology, Vol. 2: Cognition, perception, and language* (pp. 3-57). John Wiley & Sons.

Nelson, K. (1978) How young children represent knowledge of their world in and out of language: A preliminary report. In R. S. Siegler (Ed.), *Children's thinking: What develops?* (pp. 255-273). Erlbaum.

Nelson, K. & Gruendel, J. (1986) Children's scripts. In K. Nelson (Ed.), *Event knowledge: Structure and function in development* (pp. 21-46). Erlbaum.

Newport. E. (1990) Maturational constraints on language learning. *Cognitive Sci-*

ence, 14, 11-28.
Parten, M. B. (1932) Social participation among preschool children. *Journal of Abnormal and Social Psychology*, 27, 243-269.
Peak, L. (1991) *Learning to go to school in Japan: The transition from home to preschool life*. University of California Press.
Piaget, J. (1926) *La représentation du monde chez l'enfant*. Paris: F. Alcan (大伴茂 (訳) (1962) ピアジェ臨床児童心理学Ⅱ 児童の世界観. 同文書院.)
Piaget, J. (1970) Piaget's theory. In, P. H. Mussen (Ed.), *Carmichael's manual of child psychology* (3rd ed.): Vol. 1 (pp. 703-732). John Wiley & Sons. (中垣 啓 (訳) (2007) ピアジェに学ぶ認知発達の科学. 北大路書房.)
Piaget, J. & Szeminska, A. (1941) *La genese dunombre chez l'enfant*. Delachaux et Niestle (遠山 啓・銀林 浩・滝沢武久 (訳) (1962). 数の発達心理学. 国土社.)
Reilly, J. S., Bates, E. A., & Marchman, V. A. (1998) Narrative discourse in children with early focal brain injury. *Brain and Language*, 61, 335-375.
Rubin, K. H., Bukowski, W. M., & Parker, J. G. (2006) Peer interactions, relationships, and group. In, N. Eisenberg (Ed.), *Handbook of child psychology*. (6th ed), Vol. 3: Social, emotional, and personality development (pp. 571-645). John Wiley & Sons
Rubin, K. H., Watson, K., & Jambor, T. (1978) Free play behavior in pre-school and kindergarten children. *Child Development*, 49, 534-536.
Ruble, D. N. & Dweck, C. (1995). Self-conceptions, person conception, and development. In N. Eisenberg (Ed.), *Review of personality and social psychology: Vol. 15, The interface* (pp. 109-139). Sage.
逆井直紀 (2007) 就学前の子どもの育つ場所. 全国保育団体連絡会・保育研究所 (編) 保育白書2007 (p. 21). ひとなる書房.
佐久間路子・遠藤利彦・無藤 隆 (2000) 幼児・児童期における自己理解の発達. 発達心理学研究, 11, 176-187.
Sawyer, R. K. (1997) *Pretend play as improvisation: Conversation in the preschool classroom*. Lawrence Erlbaum Associates.
Schneider, W. (2004) Memory development in childhood. In U. Goswami (Ed.), *Blackwell handbook of childhood cognitive development* (pp. 236-256). Blackwell.
Shibayama, M. (2005) Peer adjustment processes of a five-year-old Chinese boy in a Japanese day nursery. In D. W. Shwalb, J. Nakazawa, & B. J. Shwalb (Eds.), *Applied developmental psychology: Theory, practice, and research from Japan* (pp. 321-344). Information Age Publisher.

島村直己・三上廣子（1994）幼児のひらがなの習得——国立国語研究所の 1976 年の調査との比較を通して．教育心理学研究, 42, 70-76.

謝　文慧（1999）新入幼稚園児の友だち関係の形成．発達心理学研究, 10, 199-208.

Shure, M. B. & Spivack, G. (1980) Interpersonal problem-solving as a mediator of behavioral adjustment in preschool and kindergarten children. *Journal of Applied Developmental Psychology*, 1, 29-44.

Siegal, W., Waters, L. J., & Dinwiddy, L. S. (1988) Misleading children: Causal attribution for inconsistency under repeated questioning. *Journal of Experimental Child Psychology*, 45, 438-456.

Siegler, R. S. (1976) Three aspects of cognitive development. *Cognitive Psychology*, 4, 481-520.

Siegler, R. S. (1978) The origins of scientific reasoning. In R. S. Siegler (Ed.) *Children's thinking: What develops?* (pp. 109-149). Erlbaum.

Siegler, R. S. (1986) Unities across domains in children's strategy choice. In M. Perlmutter (Ed.), *Minnesota symposium on child development* (pp. 1-48). Erlbaum.

Siegler, R. S. (1996) *Emerging minds: The process of change in children's thinking*. Oxford University Press.

Siegler, R. S. & Jenkins, E. (1989) *How children discover new strategies*. Erlbaum.

Spelke, E. S. (1991) Physical knowledge in infancy: Reflections on Piaget's theory. In S. Carey & R. Gelman (Eds.), *The epigenesis of mind: Essays on biology and cognition* (pp. 133-169). Erlbaum.

Spivack, G. & Shure, M. B. (1974) *Social adjustment of young children*. Jossey-Bass.

Stipeck, D. (1984) Young children's performance expectations: Logical analysis or wishful thinking? In J. G. Nicholls (Ed.), *Advances in motivation and achievement: Vol. 3, The development of achievement motivation* (pp. 33-56). JAI Press.

菅原ますみ・北村役則・戸田まり・島　悟・佐藤達哉・向井隆代（1999）子どもの問題行動の発達：Externalizing な問題傾向に関する生後 11 年間の縦断研究から．発達心理学研究, 10, 32-45.

杉本直子（2008）幼児のふりにおける対象の知識と行為．発達心理学研究, 19, 221-231.

鈴木亜由美・子安増生・安　寧（2004）幼児期における他者の意図理解と社会的問題解決能力の発達——「心の理論」との関連から．発達心理学研究, 15, 292-301.

高橋たまき（1984）乳幼児の遊び——その発達プロセス．新曜社．
ヴィゴツキー（著），柴田義松（訳）（1934＝2001）新訳版 思考と言語．新読書社．
Wellman, H. M. & Gelman, S. A. (1998) Knowledge acquisition in foundational domains. In D. Kuhn & R. S. Siegler (Eds.), *Handbook of child psychology, Vol. 2: Cognition, perception and language* (pp. 523-573). John Wiley & Sons.
Wenar, C. & Kerig, P. (2000) *Developmental psychopathology: From infancy through adolescence*, 4th ed. McGraw Hill.
Wood, D., Bruner, J. S., & Ross, G. (1976) The role of tutoring in problem solving. *Journal of Child Psychology and Psychiatry*, 17, 89-100.
Yussen, S. R. & Levy, V. M., Jr. (1975) Developmental changes in predicting one's own span of short-term memory. *Journal of Experimental Child Psychology*, 19, 502-508.

4章　幼児期

身体　身辺の自立

鈴木みゆき

1　基本的生活習慣の形成と自立
1.1　基本的生活習慣とは何か

　人間は，心身ともに健康で充実した生活を営んでいくために必要な生活上の習慣をもっている。それは人類が自らの生活を築くために編みだした知恵や工夫であり，文化や風習として積み重ねられ，伝えられてきたものである。中でも生理的な営みにかかわりの深いものを基本的生活習慣とよび，人の発達に依拠し生活のなかで身につく特徴を持っている。またそれらは成長と共に自律し，自らの意思で行動できるようになり，生活の自立につながっていく。

　ここでは特に食事・睡眠・排泄・着脱衣・清潔の習慣に焦点を当て，現代の子どもを取りまく状況と課題を検討していく。幼児期の発達における生活習慣の重要性である。

1.2　基本的生活習慣を支える科学的根拠

　ヒトは昼行性の動物であるが，生後すぐから昼夜を区別できているとは思えない。飲む―寝る，の繰り返しが数か月続き，徐々に昼間目覚めている時間が長くなる。

　ヒトの**生体リズム**をコントロールする生体時計は約 25 時間のサイクルで，地球の1日（約 24 時間）より長い。そのため脳にある視交叉上核が朝の光を認識することで生体リズムを調整している。朝にきちんと起きることが必要な理由である。同様に夜暗くなるとメラトニンが分泌される。メラトニンは幼児期に大量分泌されるホルモンで，抗酸化作用や思春期まで第二次性徴を抑える働きがあるとされる。成長ホルモンも幼児期には寝入りばなの深い睡眠時に分泌されるようになるため，きちんとした睡眠の習慣が子どもの成

長に不可欠なのである（睡眠については第3章［身体］睡眠と覚醒参照）。
　同様に体温は明けがた安静時に低く日中上昇し，また下がって眠りに入るというリズムを持っている。朝食は体温を上げ，脳と身体を動かしやすくする。食事や睡眠は1日のなかで生体のリズムと調和しながら習慣として形成される。だからこそ幼児期の習慣形成に養育環境の果たす役割は大きい。

1.3　基本的生活習慣の発達と自立年齢

　基本的生活習慣は時代や文化の違いにも影響を受ける。
　日本では1936（昭和11）年に山下（1936）が，基本的生活習慣を「幼児期の児童に欠くべからざる重大なる教育の一項目」と位置づけ，養育者に面接または質問紙法を用いて当時の幼児の現状を把握する調査を行った。後に谷田貝ら（1985）は同様の調査を行った結果，排尿や着衣の自立に関しては自立する年齢が早まっている一方で，「昼寝の終了」「ひも結び」等は遅れている結果が得られた（表A）。排尿や着衣の自立が早まった背景には，脱ぎ着しやすい衣服の形やファスナー，マジックテープなどの開発が背景にあったと思われる。
　さらに谷田貝（1996）は，成人になってもできていない割合が少なからずいる「箸が正しく持てない」「朝ひとりで起きられない」などの項目から，親がモデルとなりえていないのではないかと指摘し「まずは早寝・早起き」で「睡眠の習慣を確立させることが」が重要だと提言している。

2　基本的生活習慣をめぐる現状と課題

2.1　幼児の基本的生活習慣とその現状

　基本的生活習慣はそれぞれが独立したものでありながら，約24時間の1日の生活では相互にかかわりあって存在する。
　たとえば睡眠の習慣では1980年から1990年にかけて夜10時以降に寝る幼児の割合が激増し（図A），国際比較においても日本の幼児が遅寝であることが明らかになっている（P & G Pampers Baby Research Institute, 2004）。そして起床・就床時刻が遅い子どもほど朝食欠食率も高く（表B），肥満の危険性が増し，コホート研究の結果睡眠時間の短さは肥満の発生率を上げることが指摘されている（Sekine et al., 2002）。また昼寝をとっていて

表A　生活習慣比較

		1歳	1歳半	2歳	2歳半	3歳	3歳半	4歳	4歳半	5歳	5歳半	6歳
食事の習慣	山下調査		スプーンの使用／茶わんを持って飲む		さじと茶わんを両手で使う	箸を使う／食事のあいさつ／大体こぼさぬ	完全に自立					
	谷田貝ら調査				スプーンの使用／茶わんを持って飲む	箸を使う／食事のあいさつ	さじと茶わんを両手で使う	大体こぼさぬ／完全に自立				
睡眠の習慣	山下調査					昼寝の終了	就寝のあいさつ			寝間着にひとりで着がえる		
	谷田貝ら調査				就寝のあいさつ	寝間着にひとりで着がえる					昼寝の終了	
排せつの習慣	山下調査	排尿排便の事後通告	排尿排便の予告		おむつの使用・離脱つき添いでひとりで用をたせる	パンツをとれば用をたせる	排尿の自立	排便の自立／夢中粗相の消失	排便の完全自立（紙の使用）			
	谷田貝ら調査			排尿排便の事後通告	おむつの使用・離脱排尿排便の予告	パンツをとれば用をたせる／排尿・排便の自立		夢中粗相の消失／排便の完全自立（紙の使用）				
着脱衣の習慣	山下調査		ひとりで脱ごうとするくつをはく	ひとりで着ようとする	パンツをはくくつをはく帽子をかぶる	帽子をかぶる	パンツをはく前のボタンをかける	両そでを通すくつ下をはく	ひもを前で結ぶ／脱衣の自立	着衣の自立		
	谷田貝ら調査		ひとりで脱ごうとする	ひとりで着ようとする	パンツをはくくつをはく帽子をかぶる	両そでを通す／前のボタンをかける／くつ下をはく	脱衣の自立／着衣の自立			ひもを前で結ぶ		
清潔の習慣	山下調査			手を洗う			うがい・歯みがき顔を洗うふく鼻をかむ		髪をとかす			
	谷田貝ら調査				手を洗う	歯をみがく	顔をふく	うがいをする鼻をかむ	顔を洗う髪をとかす			

山下調査…1935年／谷田貝ら調査…1985年
出典：谷田貝（2002）。

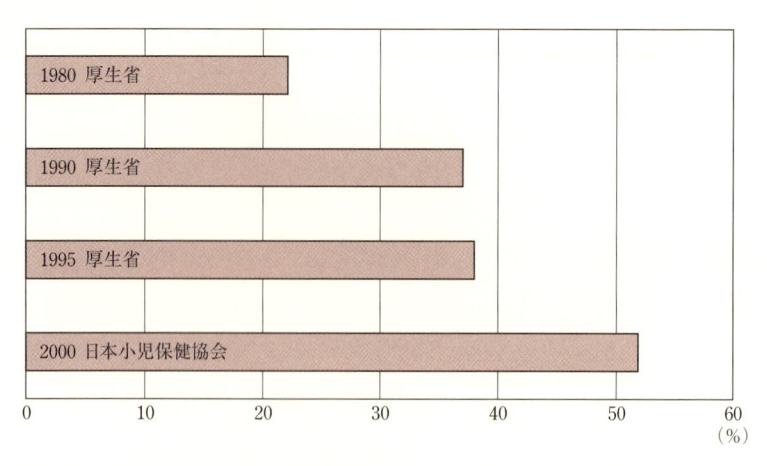

```
1980 厚生省
1990 厚生省
1995 厚生省
2000 日本小児保健協会
 0    10    20    30    40    50    60
                                      (%)
```

図A 夜10時過ぎに寝る3歳児の割合

表B 幼児の朝食習慣と起床・就寝時刻（平成17年度）

1. 起床時刻と朝食 (%)

区分	人数（人）	ほぼ毎日食べる	週に4, 5日	週に2, 3日	ほとんど食べない	不詳
総数	2,250	90.5	5.4	2.0	2.0	0.1
午前6時前	77	98.7	1.3	0.0	0.0	0.0
6時台	631	94.0	4.9	0.6	0.5	0.0
7時台	1,107	92.4	3.9	1.7	2.0	0.0
8時台	337	81.6	11.3	3.9	3.3	0.0
9時台	65	83.1	9.2	6.2	1.5	0.0
10時以降	22	36.4	13.6	13.6	36.4	0.0

2. 就寝時刻と朝食 (%)

区分	人数（人）	ほぼ毎日食べる	週に4, 5日	週に2, 3日	ほとんど食べない	不詳
総数	2,250	90.5	5.4	2.0	2.0	0.1
午後8時前	70	97.1	2.9	0.0	0.0	0.0
8時台	370	96.5	1.9	0.3	1.4	0.0
9時台	1,036	93.8	4.4	1.1	0.7	0.0
10時台	564	86.2	7.6	3.4	2.8	0.0
11時台	162	75.9	12.3	6.2	5.6	0.0
12時以降	24	50.0	12.5	8.3	29.2	0.0

注）調査対象は，図（注）の1歳以上。時刻の「不詳」を除く。
資料：厚生労働省雇用均等・児童家庭局母子保健課「平成17年度乳幼児栄養調査報告」2006

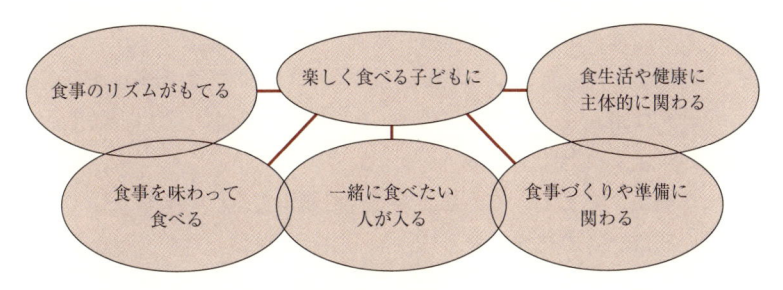

図B　食を通じた子どもの健全育成の目標

（楕円内：食事のリズムがもてる／楽しく食べる子どもに／食生活や健康に主体的に関わる／食事を味わって食べる／一緒に食べたい人が入る／食事づくりや準備に関わる）

も遅寝遅起きの子どものほうが総睡眠時間も短い（神山，2003）。睡眠不足は子どもの情緒的な問題を引き起こし（Stores, 2001），保育の場では「気になる子」と保育者に認識されることが多い（鈴木ら，2003）。

食事の習慣では，乳児期では離乳の開始・終了時期が遅れてきている（厚生労働省，2006）。2005（平成17）年に食育基本法が制定され，「食を通じた子どもの健全育成のねらい」の中で，豊かな食体験のために子どもの健全育成の目標を定められた（図B）。

排泄の習慣では，谷田貝の調査以降自立の遅れを指摘する調査がある。早すぎる自立への反省や紙オムツの普及などで，養育者の意識変容がみてとれる。ただこれは幼児期に発達に即し自立が進む項目であり，実際「トイレでの排泄やその後始末」の完全自立は年少児22.1パーセント，年中児43.4パーセント，年長児65.2パーセントとなっている。養育者の自立要求度も挨拶や片づけに比べ高くない（ベネッセ，2004）。

2.2　基本的生活習慣確立のための課題

基本的生活習慣の確立は，幼児の神経発達の状況と本人の意欲を尊重して進められるべきである。同時にその確立を妨げないような環境作りが必要となる。たとえば排泄や衣服の着脱は，生後しばらくは養育に依拠するものの発達に合わせできるようになる部分が多い生活習慣であり，意欲に対し励まし，過程を大切にしながら認めていくかかわりが重要となる。一方食事や睡眠は，幼児期に完全自立が難しい項目であり，養育環境の意識や日々の実践が生活習慣確立のポイントとなる。両者は子どもの発達に合わせ1日の中で

リンクしあい,健康な生活や子どもの成長に欠かせない役割を担っている。養育者への働きかけとともに幼児期には子ども自身への働きかけが重要となろう。たとえば生活リズムカルタのように,遊びをとおして自分の生活を考える場面の設定も有効である。

　身辺の自立は,いま生きているこの社会で健全な生活を営むための基本であり,幼児期は心身の発達にそって自律へ向けた習慣作りが必要なときである。子ども自身の育つ力と意欲を尊重しながら,規則正しいリズムや生活習慣が身につくよう配慮していきたいものである。

文 献

ベネッセ教育研究所（2004）ベネッセ第2回子育て生活基本調査（幼児版）.
International Comparison of Infants' Bedtime（2005）P&G Pampers Baby Research Institute.
厚生労働省（2006）平成17年度厚生労働省 乳幼児栄養調査報告.
厚生労働省（2006）「食を通じた子どもの健全育成のあり方に関する検討会」報告書．厚生労働省.
神山　潤（2003）睡眠の生理と臨床．診断と治療社.
Sekine, M., Yamagami, T., Handa, K., et al.（2002）A does-response relationship between short sleeping hours and childhood obesity: Results of the Toyama Birth Cohort Study. *Child Care, Health & Development.* **38**, 163-170
Stores, G.（2001）*A clinical guide to sleep disorders in children and adolescents.* Cambridge University Press.
鈴木みゆき・野村芳子・瀬川昌也（2003）養育環境が睡眠-覚醒リズムに及ぼす影響．臨床環境医学, **12**, 122-127
山下俊郎（1936）幼児に於ける基本的生活習慣の研究（第一報告）．教育, **4**, 648-672
谷田貝公昭（1996）生活習慣の乱れをどう整えるか．児童心理, **50**, 156-161
谷田貝公昭（監修）（2002）しつけと子どもの自立．合同出版.

4章　幼児期

認知　心の理論

木下孝司

1　心がわかること
1.1　心の理論とは

　私たちは，他の人が何を考え，何を望んでいるのかなど，それぞれの心の状態を推測して生活している。そのことで私たちは，他者と良好なコミュニケーションを図り，円滑に社会生活を過ごすことができるのである。

　こうした心を理解する能力を正面から問題にしたのは，チンパンジーを研究対象とした**プレマック**ら（Premack & Woodruff, 1978）である。彼らは，霊長類動物が，自分より優位な個体がそばにいる際，餌をみつけてもその個体に取られないように，わざと餌から目をそらすような行動に着目し，そのような行動を「**心の理論**（theory of mind）」という枠組みで解釈することを提唱した。

　心というのは，自分の心の状態も含めて直接観察できるものではなく，いろいろな心の働きを仮説的に想定してはじめて理解できる。また，そうした理解の枠組みをもつことで，自分や他者の行動をある程度一貫して予測することも可能になる。プレマックらはこのような観点から，わざわざ「理論」という用語を用いているのである。

　その後，「心の理論」は，霊長類研究だけではなく，発達心理学や自閉症などの障害児研究において重要なトピックとなり，自他理解を総称する意味で用いられることもある。ただ，原語の "mind" は心の認知的側面を指し，日本語の「心」に含意されている心情や情緒に関する意味をもたず，事実，これまでの「心の理論」研究が扱ってきたのは，認知的な働きに関する理解であった。また，そうした心の働きに関する理解を，プレマックらのように「理論」とよぶことには反論もある（Harris, 1991）。そのため，「心の理解（understanding the mind）」，「**マインドリーディング**（mindreading）」，

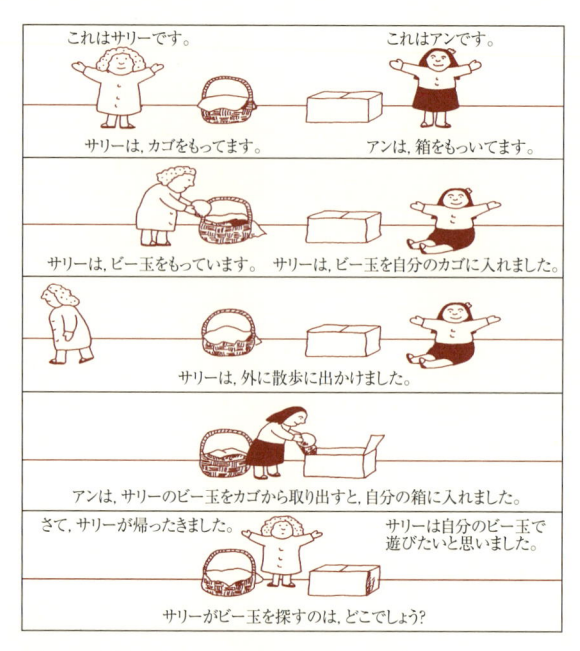

図A　サリーとアンの課題（Frith, 1989）

「メンタライジング（mentalising）」といった総称が用いられることもある。

1.2　誤信念課題からみえるもの

　幼児の「心の理論」の発達過程を調べるために，よく用いられているのが「**誤信念課題**（false belief task）」（Wimmer & Perner, 1983）である。これにはいくつかのバリエーションがあり，そのひとつに「サリーとアンの課題」（Baron-Cohen, Leslie, & Frith, 1985）がある（図A）。サリーのビー玉は最初，自分のかごにあったのだが，不在の間にアンの箱に移されてしまう。こうした内容の人形劇を見せてから，サリーの考えていること（またはそれにもとづいた行動）を対象児に尋ねる。誤信念課題を用いたこれまでの研究から，3歳児は他者の誤信念を理解できておらず，実際の状況を答える（サリーとアンの課題では，「サリーは箱を探す」と回答）のに対して，4～7歳にかけて正答率が上昇することがわかっている（郷式, 2001；Wellman, Cross, & Watson, 2001）。

誤信念課題では，同一の現実に対して，自己と他者がそれぞれ心に思い描いて表象している内容が，異なっていることを理解する必要がある。つまり，この課題で問われているのは，ひとつの現実が多様に受けとめられて表象されるという，心の働きなのである。パーナー（Perner, 1991）は，この表象プロセスに関する理解が「心の理論」の発達にとって必要であり，それを**メタ表象**（metarepresentation）能力とよんでいる。

なお，サリーとアンの課題で扱ったのは，「サリーは〜と思っている」という一次的信念であり，「AさんはBさんが〜と考えている』と思っている」というより複雑な二次的信念は，児童期なかごろ以降になって理解されるようになる（Perner & Wimmer, 1985）。

1.3　自閉症と「心の理論」

自閉症児の場合，精神年齢が4, 5歳以上であっても，誤信念課題の成績がよくないことがわかり（Baron-Cohen et al., 1985），自閉症児者がかかえるハンディキャップのひとつに「心の理論」の障害があるという考え方が提起された（Baron-Cohen, 1995）。この指摘が，「心の理論」への関心を盛りあげ，自閉症と「心の理論」の関連について多くの研究と議論がなされるようになった。

ただし，自閉症は，知的能力や対人関係において幅広い状態像を示す障害であり，すべての自閉症，ないしは個々それぞれの症状を「心の理論」の障害だけで説明することはできない。そこで，前頭葉前野によって制御されている**実行機能**（executive function）の障害（Russell, 1997），あるいは情動を介した相互主体的関係性の制約（Hobson, 1993）など，さまざまな要因との関連性が，自閉症研究では重要な検討課題になっている。

2　「心の理論」の始まりと基盤
2.1　共同注意と「心の理論」

子どもは，誤信念課題を通過する4歳以降になってはじめて，他者の心を理解できるようになるわけではない。養育者をはじめとする他者とコミュニケーションを図るなかで，他者の心的状態に気づき，相互の意図を調整していると考えられる。

そこで「心の理論」の発生起源として注目されているのが、生後9か月ごろからの対人コミュニケーションの変化である。その代表的な行動として、**共同注意**（joint attention）の成立がある（Moore & Dunham, 1995）。具体的には、他者が注意を向けている対象に自らの注意を向けたり、自分が注意を向けている対象に指さしなどで他者の注意を向けさせたりして、対象に対する注意を他者と共有する行動を指す。その際、子どもと他者が単に同じ対象を見ているというだけではなく、相手が自分と同様に、同じ対象に注意を向けていることを何らかの形で子どもが理解していることが、共同注意の成立要件とされている（この要件は、対象と他者を交互に見たり、対象を指さした後で他者を振り返ったりする行動などで確認される）。

共同注意は、他者の注意という心的状態の理解を含んでおり、バロン・コーエン（Baron-Cohen, 1995）などのように、「心の理論」の先駆体ないしは予兆的な行動と考える論者は多く（この解釈に関する議論については、木下（2008）を参照）、自閉症の障害生起プロセスと関連させた議論がなされてきている。また、トマセロ（Tomasello, 1999）は、共同注意をはじめ、生後9か月ごろから新たなコミュニケーション様式が一斉に出現する劇的な変化を、**「9か月革命」**と称している。彼によると、この発達の背後には、他者を自分と同様に「意図を有する主体（intentional agent）」として認識するようになることがあるという。この他者認識の変化によって、他者が何にどのような意図や意味を向けているのかを理解する基盤ができ、もろもろの文化的所産を模倣や教示によって速やかに習得することが可能になると、トマセロは主張している。

2.2 意図理解の本格的開始

トマセロがいうように、他者の意図が読みとれることは、さまざまな学習において有効に作用する。メルツォフ（Meltzoff, 1995）の実験は、その意味でたいへん興味深いものである。

この研究では、18か月児を対象に、ある対象物を用いた行為をしようとして失敗するモデルを見せたあと、実験者が意図した行為を推測して遂行できるかを調べた。図B（上段）はその課題のひとつで、ダンベル状にくっついた積木を取ろうとして手が滑って失敗する場面を子どもに見せて、このも

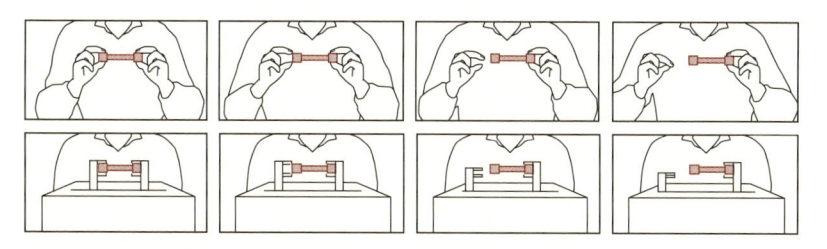

図B　行為再現実験における提示モデル（Meltzoff, 1995）
時間経過は左から右。上段は人間がモデル提示をした条件，下段は同じ動きを機械で示した条件。

のを子どもに渡す。すると，18か月児は見たとおり失敗試行を再現するのではなく，実験者の意図をくみ取って行為するのであった（Bellagamba & Tomasello（1999）によると，12か月児だとこうした意図理解は見られない）。一方，図B（下段）のような機械が同じような動きを示しても，子どもは行為を完遂することはなく，意図を帰属させるのは人間に対してだけであった。

18か月ごろより，自己と他者がそれぞれ固有の意図をもっていることに気づき，それを本格的に読み取ることが可能になっていく。それと並行して，**ふり遊び**（pretend play）における想像的行為の意味が理解できるようになり（Leslie, 1987），「いま，ここ」にはない世界も他者と共有する可能性が広がっていく。

2.3　対話による自他理解の深まり

1歳後半以降，自己と他者は，独自の心的状態をもった主体として意識されるようになって，相互理解のためにそれぞれの内的世界を語っていく必要が増していく。心的状態を表す言葉としては，まず2歳代で「〜したい」などの欲求を表すものが出現し，次いで3歳以降，「思う」など思考や信念をあらわす言葉が使われるようになっていく（Bartsch & Wellman, 1995）。

2，3歳にかけて急激な語彙の拡大が起こるとはいえ，言語能力に制約がある幼児の場合，心的状態を語るうえで，養育者がさまざまなサポートをしながら対話相手となる必要がある。その過程において，養育者が子の心的状

態を理解する感受性や，それを表現する語彙数や頻度などが影響して，後の「心の理論」の発達に個人差をもたらすと考えられる（Dunn et al., 1991；園田，1999 など）。「心の理論」の発達における個人差を，先行する対人相互交渉の質に着目して分析することは，この領域での課題のひとつである（内藤，2007 も参照）。

また，自他相互に語ることを通して，過去・現在・未来と連続した，個別的な歴史性をもった存在として自己が形成されていく。こうした**時間的な拡がりをもつ自己**の発達と，「心の理論」との関連についても，今後の重要な検討課題となっている（木下，2008 も参照）。

参考文献
子安増生（2000）心の理論──心を読む心の科学．岩波書店．
　「心の理論」研究の基本的事項について，映画や文学など豊富な話題とともにわかりやすく書かれた必読入門書。

文 献

Baron-Cohen, S.（1995）*Mindblindness: An essay on autism and theory of mind*. The MIT Press.（長野 敬・長畑正道・今野義孝（訳）（1997）自閉症とマインド・ブラインドネス．青土社．）

Baron-Cohen, S., Leslie, A. M., & Frith, U.（1985）Does the autistic child have a "theory of mind"? *Cognition,* 21, 37-46.

Bartsch, K. & Wellman, H. M.（1995）*Children talk about the mind*. Oxford University Press.

Bellagamba, F. & Tomasello, M.（1999）Re-enacting intended acts: Comparing 12-and 18-month-olds. *Infant Behavior & Development,* 22, 277-282.

Dunn, J., Brown, J., Slomkowski, C., Tesla, C., & Youngblade, L.（1991）Young children's understanding of other people's feeling and beliefs: Individual differences and their antecedents. *Child Development,* 62, 1352-1366.

Frith, U.（1989）*Autism: Explaining the enigma*. Basil Blackwell.（冨田真紀・清水康夫（訳）（1991）自閉症の謎を解き明かす．東京書籍．）

郷式 徹（2001）数量化1類による自己信念変化課題の記憶質問正答率のメタ分析．心理学評論，43, 456-475.

Harris, P. L.（1991）The work of imagination. In A. Whiten（Ed.）, *Natural Natural theories of mind*（pp. 283-304）. Basil Blackwell.

Hobson, R. P. (1993) *Autism and the development of mind.* Lawrence Erlbaum Associates.（木下孝司（監訳）(2000) 自閉症と心の発達――「心の理論」を越えて．学苑社.）

木下孝司 (2008) 乳幼児期における自己と「心の理解」の発達．ナカニシヤ出版．

Leslie, A. M. (1987) Pretense and representation: The origins of 'theory of mind'. *Psychological Review,* 94, 412-426.

Meltzoff, A. N. (1995) Understanding the intentions of others: Re-enactment of intended acts by 18-month-old children. *Developmental Psychology,* 31, 838-850.

Moore, C. & Dunham, P. J. (Eds.) (1995) *Joint attention: Its origins and role in development.* Lawrence Erlbaum Associates.（大神英裕（監訳）(1999) ジョイント・アテンション――心の起源とその発達を探る．ナカニシヤ出版．）

内藤美加 (2007) 心の理論研究の現状と今後の展望．日本児童研究所（編）児童心理学の進歩―― 2007 年度版，第 46 巻 (pp. 1-37). 金子書房．

Perner, J. (1991) *Understanding the representational mind.* MIT Press.

Perner, J. & Wimmer, H. (1985) "John thinks that Mary thiks that……": Attribution of second-order beliefs by 5-to 10-year-old children. *Journal of Experimental Child Psychology,* 39, 437-471.

Premack, D. & Woodruff, G. (1978) Does the chimpanzee have a theory of mind? *Behavioral and Brain Sciences,* 4, 515-526.

Russell, J. (Ed.) (1997) *Autism as executive disorder.* Oxford University Press.

園田菜摘 (1999) 3 歳児の欲求，感情，信念理解――個人差の特徴と母子相互作用との関連．発達心理学研究，10, 177-188.

Tomasello, M. (1999) *The cultural origins of human cogntion.* Harvard University Press.（大堀壽夫・中澤恒子・西村義樹・本田　啓（訳）(2006) 心とことばの起源を探る――文化と認知．勁草書房．）

Wellman, H. M., Cross, D., & Watson, J. (2001) Meta-analysis of theory-of-mind development: The truth about false belief. *Child Development,* 72, 655-684.

Wimmer, H. & Perner, J. (1983) Beliefs about beliefs: Representation and constraining funciton of wrong beliefs in young children's understanding of deception. *Cognition,* 13, 103-128.

4章 幼児期

感情 からかい／うそ

木下孝司

　他人をからかったり，うそをつく行為は道徳的に望ましくない行為として考えられている。だが，そうした行為の出現を発達的にみていくと，コミュニケーション能力の発達が不可欠なものであることがわかる。また，からかいやうそは一見すると，事実に反する言明を行って，他者との関係を断ち切るものにみえるが，その発達基盤には特定の他者との信頼関係が不可欠なものである。

　本章では，これまでどちらかといえば光のあてられることが少なかった，幼児のからかいやうそを取りあげて，その発達的意味について考えてみたい。

1　からかい

1.1　親子間での遊戯的なからかいの始まり

　からかい（teasing）には，大きく分けるとふたつのタイプがある。ひとつは，相手が困惑したり狼狽したりするのを楽しむ行為で，悪意が隠されたものである。もうひとつは，相手と楽しさを共有しようとして，わざと相手の意図や期待に反するような行為をするもので，遊技的からかいとよぶことができる。そして，後者のタイプがまず最初に，生後9，10か月頃より，養育者など親しい間柄において観察されるのである。

　ある生後9か月の子どもは，父親にものを差し出してきた。父親は渡してくれるのかと思い，手を差し出すと，ニタッと笑って手を引っ込めてわざと反対の方を見て，大喜びをしたという（Reddy, 1991）。この他にも，養育者を見ながらわざと叱られそうなことをしてみせるなど，遊戯的からかいとよべる行為が9，10か月以降によく観察されるようになる。

　遊技的からかいの出現は，少なくともこの時期より，**メタ・コミュニケーション**（meta-communication）が成立していることを示唆している（中野，

1996)。というのも,この種のからかい行為を相互に楽しめるためには,それぞれの行為を文字どおりの意味ではなく,その背後にある遊戯的な意図を感知して,同調する必要があるからである。メタ・コミュニケーションは,発信されているメッセージに関するメッセージであり,たとえば,そこでなされている言動が「本気」か「遊び」なのかを伝える役割を果たす場合もある (Bateson, 1972)。「これは遊びだよ」という遊戯的意図を了解しあう必要性という点で,遊戯的からかいは,1歳半前後より頻発するようになる**ふり遊び** (pretend play) と共通性をもっているといえる (木下,1995;Reddy, 1991)。すなわち,おもちゃのブロックを食べるふりをして,そうした行為を他者と共有するには,その行為の背後にある遊技的意図を相互に理解しあうことが不可欠なのである。

　こうしたコミュニケーションの発達は,子どもひとりの力で成し遂げられるものではなく,当然のことながら養育者の果たす役割は大きい。乳児期における情動を含んだ親子のコミュニケーションに着目し,**相互主体性** (intersubjectivity) の発達を研究しているトレヴァーセン (Trevarthen, 1990) によれば,養育者は子どもが乳児期前半の時期から,ユーモラスな擬音・擬態語や手遊びを用いて,ふざけあいのゲームに誘い込んでいるという。情動的に安定した関係性が成立していることを前提に,養育者は子どもの期待している行為をわざと間違えたり,タイミングをずらしたりして,さらに相互のやりとりを楽しもうとするのである。そうした過程において,子どもは遊技的意図に気づいていくのであろう。

1.2　他者を攻撃するからかい

　ダン (Dunn, 1988) は,イギリスの家庭において,1,2歳児とそのきょうだいを観察し,社会性の発達についてさまざまな角度から資料を収集している。それによると,1歳から2歳にかけて,悲しんだり困っているきょうだいを慰める行為が増加していく。その一方で,きょうだいとのいざこざやけんかも増える。

　この時期は一般に,ものの所有をめぐるトラブルが頻発するが,1歳前半だと他者にものを取られまいとひたすらそのものを引っぱっていることが多い。それが次第に,他者に対して身体的攻撃を直接行うようになっていく。

それと同時に，けんか場面において，からかい行為も増えていき，2歳前後になると相手をからかう頻度が高くなる。

ダン（Dunn, 1988）の観察によると，ある1歳半の幼児が，けんかの際に，きょうだいが嫌っているクモのおもちゃをわざわざ出してきてからかう，といったことが確認されている。あるいは他の研究者の観察事例（Hoffman, 1984）に目を向けると，生後20か月の女児について，姉のもっているおもちゃがほしいけれども貸してもらえないという事態で，興味深い観察がなされている。その女児は，姉の（他人に触られるのも嫌なほど）お気に入りの木馬のところまで行って，誇示するかのように乗ってみせたところ，姉は怒り，おもちゃを放って木馬までやってきた。そのすきに，女児はほしがっていたおもちゃを手にしたという。

以上のように，1歳半以降，子どもは他者の意図を理解するだけではなく，自分の行為が他者の意図や感情にどのような影響を与えるのかについて理解するようになり，対人関係のありかたはより複雑になっていくのである。

2 うそ
2.1 子どもはいつごろからうそをつくのか

からかい行為が多くなる1歳半から2歳以降，事実に反する発言をして大人に笑いかけることもみられる。実際にはおしっこをしていないのに，「チーデタ（おしっこ出た）」と言ったり，名前をよく知っているものにわざと不適切な別の命名をしたりして（例：自分のミルクカップを見せて「ビール」と発言），大人に笑顔を向けてコミュニケーションを図ろうとする（麻生，1996も参照）。そんな子どもの発言を聞いて，大人は思わず「うそでしょ」などというが，厳密にいえば，これらはうそではない。子どもの側に相手をあざむく意図はないからである。

うそ（lie）が他者をあざむくものとして成立するためには，①虚偽の意識（自分の発言は事実ではないことを自覚している），②あざむく意図，③他者の知識状態の理解と操作（他者が事実を知っているか否かを理解して，事実でないことを思い込ませる），といったことが必要になると考えられる。上記の例では，虚偽の意識はあるが，あざむく意図はないといえる。あるいは，2，3歳児において，行ったことがないところに行ったことがあると言

ったり，見たことがないのに見たことがあると発言したりする場合がある。これなどは，自らの願望が思わず口に出てしまったもので，本人には虚偽の意識もあざむく意図も希薄である。

　では，文字どおりのうそを子どもはいつごろからつけるのであろうか。ひとつの立場として，3歳前後で可能とする研究がある。大人から叱られそうな場面で，自分のしたことを隠すことは日常的にわりと早くから観察される。ルイスら（Lewis et al., 1989）はそのことを実験的に示している。実験者は，3歳児に背を向けさせた状態で机におもちゃを並べ，実験者がしばらく部屋を出るが，自分が戻るまで振りかえっておもちゃを見てはいけないと約束をする。実験者が部屋に戻って，子どもの顔をじっと見て「おもちゃをのぞいてみたの？」と尋ねたところ，実際にはおもちゃを見てしまったにもかかわらず「いいえ」とうそをついた子どもは4割近くいた。そして，さらに興味深いことに，第三者にはその回答の様子から，正直に答えた子どもと見分けがつかなかったのである。

　また，チャンドラーら（Chandler et al., 1989）も，2歳半から3歳頃には他者をあざむくことができることを，宝探しゲーム実験をとおして示している。この実験では，（足にスタンプが仕込んである）人形が足跡をつけながら，4つの容器のひとつに宝物を隠しにゆく。その経過を見ていない実験者が宝物を見つけられないように，2歳半の子どもでも，足跡を消す，別の足跡をつける，あるいはその両方を行うことがみられたという。

　それに対して，3歳以下の子どもは，他者が何を事実として認識しているのかを明確に理解して，虚偽の情報を意図的に信じさせようとしているとは言いがたいとする立場もある（Sodian, Taylor, Harris, & Perner, 1991）。ルイスら（Lewis et al., 1989）の実験場面でいえば，大人との約束を破ったことに対して，自己防衛的に自分の言動を隠しただけで，まだ相手が何をどう思っているのかまで認識が及んでいない可能性がある。また，チャンドラーら（Chandler et al. 1989）のゲーム場面では，足跡を消すなどの行為そのものを楽しんでいる，あるいは単に隠し場所に実験者の目が向かないようにしただけなのかもしれない。そこで，重要になるのが，他者が誤信念をもつ存在であることをはっきりと認識し，他者に**誤信念**をもたせることを意図的に行うことである。その点において，うそをついたり，うそを理解する能力は

心の理論の発達と関連しており、厳密な意味でのうそは誤信念課題に正答する4歳以降にみられる、という見解が有力になっている（郷式，2005も参照）。

2.2 感情を装う

人は利己的な目的のためにだけ、うそをつくわけではない。他者のために自分の本心を隠すことがある。たとえば、人からプレゼントをもらい、それが自分の嫌いなものや期待はずれであっても、不快感をその人に向けてはならない。このように、ある対人場面において、何らかの感情を感じているように、あるいは感じていないようにふるまう感情表出の社会的ルールを**表示規則**（display rule）といい（Ekman & Friesen, 1975）、その規則に従った行動や規則に関する理解は幼児期からみられる。

表示規則に従った行動は、すでに3歳児にも一部みられはじめている。もらった報酬があまりうれしくないものであっても、3歳にもなると、報酬をくれた人が目のまえにいると微笑んで否定的な気持ちを隠そうとする（Cole, 1986）。ただ、自分の感情表出が相手の感情に及ぼす影響を考慮しつつ、**本当の感情と見せかけの感情の違い**を理解して、意図的に自らの感情を制御したり、本当の感情を隠す他者の意図を推測したりするには、さらにもう少し年月を要する。

「ある女の子は友だちとゲームをして勝った。彼女は、友だちがゲームをやめると言いだすかもしれないので、自分の感情を隠そうとした」といった話を聞かせ、女の子の本心、見せかけの表情を聞いてみる（Harris & Gross, 1988）。この子は、本当はうれしいけれども、表面的には「ふつう」（無表情）を装っている。こうした理解は4歳では難しく、6歳頃になって理解されるようになる。また、6歳児は「うれしい顔をしてしまうと、友だちがもうゲームをしてくれなくなるかもしれないと考えて、うれしい顔をしないようにしている」などと理由づけを行うようにもなる。他者からどのように思われたりみられたりしているのかを考慮して、他者視点から自己の感情や思考を再帰的に振り返ることが始まりつつあるといえよう。

うそをつき、本心や本音を隠すことは、他者と情報を共有せず、自分しか知らない世界をもつことである。それは他でもない、まさに「わたし」とい

う固有な存在であることの証といえる．同時に，うそをつくことは，上述のように他者からのまなざしを強く感じとり，より他者を意識することにもつながる．

　以上のように，からかいやうその発達をとおして，自己と他者をめぐる複雑で重層的な関係性を垣間見ることができる（木下，2006 も参照）．

参考文献
麻生　武（1996）ファンタジーと現実．金子書房．丹念な日誌記録と分析から，「ふり」や「うそっこ」など子どもの心的世界がつくられていくプロセスを解明した好著．日誌法による質的研究の方法論も学べる．

文　献

麻生　武（1996）ファンタジーと現実．金子書房．
Bateson, G.（1972）*Steps to an ecology of mind*. Harper & Row.（佐藤良明（訳）(1990) 精神の生態学．思索社．）
Chandler, M., Fritz, A. S., & Hala, S.（1989）Small-scale deceit: Reception as a marker of two-, three-, and four-year-olds' early theories of mind. *Child Development*, 60, 1263-1277.
Cole, P. M.（1986）Children's spontaneous control of facial expression. *Child Development*, 57, 1309-1321.
Dunn, J.（1988）*The beginnings of social understanding*. Basil Blackwell.
Ekman, P. & Friesen, W. V.（1975）*Unmasking the face: A guide to recognizing emotions from facial clues*.（工藤　力（訳編）（1987）表情分析入門――表情に隠された意味をさぐる．誠信書房．）
郷式　徹（2005）うそとあざむき――子どもはいつ頃からうそをつくか．子安増生（編），よくわかる認知発達とその支援（pp. 104-105）．ミネルヴァ書房．
Harris, P. L. & Gross, D.（1988）Children's understanding of real and apparent emotion. In, J. W. Astington, P. Harris, & D. R. Olson（Eds.）, *Developing theories of mind*（pp. 295-325）. Cambridge University Press.
Hoffman, M. L.（1984）Interaction of affect and cognition in empathy. In, C. E. Izard, J. Kagan & R. B. Zaionc（Eds.）, *Emotions, cognition and behaviour*（pp. 103-131）. Cambridge University Press.
木下孝司（1995）他者の心，自分の心――心の理解の始まり．麻生　武・内田伸子（編），人生への旅立ち．講座 生涯発達心理学，第 2 巻（pp. 163-192）．金子書房．

木下孝司（2006）理解されたい人間――「心の理論」の進化と発達．ヒューマン・コミュニティ創成研究センター（神戸大学）（編），人間像の発明（pp. 118-148）．ドメス出版．

Lewis, M., Stanger, C., & Sullivan, M. W. (1989) Deception in 3-year-olds. *Developmental Psychology*, 25, 439-443.

中野　茂（1996）遊び研究の潮流――遊びの行動主義から「遊び心」へ．高橋たまき・中沢和子・森上史朗（編），遊びの発達学：基礎編（pp. 21-60）．培風館

Reddy, V. (1991) Playing with others' expectations: Teasing and mucking about in the first year. In, A. Whiten (Ed.), *Natural theories of mind: Evolution, development, and simulation of everyday mindreading* (pp. 143-158). Basil Blackwell.

Sodian, B., Taylor, C., Harris, P. L., & Perner, J. (1991) Early deception and the child's theory of mind: False trails and genuine marker. *Child Development*, 62, 486-483.

Trevarthen, C. (1990) Signs before speech. In, T. A. Sebeok & J. Uniker-Sebeok (Eds.), *The semiotic web* (pp. 689-755). Mouton de Gruyter.

4章　幼児期

言語　話し言葉

針生悦子

　学校で外国語の勉強をするときとは違って，子どもはいま耳にした新しい語がどのような意味かとか，それらの語をどのようにつなげたらどのような意味になるかを，言葉で説明してもらうわけにはいかない。子どもは，自分の周囲でかわされている言葉のやりとりを聞いて，新しい語の意味や文法ルールを見いだしていかなければならないのである。それは何を手がかりとした，どのような学習なのだろうか。

1　語彙の獲得
1.1　語彙爆発と即時マッピング

　子どもは1歳より少し前ころ，初語，すなわち，周囲の大人にも「この子はこのような状況を指していつも決まった形式の音声を発している」とわかる初めての言葉を発するようになる。しかし，このあと半年ほどのあいだ，子どもが話すことのできる語（産出語彙）はなかなか増えていかず，子どもが新しく覚える語の数は月に1～5語といったところである。しかもこの時期の子どもの語の使いかたは大人とはかなり異なり，たとえば白いイヌを指して教えられた「ワンワン」を，イヌだけでなく，ネコやウマ，さらには白い壁や毛のふさなど，最初のイヌと似ているところがあれば何にでも使うといった具合である。

　確かに，モノを指して語が言われたとしても，その語がそのモノのなにを指すかについて可能性は無限にある。たとえば，いま目の前で，未知の言語を話す人がウサギを指さして「ガバガーイ」と言ったとしても，「ガバガーイ」がいわゆるウサギカテゴリーを指すのか，そのウサギの固有名詞なのか，白いとかふわふわしているなどそのウサギの何らかの属性を指すのかは，本来ならわからないはずである（哲学者**クワイン**（Quine, W. V.）の**ガバガー**

イ (gavagai) **問題**）。語彙がなかなか増えていかない時期の子どもの語の使いかたをみていると，まさに，与えられた語がどういう意味なのかをすぐに判断することができずに試行錯誤しているようにみえる。

　それが産出語彙が 50〜100 になると語彙獲得の様相は一変し，語の獲得スピードは月に 30〜60 あるいはそれ以上といったペースになる（**語彙爆発**）。しかも，この時期の子どもは，初めての語の意味を，即座にかなり正確に推論する（**即時マッピング**）。たとえば，誰かがアヒルを指さして「ガアガ」と教えると，もうこの新しい語の意味としてありそうな無数の可能性——「ガアガ」は白いという意味であるとか，そのアヒルの固有名詞であるといった可能性——に惑わされることなく，すぐに，「ガアガ」はアヒルカテゴリーを指すと判断する。

　このように，子どもは最初の 50〜100 語を学習するなかで，モノを指して新しい語がいわれたら，その語はたいていどのような意味と考えたらよいか——語はそのモノ（の部分や属性ではなく）全体を指し（**事物全体制約**），そのモノだけではなく形の似たほかのモノにも使うことができる（**事物カテゴリー制約**）といったこと——を理解するようになる。そして，このような制約のもとで新しく出合った語の意味をすばやく推論するようになり，爆発的な勢いで語彙を増やしていくことができるようになるのだろう（Markman, 1989）。実際，語彙爆発の始まる前後で，モノを指して導入された新しい語を子どもがどう解釈するかをみてみると，語彙爆発の始まるまえの時期は，子どもがその語をどう解釈しようとするかについて明確な傾向がみられないのに対し，語彙爆発の始まったあとでは，最初のモノと形が似た対象に限ってその語を使っていこうとする傾向がはっきりと認められる（Gershkoff-Stowe & Smith, 2004）。

1.2　さまざまな種類の語の学習

　子どもがうえで述べたような制約を設けて新しい語の意味を推論していることは，家のイヌを「ロンちゃん」と教えられたとたんに，どこの家のイヌもすべて「ロンちゃん」とよぶようになってしまったといったエピソードからも知られる。しかし，それでは子どもは，たとえば**固有名詞**など，モノの名前（**カテゴリー名**）以外の語彙はどのようにして学んでいるのだろうか。

英語では，新しい語でも，それが"This is a *dax*"のように冠詞つきで発話されれば普通名詞だが，"This is *Dax*"と発話されれば固有名詞である。それで英語圏では，子どもはこのような手がかりを使っていま聞いた語がカテゴリー名なのか固有名詞なのかを見きわめているのではないかと考えられてきたし，実際，2歳代の子どもでもこのような手がかりを使って，新しく聞いた語の意味を正しく推論できていることが報告されてきた（Gelman & Taylor, 1984）。

　しかし，日本語は，普通名詞と固有名詞を文法的に区別しない。ということは，日本語を学びつつある子どもたちには，いま耳にした語がカテゴリー名でなく固有名詞だということを知る手がかりはないということではないだろうか。しかし，日本の子どもたちも3歳ころになると，既に自分が名前を知っている動物を指して新しい語が言われると，即座にその語をその動物の固有名詞だと考える（Imai & Haryu, 2001）。その一方で，コップや皿など名前のわかっている人工物を指して新しい語が教えられても，その語をその人工物の固有名詞だとは考えない。このように，日本語では普通名詞と固有名詞が文法的に区別されていないが，日本語を学ぶ子どもたちは，大人の語の使いかたを観察するなかで，固有名詞（特定のモノにしか適用できない語）が言われるのはどのような場面でどのような対象に対してなのかを理解するようになり，それを語の学習に生かしていっているらしい。

　子どもが獲得すべき語彙には，カテゴリー名だけでなく固有名詞，さらには動詞，形容詞などさまざまな種類のものがあり，子どもも5歳くらいになれば，新しい語に出会って，その種類に応じた的確な意味をすばやく推論できるようになっている。もっとも，子どもははじめから，それぞれの語の種類にあったやりかたで，新しく出会った語の意味をうまく推論できていたわけではない。子どもははじめのころ，まずは優先的にモノの名前（カテゴリー名）を学習しながら，そのようなやりかたではうまくいかない種類の語彙があることにも気づき，それらの語はどのような文法フレームで発話に現れるか，また，どのような概念に対応しているかなどについてもメタレベルで学習していき，自身の語彙獲得プロセスを洗練していっているのである（今井・針生, 2007）。

2 文法の獲得
2.1 電文体発話と機能語

　語彙を獲得するスピードが爆発的なものに転ずるころ,子どもは,一度に2語,やがてはそれ以上の数の語をつらねた発話をするようになる。このころの子どもの発話は,日本語なら「ワンワンいた」,英語なら"Jane want apple"のように,**機能語**(function words)を抜かしたもの(電文体発話)になりがちである。

　機能語とは,名詞や動詞などの**内容語**(content words)と対比されるタイプの語で,日本語なら助詞,英語なら冠詞や be 動詞などがこれにあたる。機能語それ自体は指示対象をもたず,主に,文中にほかの語を位置づけるなどの文法的役割をになう。形式的にみても,たいていの言語において,機能語は長さが短く,発話の中でも目立たない(Shi, Morgan & Allopenna, 1998)。

　したがって,なぜ子どもが最初のころ機能語を抜かして発話するのかについては,このような文法的機能をになう小さな要素のことを子どもは最初のころ理解できていないからだといった主張もなされてきた(Radford, 1990)。しかしその一方で,自分では機能語を抜かして発話している時期の子どもが,他者の発話で機能語が抜けていたり別の語に置き換わっていたりするとその発話の理解が妨げられる(Gerken & McIntosh, 1993)とか,前節でも見たように,不定冠詞の有無で新しい語が普通名詞なのか固有名詞なのかも見きわめている(Gelman & Taylor, 1984)といったことも報告されてきた。日本語でも最近,乳児は15か月ころまでに,文中に出てくる助詞「が」を聴きとることができているばかりか,助詞「が」は単語の中に含まれるほかの音節とは違って省略可能であることまで理解しているらしいことがわかってきた(梶川・針生,2009)。

　このように,子どもは機能語を抜かした発話をしていても,実際にはその存在や役割には早い時期から気づいているようだ。そもそも機能語は限られた種類のものが繰りかえし使われるから,子どもがある特定の機能語を耳にする頻度は高いはずである。しかも,機能語が発話中で現れるのは,文法的に重要な区切りの位置である。したがって,機能語がわかれば,文法的区切りや,隣接する語の品詞を見きわめる手がかりになるだろう。このようなこ

とを考えると，機能語は，子どもの発話に現れる時期は早くなくとも，子どもが言語を獲得していくときの重要な足がかりになっている可能性がある。

2.2　助詞と語順

日本語では，「イヌが人をかんだ」と「人をイヌがかんだ」では意味は変わらないが，英語では"A dog bites a man"と"A man bites a dog"では全く違う意味になる。このように，文中の名詞の役割を決めるうえで重要なのは，英語では**語順**だが，日本語では**助詞**である。ただし，助詞は知覚的に目だたないし，日本語でも語順は「動作主－動作対象」の方が頻度は高い。とすれば，日本語を学ぶ子どもも文の構造と意味との対応づけを学んでいくとき，まずは語順を手がかりにし，しだいに助詞の役割を理解するようになっていくのだろうか。

このことを調べるために林部（Hayashibe, 1975）は，3～5歳の子どもにぬいぐるみをわたし，「カメがアヒルを押す」とか，「アヒルをカメが押す」といった文のとおり実演してもらった。すると，「動作主－動作対象」語順の文には正答できても「動作対象－動作主」語順の文には正答できない子どもがかなりいて，その月齢は，両タイプの文に正しく答えられた子どもより低めだった。そこで，林部は，「まずは語順」といううえの仮説が支持されたと考えた。

しかし，日本語でも動作対象が話題にのぼっていないところで「動作対象－動作主」語順の文が発話されるのは不自然であって，子どもたちはそのことにとまどったのではないか。このように考えた大津（Otsu, 1994）は，まず「公園にアヒルがいました」のように言ってから「そのアヒルをカメが押しました」と，「動作対象－動作主」語順のターゲット文を導入した。すると今度は，林部と同年齢の子どもたちが「動作対象－動作主」語順の文にも正答できたのである。

さらに針生ら（Haryu, Imai, Okada & Kajikawa, 2007）は少し方法を変えて，クマがウサギを押している場面とウサギがクマを押している場面を同時にビデオで見せ，「ウサギがクマを…」もしくは「クマをウサギが…」という文に対応する場面を子どもたちに選ばせた。すると，3歳児はどちらの語順の文に対してもチャンスレベル以上の確率で正答できた。一方，5歳児は

「動作主－動作対象」語順の文には正答できたものの，「動作対象－動作主」語順の文には正答できないという結果になった。そしてここでも，あらかじめ「クマさんです」と導入しておいてから，「そのクマをウサギが…」と「動作対象－動作主」語順の文を提示すると，5歳児は正しい場面を選べるようになったのである。

　以上を総合すると，当初の予想とは少し違って，子どもは早い時期から助詞の役割を理解しているが，発達とともに語順にも注目できるようになり，たとえば「動作対象－動作主」語順で発話するのはどのような状況かも学んでいく，ということのようだ。発達の道すじがなぜこのようなものになるかについては，子どもの発達にともなう大人の話しかけの変化であるとか，子どもの認知能力の成長など，いくつか可能性は考えられるが，それらについて検討することは今後の課題として残されている。

文献

Gelman, S. A. & Taylor, M. (1984) How two-year-old children interpret proper and common names for unfamiliar objects. *Child Development*, **55**, 1535-1540.

Gerken, L. & McIntosh, B. J. (1993) Interplay of function morphemes and prosody in early language. *Developmental Psychology*, **29**, 448-457.

Gershkoff-Stowe, L. & Smith, L. B. (2004) Shape and the first hundred nouns. *Child Development*, **75**, 1098-1114.

Haryu, E., Imai, M., Okada, H., & Kajikawa, S. (2007) How Japanese children assign thematic roles to nouns in a transitive sentence: From case-marking particles to word order. Paper presented at the Biennial Meeting of the Society for Research in Child Development.

Hayashibe, H. (1975) Word order and particles: A developmental study in Japanese. *Descriptive and Applied Linguistics: Bulletin of the ICU Summer Institute in Linguistics*, **8**, 1-8.

Imai, M. & Haryu, E. (2001) Learning proper nouns and common nouns without clues from syntax. *Child Development*, **72**, 787-802.

今井むつみ・針生悦子（2007）レキシコンの構築．岩波書店

梶川祥世・針生悦子（2009）乳児における格助詞「が」の認知──玉川大学脳科学研究所紀要，**2**, 13-21.

Markman, E. M. (1989) *Categorization in children: Problems of induction.* MIT Press.

Otsu, Y. (1994) Early acquisition of scrambling in Japanese. In, T. Hoekstra & B. D. Schwartz (Eds.), *Language acquisition studies in generative grammar: Papers in honor of Kenneth Wexler From the 1991 Glow workwhops* (pp. 253-264). John Benjamins Publishing Company.

Radford, A. (1990) *Syntactic theory and the acquisition of English syntax: The nature of early child grammars of English.* Basil Blackwell.

Shi, R., Morgan, J., & Allopenna, P. (1998) Phonological and acoustic bases for earliest grammatical category assignment: A cross-linguistic perspective. *Journal of Child Language*, 25, 169-201.

4章 幼児期

社会 道徳性と向社会性

二宮克美

1 道徳性の発達
1.1 道徳性の発達理論

ピアジェ（Piaget, 1932）の研究以前は，**道徳性**の発達とは社会規範に同調させ，社会的権威を受容させることが目標であるという考えかたが主流であった。しかし，ピアジェはそうした考え方を批判し，他律的な大人の拘束による道徳観から，自律的で仲間との協同による道徳観への変化，一方的尊敬から相互的尊敬への変化としてとらえた。つまり，一方的に大人の価値観を押しつけるだけでは他律的な道徳性しか育たないが，子どもが仲間や社会に働きかけることによって，自律的な道徳性が育つと考えた。

コールバーグ（Kohlberg, 1969）は，子どもでも自分なりの正しさ（justice）の枠組みをもっており，それに基づいて道徳的判断をするとした。その正しさの枠組みは発達とともに質的に変化するものと考え，道徳性の発達について3水準6段階を提起した（表A）。**ギリガン**（Gilligan, 1982）はコールバーグの理論が男性を中心とした「正しさ」の考え方であると批判し，女性は人間関係，気配り，共感などを主要原理とする「配慮と責任の道徳性」を発達させると述べた。

最近では，**ケイガン**（Kagan, 2005）が気質との関連から幼児の道徳性の発達について6段階を提唱している（表B）。禁止された行為の抑制や禁止された行動の認知的表象，違背に続く感情状態は，2歳のおわりまでにみられる。良い・悪いの概念は3歳のはじめに，罪悪感の経験や社会的カテゴリーの意識は4歳から6歳に見られる。公正さ，理想，それに関連する社会的カテゴリーの概念は，学童期にみられるようになる。そして，道徳的情動の強度と頻度におけるばらつきは，その子どもの気質によるとしている。

コチャンスカら（Kochanska, 2002; Aksan & Kochanska, 2005）は，**良心**

表A　コールバーグによる道徳性の発達段階

第1水準：前慣習的水準
　　段階1　罰と服従への指向
　　段階2　道具主義的な相対主義
第2水準：慣習的水準
　　段階3　対人的同調あるいは良い子指向
　　段階4　法と秩序指向
第3水準：後慣習的水準
　　段階5　社会契約的な法律指向
　　段階6　普遍的な倫理的原理の指向

表B　ケイガンによる幼児の道徳性の発達段階

段階1：罰せられる行為を抑制できる
段階2：禁止された行動を表象できる
段階3：疑惑（uncertainty），共感，恥，罪悪感という情動をもつ
段階4：良い・悪いといった意味的概念を獲得する
段階5：社会的カテゴリー（性別，宗教，民族意識，社会階級，国籍など）の道徳義務を受け入れる
段階6：公正（fairness）と理想（ideal）の概念を理解する

（conscience）という概念を用いて，幼児の道徳性の発達を明らかにしている。罪悪感と共感的苦痛からなる道徳的情動およびルールに適合する行い（母親からの禁止と要請ならびに他の大人のルールの内面化）から良心は構成されているとした。そして，**道徳的自己**（moral self）が形成されると想定し，①自白，②謝罪，③償い，④規則に違反することへの感受性，⑤内面化した行い，⑥共感性，⑦他者の悪行への関心，⑧違反後の罪悪感や不快感，⑨両親との良い感情への関心，という9つの側面から測定している。

1.2　社会的領域理論

社会的領域理論（social domain theory）では，道徳的な判断や行動の基盤となる社会的認知は，道徳・慣習・心理という互いに独立した3つの思考様式から構成されるとする。**チュリエル**（Turiel, 1983; 2002）は，「私たちが守らなければならない社会的ルールには，他者の権利や福祉に関する道徳

性（morality）と社会的相互作用を円滑にし，社会秩序を維持する社会的慣習（social convention）のふたつが存在し，それらを区別しなければならない」と指摘した。さらに，行為の影響が自分だけにあり，自己の統制下に置かれ，社会秩序や善悪の判断には束縛されない個人の自由な意思にもとづくものとして，友人の選択などの**個人領域**（personal domain）を設定した。また，「道路にとび出してはいけない」，「ストーブは熱いから直接手でさわってはいけない」といった自己の安全管理を規制するものとして**自己管理領域**（prudential domain）を設定した。このふたつの領域をまとめて**心理領域**（psychological domain）とよぶ。

　社会的領域理論では，子どもの社会道徳的認知が発達初期から多元的に発達することを仮定している。これは，ピアジェやコールバーグが道徳性の発達を他律的から自律的へと一次元的にとらえたこととは対照的である。社会的領域理論における道徳的自律とは，単に権威者への服従から独立することではなく，道徳・慣習・心理の各領域のうちふたつ以上の領域の要素が含まれる社会道徳的場面の性質によって，権威に服従したり自己決定したりできるように多元的な判断と行動ができることを意味する。

　首藤・二宮（2003）は，道徳・慣習・個人といった質的に異なる領域概念が日本の子どもにも認められること，社会道徳的な発達が多元的であることを明らかにしている。

2　向社会性の発達
2.1　向社会的行動

　困っている人を助けたり，慰めたり，自分のもっている物を他人に分け与えたり，寄付したりといった，他の人にプラスの結果をもたらすような行動全般が**向社会的行動**である。**アイゼンバーグ**ら（Eisenberg, Fabes, & Spinrad, 2006）は，向社会的行動を「他の人のためになるよう意図された自発的な行動」と定義している。

　彼女らは，向社会的行動が出現する過程について大きく3つのステップからなるモデルを提起している（図A）。最初のステップは「他者の要求への注目」である。社会化経験と認知機能が行為者の個人的な変数を介して，他者の要求に関する状況を解釈し，他者の要求に気づく過程である。社会化経

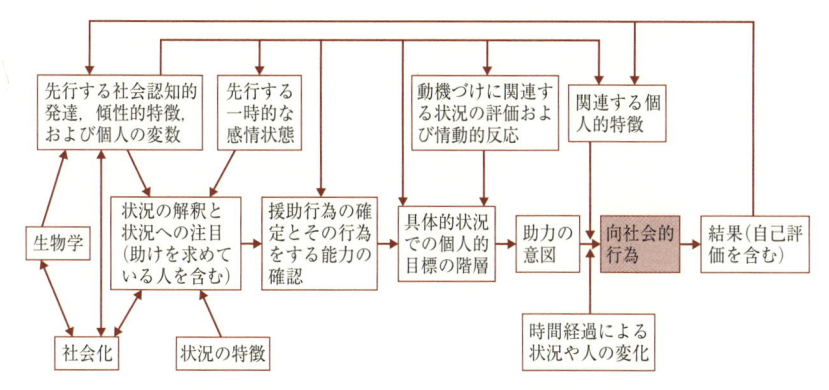

図A　向社会的行動の発見的モデル（Eisenberg & Fabes, 1998）

験とは，しつけにおける親のあたたかさ，親の向社会的行動をモデリングすること，他者の視点をとることへの励ましの程度などである。認知機能には，個人の社会認知的発達のレベルや視点取得能力，解読スキルなどがあげられる。状況の特徴として，要求の明確さ，他者の要求の源，援助を受ける人の同定などがある。

　第2のステップは，「動機づけと助力の意図」である。他者の要求に気づいてから助けるかどうかを決意するまでの過程である。どのような援助行為をしたらよいか，その行為をする能力が自分にあるかなどを考え，援助計画を決める必要がある。また，具体的な状況では，しばしば目標，要求あるいは価値が対立し，優先順位がつけられる。個人的目標のもととなる価値や目標，要求は年齢とともに変化するし，その相対的な重要性も変化する。視点取得，同情的反応や共感性，あるいは抽象的な原理に基づく他者指向の価値は，年齢とともに発達するので，道徳的な目標は階層のなかで高位に位置づけられる。ある状況での個人的目標の階層は，その個人が助力を意図するかどうかを決定する。

　最後のステップは，「意図と行動のリンク」である。助けるかどうかの意思決定が行為に移される過程，および行為の結果がフィードバックされる過程を含んでいる。助ける意図があっても実際に助けるかどうかは，行為に関連する個人の能力と状況の変化にかかっている。さらに，助けることに成功

表C　アイゼンバーグによる向社会的道徳推論の発達レベル

Ⅰ	快楽主義的・自己焦点的指向
Ⅱ	要求に目を向けた指向
Ⅲ	承認および対人的指向，あるいは紋切り型の指向
Ⅳa	自己反省的な共感指向
Ⅳb	移行段階
Ⅴ	強く内面化された段階

したかどうかは，将来の向社会的行動の発達に影響を及ぼす。たとえば，向社会的行為を経験した子どもは，自己評価を通して愛他的な自己イメージをもち，そのイメージに合致するような行動を将来もとるであろうから，向社会的行動は促進されることになる。子どもの向社会的行動（あるいは向社会的行動をしなかったこと）が，将来の向社会的な反応に関係するという循環（サイクル）がある。

このモデルは，向社会的行動の出現にかかわる変数についてよく配慮されたものであり，向社会的行動を考えるうえで参考になる。

2.2　向社会的行動に関連する諸要因

(1) 向社会的行動の道徳的判断　アイゼンバーグ（Eisenberg, 1986）は，向社会的行動をするかしないかといった判断の理由づけを発達的に明らかにしている（表C）。自分の快楽に結びつく考え方から，相手の立場に立った共感的な理由を経て，強く内面化された価値観に基づくものへと発達する。こうした判断は，ある状況のなかで自分がどう行動したらよいかを決定する基本的な枠組みとなるものである。

より高いレベルの判断に裏付けられた向社会的行動になるにしたがって，安定した節度ある向社会的行動になるといえる。

(2) 共感性　向社会性に関連する要因として，最も多く取りあげられるのが**共感性**（empathy）である。共感性は，向社会的行動の動機づけの過程に関わっている。アイゼンバーグ（Eisenberg, 1986）は，共感性と**同情**（sympathy）を次のように区別している。共感性とは，相手の情動状態から生じ，

その状態にともなってこちら側に生じるような情動状態である。相手の情動と一致した代理的な感情経験であり，相手と感情をともにすることである。これに対して，同情とは相手の情動の状態についての情動反応であって，それが相手についてのあわれみや悲しみ，配慮の感情を作り上げる。同情は相手と同じ情動を感じることを意味しているわけではなく，相手あるいは相手の状態に対して感じる感情のことである。最近では**ホフマン**（Hoffman, 2000）が，共感性とは「他人の感情との正確なマッチングではなく，自分自身の置かれた状況よりも他人の置かれた状況に適した感情的反応」であると定義している。そして，**共感的苦痛**（empathic distress）が向社会的行動の動機として働くとしている。共感的苦痛とは，だれかが痛みや危険を感じていたり，そのほかの形での苦痛を感じていたりする現場に立ち会っている場合，こちらが感じる苦痛である。共感的苦痛と向社会的行動とはプラスの関係にあるだけでなく，向社会的行動に先行し，向社会的行動の後には共感的苦痛の強さは低下する。

(3) 親のしつけスタイル　ホフマン（Hoffman, 2000）によれば，親のしつけスタイルには3つの型がある。ひとつは，**力中心のしつけ**（power assertion）である。子どもの行動を変えようとして，無条件で説明なしに暴力や脅しを使ったり，子どものもちものや権利を奪うやりかたである。ふたつめは，**愛情の除去**（love withdrawal）である。親が子どもを無視したり，子どもの話を聞こうとしなかったり，嫌いだと言ったりするやりかたである。3つめは，誘導的しつけ（induction）である。親が他人の視点を強調したり，他人の苦痛を指摘したりして，その苦痛を子どものした行為が引き起こしたことをはっきりさせるようなしつけである。

　向社会的行動の発達には，誘導的しつけが効果的である。相手の立場に立って考え，行動することができるといった役割取得の発達，「考えてごらん」型の誘導が大切である。

文献

二宮克美（2005）展望：日本における向社会的行動研究の現状――この20年間の歩みと課題，東海心理学研究，1, 45-54.

Aksan, N. & Kochanska, G. (2005) Conscience in childhood: Old questions, new answers. *Developmental Psychology*, 41, 506-516.

Eisenberg, N. (1986) *Altruistic emotion, cognition, and behavior*. Erlbaum.

Eisenberg, N. & Fabes, R. (1998) Prosocial development. In W. Damon (Editor-in-Chief) & N. Eisenberg (Vol. Ed.), *Handbook of child psychology, 5th ed., Vol. 3: Social, emotional, and personality development* (pp. 701-778). Wiley.

Eisenberg, N., Fabes, R. A., & Spinrad, T. L. (2006) Prosocial development. In W. Damon & R. M. Lerner (Series Eds.) & N. Eisenberg (Vol. Ed.), *Handbook of Child Psychology, 6th ed., Vol. 3: Social, emotional, and personality development* (pp. 646-718). Wiley.

Eisenberg, N. & Mussen, P. H. (1989) *The roots of prosocial behavior in children*. Cambridge University Press.（菊池章夫・二宮克美（訳）（1991）思いやり行動の発達心理．金子書房．）

Gilligan, C. (1982) *In a different voice: Psychological theory and women's development*. Harvard University Press.（岩男寿美子（監訳）（1986）もうひとつの声――男女の道徳観の違いと女性のアイデンティティ．川島書店．）

Hoffman, M. L. (2000) *Empathy and moral development: Implications for caring and justice*. Cambridge University Press.（菊池章夫・二宮克美（訳）（2001）共感と道徳性の発達心理学――思いやりと正義とのかかわりで．川島書店．）

Kagan, J. (2005) Human morality and temperament. In G. Carlo & C. P. Edwards (Eds.), *Moral motivation through the life span*, Vol. 51 of the Nebraska Symposium on Motivation. University of Nebraska Press.

Kochanska, G. (2002) Committed compliance, moral self, and internalization: A mediational model. *Developmental Psychology*, 38, 339-351.

Kohlberg, L. (1969) Stage and sequence: The cognitive-developmental approach to socialization. In D. A. Goslin (Ed.), *Handbook of socialization theory and research* (pp. 347-480). Rand McNally.（永野重史（監訳）（1987）道徳性の形成――認知発達的アプローチ．新曜社．）

Piaget, J. (1932) *The moral judgment of the child*. Routledge & Kegan Paul.（大伴　茂（訳）（1957）臨床児童心理学Ⅲ――児童道徳判断の発達．同文書院．）

首藤敏元・二宮克美（2003）子どもの道徳的自律の発達．風間書房．

Turiel, E. (1983) *The development of social knowledge: Morality and convention*. Cambridge University Press.

Turiel, E.（2002）*The culture of morality: Social development, context, and conflict.* Cambridge University Press.

5章 児童期

藤村宣之

　児童期は，従来，乳幼児期や青年期と比べると安定した時期ととらえられ，その発達的特徴も，児童期を一体として，また児童期前期と児童期後期（または前青年期）といった緩やかな区分で説明されることが多かった。一方で，「9歳の壁」，「10歳の質的転換期」のように9, 10歳という小学校中学年の時期を一つの発達の節目ととらえる視点も，聴覚障害児を対象とする教育現場などから提起されてきた。児童期の発達に関する理論的研究や各領域の実証的研究を検討すると，児童期を，小学校低学年（7, 8歳），中学年（9, 10歳），高学年（11, 12歳）の年齢段階に区分して，その発達的特質を把握することが可能である。また，児童期の発達のプロセス・メカニズムと，それを促進する教育を考えるうえでも，そのように3つの年齢段階に区分してとらえることが重要性をもつと考えられる。

　そこで，本章では，認知領域（認知や言語の発達），社会性領域（社会性やパーソナリティの発達）のそれぞれについて，小学校低学年，中学年，高学年の発達的特質を明らかにする（第1, 2節）。認知領域と社会性領域については，それぞれ相対的に独立した発達過程として説明する一方で，各年齢段階における両領域間の関連についても考察する。そしてそれらの発達的特質をふまえたうえで，児童期を中心にして，発達と教育の関係に関する理論的諸研究や現実の教育現場をめぐる問題とその解決策について論ずる（第3節）。本章全体の構造を表5-1に示す。

表 5-1　5章「児童期」(幹) の構成

	1. 認知の発達	2. 社会性の発達	3. 発達と教育
小学校低学年 (7, 8歳)	1.1　論理的思考のはじまり	2.1　自他の内面的把握のはじまり	3.1　児童期の発達の生物学的基礎
小学校中学年 (9, 10歳)	1.2　具体的事象の概念化と思考の計画性	2.2　自律意識と仲間集団の成立	3.2　発達の質的転換期と学力の形成 3.3　教育による発達の促進可能性
小学校高学年 (11, 12歳)	1.3　現実を超えた思考のはじまり	2.3　友人との精神的共感	3.4　学童保育の機能と役割

　本章は，以上のように，児童期を年齢によって3つの時期に区分し，認知と社会性の発達のそれぞれの様相と相互の関連について明らかにするという特徴（発達を横軸でとらえる視点）をもつ。児童期全般を通じた各領域の発達や教育・生活上の問題（発達を縦軸でとらえる視点）については，「枝」の各章に詳しいので，そちらを参照されたい。

❶ 認知の発達

1.1　論理的思考のはじまり（小学校低学年：7, 8歳）

　小学校低学年（7, 8歳）は，認知や言語の発達の領域では，具体的な対象に関する論理的思考がはじまり，ことばが不特定多数の聞き手に対して意識的に用いられはじめる時期と特徴づけられる。

(1) 見かけに左右されない思考

　認知の発達に関して，小学校低学年（7, 8歳）の時期は，**ジャン・ピアジェ**（Piaget, J.）の発達理論における「**具体的操作期**」の前半の時期にあたり，具体的操作の第一段階と位置づけられている（Piaget, 1970）。

　ピアジェによれば，前操作期（2～6歳）という，思考にまだ論理性が伴わない時期には，子どもの思考は物の見かけに左右されていたのに対し，具体的操作期になると物事の本質を論理でとらえることが可能になる。言い換えれば，直観を論理で乗り越えることが可能になる。その一例が，**保存課題**と呼ばれる実験課題に対する反応である。数の保存課題について見てみよう

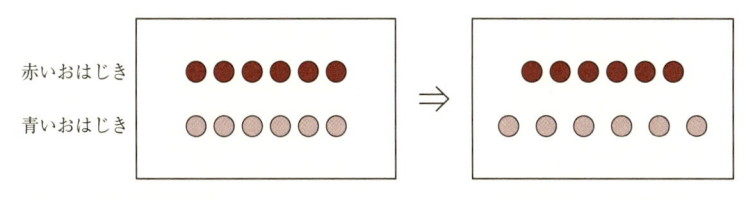

図 5-1　数の保存課題（Piaget & Szeminska, 1941 の記述をもとに作成）

（Piaget & Szeminska, 1941：図 5-1 参照）

　数の保存課題では，たとえば 6 個の青いおはじきが一列に等間隔に並べられ，同じだけの赤いおはじきを取るように子どもに求める。図 5-1 は 6 個の赤いおはじきがそれと平行に両端をそろえて等間隔に置かれた場合を示している。青いおはじきと赤いおはじきが同じだけあることを子どもの答えで確認した後，青いおはじきの間隔を広げて列を長くし（あるいは間隔を狭めて列を短くし），「同じだけある？」と子どもに尋ねる。この問いに対して，7 歳より前の前操作期にある幼児の多くは，列の長さに着目して「青いおはじきの方が多い」と答えたり，逆に列のつまりぐあいに着目して「赤いおはじきの方が多い」と答えたりする。その子どもにとって最も目立つ一つの属性に着目して直観的に判断するのである。最終的には直観的に判断するが 1 対 1 対応には気づくという移行期を経て，具体的操作期に入った小学校低学年の児童の多くは「どちらも同じ」と答えるようになる（保存反応）。また，その理由づけは，「近づけた（つめた）だけだから」（同一性），「広げても元に戻したら同じになるから」（可逆性），「こっちは長くなっているけど，すきまがあいている」（相補性）のように，論理にもとづくものになる。特に，増やすと減らす，広げると狭めるといったように，関係を可逆的にとらえる点に具体的操作の特徴がみられる。

　児童期になって保存反応が成立するというピアジェの主張に対して，課題の与え方に，たとえば，列の一方のもの（お菓子）を入れ物に入れるという文脈を付与したり，質問の様式を変えたりすることによって幼児でも保存の成立が可能であると主張する研究もみられる（上野ら，1986 など）。一方で，列の長さの点では差があるように見えるといった，知覚的な攪乱がありながらも，それに惑わされずに論理で物事の質（物質量の保存）を正しく推理す

る力の発生という点は，小学校低学年期の特徴と考えられるであろう。
　ここでは，小学校低学年の認知の特質について保存を例に説明したが，そのほかにも，長さの異なる10本の棒を，最初に一番短い棒を選び，次に残った棒の中から一番短い棒を選ぶといった一貫した方法で，長さの順に並べることができるようになる（操作的系列化）。また，40個の茶色の木のビーズと2個の白い木のビーズを示し，「茶色のビーズで首飾りを作るのと，木のビーズで首飾りを作るのでは，どちらが長くなるか」と尋ねると，（茶色と白をあわせた）木のビーズの首飾りの方が長くなると答えることも，具体的操作期に入ると可能になる（操作的分類）。このような面にも，小学校低学年における，具体的事物に関する論理的思考の芽生えがみられる。
　なお，ピアジェは数の概念を系列化と分類が統合されたものととらえ，7，8歳頃に出現するとしたが（Piaget, 1970），数に関する個々の問題に対する解決方略を分析すると，多様な**方略**の利用頻度が徐々に変化することが明らかになっている。たとえば，6＋9のようなたし算の問題に対する方略は，6歳から8歳にかけて，1からの計数方略（6＋9を1，2，…，6，7，…，15とすべて数えて答えを出す方略）が急速に減少し，最小方略（6＋9を9＋6と逆転させ，9から順に10，11，12，13，14，15と6回数える効率的な方略）が徐々に増加し，検索（長期記憶に保存された計算結果を答えとして引き出す方略）が急速に増加するなどが示されている（Siegler, 1987）。また，同じ学年内で子どもによって方略が異なるだけではなく，一人の子どもが，易しい問題には検索を，難しい問題では他の方略を用いるなど難易度に応じて多様な方略を使い分けること（方略の多様性と適応的選択）も報告されている（Siegler, 1996）。同一年齢内の，あるいは個人内の多様性をとらえるとともに，年齢の上昇にともなう主要な方略の交替という質的変化をとらえる視点ももつことが必要であろう。

(2) 一次的ことばから二次的ことばへ

　小学校入学後に読み書きの集中的な指導が行われることなどから，小学校低学年は，**話しことば**から**書きことば**への移行期ととらえられてきた。これに対して，図5-2に示されるように，幼児期から児童期への移行を**一次的ことば**から**二次的ことば**への変化ととらえる，新しい枠組みが提案されてきて

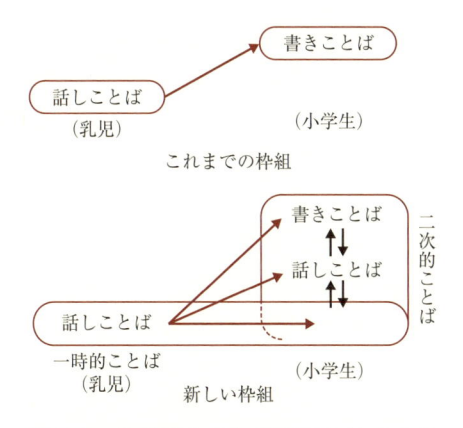

図 5-2 幼児期から児童期にかけてのことばの展開（岡本，1985）

いる（岡本，1985）。

　一次的ことばとは，岡本夏木（1985）によれば，具体的な事柄について，状況の文脈に頼りながら，親しい人との一対一の直接対話によって展開される言語行動である。これに対して，二次的ことばは，現実場面を離れたところで，ことばの文脈だけに頼って，自分と直接交渉のない不特定多数の人たちや抽象化された聞き手一般に向けて，一方向的伝達として行われる言語行動である。そして，小学校低学年は，幼児期に充実をみせた一次的ことばを二次的ことばへと発展させていく移行期ととらえられる（岡本，1995）。

　一次的ことばが話しことばによって構成されるのに対して，二次的ことばには話しことばと書きことばが含まれる。また，一次的ことばは二次的ことばへの移行によって消失するのではなく，二次的ことばの影響も受けて一次的ことば自体が深まりをみせる点が重要であるとされる。図5-2の「新しい枠組」が示すように，小学校低学年は，深まりをみせる一次的ことばとしての話しことば，新たに獲得される二次的ことばとしての話しことばと書きことばの三者が重層的に展開していく時期ととらえられる。

　二次的ことばの形成は，小学校入学とともにクラス内で集団的に学習活動を始めることに向けての，小学校低学年の発達課題と考えられるが，一方で先に述べた論理的思考のはじまりは，発達主体である子どもの側でも，自分

の考えを客観的に論理立てて話す能力がレディネスとして成立してきていることを示していると考えられる。また，二次的ことばが獲得されるためには，内田（1990）が指摘するように，幼児期において，**ごっこ遊び**などを通じて一次的ことばとしての話しことばが親しい友人との間で内容的に充実することも前提となるであろう。

　一次的ことばから二次的ことばへの重層的移行は，言語や認知の発達のみに関わる問題ではない。岡本（1995）が指摘しているように，自分と経験を異にする多くの人たちに少しでもよくわかるようにことばの文脈を組み立てていくことは，自分が聞き手の立場に立つことによって可能になることであり，相手の立場に立って考えるといった社会性の発達が関わってくる。小学校低学年の人間関係の特質については，2.1節で説明することとしよう。

1.2　具体的事象の概念化と思考の計画性
（小学校中学年：9, 10歳）

　小学校中学年（9, 10歳）は，ピアジェの発達理論によれば，具体的操作期の第二段階にあたる（Piaget, 1970）。第一段階（7, 8歳）では，ある程度，事象の内容に規定されていた論理操作が，第二段階（9, 10歳）では様々な具体的事象に対して広く適用されるようになる。この時期にはまた，自身の認知過程についての認知（**メタ認知**）や，二次的ことばとしての概念が発達する。

(1) 空間の構造化

　小学校中学年においては，特に空間認知の側面に顕著な発達がみられる。ピアジェが用いた「**3つの山問題**」（Piaget & Inhelder, 1948）についてみてみよう。これは図5-3のような山の模型を子ども（図のAの位置に座っている）に示し，別の場所（図のB，C，D）の位置においた人形からどのように見えるかについて，1）人形から見える風景を小さな模型で再構成させる，2）人形から見える風景を10枚の絵から選ばせる，3）絵を見せて，そのように見える位置に人形を座らせるといった方法で調べるものである。幼児・児童に対してこの問題が実施された結果，7歳より前の幼児では視点が自己に中心化されており（**自己中心性**），自分の視点と他者（人形）の視

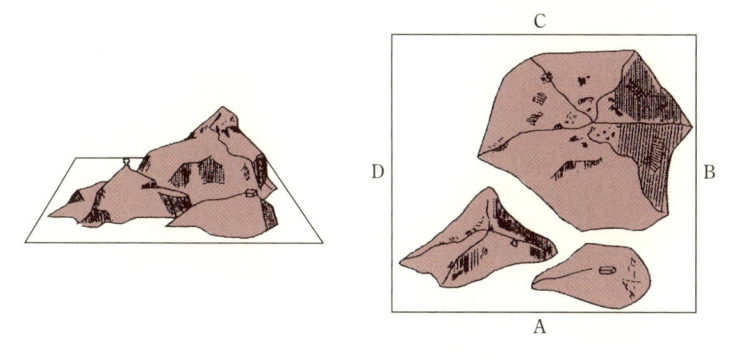

図 5-3 「3つの山」問題（Piaget & Inhelder, 1948）

点の区別が不十分であった。7〜8歳では見る位置の変化にともなって左右・前後の関係が変わることには気づくが，その把握は部分的であった。そして小学校中学年にあたる9,10歳になると視点と視点の協応が可能になり，この問題に正しく答えることができた。「3つの山」問題については，含まれる要素を単純化したり文脈を付加したりすることにより，より低い年齢でも解決が可能であることがその後の研究で示されてきている。一方で，前後，左右，重なりといった要因が含まれるような空間の構造化という点では，9,10歳に一つの質的転換期がみられるとも考えられよう。

また，この年齢段階になると，線路や並木道を描く問題においても遠近法的に描画を行えるようになる（Piaget & Inhelder, 1948）。遠近法を用いて絵を描くには一定の描画スキルが必要とされるが，一方で空間を構造的に把握することも不可欠であり，「3つの山」問題と同様に空間の構造化の発達を示していると考えられる。

このような小学校中学年における空間認知の発達は，描画の発達や美術教育の分野では，知的リアリズムから視覚的リアリズムへの移行としてとらえられてきた（Freeman & Janikoun, 1972；菅沼, 1991 など）。知的リアリズムとは，自分が既に知っているもののように描く姿勢のことであり，9歳頃を境にして，視覚でとらえたように描く視覚的リアリズムへと変化する。視覚的リアリズムによる表現が出現する背景には，遠近法を含む空間認知の発達とともに，現実をよりリアルに表現しようとする欲求，それを実現するた

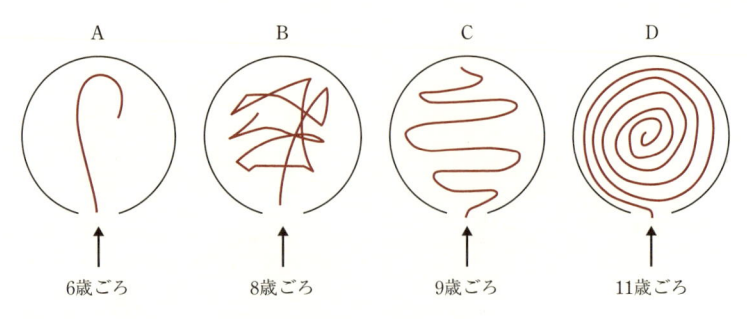

A	B	C	D
6歳ごろ	8歳ごろ	9歳ごろ	11歳ごろ

図 5-4 「球さがし」課題への反応（加藤，1987）

めの見通しや計画性の発達がうかがえる。

(2) 思考の計画性とメタ認知

　知能検査における「球さがし」課題に対する反応からは，小学校中学年（9, 10歳）に思考の計画性（**プランニング**）が発達することがうかがえる。この課題は，図5-4のように，草の生えた運動場を想像させ，そこに落としたボールを探し出すにはどのように歩いたらよいかを問うものである。この課題の通過率は，9歳で37パーセント，10歳で54パーセントであり，図5-4に示すように，9歳をすぎると探索にかなりの計画性がみられるようになる（加藤，1987）。なお，2002年に標準化された発達検査（**新版K式発達検査2001**）でも，「球さがし」に類似した「財布探し」の50％通過年齢は，9～10歳となっている（新版K式発達検査研究会，2008）。

　また，小学校中学年になると，「図形記憶」課題で，複雑な図形を「2つの四角を線でつないでいる」のように一般化，法則化して記憶することも可能になる。新版K式発達検査2001では，「図形記憶」（2課題中1課題正答）の50％通過年齢は，8～9歳となっている。これらの結果は，思考過程を意識化した最適な**方略**の探索や，効率的なプランニングといった**メタ認知**（自身の認知過程についての認知）が9, 10歳頃にみられるようになることを示している。(1)で示した「3つの山」問題を解決するには，自分の視点と他者の視点を区別したうえで関連づけることが必要であり，ピアジェの言葉を用いると**脱中心化**（decentralization）によって自己の視点を意識化・

相対化することが求められる。また，遠近法の描画を行う際には，視覚でとらえたように正確に描くために事前のプランニングが必要となる。このように具体的操作期の第二段階（9, 10歳）の思考はメタ認知の発達と深く関わっていることがうかがえる。

(3) 二次的ことばの獲得と具体的事象の概念化

小学校低学年にはじまる**一次的ことば**から**二次的ことば**への重層的移行（1.1節参照）は，中学年にいたって二次的ことばの獲得にいたる。それは，概念的思考を発達させ，様々な具体的事象を概念化することにつながる。以下に，その具体的な現れをいくつかみてみることにしよう。

二次的ことばの獲得は，第一に，語が文脈を離れて語彙として独立することを意味する。それは，語と結びつく表象どうしの関係に構造化をもたらし，言語表象による知識体系の構築へと向かう（岡本，1995）。たとえば，上位概念-下位概念による知識の階層化は，語彙の独立を前提とするものである。

幼児から小学校4年生までを対象に語の意味構造を探ることを目的として実施された調査（国立国語研究所，1982）の結果をみてみよう。調査語彙は，動物，鳥，花などのカテゴリー語や，お金，コップ，けんかなどの日常語であり，たとえば「鳥とは何ですか（どんなものかな）」といった質問がなされ，それに対して子どもが述べた内容が，「意味の分子」に分類され，意味構造の発達的変化が検討された。たとえば「鳥」についての質問の結果として，「飛ぶ」「鳴く」などの機能への言及率は各学年で高いのに対して，上位概念語（動物，生き物）による定義は2年生で18%に増加し，さらに4年生で29%に達する。また，鳥の身体部分（羽根，くちばし，翼など）への言及は3年生までは10%程度にとどまっていたのに対して，4年生では53%に増加する。さらに，体温の違い（変温，恒温）に触れる反応も4年生になって現れる。

このように，小学校3年生から4年生にかけて，対象の機能に加えて，概念の階層構造や身体器官の構造，（温度のように視覚ではとらえられない）潜在的属性を組み込んだ，ことばの意味体系が構造化されるようになる。この変化には理科の生物分野での知識獲得が影響している可能性もあるが，それをも既有の知識構造に組み込むことのできる語彙の独立性と柔軟性が，小

学校中学年に確立してくることを示していると考えられる。

　語彙の発達については,「博物館 (museum)」などの 17 の語彙について,その本質的意味を尋ねた研究もみられる (Keil & Batterman, 1984)。たとえば,「ジョンソン氏は石柱を備えた美しい建物に住んでいるが,一つの大きな問題を抱えている。それは,この建物の床や壁のいたるところにひびが入っているということだ。そこで彼は絵画や彫刻でそのひびを覆い,誰も中に入れないようにした。この建物は博物館と呼べるか」という質問と,「田舎に小さな丸太小屋がある。人々ははるばるやってきて 50 セントを払って中に入り,汚いシャツのおもしろい展示を見ている。そのシャツはえり首に汚れがあり,しみもついている。この小屋は博物館と呼べるか」という質問が,幼稚園児と小学校 2, 4 年生に対して実施された。その結果,年少児では語彙に関する特定の事例のイメージから,前者の質問に対して博物館と判断する場合が多かったが,小学校 4 年生になると語彙の本質的特徴にもとづいて,後者の質問に対して博物館と判断する者が増加した。こうした結果は,先の「鳥」の意味構造に関する研究と同様に,4 年生頃に語の意味体系が確立することを示すものであろう。

　二次的ことばの獲得は,第二に言語を用いた**論理的思考**を発達させる。これを知能検査の下位項目への反応 (生沢, 1976) からみてみよう。

　10 歳に通過率が 50% に達する課題には,先述の「球さがし」のほかに,「8 つの記憶のための読み方」,「混乱文の整頓」などがある。まず「8 つの記憶のための読み方」は,一つの文が書かれているカードを見ながら,よくわかるように続けて読ませ,そのあとカードを裏返してその内容を正しく再生できるかをみる課題である。15 のポイントのうち 8 つ以上を正しく答えられると通過となる。次に「混乱文の整頓」は,「たのみ,宿題を,私は,ました,先生に,なおして,下さるように」というような順序の混乱した文を適切な順序に並べさせる課題である。これらの課題は論理的に整合性のある表象を心的に形成し,記憶したり順序化したりするものであり,これらの課題の通過率が 10 歳で 50% を超えることは,言語を媒介とした論理的思考の萌芽が 10 歳頃にみられることを示している。一方で,具体的な事象を超えた論理的思考の出現は次の高学年を特徴づける内容であり,中学年では,主に記憶や語順整理などの比較的単純な論理的思考にその特徴がみられること

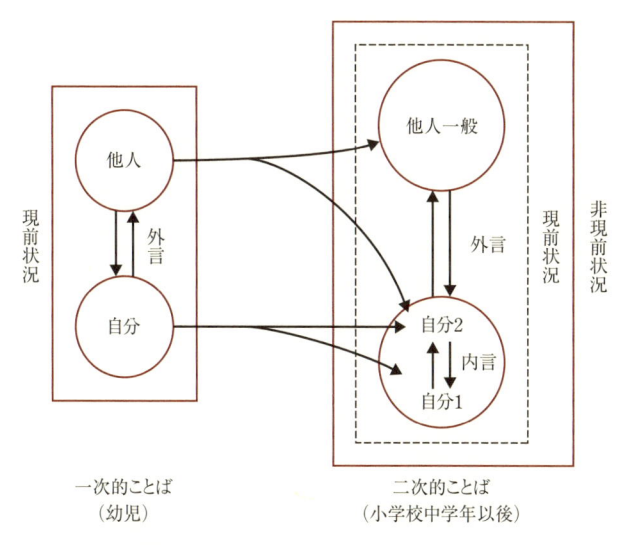

図 5-5　二次的ことばと内言の成立（岡本，1985 より一部改変）

にも留意する必要がある。

　以上に示した，二次的ことばの獲得にかかわる第一，第二の様相は，概念発達の側面では，9，10歳頃に具体的事象の概念化が成立することを示していると考えられる。長島・寺田（1977）は，先述の「球さがし」や「図形記憶」などの検査課題の結果に対する潜在クラスの分析（検査の下位項目のデータについて潜在構造分析を行い，その結果から知的発達において異なる特徴をもつ複数の項目群（クラス）を見いだす分析）（生沢，1976），ピアジェによる保存の研究（特に10歳頃に成立する重さの保存）や，描画表現の発達研究（見たとおりに描く視覚的リアリズムの出現）などの知見を引用して，10歳頃に発達の質的転換期があることを提起した。その転換期で子どもが獲得するのは，「具体的事物，事象に関連しながら，しかも具体物からは直接的には導かれない，より高いレベルでの一般化，概念化された思考」，言い換えれば具体的事象の概念化である。この具体的事象の概念化が，特定の文脈を離れて用いられる二次的ことばの獲得によって支えられていると考えられる。

二次的ことばの獲得は，第三に，**内言**（inner speech）の成立と密接に関連する。前頁の図5-5は，その関連を発達的変化として示したものである（岡本，1985）。

　二次的ことばは，不特定の一般他者に向けての言語活動であり，それは自己の内なる対話と表裏をなしている。すなわち，二次的ことばの伝達形式は一方向的であり，相手からの直接的なフィードバックが得られないため，子どもは自らの中に聞き手を想定し，その聞き手の立場から自己の発話行為を計画，調整して，話の文脈を構成していかなければならない。では，自らの中の聞き手はいかにして形成されるのであろうか。それに関して，岡本（1985）は，一次的ことばにおける話し相手が自分の中に取り入れられるとともに，それが自己を分化させ，自分の中で話し合うもう一人の自分を形成していくのではないかとしている。その点は（2）で示したメタ認知の発達とも関連するであろう。また2.2節で後述するような，中学年における他者とは内面の異なる自己の受容が，内言の成立にも関係してくると推察される。

1.3　現実を超えた思考のはじまり（小学校高学年：11, 12歳）

　小学校高学年（11, 12歳）は，ピアジェの発達理論によれば，**形式的操作**のはじまりの時期にあたる。具体的操作期における論理操作の対象が具体的な現実に限定されていたのに対して，形式的操作期（11歳〜）に入ると，現実を可能性のうちの一つととらえたうえで，潜在的な可能性を考慮し，仮定にもとづいて論理的推論を行うことが可能になる。そして，この新たな思考の構造は，青年期およびそれ以後の生活全体を通じて引き続き展開される（Piaget & Inhelder, 1966）。

(1) 仮定にもとづく推論や潜在的な可能性の推測

　自分の目の前にある3本の棒を長い順に並べること（系列化）は，具体的操作期に入った7歳の児童でも可能である。一方で，「エディスはスザンヌよりも髪の色が明るい。エディスはリリーよりも髪の色が濃い。では，3人のうちで誰の髪の色が一番明るいでしょう」といった，仮定にもとづく命題に関する推理は，形式的操作期に入らないと適切に行うことができない（Piaget, 1952）。

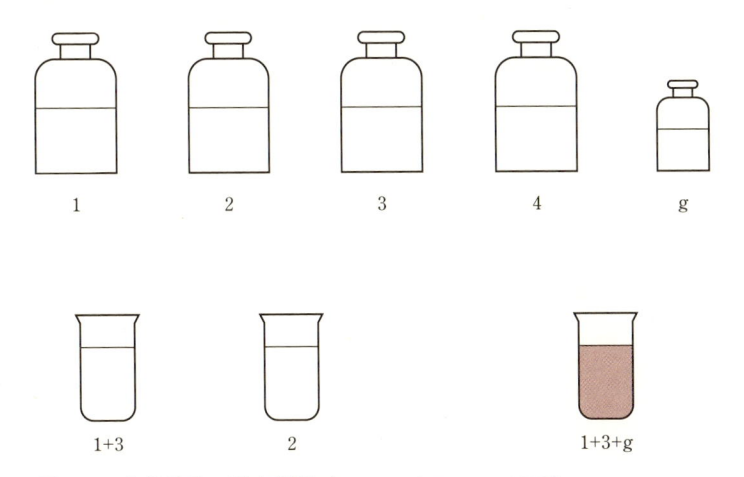

図 5-6　化学薬品の混合問題（Inhelder & Piaget, 1955）

　形式的操作を必要とする課題として，イネルデとピアジェは，組み合わせや比例などに関する多くの課題を考案した（Inhelder & Piaget, 1955）。
　組み合わせの課題の一例として，「化学薬品の混合の問題」を考えてみよう。これは，図5-6のように，4種類の液体の組み合わせを体系的に調べることが可能かどうかを測る課題である。1，2，3，4は無色無臭の液体であり，子どもには区別がつかない。まず中身を知らせずに1と3の混合液と液体2にそれぞれ試薬gを加え，前者のみ色が（酸化還元反応により）黄色に変わることを観察させる。次に1～4の液体と試薬gを使って，どのような組み合わせの場合に黄変するかを考えさせる。具体的操作期にあたる児童は，1とg，2とgなど，組み合わせの一部を考えるに過ぎず，黄変する組み合わせを偶然発見しても，それ以外の可能性を探そうとはしない。また，ある組み合わせを試した後には，そこで用いられなかった液体のみを用いるといった，現実に依存した思考を行ったりする。それに対して，形式的操作に入った12歳の児童は，15通りの組み合わせ（2^4-1）をすべて考慮し，黄変するかどうかを系統的に調べることができた。また，「もし4が水だとすれば，1と3の混合液に4を加えても黄色は変わらないだろう。（でも黄色が消えたので）4は水ではない」のように，自身で仮説を生成し，それにもとづく推論を行うことも形式的操作段階の児童には可能であった。

また，比例の理解に関しては，たとえば，天秤の左右のいずれかの位置に重さの異なる重りをつるしてつりあわせる課題が実施された。先述の具体的操作期の第二段階（9，10歳）では，「重りが重いほど天秤に近づけるとつりあう」といった変化の方向性どうしを関連づける推理（定性的対応づけ）を行うにとどまっていた。それに対し，形式的操作期（11，12歳〜）になると，「支点からの距離の比が $1:\frac{1}{4}$ のときには，重りを $1:4$ にすればつりあう」といった，数的関係どうしを関連づける定量的な比例の考えが出現することが示された。

　以上のように，ピアジェは，形式的操作期にあたる11，12歳以降では，命題や仮説に基づく推理，組み合わせや比例に関する推理などの形式的操作が全般的に可能になるとした。このような**領域一般性**の主張に対しては，比例概念のなかでも，天秤，写影，確率などの内容（領域）によって理解の成立時期に差があるといった**領域固有性**の主張（Sieger, 1981）や，形式的操作の出現には文化により差異があるといった批判がなされてきた。形式的操作をピアジェが示したように理数を中心とした内容に限定することには問題があるであろうが，比例的なものの考え方，何らかの仮定を含んだ推論のように形式的操作の解釈を拡大し，それが11，12歳以後に実現される領域は個人の既有知識や関心などによって異なると考えることも可能ではないだろうか。

(2) 言語による論理的思考の展開とメタ認知の発達

　形式的操作期に入るとともに，言語を用いた論理的思考は，記憶や文の整序だけではなく，様々な分野で展開されるようになる。

　一見，異なる日常的事物から類似点（共通点）を抽象する推理が，小学校高学年になると可能になる。「本，先生，新聞」といった3語を口頭で示し，「その3つのどういうところが似ているか教えてください」と尋ねる課題を考えてみよう。この問いに対しては，「教育，知識，情報の源」といった包括的類概念を述べたり，「教えてくれる」といった主要な共通属性を答えたりすると正答になる。このほかに，「蛇，牛，雀」，「ナイフ，鍵，針金」，「朝顔，芋，樹木」の3問があり，11歳ではこれら4問中の2問以上に，12歳では3問以上におおよそ正答できるようになる（新式K式発達検査研究会，

2008)。これは，3語の関係をとらえたうえで，それを包括する軸を言語化するという高度な抽象的思考が高学年になると可能になることを示している。

　小学校中学年から高学年にかけての言語面での変化は，文章理解のモニタリングなどメタ認知の側面にもみられる。マークマン（Markman, 1979）は，小学生に矛盾（inconsistency）を含む説明文を提示し，その矛盾に気づくかどうかを検討した。矛盾を含む文章には明示条件と暗示条件が設定された。たとえばアリに関する文章で，明示条件では「アリは行く先々で，体から特別な化学物質を出す。アリはその物質を見ることはできないが，その物質には特殊な臭いがある。アリはその物質の臭いをかぎ分けるための鼻を持っているにちがいない。アリについてのもう一つのことは，アリが鼻を持たないということである。アリはこの臭いをかぐことができない。アリは，跡をたどるためのこの臭いをかぎ当てることで，いつも巣に戻ることができるのだ」という文章が提示された。それに対して暗示条件では，「アリは行く先々で，体から目に見えない化学物質を出す。この物質には特殊な臭いがある。アリについてのもう一つのことは，アリが鼻を持たないということである。アリは決して迷うことがない」という文章が提示された。また，それぞれの文章を2回読んだ後に「どう思ったか」などを尋ねる条件（通常条件）と，「説明文にはおかしいところやわからないところ，混乱を生じるところがあるので，どこに問題があるかを見つけて，意味が通らないところはどこかを，話してほしい」と伝える条件（構え条件）が設定された。小学校3年生（8歳）と6年生（12歳）が文章を読んだ結果，3年生では通常条件でも構え条件でも，明示条件の文章については半数の児童が矛盾を指摘できたのに対し，暗示条件の文章ではほとんど矛盾を指摘できなかった。一方，6年生では，通常条件では3年生と結果はほとんど変わらなかったが，構え条件では，明示・暗示の両条件の文章について多数の児童が矛盾を指摘できた。このことは，文章の一貫性について，明らかに矛盾がある場合には3年生でも指摘できるが，自分自身で意味表象を構成する必要がある場合に矛盾を指摘できるのは6年生であり，また，そのためには自発的な読みだけでは不十分で，矛盾を発見するという方向づけが必要であることを示している。1.2節で紹介した研究と同様に，メタ認知に関わる発達的変化が小学校中学年を境として内的に生じ，さらに小学校高学年になると自分自身で意味表象を構

成しながらモニタリングを働かせることが可能になる．また，他者に意図を伝えるといった相互作用的な状況の設定が，そのようなモニタリングを促進することがうかがえる．

❷ 社会性の発達

本節では，児童期における社会性やパーソナリティの発達について，前節の認知や言語の発達と同様に，小学校低学年，中学年，高学年の年齢段階に区分して明らかにする．それぞれの年齢段階において緩やかではあるが認知の発達とも関連をもちながら**社会性**が発達する様相についても言及することとしよう．

2.1 自他の内面的把握のはじまり（小学校低学年：7, 8歳）

小学校低学年は，**仲間関係**の点では，幼児期の友だち関係から，小学校中学年以降の自律的な仲間集団の形成への移行期にあたる．学校生活などのなかで集団の中の一人として行動することはできるようになるが，集団内の結びつきは弱く，リーダー的な子どもが現れたとしても，その子どもを中心に集団が組織されることはまだ少ない．また，この時期の学校での集団生活は教師の支えによるところが大きく，その支えのもとで一人一人の子どもが他者と関わりながら自分の世界を広げていくという傾向がみられる．

(1) 他者の内面への気づき

子ども自身は友だちについてどのようにみているのだろうか．6歳～14歳を対象にした面接調査（Youniss, 1980）では，「友だちというのはどんな人のこと？」「どのようにして友だちになるの？」といった質問がなされた．その結果，幼児期から小学校低学年にかけての6, 7歳児では，一緒に遊んだり，しゃべったり，物をくれたりする人が友だちであると答えることが多かった．それに対して，困ったときに助け合ったり，苦しいときに励まし合ったりする人が友だちであるという回答が増えるのは，小学校中学年にあたる9歳頃からであった．このように小学校低学年，特に1年生の頃には，主に時間や物の共有，自分への一方的支援といった観点で友だちをとらえてお

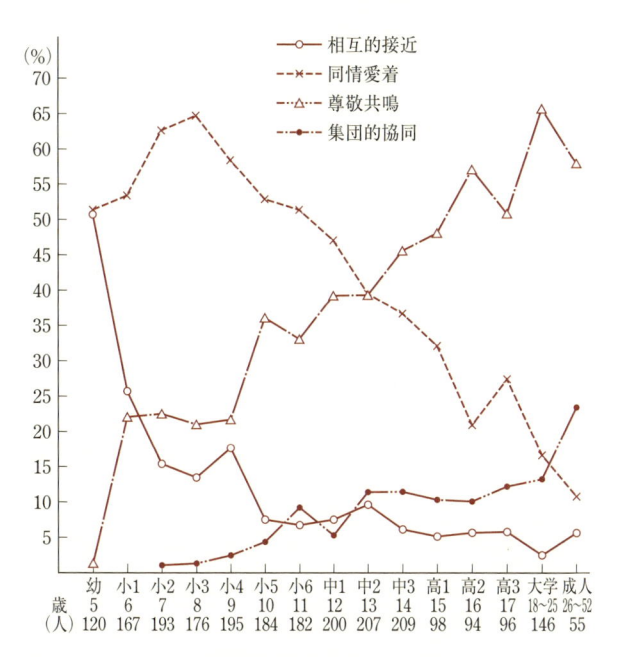

図 5-7　友人選択の要因の発達的変化（田中，1975）

り，互いに助け合うといった互恵的な観点はあまり現れていないと考えられる。

　友人の選択理由を尋ねた研究でも，図 5-7 に示されるように，「家が近い」「席や列順が近い」「いつも遊ぶ」など，「相互的接近」と名付けられた偶然的・外的要因の占める割合が，小学校低学年，特に入学当初の 1 年生（6歳）では，以降の学年に比べて高かった（田中，1975）。児童期全般を通じてみると，「感じがよい」「親切でやさしい」「おもしろい」「かわいい」といった「同情愛着」の要因が中心であり，その傾向は小学校 2，3 年生（7，8 歳）で顕著にみられた。学校生活を送るなかでのクラスメートなどを中心に，他者の内面に対する気づきがうかがえる。一方，相手の優れているところを尊敬したり，意見や思想に共鳴したりする「尊敬共鳴」の要因が増加するのは高学年になってからであった。

　以上の研究にみられるように，友人関係に関しては，小学校低学年の時期を移行期として，外的要因から他者の内面に関わる要因へと規定因が緩やか

に変化することがうかがえる。

(2) 自己をとらえる基準の変化

以上のような友人に対するとらえ方は，自己についての意識にも反映される。たとえば，自分と友人や兄弟は同じか違うかを個別面接で尋ねた研究（Guardo & Bohan, 1971）では，6，7歳児はその違いを容姿や行動で説明するのに対して，8，9歳児では身体的・表面的特徴に加えて，「好みが違う」のように，感情や関心の側面にも言及して理由を述べるようになった。これらの研究をもとに，松田（1983）は，**自己意識**について以下の3段階を想定した。第1段階（5〜7歳）は，性別や容姿，身体の一部など，外部客観的な属性から自己をとらえる段階である。第2段階（8〜10歳）になると，他者とは異なる存在である自己を，外的属性だけではなく，感情や態度などの内部的心理的要因の違いにも着目してとらえ，積極的に受け入れるようになる。第3段階（10〜12歳）では，さらに自己を多面的に把握することが可能になる。小学校低学年は，この段階区分によれば第1段階から第2段階への移行期であり，自己をとらえる基準が外的属性から内面性へと徐々に変化していく時期と考えられる。

(3) おとなの権威への追従と他律的道徳

おとなに対する態度にはどのような特徴がみられるだろうか。親の指示に対する態度を測るために，「母親に部屋の片づけをしないと遊びに行ってはいけないと言われたために友だちとピクニックに行けなかった」という話を子どもに聞かせた後，親の指示に従うべきかどうか，それはなぜかが質問された（Damon, 1983）。その結果，小学校低学年では，親が優れた能力を持っていたり自分を助けてくれたりするので，指示には従うべきだという反応が多く見られた。それに対して，親の指示を絶対視せず，相対的なものとしてとらえるのは小学校中学年以降であった。この研究にみられるように，小学校低学年では，親の能力の高さや，自分に対する援助の観点から，親の権威が正当化されていることがうかがえる。これに関連する事柄として，先述のピアジェは，**道徳性**の発達に関して，低学年にあたる7，8歳を，おとなによる拘束と一方的尊敬による他律の道徳の時期ととらえ，中学年にあたる

10歳頃から協同と相互的尊敬にもとづく自律の道徳の時期に入るとした（Piaget, 1930）。このように小学校低学年（7, 8歳）の時期は，おとなの権威を絶対視し，他律的な判断基準を有する傾向が強いことがうかがえる。

2.2 自律意識と仲間集団の成立（小学校中学年：9, 10歳）

小学校中学年になると**自律意識**が芽生え，**遊び仲間**の集団が自発的に形成される。この集団は，3人〜10人前後の同性のメンバーからなる集団であることが多い（Kindermann, McCollom, & Gibson, 1995など）。11歳までに，仲間との相互作用のほとんどが仲間集団のなかで生起するようになり，ほとんどすべての子どもがいずれかの集団に所属していると報告している（Rubin, Bukowski, & Parker, 2006）。こうした集団には役割の分化や階層化がみられ，男子の集団と女子の集団はときにお互いに対立する。このような集団は，集団内の結束を強めるために，合い言葉を用いたり，同じデザインのものを所持したりし，秘密の基地や規則などを作って活動する傾向がみられるため，従来，「**ギャング集団**」と呼ばれてきた。しかしながら，近年，子どもの数の減少，塾通いや稽古ごとの増加，地域のつながりの希薄化などによって，子どもたちから遊びの時間や空間が減少し，学校生活の中などで子どもたちの仲間集団は成立しても，先に述べたような典型的なギャング現象はみられなくなってきている。

(1) 仲間との価値や規則の共有

仲間集団が形成される背景には，友人に対する意識の発達的変化が想定される。小学校1年生から中学校2年生までを対象に，友人に対して何を期待するかを記述させた研究（Bigelow, 1977）をみてみよう。子どもの記述から次に示す3つの発達段階が明らかになった。第1段階（小学校2, 3年生以降）は，近くに住み，魅力的な玩具を持ち，自分と一緒に遊んでくれることを求める，「報酬―コストの段階」である。第2段階（小学校4, 5年生以降）は，価値や規則の共有を重視し，友人には忠誠や助け合い，何かを一緒に行うことを期待する，「規範的段階」である。そして，第3段階（小学校5年生〜中学校1年生以降）は，誠実さのほかに，相互理解と受容，類似した興味などを求める「共感的段階」である。小学校中学年は第2の段階であ

る「規範的段階」が始まる時期であり，そこでの価値や規則の共有の重視といった内面の変化が，対人関係の側面における仲間集団の形成につながると推測される。友人との関係に関して，友だちの定義を面接で尋ねた先述の研究（Youniss, 1980）も，9歳以降に互いの要求に応え助け合う相手を友だちとみなすようになることを指摘し，相互援助が持続する関係を小学校中学年以降の友だち関係の特質としている。

(2) 他者の視点の理解：社会的視点取得

以上のような価値や規則の共有や持続的な互恵性を内面の特質とする友人関係が成立するには，個人が認知的な側面で他者の視点を理解できるようになることも背景として推測される。

セルマン（Selman R. L.）は，他者の思考や感情，視点を理解する能力である**社会的視点取得**（social perspective taking）の発達について，子どもに短い例話を示し，複数の登場人物の視点から事象を理解し，それぞれの立場を考慮できるかを問うことで明らかにした。表5-2にみられるように，友情に関する理解の発達は社会的視点取得の発達と関連づけて説明される（Selman, 1981; Selman & Shultz, 1990）。児童期にはじまる2つの段階についてみてみよう。まず社会的視点取得の水準2（自己内省的または相補的視点）は6〜12歳にみられ，ピアジェによる具体的操作期の第一段階（7, 8歳）以降にほぼ対応すると考えられる。このレベルでは，互いの視点をとることが可能になり，そのことが自分の考えや感情について他者の視点から内省したり，自分の行動を基準に他者の行動を予測したりすることを可能にするが，自分の視点と他者の視点をうまく統合することができない。そのため，友人関係の面では，自分に都合がよいときには協力するが，否定的な出来事が生じたり，個人間に葛藤が生じたりすることがあると友人関係が維持されず壊れてしまうという特徴がみられる。次に社会的視点取得の水準3（第三者的または相互的な視点）は9〜15歳にみられ，具体的操作期の第二段階（9, 10歳）以降に対応すると考えられる。このレベルでは，自分と他者という二者関係から離れた第三者の視点をとることが可能になる。そのような視点をとることで自分の視点と他者の視点を統合できるようになる。これによって，対人的相互交渉，すなわち人と人との関わりの外側からそれぞれの

表 5-2 社会的視点取得の発達水準と友人関係の段階（Selman, 1981 の表を要約）

社会的視点の協応に関する発達水準	二者間の親密な友人関係の理解の段階
水準 0：自己中心的または未分化な視点（3歳～7歳） 　自分の視点と他者の視点を区別できない。	**段階 0**：一時的・物理的な遊び仲間 　近くに住んでいて一緒に遊ぶ人を友人と考える。
水準 1：主観的または分化した視点（4歳～9歳） 　自分の視点と他者の視点が同じか違うかを理解する。それぞれの人の心的状態の独自性に気づく。	**段階 1**：一方向的な援助 　自分が成し遂げたいことをしてくれる人や，好き嫌いを知っている人を友人と考える。
水準 2：自己内省的または相補的視点（6歳～12歳） 　第二者的な視点をとることができ，他者の視点に立って自分の考えや感情を内省したり，他者の考えや感情を評価したりすることが可能になる。	**段階 2**：順調なときの協同 　相補的な視点をとることで自分や他人の好き嫌いをそれぞれに調整できるが，その相補的関係は場面に限定されており，葛藤が生じるような場面でも維持されるものではない。
水準 3：第三者的または相互的視点（9歳～15歳） 　個人間の相互作用の外側の視点から，複数の人の視点を同時に関連づけることが可能になる。第三者的な視点をとることで，人間の諸観点や，自他の関係における相互性に気づく。	**段階 3**：親密で相互に共有された関係 　友人としての関係の持続性と感情のきずなに気づく。友情によって親密性や相互の援助が発達し，個人的な問題も共有する。一方で，過度の排他性や独占欲の強まりが問題になることがある。
水準 4：社会に関する，または詳細な視点（12歳～成人） 　複数の視点を，同時に多次元的でより深いレベルにおいても相互に関連づける。人々の視点はネットワークをなしているとみなされ，それらが社会的視点や，法的・道徳的視点として一般化される。	**段階 4**：自律的で相互依存的な友人関係 　独立感情（パートナーが他の人々とつながり成長することを許容する）と依存感情（相互の依存によって心理的な援助や心強さ，自己同定の感覚を得る）を統合する能力を各パートナーが持つことで友情は発展し続ける。

人の視点を協応させたり，自分と相手が一般的な他者からどのようにみられているかを想像できたりするようになる。そのため，友人関係の面では，親密で互いに助け合う相互的な友人関係を持続させることができるようになる。この段階では友人との間で個人的な問題も共有するようになるが，一方で友人との関わりを重視するあまり，それ以外の他者との関わりを排除するような過度の排他性が見られることもある。

　このように，社会的視点取得，友人に対する意識，実際の友人関係は，小学校低・中学年の年齢段階において密接に関連していると考えられる。また，

社会的視点取得は，1.2節の空間の構造化で述べた視点と視点の協応（空間的視点取得）とも関連を持つかもしれない。一方で，それらの関係は視点取得が友人関係を規定するといった一方向的なものではなく，実際の友人関係によって友人に対する意識や社会的視点も形成されるという方向も含めた双方向的なものとしてとらえることが重要であろう。

(3) 他者との比較による自己理解の変化

社会的視点取得の発達にともなって，他者と自己の客観的な比較が可能になることで，小学校中学年頃に自己理解にも変化がみられる。

幼児期から青年期までを対象に，自己定義，自己評価，自己の関心など，自己に関する様々な側面についてのインタビューを行うことを通じて，自己理解の発達モデルが提案された（Damon & Hart, 1988）。そのモデルでは，客体としての自己が，身体的，行動的，社会的，心理的の4つのカテゴリーに区分され，また主体としての自己が，連続性，独自性，自己形成の主体という3つのカテゴリーでとらえられている。それぞれのカテゴリーごとに自己は発達するが，客体としての自己に関する発達は，4つのカテゴリーを規定する共通の組織化の原理によって仮定されている。児童期に関する原理は，前期が「カテゴリー的自己規定」であるのに対して，中・後期は「比較による自己査定」であり，たとえば行動的自己に関して，小学校低学年には「野球をする」のように，あるカテゴリーに自己を位置づけていたのが，中学年以降には「他の子より絵が上手である」のように他者との比較によって自己を評価するようになる。また，小学校低学年には身体的自己が主たる関心であったのが，中・高学年には行動的自己が中心になる。さらに青年期前期になると，対人関係における意味づけが組織化の原理となり，「遊びが好きで人に好かれる」のように，対人関係を重視した自己規定へと変化する。

この発達モデルを日本の幼児・児童を対象に発展させたインタビュー研究（佐久間・遠藤・無藤，2000；佐久間，2006）では，幼児期から児童期にかけて，身体や外的属性への言及が減る一方で行動や人格特性への言及が増加し，さらに小学校2年生から4年生にかけて，「勉強をきちんとする」「規則を守る」といった勤勉的行動や，「勉強ができる」「スポーツが苦手」といった能力評価が増加することが示されている。また4年生になると「ふつうの

子」という他児との比較を内在していると推測される表現が増加することや，いいところと悪いところを尋ねられた場合に自己の否定的側面のみを答えることが増えることが示され，相手との関係によらない自己の不変性への意識が高まる傾向も示唆されている。これに関連して，児童期中期以降には，テストの得点などを基準に自己の能力について客観的に評価し，肯定的な側面だけではなく否定的側面の評価も可能になることも示されている（Ruble & Flett, 1988; Ruble et al., 1992）。小学校中学年以降には，他者との比較が自己理解の深まりにつながると同時に，自尊感情の低下など自己への否定的感情をもたらすという可能性にも留意することが必要であろう。

2.3　友人との精神的共感（小学校高学年：11，12歳）

　他者との関係は，乳幼児期から児童期の終わりにかけて，どのように発達的に変化するのであろうか。「食事をする」，「風呂に入る」，「一緒に遊ぶ」といった様々な状況を図版で示し，そのような場合に誰と一緒に行うことを望むかを子どもに尋ねることで，**対人関係の枠組み**の発達的変化を検討した研究（高橋，1983）をみてみることにしよう。

(1) 対人関係の枠組みの発達的変化

　児童期については，小学校2，4，6年生を対象に13枚の図版を用いて調査が実施された。その結果，仲間（友人）を第一に重要であると判断した図版の平均枚数は，2，4，6年生と学年が進むにつれて，男子では，2.0枚，3.3枚，4.5枚と増加し，女子でも，2.2枚，3.0枚，4.6枚と増加した。

　それでは，仲間以外にどのような選択があったのだろうか。図版の半分以上を占めた対象を中心と見なしたときの対人関係の型を学年別に示したのが，図5-8である。小学校段階に着目すると，2年生と4年生では，母親型，父親型，母一父型，家族型など，家族内の選択が中心であるタイプは，それぞれ60％，58％と半数以上を占めるが，6年生になると19％に減少する。一方，仲間を半数以上の図版で選んだ仲間型は，2年生で5％，4年生で9％であるのに対し，6年生では21％に増加する。また，図版の半分以上を占める単一の対象がなく，場面により家族や仲間を選び分けるという雑型は，2，4年生でそれぞれ35％，31％であるのに対して，6年生では59％と半数

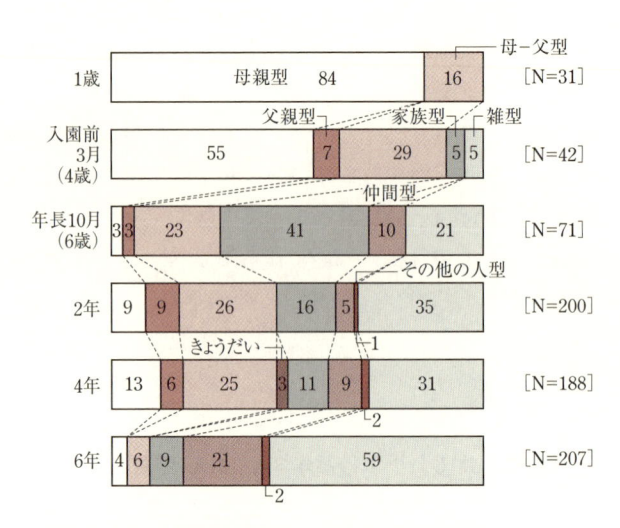

```
                          母-父型
1歳        母親型 84      16      [N=31]

         父親型  家族型   雑型
入園前3月    55    7  29  5 5   [N=42]
(4歳)

              仲間型
年長10月  3 3 23  41  10  21   [N=71]
(6歳)
                    その他の人型
2年      9 9 26  16 5   35     [N=200]
       きょうだい         1
4年    13 6 25 3 11 9   31     [N=188]
                        2
6年    4 6 9 21   59            [N=207]
              2
```

図 5-8　対人関係の枠組みの発達的変化（高橋, 1983）

以上を占める。

　このように，小学校4年生から6年生にかけて，対人関係の枠組みに占める仲間の比重が増加する一方で家族の比重が減少し，場面に応じて重要と考える対象が家族の内外に広がりを見せるという傾向がみられた。このように対人関係の枠組みに含まれる対象が増加し，それらが相互に関連するとともに，単一の対象が大きな決定権をもたなくなることで，子どもが自律した存在になっていくことが指摘されている（高橋，1983）。

　さらに仲間が選ばれた図版の内容から，仲間関係の質をみてみよう。まず，2年生から6年生までを通じて仲間が第一の対象として選ばれるのは，「遊ぶ」「写生の題材を決める」「一緒にいるとうれしい相手」であった。次に，4年生以降で仲間を選ぶ人数が増加するのは，「テレビに出たときに見てもらいたい相手」や「月旅行の相手」であった。さらに6年生になって仲間が第一位に選ばれるのは，「悲しいことなどがあったときに一番いてほしい相手」などであった。このように，低学年では遊びの対象や学校生活を過ごす対象として友人を選択するのに対して，中学年では現実生活以外の仮想的な場面であっても時間や感情を共有したい対象として友人を選択し，さらに高学年になると精神的に共感し，支え合うことのできる対象として友人を選択

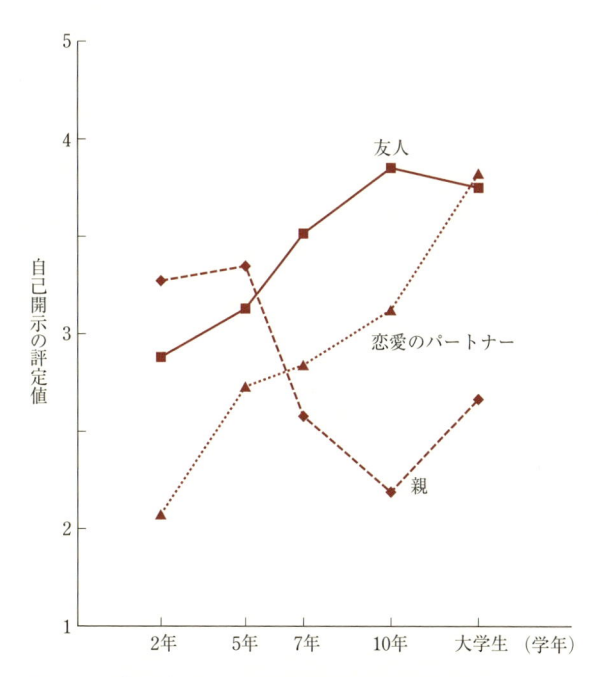

図 5-9 親や友人への自己開示の発達的変化（Buhrmester（1996）より一部修正して作成）

することが明らかになった。こうした高学年の特徴は，2.1節で示した友人を選択する理由を尋ねた研究（田中，1975）において，相手の学業や人格特性の優れていることへの尊敬，希望や意見の一致，思想の共鳴といった「尊敬共鳴」の要因による選択が，小学校4年生から5年生にかけて向上したことと関連する結果を示している。以上のように，小学校高学年になると，対人関係の枠組みが仲間を重視したものへと変化すると同時に他の対象との関係も維持されながら多様化し，仲間関係の質も精神的共感を求めるように変わっていくことがうかがえる。

対人関係における友人の重要度の変化に関して，誰に**自己開示**（self-disclosure）を行うかを発達的に検討したアメリカの研究（Buhrmester, 1996）では，2年生から5年生，7年生にかけて友人に自己開示する者の比率が増加し続ける同時に，5年生から7年生にかけて親への自己開示の比率は減少

し，友人と親の間で比率が逆転することが示されている（図5-9参照）。青年期にかけてより親密な関係を友人との間で築くようになることが推察される。

(2) 道徳性，向社会的行動の発達

このような仲間との精神的共感を重視する方向への対人関係枠組みの変化の背景には，2.2節で示したような社会的視点取得能力（Selman, 1981）がさらに発達し，水準3（第三者的または相互的視点）が中心になることで，他者の考えや感情の推測がより客観的になり，それにもとづく対人関係の調整がより適切になることがあるのではないかと推察される。こうした社会的視点取得の発達と関連して，小学校高学年には，**道徳的推理**や**向社会的判断**といった社会性の側面にも発達的な変化がみられる。

コールバーグ（Kohlberg, L.）は，2.1節で紹介したピアジェの他律の道徳から自律の道徳への発達という枠組みを発展させ，3水準6段階からなる**道徳性**の発達段階を提起した。そこでは，力のある者に追従し，その罰を回避したり（段階1），自己の報酬や利益を求めたり（段階2）するといった前慣習的水準から，他者から是認されることを求めたり（段階3），社会秩序の維持を志向したり（段階4）するといった慣習的水準を経て，個人の原理や社会における契約としての法律を重視したり（段階5），人間の良心や尊厳といった普遍的倫理価値を志向したり（段階6）するといった，慣習以後の水準へと道徳的推理が発達するとされている（Kohlberg, 1969など）。道徳的葛藤場面を提示し，そこでの判断と理由づけを求める面接研究を通じて，10歳から13歳にかけて，前慣習的水準の判断が減少し，慣習的水準の一つである段階3（他者から是認され，他者を喜ばせることを求める「よい子」志向）による判断が増加することが，アメリカ合衆国，台湾，メキシコといった複数の国での文化を超えた発達として示された（Kohlberg & Higgins, 1971）。また，日本でも同様の傾向がみられるが，5年生において，他国に比して段階3の比率が高いことが示されている（山岸，1995）。これらの結果は，小学校中学年から高学年にかけて，社会的視点取得の発達とともに他者の期待をより理解するようになり，その期待に沿うように判断することがよいと考えるようになることを示唆している。たとえば，約束を守らなけれ

ばならない理由について尋ねられる場面では，「信用をなくすから」「信頼関係を壊すから」といった他者との関係を重視した理由を小学校高学年の児童は多く答える（山岸，1976など）。

　他者を援助するような判断については，発達的な変化がみられるのだろうか。**アイゼンバーグ**（Eisenberg, N.）は，ピアジェやコールバーグの示した道徳的推理の発達が，法や規則，権威，責任，正義などに関する領域の判断に限られていることを指摘し，向社会的な領域（個人的な犠牲や，自他の要求の対立といった問題についての思考，判断など）における道徳的推理（向社会的判断）の発達について検討した。そのために，「水泳の上手な若者が大会で勝つために自由時間の多くを自分の練習に費やしたい状況で，身体障害を持ち歩けない子どもに対して水泳を教えるべきかどうか」といったジレンマ問題を子どもに示し，その判断と理由を答えさせた（Eisenberg & Mussen, 1989）。その結果，就学前児から高校生にかけて，自分の快楽に結びつける考え方から，相手の立場に立った共感的な考え方を経て，強く内面化された価値や規範にもとづく考え方へと発達的に変化することが明らかになった。児童期では，その発達過程において，他者の要求に目を向けた理由づけが増加し，小学校高学年には同情的な応答など，自己内省的な共感による理由づけがみられ始める（Eisenberg, Lennon, & Roth, 1983）。

　以上のように，小学校高学年になると，社会的視点取得の発達と緩やかに関連しながら他者との関係性や他者への共感を重視した道徳的，向社会的判断がみられはじめる。

(3) 自己意識の変化

　このような友人を中心とした対人関係の変化は，自己に対する意識の変化とも関連している。高学年にあたる10歳から12歳頃は，松田（1983）によれば，客観的論理的認知能力の発達を背景に，多面的な自己についての把握や，他者の有能さについての客観的な評価が可能になる時期ととらえられている。他者の有能性についての評価は，モデルとなる他者への同調性や同一視を強めるが，一方で，自尊感情などを一時的に低下させ，自己に対する否定的な見方を形成することにもつながることが示唆されている。

　自己の把握に関して，自己を単に意識する場合と何らかの形で概念化する

場合が区別され,後者は**自己概念**と呼ばれている(梶田,1987)。自己概念とは,自分自身についての意識を支える潜在的な概念構造のことである。それは日々の生活の中で少しずつ形成されたもので,自身のあらゆる側面に関わる点で総括的であり,時間による変化が少ない点で安定的である。自己概念を構成する主要な側面として,梶田(1987)は,1)自己の現状の認識と規定,2)自己への感情と評価,3)他者からみられていると思う自己,4)過去の自己についてのイメージ,5)自己の可能性・志向性のイメージの5つを挙げている。自己概念の中心的な位置を占める側面の一つが1)に属する自己規定であり,「私は……である」という形で示される。中心的な位置を占めるもう一つの側面は,2)の自己への感情と評価であり,これには,自負・プライド,優越感・劣等感,自己受容などが含まれる。これらは3)他者からみられていると思う自己によって左右されると同時に,自己形成や自己教育との関連が深い5)自己の可能性・志向性のイメージの土台となる。

　小学生の自己概念にはどのような特徴がみられるであろうか。小学校3〜5年生に対して,「私は」に続く文章を20個作らせる20答法を実施した研究(梶田,1989)によれば,1)に属する「自己規定」を挙げた児童が全体の87%と最も多く,次いで,2)に属する「感情的志向」(「私は……が好き・嫌い」)が40%の児童に,5)に含まれる「可能性の予測・確認」(「私は……が得意・苦手」)が30%の児童にそれぞれみられた。そのほか,2)に属する「自負・プライド」,3)に属する「他者からの感情と評価の把握」,5)に属する「願望のイメージ」がそれぞれ10%前後の児童にみられた。このうち,「他者からの感情と評価と把握」と「願望のイメージ」については,小学校3,4年生から5年生にかけて比率の増加がみられた。一方で,2)に属する「自己受容」や,4)に属する「自己の過去への感情」は小学生にはみられなかった。このように,小学校中学年から高学年にかけての自己概念は,1)「自己の現状の認識と規定」を中心に構成されていた。自己概念はその後の子どもの様々な取り組みにも影響を及ぼすものであり,教育場面での働きかけを通じて,2)や5)を中心とした肯定的な自己概念の形成を促していくことが小学校中学年から高学年にかけての発達課題として特に重要であろう。

❸ 発達と教育の関係

3.1 児童期の発達の生物学的基礎

　本章では，認知・言語面の発達と社会性・パーソナリティの発達の側面に区分したうえで，小学校低学年，中学年，高学年の発達的特質について明らかにしてきた。それらの発達的変化には学校教育を中心とした外的経験が影響を及ぼしていることが推測されるが，一方で，大脳機能にみられるような内的な生理学的成熟もその変化の基盤となっていることが推察される。

　認知面の発達では，小学校中学年（9，10歳）頃における思考の計画性の出現やメタ認知の形成について述べたが，それらの特質は前頭連合野の機能と関連すると考えられる。前頭連合野は，情動・動機づけ機能と認知・実行機能の両方に関わっており，認知・実行面では，行動の計画や評価，反応の抑制に特に関係することが指摘されている。

　前頭連合野の発達について，**シナプス**の形成と神経繊維の**ミエリン化**（髄鞘化）の 2 点からみてみることにしよう。大脳の各部位の発達において，シナプスが過剰に形成され，その後，経験とともに刈り込まれることが知られている。前頭連合野と視覚野について，シナプスの密度の年齢にともなう変化を示したのが，図 5-10 である（Huttenlocher & Dabholkar, 1997）。視覚野のシナプス密度が 1 歳頃にピークに達した後，減少しはじめ，10 歳過ぎには成人と同じ程度になるのに対し，前頭連合野のシナプス密度がピークに達するのは 3 歳頃と遅い。また，7 歳頃から徐々に減少しはじめ，20 歳頃に成人と同じ水準に落ちつくというように，児童期以降，長期間をかけて経験の影響を受けながら形成されていくという特徴がみられる。また，神経繊維の髄鞘化は，神経情報の伝達を速く効率的に行うのに重要であるが，大脳の部位によって時期に差があり，前頭連合野においては，その完成は遅く 10 歳以降であることが指摘されている（Fuster, 1997）。

　このように，特に児童期中頃以降，青年期にかけて，前頭連合野が発達することが示されており，それがプラニングやモニタリングの発達など，メタ認知の形成などと関連をもつことが推測される。一方で，**fMRI**（機能的核磁気共鳴画像法）を用いて大脳の年齢にともなう変化を縦断的に検討した研究によれば，青年前期において，前頭連合野の皮質の厚さが増加した後に減

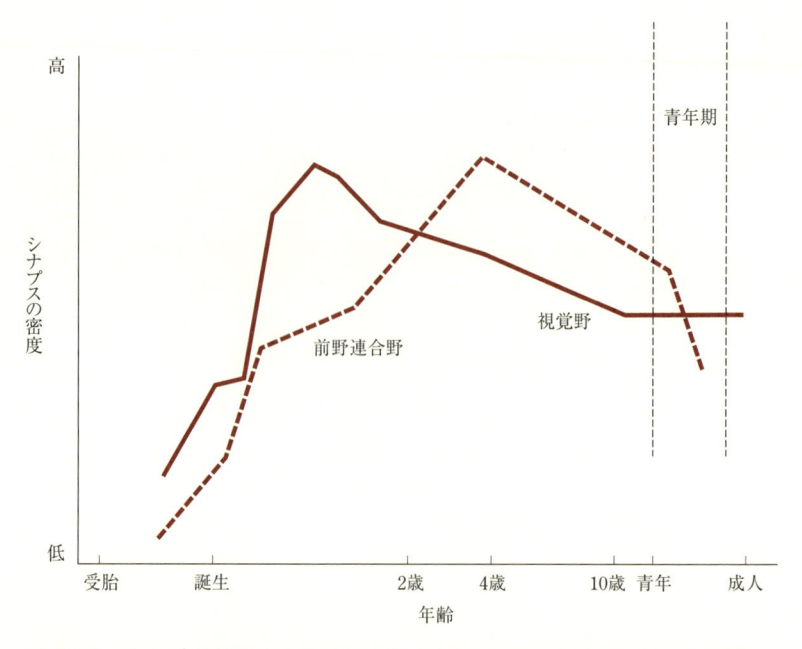

縦軸: シナプスの密度（高〜低）
横軸: 年齢（受胎　誕生　2歳　4歳　10歳　青年　成人）

図 5-10 シナプスの密度の発達的変化（Huttenlocher & Dabholkar（1997）による図を，Siegler, Deloache, & Eisenberg（2006）が再構成したものを一部修正）

少に転ずるという知見も得られており（Giedd et al., 1999），大脳機能の発達と心理学的変化との間の関係については，さらなる研究が待たれるところである。いずれにせよ，特に児童期中期以降の経験が，行動の計画や評価，反応の抑制といった前頭連合野に関連する機能の発達に重要性をもつことは十分に推測されるところであり，学校教育を中心にどのような経験を組織するかが重要になるであろう。

3.2　発達の質的転換期と学力の形成

　小学校の教育では，学年の進行とともに授業についていけない子どもの数が増加することが報告されている（黒田・香川，1992など）。特に小学校中学年（9, 10歳）頃に**学力**の個人差が拡大し，その学年に期待される学力を身につけていない子どもの数が増加する現象は，教育現場で「**9歳の壁**」と

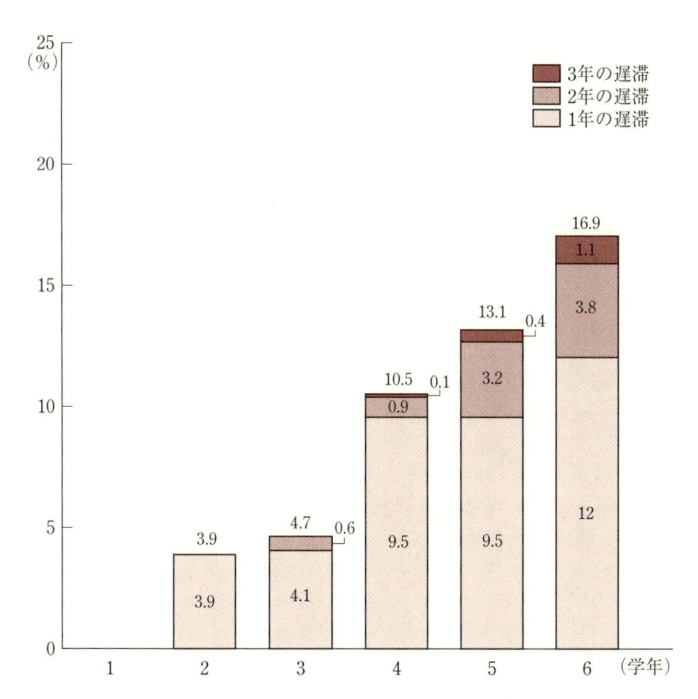

図 5-11 各学年における算数の学習遅滞児の割合（天野・黒須,1992）

呼ばれてきた。

「9歳の壁」に関する指摘がはじめてなされたのは，聴覚障害児に対する教育の分野である。1960年代の半ばに，知的能力の面では障害をもたない聴覚障害児が小学校中学年以上の教材に対して困難を示すことが「9歳レベルの峠」として表現され，その困難を克服させる指導の必要性が主張された。小学校中学年以上の教材には言葉による抽象的思考を要する内容が多く含まれることから，聴覚に障害をもつ子どもに学習上のつまずきが顕著に生ずると考えられたのである。1970年代後半になると，障害をもたない小学生の場合でも中学年でつまずきが増加することが教育現場で指摘され，広く子どもの学力全般の問題を指して「9歳の壁」という用語が用いられるようになった。

図 5-11 は，国立教育研究所（現，国立教育政策研究所）が 1982 年に小学

校1〜6年生約5,000名を対象として実施した国語・算数の学力調査のうち，各学年における算数の学習遅滞児の割合を示している（天野・黒須，1992）。この調査では，各学年で期待される国語・算数学力にもとづいて作成されたテストが全対象児に対して実施され，ある学年のある児童の得た得点が1学年下の児童の平均得点を下回ったときに1年遅滞した状態，2学年下の児童の平均得点を下回ったときに2年遅滞した状態とされた。特に，3年生（9歳）から4年生（10歳）にかけて学習遅滞児の増加が顕著であるが，これは3年生の平均得点を下回る4年生が多いことを示しており，3年生での学習内容が定着していない場合が多いことがうかがえる。

　「9歳の壁」をめぐっては，聴覚障害児に対する教育上の問題として提起されたという経緯を重視し，主に教育内容・方法上の問題としてとらえる立場がある（岡本，1987）。小学校中学年以降の教科内容をみると，国語の場合には，ことばの内容や意味を別のことばで説明したり，ことばどうしの関係をことばで表現したりするような「ことばのことば化」が求められるようになり，また算数の場合には，分数や比例のように2つの記号（数）の間の関係を別の記号（数）として表現するような「記号の記号化」が含まれており，それらの抽象化の内容を明確にしたうえで低学年の教科内容とのつなぎを確実にする必要性が主張されている。一方で，「9歳の壁」を認知発達や人格発達の問題として，発達論の枠組みのなかでとらえる立場もみられる（加藤・川崎・森原，1978）。1.2節で紹介した，小学校中学年にあたる10歳頃を発達の質的転換期と考え，その特徴を具体的事象の概念化として説明した研究（長島・寺田，1977）も，後者の立場に立っている。「9歳の壁」を単なる教育内容・方法上の問題として，また自生的な発達の問題としてのみとらえるのではなく，9, 10歳の発達的特質である具体的事象の概念化を豊かに展開させる一つの契機として小学校中学年の教育内容・方法のあり方を考えるといった，発達と教育に関する相互作用的なアプローチが必要であろう。

　9, 10歳の時期は，1.2節で述べたように，ピアジェの発達理論（Piaget, 1970）によれば，具体的操作の第二段階にあたり，そこでは空間の構造化のほか，重さの保存，2つの次元の交差の理解が可能になるなど，小学校低学年にはじまる，具体的事象に関する論理操作が全般的均衡に達し，具体的操

作という認知的枠組みの範囲内で最大限に発展する。一方で，この時期には次段階の形式的操作の内容である組み合わせや比例の理解，潜在的要因の推理など（1.3節参照）は不十分である。この点から，小学校中学年（9，10歳）の時期を，既存の認知的枠組みが充実すると同時にその限界が認識される移行期ととらえることができるであろう。小学校中学年でも領域や場面を限定すれば比例に関する推理や，単位あたりへの着目は部分的に可能であり（藤村，1992；Fujimura, 2001など），形式的操作の先駆的要素や萌芽は小学校中学年の認知的枠組みのなかにみられ始めていると考えられる。1.2節で述べた，記憶問題や語順整理問題にみられる論理的思考や，様々な具体的事象の概念化も，そのような先駆的要素の例ととらえることもできるであろう。9，10歳の時期における具体的操作の最大限の到達状態で認識される限界と形式的操作の先駆的要素とがどのような関係のもとに次の段階の形式的操作をもたらすかを解明することが，この時期に顕在化する諸概念の理解のつまずきとその克服方法を明らかにする手がかりとなるのではないかと考えられる。

3.3 教育による発達の促進可能性

児童期の発達に関しては，**教育**が発達に及ぼす影響を重視する立場がある。**ブルーナー**（Bruner, J. S.）は，「どの教科でも，知的性格をそのままにたもって，発達のどの段階の子どもにも効果的に教えることができる」という「教育課程というものを考えるうえで，大胆で，しかも本質的な仮説」を提起した（Bruner, 1961）。たとえば，具体的操作期の子どもに対しては，目の前にある実在だけを構造化するという具体的操作期の思考方法にあわせて，数学や自然科学等の諸観念を「翻案」することによって，それらの観念の多くを子どもが把握することができるようになるとされている。その根拠の一つとされているのが，8歳児に因数分解を教える試みである。ブルーナーは，IQが120から130の8歳児4名に対して，6週間にわたって，図5-12に示すブロックや，天秤などを操作させることによって因数分解などを学習させる実験を行い，8歳児にも因数分解を教えることが可能であると主張した（Bruner, 1966）。

子どもの発達段階を考慮した教授介入によって理解が促進されるという点

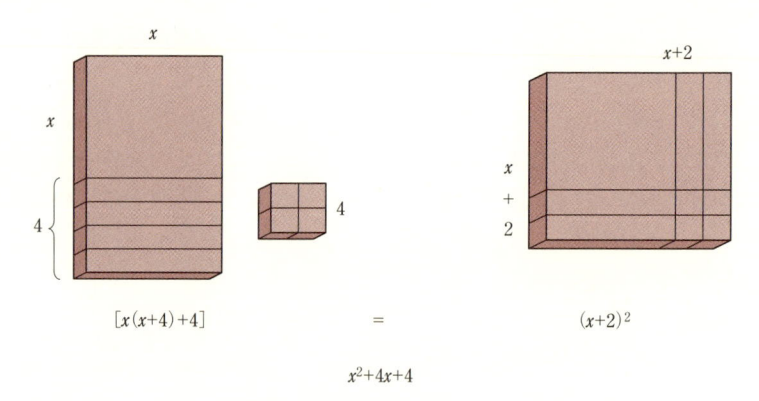

図 5-12　ブロックを用いた因数分解の学習（Bruner, 1966）

は重要な指摘であろう。一方で，どのような教科内容も「知的性格をそのままにたもって，発達のどの段階の子どもにも」教えることが可能であるかどうかについては検討の余地があると考えられる。というのも，この因数分解に関する実験で実際に子どもが行っているのは，ブロックを正方形や長方形に構成し直すことや，構成されたものを文字を用いて表記することなどにとどまるからである。そこでは，x^2 や $(x+2)^2$ における二乗のもつ意味の理解や，因数分解に固有の文字記号の操作は行われていない。子どもは具体物の操作はできているが，それを通じて累乗や，抽象的な記号操作としての因数分解の意味について理解したわけではなく，因数分解の持つ「知的性格をそのままにたもって」教えることができているとは必ずしも言えないのではないかと考えられる。

　子どもにとって，具体物の操作ができることと，操作を通じてそれがもつ意味を概念的に理解できることとはレベルが異なることであろう。後者のレベルに達することができるのは，ブルーナーの主張するように「どの段階のどの子どもでも」というわけではなく，形式的操作に関連する内容であれば，そこへの移行期にあたる具体的操作期の第二段階（9，10歳）の思考の特質をもつ子どもに限られるのではないだろうか。

　教育による発達の促進可能性を考えるうえで重要な概念の一つに，**ヴィゴツキー**（Выготский, Л. С.）が提起した**最近接発達領域**（zone of proximal development）の概念がある（Выготский, 1934）。ヴィゴツキーによれば，子どもの発達には，独力でやり遂げることのできる現下の発達水準と，おとなや仲間が，教示，誘導質問，解答のヒントなどを与えることを通じて協同で達成できる発達可能水準があり，その水準の差が最近接発達領域である。教育によって子どもの最近接発達領域に働きかけることにより，共同で達成できる可能水準は，次の時点では独力で遂行可能な水準になる。

　この概念は，児童期の発達に関して，おとなや仲間の果たす役割を明確にしている点で重要である。一方で，その主張を，教育場面での他者との協同の取り組みが発達をどこまでも促進すると解釈することは妥当ではない。ヴィゴツキー自身が，2人の子どもの現下の発達水準が同じ場合でも，最近接発達領域には差があると述べているように，発達が促進される幅には，年齢によっても，また同一年齢でも個人によって差があると考えられる。最近接発達領域の出現とその幅を規定するものとして，内生的な発達の力や，潜在的に長期的に進行する発達のプロセスも考慮することが必要であろう。

3.4　学童保育の機能と役割

　共働き家庭や単親家庭などの児童を，放課後，専用の施設等で保育を行う**学童保育**（厚生労働省等，公的機関の用語では「放課後児童クラブ」）の役割が，現在の社会において，仕事をもつ親をサポートし，また子どもの発達を様々な面で促すうえで，大きくなっている。

　学童保育の第一の機能は，生活の場としての機能である。男女共同参画社会の進行とともに共働きの親などが増加している一方で，核家族化の進行などにより，子どもを見守る地域の共同体は衰退している。そのような環境のもとで，親が働いている放課後の時間，子どもたちの生活を安全面からも健康面からも支えていくことが不可欠となっている。専門的能力を備えた指導員のもとで，また学童保育の仲間とともに安心して放課後の時間をすごすことは，子どもの安全確保，健康維持だけでなく，子どもの心理的安定のためにも，一定時間，家庭に代わって生活を保障する場としての重要性をもっている。

　学童保育の第二の機能は，発達支援の場としての機能である。2.2節で述べたように，地域における遊び仲間の集団は減少し，少子化の進行もあって，

同年齢や異年齢の仲間と遊ぶ時間や空間が子どもたちの間からなくなってきている。そのような状況下で，学童保育における異年齢の仲間との遊びや協同，それに対する指導員による指導は，子どもの遊び仲間や仲間集団を成立させ，一人一人の子どもの自律意識を高めていくうえで，重要な役割を担っているといえるであろう。また，学校，家庭とは異なる「第三の場」である学童保育において，学級の友だち以外の仲間や指導員との関わりの中で，子ども自身が自分を表現して他者と関わっていくことは，「自分の話を聞いてもらえる」，「自分のことを受け入れてもらえる」という安心感や，自分に対する肯定的な見方を子どもたちが持てることにもつながるであろう。児童の自己肯定感を高め，また他者理解を促すといった，児童の社会性の発達に対する支援には，子どもの話に耳を傾けるといった指導員の受容的な姿勢や，ともに助け合う集団づくりといった能力も重要になってくる。こうした姿勢や能力は，もちろん，学童保育だけではなく，子どもの発達支援に関わる者が持ち合わせる必要があるものであろう。

　第二の意義である発達支援に関して，認知発達に対する支援にも学童保育は役割を果たすと考えられる。学力に関しては，認知心理学的には，手続き的知識・スキルと概念的理解が区分され，日本の児童は前者に優れている一方で後者に弱さがあることが国際比較調査の分析などからうかがえる（藤村，2011）。概念的理解を高めるには，現在学習している内容と以前に日常経験や学校での学習を通じて考えてきたこととを関連づけることが必要であり，その点で，それまでの日常生活が他者との関わりの中でいかに豊かに展開されてきたかが重要になる。放課後の日常生活や遊びを通じて，指導員や仲間と話し合い，考えを交流し合うことは，概念的理解を含めた広い意味での学力形成につながると考えられる。

　学童保育には，現在の社会において，以上に述べたように生活の場としての意義や，児童期の発達支援に関する意義が広く認められる。しかしながら，現状においては，保護者の要望に比して学童保育の設置数が少なく，また大規模化が子どもの安全や健康に及ぼす影響も懸念されている。また，先に述べたように指導員には児童の発達に関する理解や発達を支援する姿勢・能力が必要であるが，それは各指導員の自己研鑽に委ねられているのが現状である。今後，学童保育の量的・質的充実による待機児童の減少，適正規模によ

る児童の安全の確保と健康の保障，指導員の待遇改善と専門職化（資格化）による専門的力量の向上を図っていくことが，差し迫った重要な課題であろう。

文献

天野　清・黒須俊夫（1992）小学生の国語・算数の学力．秋山書店．
Bigelow, B. J. (1977) Children's friendship expectations: A cognitive developmental study. *Child Development,* 48, 246-253.
Bruner, J. S. (1961) *The process of education.* Harvard University Press.（鈴木祥蔵・佐藤三郎（訳）（1963）教育の過程．岩波書店．）
Bruner, J. S. (1966) *Toward a theory of instruction.* Harvard University Press.（田浦武雄・水越敏行（訳）（1977）教授理論の建設（改訳版）．黎明書房．）
Buhrmester, D. (1996) Need fulfillment, interpersonal competence, and the developmental contexts of early adolescent friendship. In W. M. Bukowski, A. F. Newcomb, & W. W. Hartup (Eds.), *The company they keep: Friendship in childhood and adolescence* (pp. 66-86). Cambridge, UK: Cambridge University Press.
Damon, W. (1983). *Social and personality development: Infancy through Adolescence.* New York: W. W. Norton.（山本多喜司（編訳）（1990）社会性と人格の発達心理学．北大路書房．）
Damon, W. & Hart, D. (1988) *Self-understanding in childhood and adolescence.* Cambridge, UK: Cambridge University Press.
Eisenberg, N., Lennon, R., & Roth, K. (1983) Prosocial development: A longitudinal study. *Developmental Psychology,* 19, 846-855.
Eisenberg, N. & Mussen, P. H. (1989) *The roots of prosocial behavior in children.* Cambridge, UK: Cambridge University Press.（菊池章夫・二宮克美（訳）（1991）思いやり行動の発達心理．金子書房．）
Freeman, N. H. & Janikoun, R. (1972) Intellectual realism in children's drawings of a familiar object with distinctive features. *Child Development,* 43, 1116-1121.
藤村宣之（1992）児童の比例的推理に関する発達的研究．教育心理学研究，40, 276-286.
Fujimura, N. (2001) Facilitating children's proportional reasoning: A model of reasoning processes and effects of intervention on strategy change. *Journal of Educational Psychology.* 93, 589-603.
藤村宣之（2011）教室で子どもは何を，どのように学ぶのか．発達，125, 33-40.
Fuster, J. M. (1997) *The prefrontal cortex: Anatomy, physiology, and neuropsy-*

chology of the frontal robe (3rd ed.). New York: Lippincott-Raven.
Giedd, J. N., Blumenthal, J., Jeffries, N. O., Castellanos, F. X., Liu, H., Zijdenbos, A., Paus, T., Evans, A. C., & Rapoport, J. L. (1999) Brain development during childhood and adolescence: A longitudinal MRI study. *Nature Neuroscience*, 2, 861-863.
Guardo, C. J. & Bohan, J. B. (1971) Development of a sense of self-identity in children. *Child Development*, 42, 1909-1921.
Huttenlocher, P. R. & Dabholkar, A. S. (1997) Regional diffrerences in synaptogenesis in human cerebral cortex. *The Journal of Comparative Neurology*, 387, 167-178.
生沢雅夫 (1976) 知能発達の基本構造. 風間書房.
Inhelder, B. & Piaget, J. (1955) *De la logique de l'enfant à la logique de l'adolescent*. Paris: Presses Universitaires de France. (A. Parsons & S. Milgram (Trans.) (1958) *The growth of logical thinking from childhood to adolescence*. London: Basic Books.)
梶田叡一 (1987) ［増補］子どもの自己概念と教育. 東京大学出版会.
梶田叡一 (1989) 自己意識の発達過程——ある概観の試み. 梶田叡一 (編), 自己意識の発達心理学 (pp. 1-32). 金子書房.
加藤直樹 (1987) 少年期の壁をこえる——九, 十歳の節を大切に. 新日本出版社.
加藤直樹・川崎広和・森原　都 (1978) 9, 10歳頃の発達と教育に関する研究. 障害者問題研究, 14, 22-34.
Keil, F. C. & Batterman, N. (1984) A characteristic-to-defining shift in the development of word meaning. *Journal of Verbal Learning and Verbal Behavior*, 23, 221-236.
Kinderman, T. A., McCollom, T. L., & Gibson, E., Jr. (1995) Peer networks and students' classroom engagement during childhood and adolescence. In J. Juvonen & K. R. Wentzel (Eds.), *Social motivation: Understanding children's school adjustment* (pp. 279-312). New York: Cambridge University Press.
Kohlberg, L. (1969) Stage and sequence: The cognitive-developmental approach to socialization. In D. A. Goslin (Ed.), *Handbook of socialization theory and research*. Chicago: Rand-McNally.
Kohlberg, L. & Higgins, A. (1971) Stages of moral development as a basis for moral education. In C. M. Beck et al. (Eds.), *Moral education*. Toronto: University of Toronto Press. (岩佐信道 (訳) (1987) 道徳性の発達と道徳教育. 広池学園出版部.)
国立国語研究所 (1982) 幼児・児童の概念形成と言語. 東京書籍.
黒田直美・香川京子 (1992) 学習障害児と学業不振児. 香川大学教育学部研究報

告Ⅱ, 42, 19-45.

松田 惺 (1983) 自己意識. 波多野完治・依田 新 (監修), 児童心理学ハンドブック (pp. 641-664). 金子書房.

長島瑞穂・寺田ひろ子 (1977) 子どもの発達段階. 秋葉英則他 (編), 小・中学生の発達と教育 (pp. 37-122). 創元社.

岡本夏木 (1985) ことばと発達. 岩波書店.

岡本夏木 (1987) つまずきとゆらぎ. 東 洋他 (編), 教育の方法2：学ぶことと子どもの発達 (pp. 110-144). 岩波書店.

岡本夏木 (1995) 小学生になる前後 [新版]. 岩波書店.

Piaget, J. (1930) *Le jugement moral chez l'enfant.* Paris: Félix Alcan (大伴 茂 (訳) (1957) 臨床児童心理学Ⅲ：児童道徳判断の発達. 同文書院.)

Piaget, J. (1952) *La psychologie de l'intelligence.* Paris: Librairie Armand Colin. (波多野完治・滝沢武久 (訳) (1967) 知能の心理学. みすず書房.)

Piaget, J. (1970). *L'épistémologie génétique.* Paris: Presses Universitaires de France. (滝沢武久 (訳) (1972) 発生的認識論. 白水社.)

Piaget, J. & Szeminska, A. (1941) *La genése du nombre chez l'enfant.* Neuchâtel: Delachaux et Niestlé. (遠山 啓・銀林 浩・滝沢武久 (訳) (1962) 数の発達心理学. 国土社.)

Piaget, J. & Inhelder, B. (1948) *La representation de l'espace chez l'enfant.* Paris: Presses Universitaires de France. (F. J. Langdon & J. L. Lunzer (Trans.) (1956) *The child's conception of space.* London: Routledge & Kegan Paul.)

Piaget, J. & Inhelder, B. (1966) *La psychologie de l'enfant.* Paris: Presses Universitaires de France. (波多野完治・須賀哲夫・周郷 博 (訳) (1969) 新しい児童心理学. 白水社.)

Rubin, K. H., Bukowski, W. M., & Parker, J. G. (2006). Peer interactions, relationships, and groups. In N. Eisenberg (Ed.) *Handbook of child psychology* (6th ed.): Vol. 3, Social, emotional, and personality development (pp. 571-645). New York: Wiley.

Ruble, D. N. & Flett, G. L. (1988) Conflicting goals in self-evaluative information seeking: Developmental and ability level analyses. *Child Development,* 59, 97-106.

Ruble, D. N., Grosovsky, E. H., Frey, K. S., & Cohen, R. (1992) Developmental changes in competence assessment. In A. K. Boggiano & T. S. Pittman (Eds.), *Achievement and motivation: A social-developmental perspective* (pp. 138-164). New York: Cambridge University Press.

佐久間路子 (2006) 幼児期から青年期にかけての関係的自己の発達. 風間書房.

佐久間路子・遠藤利彦・無藤 隆 (2000) 幼児期・児童期における自己理解の発

達:内容的側面と評価的側面に着目して. 発達心理学研究, 11, 176-187.

Selman, R. L. (1981) *The child as a friendship philosopher*. In S. R. Asher & J. M. Gottman (Eds.), *The development of children's friendship* (pp. 242-272). New York: Cambridge University Press.

Selman, R. L. & Shultz, L. H. (1990) *Making a friend in youth*. Chicago: The University of Chicago Press. (大西文行(監訳)(1996) ペア・セラピィ:どうしたらよい友だち関係がつくれるか(I巻). 北大路書房.)

Siegler, R. S. (1981) Developmental sequences within and between concepts. *Monographs of the Society for Research in Child Development*, No. 189.

Siegler, R. S. (1987) The perils of averaging data over strategies: An example from children's addition. *Journal of Experimental Psychology: General*, 116, 250-264.

Siegler, R. S. (1996) *Emerging minds: The processes of change in children's thinking*. New York: Oxford University Press.

Siegler, R. S., Deloache, J., & Eisenberg, N. (2006) *How children develop*. (2nd ed.). New York: Worth Publishers.

嶋津峯眞(監修)(1985) 新版K式発達検査法. ナカニシヤ出版.

新版K式発達検査研究会(2008) 新版K式発達検査法2001年版:標準化資料と実施法. ナカニシヤ出版.

菅沼嘉弘(1991) 中学年の発達と美的能力の獲得. 美術教育を進める会(編), 人格の形成と美術教育2:小学生の美術教育 (pp. 83-96). あゆみ出版.

高橋惠子(1983) 対人関係. 波多野完治・依田 新(監修), 児童心理学ハンドブック (pp. 607-639). 金子書房.

田中熊次郎(1975) 新訂児童集団心理学. 明治図書出版.

上野直樹・塚野弘明・横山信文(1986) 変形に意味のある文脈における幼児の数の保存概念. 教育心理学研究, 34, 94-103.

内田伸子(1990) 子どもの文章——書くこと考えること, 東京大学出版会.

山岸明子(1976) 道徳判断の発達 教育心理学研究, 24, 97-106.

山岸明子(1995) 道徳性の発達に関する実証的・理論的研究. 風間書房.

Youniss, J. E. (1980) *Parents and peers in social development*. Chicago: University of Chicago Press.

Выготский, Л. С. (1934) *Мышление и речь*. (柴田義松(訳)(2001) 新訳版 思考と言語. 新訳書社.)

5章 児童期

身体 運動発達とスポーツ

杉原　隆

　従来，スポーツは主として青年期のライフステージに対応する活動とされていた。しかし最近では，子どもから高齢者まで人間の生涯にわたる健康で豊かな生活に不可欠な活動と考えられるようになってきた。児童期はこのような生涯スポーツの基盤を形成する重要な時期として位置づけられる。

1　児童期の運動発達の特徴

1.1　運動能力

　運動がどのくらい上手にできるか（運動パフォーマンス）は直接的には運動能力によって決められる。**運動能力**は運動体力と運動コントロール能力という性質の大きく異なる2種類の能力によって構成されている（図A）。

　運動体力とは筋力，瞬発力，持久力といった運動するときに必要な身体的エネルギーを産出する能力のことで，主に筋や呼吸循環器など末梢器官の機能である。一般的に，身体的エネルギーがたくさん供給されるほど運動パフォーマンスは高くなるので，運動体力は多くの運動に共通性の高い基盤といえる。すなわち，サッカーをするときも鉄棒をするときも水泳をするときも，その他さまざまな運動をするときにもエネルギーは共通に関与する。運動体力を高めることによってそれら多くの運動パフォーマンスを高めることができるのである。

　これに対して，**運動コントロール能力**は知覚を手がかりとして運動を目的に合うよう調節する能力で，大脳皮質を中心とした中枢神経系の機能である。たとえばボールを蹴るときには，転がってくるボールの位置や方向やスピードなどをよく見てそれらを手がかりとし，適切な位置にタイミングよく足を蹴り出すことが求められる。この働きは**知覚–運動協応**ともよばれ，状況判断や予測といった心理的プロセスを含んでいる。サッカー，鉄棒，水泳など

```
                    運 動 能 力
                    ┌──────┴──────┐
            運動体力              運動コントロール能力
  ・エネルギーの生産力            ・知覚−運動協応
      筋力 持久力 瞬発力              運動パターン
  ・末梢の器官の機能              ・中枢神経系の機能
  ・高い共通性                    ・高い特殊性
  ・急増期・敏感期：青年期        ・急増期・敏感期：幼児児童期
```

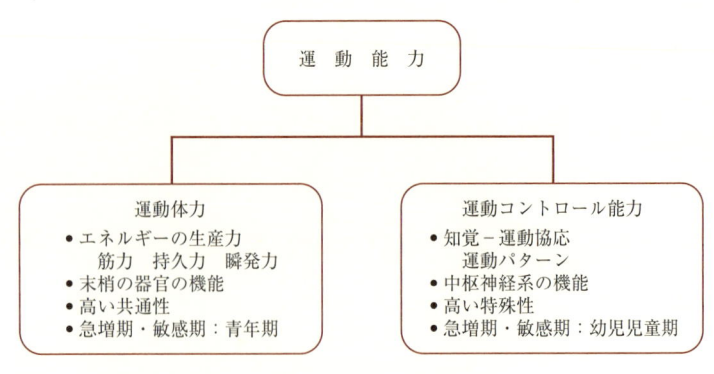

図A　運動能力の構成（杉原，2000を一部改変）

多くの運動ではそれぞれ知覚的手がかりがまったく異なり，調節する運動も大きく異なる。したがって，サッカーを練習してサッカーの運動コントロール能力を高めても鉄棒や水泳やその他の運動コントロール能力が高まるわけではないというように，運動コントロール能力はそれぞれの運動でかなり高い特殊性をもつ。

すべての運動にはこの2つの能力が関係しているが，たとえば，重量挙げやマラソンは運動体力が，ゴルフのパットや野球のバントは運動コントロール能力が大きく関与するというように，運動の種類によってその関与の程度は異なる。

1.2　運動コントロール能力の発達

運動発達は，成長ホルモンの影響を受けて身長や体重の年間増加量が急激に大きくなり第二次性徴が現れる思春期を境に，その特徴が大きく変化する。成長ホルモンの影響を強く受ける運動体力は，思春期以降青年期になって急激に発達し，トレーニング効果も最大になる。

これに対して，中枢神経系の働きである運動コントロール能力は，幼児期から児童期にかけて急激に発達してほぼ成人と同じ水準に近づく。人間は走る，跳ぶ，投げる，蹴るなどの外見的にみてそれぞれ異なった形態をもつさまざまな運動を行う。これらは**基礎的運動パターン**とよばれる。基礎的運動

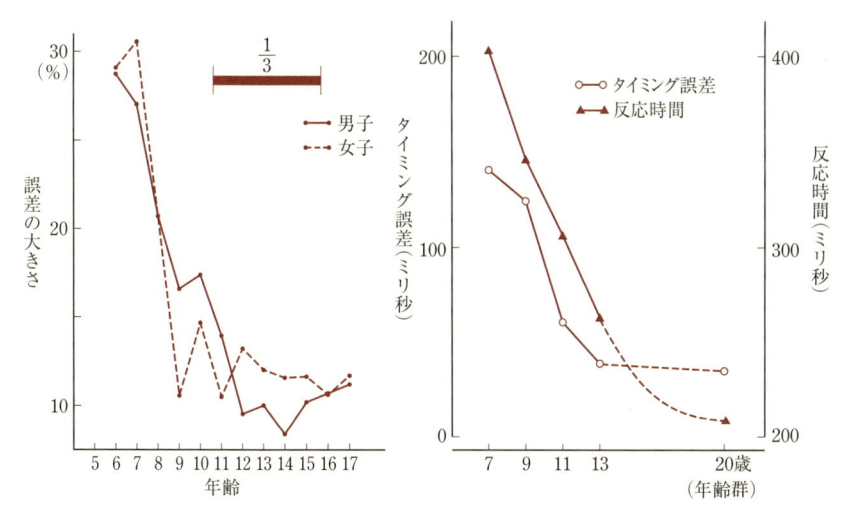

図B 再現握力の誤差の年齢的推移（末利, 1984）
最大握力3分の1の力を針を見ながら発揮させた直後に針を見ないで再生させ、誤差を割合で表したもの

図C 発達に伴うタイミングの正確さと反応時間の変化（Thomas et al. のデータに基づいて工藤, 1989 が作図）

　パターンは身体のさまざまな部位をさまざまな方向やタイミングで動かすことによって可能になるため、運動コントロール能力発達の指標になる。成人の行う基礎的運動パターンは80種近くあるとされているが、そのすべてが7歳ごろまでに現れる。つまり、基礎的運動パターンのレパートリーという点では児童期にすでに成人と同じになる。このほかにもたとえば、末利（1984）は握力と背筋力の再現や、台の上から飛び降りるとき膝を中心としてショックを受け止める緩衝能力などの課題を使い、力量のコントロール能力の発達傾向を調べている。それによれば、握力（図B）と背筋力の再現能力や緩衝能力は11歳ごろまでに急激に発達してほぼ成人と同じ水準になる。このほかにもタイミングコントロール（図C）、反応時間、目と手の協応性、空間の位置関係の知覚、頭上に投げ上げられたボールの落下地点の予測能力なども同様の発達傾向が認められている（Williams, 1983; Keogh et al., 1985）。これらの事実は児童期に運動コントロール能力が急激に発達するこ

とをはっきりと示している。

急増期はまた**発達の敏感期**であると考えられている。すなわち，児童期は運動コントロール能力が運動経験によってもっとも容易に高まる時期である。言いかえれば，この時期の運動経験によっていわゆる運動神経の良し悪しが決められるのである。運動コントロール能力を高める運動経験は運動の多様性であることが実験的に明らかにされており，多様性練習効果とよばれている（杉原, 2008）。したがって，児童期にはある特定の運動の繰り返しといった偏った運動経験ではなく，さまざまな運動パターンとそのバリエーション（投であればいろいろな投げ方）を経験することによって，運動コントロール能力を高めることが発達に応じた運動経験として重要になる。

2 スポーツ参加
2.1 運動遊びから競技スポーツへ

スポーツとは遊戯性と競争・卓越性によって特徴づけられた身体活動とされている。その意味では運動遊びもまたスポーツの一種である。しかし，運動遊びは高い遊戯性という点で競争性を強調する競技スポーツと性格を異にする。**運動遊び**は楽しさを優先的に追求するため自分の好きなときに参加離脱でき，ルールはないこともあればあっても状況に応じて自分たちで適当に決められるなど，自由度が非常に高い。一方，**競技スポーツ**は競争性を追求するので，高度に組織化・制度化されている。すなわちスポーツ集団が組織され，ルールや行動規範がしっかり決められており，試合に向けて計画的な練習が繰り返される。発達的にみれば，自発的で自由な活動として行われる運動遊びが，運動能力と精神的発達に支えられてしだいに競技スポーツへと高度化されていくことになる。この意味で児童期後期は運動遊びから競技スポーツへの移行期として位置づけられる（Gallahue, 1996）。

2.2 競技スポーツへの参加と離脱

児童期になると一部の子どもたちは競技スポーツに参加するようになる。しかし，子どもがスポーツに求めているのは運動の上達とか，挑戦の雰囲気とか，友だちとの交流の楽しさであり，競争して勝つことはあまり重要視されていない。また，周りのおとなが競争性を強調することや練習の厳しさや

指導者との人間関係が子どものスポーツからの離脱につながる主な要因であるとされている。これらのことから，児童期においては制度化されたスポーツをおとなが一方的に指導するのではなく，遊戯性を強調し子どもの自発性を尊重したかたちで行われることが望ましいと考えられる。

3 スポーツが心理的発達に与える影響

　古くからスポーツは人格形成に役立つとされてきた。このことを確かめるために以前，青年期以後の競技スポーツを対象として，スポーツ選手とスポーツ経験のない人に性格検査を行って比較するという研究が盛んに行われた。その結果，スポーツ選手はそうでない人より劣等感が低く，積極的，活動的で外向的であることが多くの研究で示され，スポーツをするとこのようなスポーツマン的性格が形成されると考えられた。しかし，その後さらに研究が進むと，これらのスポーツと性格の結びつきは競技スポーツを行うことによって形成されたものではないことが明らかになった。つまり，積極的，活動的といったスポーツマン的性格をもつ子どもが運動好きで競技スポーツに参加するため，そのような関係が認められたのである。この背景として，運動が児童期における自己概念の形成と密接なつながりをもつことがわかってきた。

　自己概念（self concept）とは自分の身体的特徴や能力や性格などについて抱いている自分自身についてのイメージのことである。これまでの研究によれば，児童期になると子どもは自分を運動，身体的外見，学業，仲間受容，行為の5領域から見つめ，それらを統合した自己概念をもつようになるとされている。このとき，運動有能感が自己概念の形成に大きくかかわってくる（Horn, 2004）。すなわち，努力して運動が上達し，習得した能力を発揮して運動の楽しさを十分に味わうことができる子どもは**運動有能感**をもつようになる。この運動有能感が自信に裏打ちされた肯定的な自己概念の形成に貢献し，積極的，活動的な行動傾向を示すようになるとともに運動好きになる。一方，一生懸命運動しても上達しない，競争すると負けてばかりいるといった経験を繰り返すと**運動無力感**をもつとともに，運動嫌いになる。無力感は否定的な自己概念を形成し，高い劣等感や消極性と結びつく（図D）。事実，運動嫌いの性格的特徴として高い劣等感や消極性が認められている。スポー

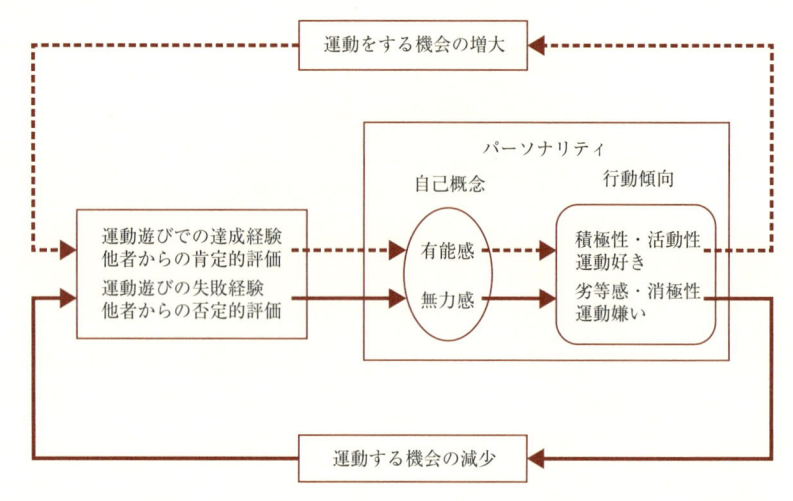

図D　運動経験と自己概念およびパーソナリティとの関係についての模式図
（杉原，2000）

ツが心理的発達に与える影響は，スポーツの経験のしかたによってまったく変わってくるのである。

　運動有能感・無力感の形成には指導者や仲間がつくりだす成績志向，熟達志向という集団の目標に関する雰囲気が重要な役割を果たすことが明らかにされている（Duda, 1992）。競技スポーツでは競争して他者より優れること，勝つことが最大の目標になることが多い。極端な場合，スポーツは勝たなければ意味がないとさえいわれる。このような目標の考え方は**成績志向**とよばれる。これに対して優劣ではなく，進歩上達すること，努力して課題をやり遂げることが成功だと考える立場を**熟達志向**という。スポーツが成績志向的な集団の雰囲気のなかで行われると仲間と比較して上手な子・勝てる子は運動有能感がもてるが，下手な子・負ける子は無力感を抱くようになる。これに対して熟達志向的な雰囲気のなかで行われると，努力して自分なりに上達すればすべての子どもが有能感をもてる。子どもが運動有能感をもち，肯定的な自己概念を形成し，運動に対して高い動機づけをもつようにするためには，児童期のスポーツは熟達志向的雰囲気のなかで行われる必要があろう。

　スポーツ集団の雰囲気が与える影響については最近，このほかにも様々な

ことが明らかにされてきている。たとえば，成績志向的雰囲気のもとでスポーツを行うと熟達的雰囲気より，パフォーマンスに関する不安が高くなること，スポーツマンシップ行動や道徳性の発達が阻害されること，仲間関係が悪くなること，動機づけ特に内発的動機づけが低下し，スポーツからの離脱が増加することなどである（Duda & Balaguer 2007）。

文献

Duda, J. L.（1992）Motivation in sport settings: A goal perspective approach. In G. C. Roberts（Ed.）, *Motivation in sport and exercise*（pp. 57-91）. Human Kinetics.
Duda, J. L. & Balaguer, I.（2007）Coach-created motivational climate, In S. Jowett & D. Lavallee（Ed.）, *Social psychology in sport*（pp. 117-130）. Human Kinetics.
Gallahue, D. H.（1996）*Developmental physical education for today's children.* Mc-Grow-Hill.（杉原　隆（監訳）（1999）幼少年期の体育．大修館書店．）
Keogh, J. & Sugden, D.（1985）*Movement skill development.* Macmilan.
工藤孝幾（1989）発達と運動スキーマの形成．体育の科学, 39, 621-626.
Horn, H. S.（2004）Developmental perspective on self-perseption in children and adolescents. In Weiss, M. R.（Ed.）, *Developmental sport and exercise psychology: A lifespan perspective*（pp. 101-143）. Fitness Information Technology.
末利　博（1984）身体発達の心理学．不昧堂．
杉原　隆（2000）新版幼児の体育．建帛社．
杉原　隆（2008）新版運動指導の心理学．大修館書店．
Williams, H. G.（1983）*Perceptual and motor development.* Prentice-Hall.

5章　児童期

認知 科学的概念の獲得

中島伸子

　小学校入学以後，日常経験の範囲内では難しい**科学的概念**（scientific concept）の獲得が徐々に求められるようになる。子どもは理科や算数などの教科で扱われることがらについて全く白紙の状態で学習に挑むのではない。教科内容に関連することがらをすでに日常経験のなかで学び，ある程度まとまりのある理解を構成している。しかしこうした日常的理解は科学的概念と一致していない場合が多く，それが科学的概念の獲得を難しくしている。本章では，日常的理解の性質についての認知研究の知見に基づいて，科学的概念の獲得が困難な理由を説明し，その獲得を促す教育的方策を考える。なお本章では，日常的理解と科学的概念との不一致が顕著にみられる物理学領域に焦点を当てる。

1　科学的概念獲得の困難さ
1.1　大人や子どもにみられる物理学領域の素朴概念
　科学についての素人が日常経験などに基づいて構成している理解は**素朴概念**（naïve concept）とよばれ，科学的概念とは異なる誤概念となっていることが多い。大人でもみられる物理学領域の素朴概念の有名な例として，物体の運動についての**誤概念**を紹介する。クレメント（Clement, 1982）は，コインが上に向かって投げられて空中を上昇している時点のコインに働く力を矢印で示すという問題をアメリカの理学・工学専攻の学生に解かせた。その結果，新入生の正答率は 12 パーセント，力学の講義を受けた学生でも 28 パーセントしか正答できなかった。コインには重力による下向きの力しかかからないというのが正答であるが，多くの学生はコインには手からコインに伝わる上向きの力と重力による下向きの力の 2 力が作用し，前者の方がより強いためにコインは上に押しあげられると答える。つまり彼らは「運動方向

には必ず力が働いている」という考え（運動は力を含意する誤概念）をもち，これを正す学校教育に対して強い抵抗を示すことが多いのである。大人でもみられる素朴概念はこの他にも多数報告されている（例えば McCloskey, 1983）。

　子どもにおいて根強くみられる素朴概念の例としては「重さは物体の大きさによって変わる一方で，密度も大きさに応じて変化する」という重さと密度の概念の混同，「目に見えるものだけ，あるいは，手で重さを感じられるものだけが重さをもつ」といった認識などがあげられる（Smith, Carey, & Wiser, 1985）。また後述するように，子どもは地球の形や昼夜サイクルについても誤った素朴概念をもつことが報告されている（Vosniadou & Brewer, 1992, 1994）。

1.2　なぜ素朴概念は根強いのか：素朴物理学の働き

　素朴概念の根強さを説明するうえでは認知発達研究の知見がおおいに参考になる。**ピアジェ**は，種々の内容から独立した領域一般の認知構造が存在し，これが段階的に移行していくものとして認知発達を想定した。これに対して最近の認知発達研究では，認知が内容ごとに区切られており，それぞれが独自の特徴や構造をもつという**領域固有性**（domain specificity）が強調されている。こうしたなか，**理論説**（theory theory）の立場をとる研究者は，幼児でも世界のいくつかの側面について，断片的な知識の集合ではなく体系性をもった理論とよべるような知識の集合——**素朴理論**——をもつと考える（稲垣，2002）。この素朴理論の獲得は仮説検証，理論構築，精緻化という過程を経てなされるわけでないという点で科学理論とは異なる。ウェルマンとゲルマン（Wellman & Gelman, 1992）は，多くの人に共通にみられる素朴理論として，素朴物理学（物理的事物や事象についての理論），素朴心理学（心についての理論），素朴生物学（生物や生物現象についての理論）をあげている。

　理論説の立場をとる研究者の多くは（たとえば，Carey, 1985；Vosniadou, 1994；Inagaki & Hatano, 2002），発達ないしは学習にともない素朴理論が変化し，そこでは知識の再構造化——概念変化——が生じると考える。ここでは主に物理学領域を研究対象としてきた**ヴォスニアドウ**（Vosniadou,

平らになった球形　　中空の球形　　2つの地球　　円盤状の地球　　四角い地球

図A　地球のメンタルモデル
（Vosniadou, 1994 より）

1994, 2007）による概念変化についての理論的枠組みを地球の形の概念を例として説明しよう。アメリカや日本などの先進諸国においては，幼児でさえ地球が「丸い」ことを知っている。しかしさらにさまざまな質問を重ねていくと，子どもたちの「丸い」の解釈はさまざまであり，必ずしも大人と同じようには考えていないことがわかる。こうした方法でアメリカの小学生を調査したヴォスニアドウとブルーワー（Vosniadou & Brewer, 1992）は，子ども独特の誤概念を5種類見いだしている（図A参照）。地球が球形であるという情報に早くから触れる機会が多いにもかかわらず，その理解が難しいのは，物理的世界を認識する際の根本原理（presupposition）を地球の場合にあてはめて考えるからというのがヴォスニアドウ（Vosniadou, 1994）の主張である。特に2つの根本原理——「人が住んでいる大地は平坦である」「支えられないものは下に落ちる」——は球形概念と矛盾している点で重要である。子どもは地球が丸いことを知ると，根本原理とのつじつまあわせを行い，合成モデル（図A）を構築するというのである。

　こうした考えを踏まえると，球形概念への変更が起こるためには，根本原理を疑い，修正することを伴う一種の**概念変化**（conceptual change）が必要となる。しかしそれは子どもにとって容易ではなく時間がかかるとヴォスニアドウは指摘する。なぜならば根本原理は，素朴物理学の中核として組織化されており，他の信念や概念と有機的に結びつき，物理的事象の解釈の前提条件として作用しているからである。また，そのルーツは乳児期にあり（Spelke, 1991），日常経験を組み入れながら精緻化が進む（旦，2007）ことから，日常の範囲内ではとてもうまく働くことも修正を難しくしている。ヴォスニアドウは以上のような概念変化の枠組みを地球の形だけでなく，昼夜概念，力学や熱力学の領域においても想定している。

なおヴォスニアドウらの提唱する概念変化の理論的枠組みについては，地球の形などの初歩的天文学の領域ではこれに一致しない知見が2000年前後から諸外国や我が国で蓄積されてきている（詳しくは，中島，印刷中）。ヴォスニアドウらの主張するほど，根本原理の作用が強くなく，この修正を伴う概念変化の生起が概念発達過程でみられるとは限らない可能性などが指摘されている。これらのことを踏まえ，少なくとも初歩的天文学の分野では，ヴォスニアドウらの理論枠組みを再検討する必要性が強く示唆されている（中島，印刷中）。しかしながら，現段階では，物理領域を幅広くカバーしうる包括的な概念発達モデルを提唱しているのは彼女らのグループに限られることから，科学的概念の獲得を促す教育を認知発達的視点から考察するにあたり，以降の節でも彼女らの枠組みに依拠する。

2　科学的概念の獲得を促すには

　前節で示した認知発達研究の知見に基づくと，科学教育においては個々の素朴概念の修正ではなく，素朴理論ないしはその中核にある少数の根本原理の変革や修正を中心にすえるという方向性をもつべきなのではないか。この方向性のもとでは，科学的概念の獲得は素朴理論の変革という長期にわたる過程のなかに組み入れられつつ進むものであると捉えられよう。こうした考えは従来の科学教育研究では示されなかったように思う。科学教育研究ではより早くから概念変化の理論枠組みが提案され（Posner et al., 1982），これに基づく種々の教授法が提案されてきた。しかしこうした試みから，概して概念変化は容易に生じないことが示されたという経緯がある（波多野・稲垣，2006）。本節では認知発達研究の示す方向性に沿うと思われる提案を紹介する。

2.1　素朴理論の構造と性質を考慮した科学教育のカリキュラムと教授法

　ヴォスニアドウとイオアニデス（Vosniadou & Ioannides, 1998）は前節で示したような概念変化の理論的枠組みに基づいて次のような提案をしている。第1に，科学教育で扱う内容の範囲を決定する際に，種々の教材を広く浅く扱うというやり方ではなく，その分野において鍵となる少数の概念（根本原理や，それと直接的に結びつく概念や信念など）についての深い探索や理解

に焦点を当てるカリキュラムの考案である。科学的概念の理解は容易ではなく時間がかかるうえ，根本原理が合成概念や誤概念を生み出す元凶となるからである。第2に，概念獲得の適切な順序を踏まえたカリキュラムの考案である。これは各分野の内容を構成する諸概念は相互に関連する構造をなしており，その獲得順序に影響を与えるという考えに基づいている。天文学分野を例にとると，球形概念の理解以前に，引力についての初歩的概念の理解を要する。第3に，学習者の先行知識を考慮した教授法の考案である。その際に特に重要なこととして，①物理的世界の理解の仕方を方向づける表象，信念，根本原理を自覚させ，反証される可能性のある仮説のひとつにすぎないことの認識──**メタ概念的認識**──を促すこと，②こうした表象等の限界の発見と修正への動機づけを高めうる，有意味な経験を与えること，をあげている。これらの点に留意した学習環境が小学校5，6年生の力学の概念変化を促すことが確かめられている（Vosniadou et al., 2001）。

2.2 概念変化（知識の再構造化）を引き起こす教授法

ヴォスニアドウたちの枠組みからは，概念変化の引き起こされるメカニズムは必ずしも明らかではない。この点を明細化し提案しているのが素朴生物学研究で著名な稲垣・波多野のグループである（Inagaki & Hatano, 2002）。彼らは概念変化を知識内の不整合を解決して首尾一貫性を回復する認知的試みととらえる。そのうえでふたつの対照的なメカニズムを提案している。すなわち，不整合を明確に自覚することなしに，局所的な知識の真理値の変化の蓄積によって最終的に概念変化が生じるという「局所的でボトムアップ的なメカニズム」と，不整合を自覚し，その解消のために意図的信念修正を図るという「目標志向的でトップダウン的メカニズム」である。通常，体系的教授なしでも生じる自発的概念変化は前者，教授に基づく概念変化は後者のメカニズムのもとで生じる。

稲垣・波多野（Inagaki & Hatano, 2002）は概念変化を引き起こす前提条件として当該領域の知識をある程度豊富にもつことと，メタ認知能力の発達が必要としたうえで，概念変化を引き起こす教授方略を提案している。第1に，既存の知識の不整合を自覚させることである。その際，既有知識と矛盾する事実や情報を呈示するだけでは不整合の自覚や再構造化は起こりにくい

ことを踏まえ，この点を補うために集団討論や教えあいなど他者と相互交渉をするという社会・文化的文脈の導入を推奨する。それによって理解への動機づけが増幅されるとともに，新しい考えに触れる機会が増えることで再構造化が容易になると考えるからである。第2に，既有の知識構造のなかに不整合を修復する新しい概念がなくてはならない。科学教育の場では新しい概念に該当するものが日常経験からは獲得しにくい科学的概念であることが多い。こうした科学的概念の獲得を促す教授方略として次の2つの方法を提案している。ひとつは**類推**の使用，すなわち既知領域の知識をもとに科学的概念を理解するという方法を生徒に勧めることである。ふたつ目は**概念的くさび**（cognitive peg）の提供，すなわち後の学習のかなめとなる科学的概念を事前に提案し，学習者がそれを使う機会を周到に用意することにより理解が徐々に深まることを期待するという方法である。

　これら認知発達研究からの提案をいかにして実現するか，また実現することによって，素朴理論の変革とそれにともなう科学的概念の獲得が促されるか。これらの点を検討する研究の進展が期待されるところである。

参考文献

稲垣佳世子・波多野誼余夫（著・監訳）子どもの概念発達と変化——素朴生物学をめぐって．共立出版．

文献

Carey, S. (1985) *Conceptual change in childhood*. MIT Press.（小島康次・小林好和（訳），子どもは小さな科学者か．ミネルヴァ書房．）

Clement, J. (1982) Students' preconceptions in introductory mechanics. *American Journal of Physics,* 50, 66-71.

旦　直子（2007）乳児における重力法則理解の発達．風間書房

波多野誼余夫・稲垣佳世子（2006）概念変化と教授．大津由紀夫・波多野誼余夫・三宅なほみ（編著），認知科学への招待，2（pp. 95-110）．研究社．

稲垣佳世子（2002）子どもが世界を理解する仕方．稲垣佳世子・鈴木宏昭・亀田達也（編著）認知過程研究——知識の獲得のその利用（pp. 18-29）．放送大学出版協会．

Inagaki, K. & Hatano, G (2002) *Young children's naïve thinking about biology*. Psychology Press.（稲垣佳世子・波多野誼余夫（著・監訳）（2005）子どもの概

念発達と変化——素朴生物学をめぐって．共立出版.）
McCloskey, M. (1983) Naive theories of motion. In A. L. Stevens & D. Gentner (Eds.) *Mental models*. Erlbaum.
中島伸子（印刷中）天文学の領域での概念変化；地球についての子どもの理解．心理学評論．
Posner, G. J., Strike, K. A., Hewson, P. W., & Gertzog, W. A. (1982) Accommodation of a scientific conception: Toward a theory of conceptual change. *Science Education*, 66, 211-227.
Spelke, E. S. (1991) Physical knowledge in infacy: Reflections on Piaget's theory. In S. Carey & R. Gelman. (Eds.), *The epigenesis of mind: Essays on biology and cognition* (pp. 133-169). Erlbaum.
Vosniadou, S. (1994) Capturing and modeling the process of conceptual change. *Learning and Instruction*, 4, 45-69.
Vosniadou, S. (2007) The cognitive-situative divide and the problem of conceptual change. *Educational Psychologist*, 42, 55-66.
Vosniadou, S. & Brewer, W. F. (1992) Mental models of the earth: A study of conceptual change in childhood. *Cognitive Psychology*, 24, 535-585
Vosniadou, S. & Brewer, W. F. (1994) Mental models of the day/night cycle. *Cognitive Science*, 18, 123-183.
Vosniadou, S. & Ioannides, C. (1998) From conceptual development to science education: A psychological point of view. *International Journal of Science Education*, 20, 1213-1230.
Vosniadou, S., Ioannides, C., Dimitrakopoulou, A., & Papademetriou, E. (2001) Designing learning environments to promote conceptual change in science. *Learning and Instruction*, 11, 381-419.
Wellman, H. M. & Gelman, S. A. (1992) Cognitive development: Foundational theories of core domains. *Annual Review of Psychology*, 43, 337-375.
Wellman, H. M. & Gelman, S. A. (1998) Knowledge Acquisition in foundational domains. In W. Damon (Ed.), *Handbook of child psychology, 5th ed., Vol. 2*: D. Kuhn & R. S. Siegler (Eds.), *Cognition, perception, and language* (pp. 523-573). Wiley.

5章 児童期

感情 秘密・ファンタジー

麻生　武

1　不都合を秘密にする力
1.1　罰を避けるために欺く

　ダーウィン（Darwin, 1877）の息子は，2歳8か月のときに，つまみ食いで汚れたエプロンを上手にまるめ，「なかに何にもないからあっちへ行って」と言い父親の目をごまかそうとしている。矢野・矢野（1986）の次男Wは，2歳7か月のときに，スイカをつまみぐちゃぐちゃにして母に叱られ，「お父さんがツマミーってゆわはったんでー」と嘘を言って自己弁護している。このように自己の不利益を避けるために他者を**欺く**こと（deception）は，逸話としては2歳後半から報告されている。

　ルイスら（Lewis, Stanger, & Sullivan, 1989）は，3歳前後の子どもたちにそのような力があることを，自然に感じられるエレガントな実験で示している。実験者が子どもにオモチャを決して見ないように告げて部屋を去る。その間の子どもの様子はビデオでモニターされている。5分後，戻ってきた実験者が「のぞき見した？」と尋ねるのである。子どもたちの90パーセントはのぞき見をし，そのうち38パーセントは「見ていない」と嘘を言い，同じく38パーセントが「見た」と正直に答え，残り24パーセントが黙（だんま）りを決めている。興味深いのは，嘘をついた子どもたちの表情や身体の動きが，嘘をつかなかった子どもたちのそれとまったく区別がつかなかった点である。3歳前後の子どもでも「言いつけ」を破ったときには，みごとに嘘をつく力があるといえよう。ルイス（Lewis, 1993）は，3歳から6歳の子どもたちに同様の実験をした結果を，次のように報告している。6歳までに，35パーセントの子どもたちが「言いつけ」を守りオモチャを見ないで5分間過ごすことができるようになる。その反面，「のぞき見」をした子どもたちの大半は，尋ねられると「見ていない」と嘘をつくようになる。ここでも子どもたちの

ポーカーフェイスは完璧であったという。ルイス（Lewis, 1993）が指摘しているように，罰を避けるために他者を欺くことは，**自己保存**に関連した一般的なシェマの一部と考えてよいだろう。ヒトの子どもはそのような力を早くから備えているのである。

1.2 他者の口止めで秘密を守る

　子どもの「秘密」保持能力の問題は，裁判における子どもの**証言の信憑性**の問題とも絡み注目されている。たとえば，近親者から性的虐待を受けている子どもが，子どもを保護しようとする大人の質問に果たして正直に答えるものだろうか。母親が口止めをすれば，子どもは母親を守ろうとして「秘密」の暴露をしないのではないだろうか。そのような現実的な関心からボットムら（Bottoms et al., & Thomas, 2002）は，次のような研究を行っている。研究に協力したのは，年少児（平均4歳2か月），年長児（平均6歳0か月）の計48名である。母子がプレイルームで遊ぶ。オモチャは色々ある。実験者は一部のオモチャに触ってはダメと伝えて部屋から出る。その後，母親が子どもに禁止されているバービー人形で遊ぼうと提案，母親がそれを壊してしまう。母親は実験者にばれるとトラブルになるからと子どもに内緒と「口止め」をする。そして，子どもに部屋のなかのオモチャでどれが一番好きか尋ね，秘密にしておくとそのオモチャを買ってあげると言う。これが実験群である。コントロール群では，実験者は禁止のメッセージを出さず部屋を出る。その後は，ほぼ同様である。同じく母親はバービー人形を壊してしまう。母は内緒と「口止め」せず，単に，部屋のなかのオモチャでどれが一番好きか尋ね，セッションが終わればそのオモチャを買ってあげると言う。どちらの群についても，戻ってきた実験者が，個別に子どもにインタビューをする。そして，「母親が人形を壊さなかったか」などを尋ねる。

　その結果，年少児では，実験群もコントロール群も壊れたバービー人形に関する正しい情報提供の数について差がなかった。つまり年少児では，母親の「口止め」の影響が見られなかった。これに対して，年長児では「口止め」されていた実験群の方が，有意に情報提供が少なかった。とはいえ，年少児も質問された際に，25パーセントが人形に何かが起こったことを否定，54パーセントが母親が人形を壊したことを否定している。この割合には実

験群とコントロール群との間に差はない。つまり，年少児は「口止め」されたか否かにかかわらず，母親の不祥事を隠す傾向があったといえるだろう。この研究は，近親者による児童虐待などに関して，子どもから証言をとることの難しさを例証していると言えるだろう。自己の不利益だけではなく，親の不利益を守るためにも，子どもは他者を「欺く」のである。

2 子どもたちの秘密
2.1 秘密を理解する力

他者に「秘密」にするという認知レベルの理解をテーマにした研究としては，古くはマーヴィンら（Marvin, Greenberg, & Mossler, 1976）のものがある。彼らは，子どもと母親と実験者の3人が順に1人が目をつぶって，残りの2人が「秘密のもの（secret）」を決めるというゲームを行った。オモチャは2つあり，どちらかを「秘密のもの」に決めるのである。まず，実験者が目をつぶる。母親と子どもが「秘密のもの」を決め終えたら，実験者は目を開ける。そして実験者が子どもに「君は「秘密のもの」が何か知ってるかな？」「お母さんは「秘密のもの」が何か知ってるかな？」「私（実験者）は「秘密のもの」が何か知ってるかな？」と次々に尋ねていくのである。母親が目をつぶった場合も，子どもが目をつぶった場合も，まったく同様に3つの質問を行う。その結果，3歳児（平均3歳6か月）では，3つの条件いずれでも3つの質問すべてに正解できたも子どもは15パーセント以下であったが，4歳児（平均4歳7か月）ではどの条件でも80パーセント以上の者がすべての質問に正答している。最近の研究としては瓜生（2007）が，アンパンマンの新しい顔を2つある箱の1つに隠し，ばいきんまんがやってきて「教えろ！　どっちの箱だ」と子どもに詰問したとき，子どもが「嘘」をついて空っぽの箱を指し示すことができるか否かを調べている。その結果，年少児（平均4歳0か月）では正直に答えてしまう傾向が強いが，年中児（平均4歳11か月）ではその8割ほどが適切に「嘘」をつけることを明らかにしている。また，この課題を通過することが，**誤信念課題**（false belief task）よりも約1年早いことを示している。以上から4歳半ごろには，他者が知らない「秘密」があることや，他者に「秘密」にすることについて，基本的な理解がほぼできあがるといえるだろう。

2.2 何を秘密にするのか

　子どもたちが実際にどのような事柄を秘密にしているのか，秘密にしている事柄を調べるというのは，容易なことではない。それをみごとに行ったのがラストとアハロニ＝エツィオニ（Last & Aharoni-Etzioni, 1995）である。サマーキャンプに参加していた3年生，5年生，8年生各60名（男女半数）の計180名に巧妙な手続きを用いて「これは私の秘密です」という内容の作文を書かせ，その内容を分析している。秘密の内容は，①「異性との関係」，②「道徳的な違反」，③「所有（モノや場所の所有など）」，④「家族の事柄（家族の死亡など）」，⑤「社会的問題（仲間との葛藤など）」，⑥「その他」の6カテゴリーに分類された。その結果，秘密にするのは，男子の方が②「道徳違反」，③「所有」が多く，女子は④「家族」が多かった。また，学年差として，①「異性」や②「道徳違反」は8年生に多く，③「所有」は3年生に多く，8年生には少なかった。また秘密の動機に関しても，①「恥」，②「罰を恐れる」，③「排他的独占」，④「共感（他者を傷つけるのを避けるためなど）」，⑤「その他」，の5つに分類し，次のような学年傾向を見いだしている。①「恥」は8年生が一番多く，5年生には有意に少ない。②「罰」の恐れは8年生に多く，3年生に少ない。③「排他的独占」は3年生に多く，8年生に少ない。以上，全体として，子どもたちの秘密の内容やその動機は，所有から人間関係へという発達していくことが理解できるといえるだろう。

3　内面世界とファンタジー

3.1　秘密にされる「空想の遊び友だち仲間」

　矢野（1989）は「秘密をもたない人間とは，内面をもつことのない，それゆえ他者に対して透明な人間である。秘密をもつことは，自己を他から分ける境界設定作用であり，主体としての自己の意志による自己確認であり，他者によって見通すことのできない**内面世界**の成立を示すひとつの徴候でもあるといえよう」（p. 289）と述べている。秘密の誕生は，内面の成立と深く結びついているといえるだろう。

　麻生（1991）は幼児期の「**空想の遊び友だち**（imaginary playmate）」が家族中でオープンにされているのに，児童期になればそれが秘密のものになることについて，この時期子どもが親とのエロス的関係から切り離された

「コトバ」の世界に入ること関連させて議論している。他者と共有されない内面世界をもつことは，孤独を知ることでもある。その孤独を共有してくれる秘密の友だちが，この時期の「空想の遊び友だち」である。自己の成長とともに，「聖なる存在」が生まれて，それが「秘密」にされ内面化されていく様子を，亀山（1990）は『金色の狐』（J・アンジェフスキー作，米川和夫訳）という作品紹介を通してみごとに描き出している。もうすぐ6歳の誕生日を迎えるウーカシュがひとりで留守番をしているときに金色の狐が現れるのである。ウーカシュは狐が家族の者に見つからぬよう配慮し狐と交流していたのだが，あるとき狐の姿が兄にも母親にも見えないことに気づく。そして父親と母親が金色の狐などウーカシュの夢想にすぎないと言っているのを立ち聞きしてしまう。狐が見えるのはウーカシュだけである。そこには家族からの孤立がある。その後，ウーカシュは金色の狐の存在を秘密にして，狐など存在していないような演技をするようになる。すると，不思議にも今まで混乱していた家族との日常関係が以前と同様の円滑さを取りもですのである。亀山は，母親と心的につながっていた少年が，金色の狐との交流という内面をもつことで，一旦は母親と切れた存在になり，その次に金色の狐という内面世界を「秘密」にし演技することで，今度は前とは違うレベルで母親との関係を回復していくという内面における「子どもの社会化」を描き出しているのである。

「空想の遊び友だち」や「金色の狐」は，果たして幻想にすぎないのだろうか。だが子どもたちにとって彼（彼女）らの存在はリアルである。麻生（1996）が指摘しているように，むしろ幻想とリアルの狭間にこそファンタジーの世界は花開くものだとも言えるだろう。**河合隼雄**（1997）は，「秘密は子どもの自立，あるいはそのアイデンティティとかかわるものなので，子どもは子どもなりの秘密をもとうとする。そのようなもののなかで，多くの子どもが体験するのは，自分なりの『秘密の宝』を持つことである」（p. 149）と述べ，**ユング**（Jung, C. G.）が10歳のときに小さな人形を「秘密の宝」として屋根裏部屋に隠し，その人形を心の支えにしていたことを紹介している。少年ユングにとっても，秘密とファンタジーとは切っても切れぬ関係にあったことは間違いない。

3.2 共有されるファンタジーと秘密

 なぜ「空想の遊び友だち」にはある種のリアリティがあるのか。麻生（1989, 1996）によると，それは「空想の遊び友だちの存在」という「秘密」が，「空想の遊び友だち」との間で共有されているからである。共有されることによって，「共有されたもの」のリアリティは増す。それは私ひとりの幻想ではない，認識を共有してくれる他者がいるのだというわけである。「秘密」は共有されることでリアリティや価値を増し，今度はそのことが「秘密」を共有し合っている互いを固く結びつけるのである。共有された秘密には，必ず共有されたファンタジーすなわち共同幻想がある。

 河合（1987）は「十歳くらいのときに何らかの秘密をもった人は多いのではないだろうか。それは友人と共有されていることもあり，仲のいい友人と二人で秘密の宝物をどこかに隠したりする」(p. 51)と述べ，自身が小学4年生の頃に，友だちと秘密のマークを決めて遊んでいたことを回想している。霜田（1956）は，ある寄宿舎のある私立学校の小学6年生と5年生の15人が，グリーンクラブという秘密結社を作り，独自の貨幣を発行し，さらに選挙で内閣を組織していた事例を報告している。寮母や先生やメンバー以外の児童には秘密の結社である。そこでは壮大なファンタジーが「秘密」のものとして15人の子どもたちに共有されている。これほど大がかりな秘密の共有は，外遊びが少なくなりギャングエイジの消滅した昨今では，もう見られないものかもしれない。いずれにせよ，小学校中学年から高学年にかけて子どもたちは，共有された「秘密」を中心に，あるファンタジーを共有することに価値をおくようになると言えるだろう。そこには「親密な仲間」のイメージがある。今日の子どもたちは，秘密の暗号で仲間とメールでやりとりし，それを楽しんでいる。私の知る大学院生は，小学校3〜4年生ごろ，ある友だちとの交換日記のなかで秘密の文字を2人で一生懸命作ったと回想している。そもそも，交換日記それ自体が，秘密の共有の一形態であり，ファンタジーの共同構成の場でもある。本田（1996）は，ある少女の小学6年生に始まる交換日記の資料をもとに，「交換日記が，本来的な機能を発揮するのは，どうやら，思春期の少女の世界であるらしいのだ。それは『少女幻想共同体』という土壌によって育まれ，その上に芳醇な花を開くのではないか」(p. 100)と述べ，きわめて似通った表現で盛りあがっている2人の少女の

共有されたイメージ世界を描き出している。しかし，中学校になると，しだいに2人の関心のある世界がすれ違いはじめ，「お互いだけに共有される秘密の世界と秘密の表現に，溺れ切っているように見せながら，時として，クールに乾いたまなざしが周囲や他者だけでなく，自分自身に対しても注がれる」(p. 176) ようになるのだとまとめている。

思春期ごろになると，しばしば，自分の書いた「秘密の日記の内容」を自分と共有してくれる相手が半ば人格化された「日記」それ自体になることがある。そもそも日記とは自己との対話の一形式である。内面的な世界が，書くことを通じてしばしば形作られるのも，そのような自己との対話の結果といえるだろう。交換日記は，そこにいたる道筋の途中に咲いたお花畑のようなものだといえるかもしれない。本田 (1996) の分析もそのこと示しているように思われる。

文献

麻生　武 (1989) 想像の遊び友達：その多様性と現実性．相愛女子短期大学研究論集, 36, 3-32.

麻生　武 (1991) 内なる他者との対話．無藤　隆 (編)，ことばが誕生するとき (pp. 39-91)．新曜社．

麻生　武 (1996)．ファンタジーと現実．金子書房．

Bottoms, B. L., Goodman, G. S., Schwartz-Kenney, B. M., & Thomas, S. N. (2002) Understanding children's use of secrecy in the context of eyewitness reports. *Law and Human Behavior*, 26(3), 285-313.

Darwin, C. (1877) A biographical sketch of an infant. *Mind*, 2, 285-294. (大脇園子 (訳) (1966) 乳児の伝記的素描．ウェイン・デニス (編)，黒田実郎 (訳)，胎児・乳児の行動と発達 (pp. 69-87)．岩崎学術出版社.)

本田和子 (1996) 交換日記．岩波書店．

亀山佳明 (1990) 子どもの嘘と秘密．筑摩書房．

河合隼雄 (1987) 子どもの宇宙．岩波新書．

河合隼雄 (1997) 子どもと悪．岩波書店．

Last, U. & Aharoni-Etzioni, A. (1995) Secrets and reasons for secrecy among school-aged children: Developmental trends and gender differences. *The Journal of Genetic Psychology*, 156, 191-203.

Lewis, M. (1993) The development of deception. In Lewis, M. & Saarni, C. (Eds.), *Lying and deception in everyday life* (pp. 90-105). The Guilford Press.

Lewis, M., Stanger, C., & Sullivan, M. (1989) Deception in three-year-olds. *Developmental Psychology*, 25, 439-443.
Marvin, R. S., Greenberg, M. T., & Mossler, D. G. (1976) The early development of conceptual perspective taking: Distinguishing among multiple perspectives. *Child Development*, 47, 511-514.
霜田静志（1956）精神分析からみた児童の心理．誠文堂新光社．
瓜生淑子（2007）嘘を求められる場面での幼児の反応：誤信念課題との比較から．発達心理学研究, 18, 13-24.
矢野智司（1989）「子ども」の秘密：歴史心理学的考察．梶田叡一（編著），自己意識の発達心理学（pp. 289-305）．金子書房．
矢野喜夫・矢野のり子（1986）子どもの自然史．ミネルヴァ書房．

5章 児童期

言語 書き言葉

針生悦子

　言葉は問題なく話すことができても，文字を読んで文章を理解することは困難（**ディスレクシア** dyslexia）な子どもたちがいる。そのような問題がなかったとしても，文章を正しく読みとること，ほかの人にもわかる文章を書くことは，ふつうの大人にとってさえ難しい。このような書き言葉の難しさは，話し言葉とのどのような違いに由来し，それゆえ，書き言葉を身につけるとはどういうことなのだろうか。

1　文字の習得

1.1　文字が読めるようになるまで

　話し言葉を覚えていくときにはまず，周囲の人の話す言葉においては，特定の音声形式がモノやコトを指すために用いられているということを理解しなければならない。すなわち，私たちが指さしするのはそのような指のかたちを見せたいからではなく，それを手がかりとして相手に自分の見てほしいものに注意を向けてもらうためであるのと同じように，私たちが言葉を発するのは，その音声形式を聞いてほしいからではなく，その音声形式が指示するモノやコトのことを相手に考えてほしいからである。そして書き言葉も，モノやコトを指示するシンボルであるという点では話し言葉と変わらない。

　ただし，**書き言葉**は，話し言葉を文字上に実現したものであるから，それを習得するには，書かれた単語はその読みである話し言葉を介して何らかの対象を指示していると理解しただけでは十分でない。話し言葉の音声がどのようなルールで文字に対応づけられているのかも理解しなければならない。

　このように，書き言葉を習得するには，まず文字のシンボル的性質に気づくこと，そして，話し言葉はどのように文字に対応しているのかを学ぶことが必要である。ただし，まだ自分では文字を読むことができない子どもでも，

おとなが絵本の本文を読まずにその場で作った話をすると,「ちゃんと読んで」と抗議してくることがある。このようなエピソードからもわかるように,子どもは,おそらく周囲のおとなが文字を書いたり読んだりする姿を目にするうちかなり早い時点で,文字のシンボル的性質に気づいている。そして,そのような気づきに支えられて,自らも文字を読もうとし始めるのである。

では,文字を読もうとして子どもはどのような方略をとっているのだろうか。これについて**フリス**（Frith, 1985）は,①単語全体の知覚的な特徴（ゲシュタルト）を手がかりにして読もうとする,②1文字1文字の読みをつなげることで単語全体を読もうとする,③文字列に対応した読み方も理解して読む,を挙げ,発達的には①から③の順にできるようになっていくとした。ここでフリスが②に加えて③のようなプロセスを考えたのは,英語では個々のアルファベットの読み方をつなげただけでは書かれた単語を読めるようにはならないからである。これが日本語のかな文字習得なら,②と③は,② 個々のかな文字を読みあげ書かれた単語を理解しようとする ③「きゃ」など特殊な表記も読める,としなければならないだろう（Akita & Hatano, 1999）。

このように,それぞれの言語は,話し言葉のどのような側面をどのように切り取って文字（列）に対応づけるかが異なり,その特徴が文字学習の過程に反映される。そして,そこで重要な役割を果たしているのが,次節で述べる,音韻意識（単語がどのような音から成っているかに関する気づき）である。

1.2 音韻意識の役割

天野（1970）は,幼児を対象とした調査で,今ひらがなを何文字読むことができるかを横軸に,そのような子どもがどれだけいるかを縦軸にプロットしてみるとU字型の曲線になることを見いだした。すなわち,たいていの子どもは,ひらがな全71文字のうち20文字以下しか読めないか,既に50文字以上読めるようになっているか,のいずれかだったのである。このように,ひらがなの学習とは,最初の20文字くらいを習得するのには時間がかかっても,そのあとは一気に進むというものであるらしい。

他方，天野は，子どもたちが，「単語を拍(モーラ)単位の音に——たとえばネコを1拍ずつ/ネ/,/コ/のように——分解することはできるか」また，「特定の音（たとえば/コ/音）がある単語に含まれているかどうかを正しく判断できるか」についても調べた。すると，これらの能力は，ひらがな20字が読めるようになるまでのあいだに大きく伸びることがわかった。これらの知見を総合すると，日本の子どものひらがな習得とは，最初にいくつかひらがなを学習するなかで，単語がどのような音から成っているかということに敏感になり，そのような気づきに助けられて一気に学習を終えてしまうといったものであるらしい。

ただし，発達に弱さを持つ子どもの場合には，ひらがなの読みをひとつひとつ教えられ，たとえば「さかな」を構成する文字はすべて読むことができ，そして，/サカナ/という音のかたまりはサカナを指すことを知っていても，ひらがなで「さかな」と書かれた単語カードを見せられ，それに対応するものとしてサカナの絵カードを選べないといったことがある。大六（1995）は，このような子どもに，話し言葉の単語を拍単位に分解したり，単語の中にどのような音が含まれているかを意識化したりする訓練を施した。すると，その子どもは，ひらがなで書かれた単語の意味をとることができるようになったのである。このような事例は，かな文字で書かれたこの単語は，自分が話し言葉で音のかたまりとして知っていたあの単語だとわかる，そのあいだをつないでいるのは，そもそも自分の話している単語はどのような音から成っているかということへの気づきであったことを，改めて私たちに教えてくれる。

なお，日本語のかな文字はたいてい，1つの文字に1つの拍が対応している。しかし，英語では，個々の文字というよりひとつらなりの文字に音が対応している。しかも，そのようなひとつらなりの文字に対応づけられるのは，音素であったり単語終結部の音のまとまり（たとえば'make'と'take'）であったりで，日本語に比べると，文字と音との対応関係は複雑である。そのためか，英語圏の子どもについては，単語全体とその読みを教えられただけでは，話される単語の中のどの音が，書かれた単語のどの文字のつらなりに対応するか，ということまで自発的に理解するようにはならないといわれてきた（Seymour & Elder, 1986）。それだけに，英語においては，同じ音を

含む単語の綴りが似ていること（たとえば 'beak' と 'peak' あるいは 'bean'）を明示しながら読みを教えていくことが有効だとされている（Goswami, 1986）。

このように，文字を読めるようになるためには，どの言語においても，自分の話している単語がどのような音から成っているかを意識化し，それらの音が文字にどのように対応しているかを学ばなければならない。ただ，音が文字にどのように対応づけられるかは言語によって異なる。そのため，子どもたちがどれだけこのプロセスをスムーズにこなせるか，また，その過程でどれだけ，どのような介入が必要になるかも，言語によって違ってくるのである。

2 文章の理解
2.1 書き言葉的ディスコースの特徴

書き言葉の代表格は**文章**だろう。しかし，岡本（1985）が「**二次的ことば**」として指摘した，書き言葉的ディスコースの特徴は，書かれた文章だけでなく，スピーチなどにもあてはまるものだった。すなわち，岡本（1985）は，①表現すべき内容が目の前に存在しないところで，②目の前にいない相手に向かって，③（相手が目の前にいないその結果として途中で質問したりすることもできないまま）一方向的に話が展開される，このようなことばのことを，「二次的ことば」とよび，これを「**一次的ことば**」——子どもは生活のなかで話し言葉を学んでいくとき，それはたいてい①表現する内容は"今ここ"のことであり，②目の前にいる親しい相手とのあいだで，③一対一でかわされる　といった性質を帯びていた——と区別した。そして，小学校に入ると子どもたちは，このような特徴を帯びた新しい言葉の獲得を求められるが，それはまことに困難な作業である，と述べたのである。

2.2 文章理解に影響する要因

このように，文章を理解するとは，必ずしも今ここについて述べているわけではない，それ自体ある程度の分量と構造をもった文のかたまりを理解するということである。したがって，文章を理解するためには，次々と与えられる一文一文を，語彙や文法についての知識を使って読み解いていくだけで

は十分でない。それらの文と文とを関連づけ，文章全体としてはどのようなことが述べられているのかを読み取らなければならないのである。それだけに，この作業がうまくいくかどうかには，作業記憶（**ワーキングメモリ**）容量や，文章の内容や語られ方についての知識が影響すると指摘されている。

　まず，文章を読むことが，そこまで読み進んできた文章の内容に，新たに読んだ一文の内容を付け加え統合していくことであってみれば，その可否には当然，そのような作業に割り当てることのできる容量の大きさが影響すると考えられるだろう。実際，**リーディングスパンテスト**（文を読みながらそこに出てきた単語を記憶する課題）から推測される作業記憶容量と読み能力とは関連していることが見いだされてきた（Daneman & Carpenter, 1980；苧阪・苧阪，1994）。

　また，文章で扱われていることが自分のよく知っていることであれば，そのことでも文章の理解は助けられるだろう。たとえば，野球というスポーツではどのようにして得点をとり，ゲームはどのように進行するか，ということを知っていれば，野球の試合について書かれた文章を読み進むとき，次々と与えられる情報のなかでどれが重要で，それらをどのように関連づけたらよいか，ということも容易にわかる（Chiesi, Spilich, & Voss, 1979）。

　さらに，文章においてはたいていどのような情報がどのように配列されるものだ，ということを理解していれば，それも読解の助けになるだろう。たとえば，物語（特に子ども向けの物語）では，できごとが時間の流れにそって語られるのに対し，説明文で，語られる複数のできごとのあいだの関係は主張に対する論拠や具体例の提示であったりする。フリードルとヘイル（Freedle & Hale, 1979）は，就学前児にとっては，同じ内容の文章でも，物語的に語られた方が説明文的に語られた場合より理解しやすいことを見いだしたが，これなど，就学前の子どもにとってなじみ深いのは，説明文的な語りより物語的な語りだからだろう。

　以上で見てきたように，文章の理解には，作業記憶容量のほか，内容についての知識，語り方へのなじみぐあいなどが影響する。しかし，子どもはおとなに比べて，作業記憶容量も，内容や語られ方についての知識も限られている。このように文章理解に不利な条件ばかり備えている子どもにとっては，確かに「二次的ことば」の獲得は困難な作業であるにちがいない。

それでも子どもは，その困難な作業に取り組むための基礎を，小学校に入る以前に，絵本を読み聞かされたり，友だちとの日常的なコミュニケーションをしたりする中で少しは身につけてきている。たとえば，物語的な語られ方なら理解しやすい（Freedle & Hale, 1979）というのもそうである。また，由井（2002）は就学前の子どもを対象にした研究で，文章の初めに主人公の目標を明示されると内容の理解は大いに助けられ，その効果は作業記憶容量の小さな子どもたちで特に大きいことを見いだした。できごとを誰かの意図や目標にもとづいてとらえるといったことは，子どもたちが，物語を聞くときだけでなく，日常生活の中でよく行ってきたはずのことである（Wellman, 1990）。そのような知識を手がかりに，子どもたちは書き言葉の世界に分け入っていくのである。

文献

Akita, K. & Hatano, G.（1999）Learning to read and write in Japanese. In M. Harris & G. Hatano（Eds.）, *Learning to read and write: A cross-linguistic perspective*（pp. 214-234）. Cambridge University Press.
天野　清（1970）語の音韻構造の分析行為の形成とかな文字の読みの学習．教育心理学研究, **18**, 76-89.
Chiesi, H. L., Spilich, G. J., & Voss, J. F.（1979）Acquisition of domain-related information in relation to high and low domain knowledge. *Journal of Verbal Learning and Verbal Behavior,* **18**, 257-273.
大六一志（1995）モーラに対する意識はかな文字読み習得の必要条件か．心理学研究, **66**, 253-260.
Daneman, M. & Carpenter, P. A.（1980）Individual differences in working memory and reading. *Journal of Verbal Learning and Behavior,* **19**, 450-466.
Freedle R. O. & Hale, G.（1979）Acquisition of new comprehension schemata for expository prose by transfer of a narrative schema. In R. O. Freedle（Ed.）, *New directions in discourse processing: Advances in discourse processes, Vol. II*（pp. 121-135）. Ablex Publishing Corporation.
Frith, U.（1985）Beneath the surface of developmental dyslexia. In K. Patterson, J. Marshall, & M. Coltheart（Eds.）, *Surface dyslexia: Neuropsychological and cognitive studies of phonological reading*（pp. 301-310）. Lawrence Erlbaum.
Goswami, U.（1986）Children's use of analogy in learning to read: A developmental study. *Journal of Experimental Child Psychology,* **42**, 73-83.

岡本夏木（1985）ことばと発達．岩波書店．
苧阪満理子・苧阪直行（1994）読みとワーキングメモリ容量：日本語版リーディングスパンテストによる測定．心理学研究, 65, 339-345.
Seymour, P. H. K. & Elder, L. (1986) Beginning reading without phonology. *Cognitive Neuropsychology*, 3, 1-36.
Wellman, H. M. (1990) *Children's theory of mind*. MIT Press.
由井久枝（2002）幼児の物語理解に影響する要因：作動記憶容量と意図情報に注目して．教育心理学研究, 50, 421-426.

5章　児童期

社会　児童虐待

数井みゆき

1　児童虐待の現状

図Aに示すように，**児童虐待**（child abuse）の処理件数は統計を取りはじめたときから，年を追うごとに増加の一途をたどっている。たとえば，2009年度では，**児童相談所**に寄せられた50万件を超える通報から，虐待だと判断されたものが4万4211件と載っているが，通知されなかったものがこの数倍は存在するだろうと考えられている。

2　児童虐待の種類

身体的虐待とは，子どもの身体面に外傷を与える行為で，直接的な身体への暴力や火，水，その他の道具を使った暴力，薬物，毒物の使用を含む。乳幼児では生命の危険が大きい。具体的には，首を絞める，殴る，蹴る，投げ落とす，熱湯をかける，布団蒸しにする，溺れさせる，逆さ吊りにする，異物をのませる，食事を与えない，冬戸外にしめだす，縄などにより一室に拘束するなどの行為が多い。

心理的虐待（全ての虐待に原則として含まれている）は，子どもの心理面で「外傷」を与える行為で，主に言葉による脅かしや脅迫，あるいは，子どもを無視したり，拒否的な態度を示したりすることを指す。たとえば，きょうだいで比較したり，「ばか，どじ，あほ」など子どもの心や自尊心を傷つけるような言動を繰り返し行う。

性的虐待とは，子どもに性行為，性的暴行，性的行為の強要・教唆，性器や性交を見せる，ポルノグラフィーの被写体にするなど，子どもを性的対象として扱う行為であり，加害者による口封じが行われている。

ネグレクトは，健全な心身の成長，発達に必要なケアをしないという行為で，家に閉じ込める，重大な病気になっても病院へ連れて行かない，食事，

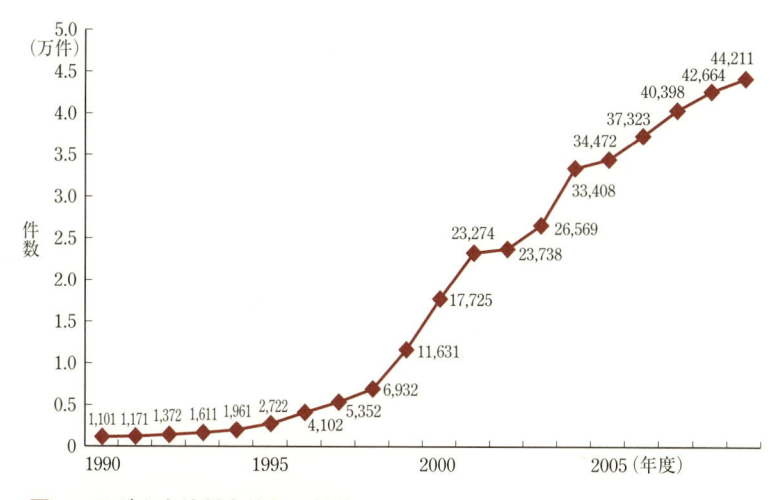

図A　子ども虐待対応件数の推移
厚生労働省雇用均等・児童家庭局総務課「第31回社会保障審議会児童部会資料5」より

衣服，住居などが極端に不適切である，必要な情緒的欲求に応えないなどがある。乳児の場合は死亡に至ることもある。

　DV（ドメスティックバイオレンス） とは，夫婦間において，パターン化された言動で，そこに，身体的，言語的，あるいは性的攻撃，脅し，強制などが現れるものであり，典型的に男性から女性へ行われる暴力である。この暴力に子どもが直接的にあわなくても，それを目撃することが心理的虐待にあたる。たいてい，長期にわたって子どもはその環境にさらされることになり，そのような状態は，甚大なネガティブな影響を与える。

　これらの虐待は重なって起きていることも多い。また，重要な観点は，緊急性だろう。緊急性が高いということは，死に至る確率が上がるということである。児童相談所は，子どもの生命の危険があるなど緊急の場合には，保護者の意向とは関係なく，子どもを一時保護することができる。

3 児童虐待の背景

児童虐待を引き起こしやすい背景というものがある。ただし，ひとつふたつが当てはまるときより，複合的に重なったときに，特に児童虐待は起きやすくなる。

3.1 保護者に見られやすい要因

本人の対人関係における認知や感情の歪みがある。たとえば，相手の立場で考えることが苦手（乏しい共感性）であったり，自分がどうされたかが判断基準（**被害者意識**）となっている。また，育児に関する不適切な知識や思いこみが結果として，虐待を引き起こすことがある。生活習慣（夜型，食が細い，遊び食い，好き嫌い，排泄のしつけ）や習癖（夜泣き，指しゃぶり，乱暴，神経質）などを悩み，叱っているうちにそれがエスカレートすることがある。あるいは，**育児不安**が親に強く，遊び方や叱り方がわからない，かわいいと思えない，きょうだいへの対応で手を焼く，愛情不足の心配，子どもの将来の心配などから，思いつめている場合も少なくない。さらに，**体罰**を正当なしつけの手段だと考えること，つまり，暴力肯定から，虐待に至っている場合もある。

個人主義的価値観を持つ親の場合は，子どもは親に従うものという考え（**不適切な子ども観**）から，子どもをもつことを個人の自由裁量であると考える風潮があったり，生まれた子どもをどのようにするのも親の自由，自分のものだからとして，体罰やせっかんを繰り返している場合もある。

さらに，なんらかの精神障害やアルコール依存症，薬物依存などが養育者にある場合，結果として虐待的な環境になっていることがある。

3.2 家庭を取り巻く状況

地域・隣人・親戚からの**孤立**，夫婦間の不和，経済的問題などを抱えている。さらに，単身家庭や複雑な家庭（離婚・再婚家庭，母子家庭，男性の出入りが複雑な家庭）である場合も多い。

3.3 子どもに関する要因

育児に関して精神的・身体的負担を感じさせる子どもの状態があげられる。

表A　2009年度における年齢別虐待事例の割合

総数	0～3歳未満	3歳～学齢前児童	小学生	中学生	高校生・その他
44,211 (100％)	8,078 (18.3％)	10,477 (23.7％)	16,623 (37.6％)	6,501 (14.7％)	2,532 (5.7％)

出典）子どもの虹情報研修センター（http://www.crc-japan.net/contents/notice/topics14.html）

たとえば，身体面では低体重出生，発達障害，先天性不治疾患，アレルギー，心疾患などの問題をもっていたり，行動面では，多動，強情，反抗的，動作が緩慢などがあったりする。

出生早期からの長期入院や家庭状況による施設入所などの親子分離の経験は，子どもが親になつきにくくなるなどの移行期を生み出し，それによって，親がわが子との関係がうまくとれずに，結果として虐待になることもある。また，不幸な出生状況や祝福されない出生においても，生まれた子どもに対して，ネガティブな気持ちしかもてないこともある。

4　子どもに及ぼす影響

年齢ごとの状況を見てみると，乳幼児期に半数近くのケースが集中している（表A参照）。

乳児期に起きる酷い身体的な虐待や継続的なネグレクトは，子どもの生命を脅かし，実際に死に至らしめることも少なくない。また，首が座る前に子どもを不必要に揺さぶる「**揺さぶられっ子症候群**」というのは，脳内出血を引き起こしやすい。さらに，本来親から安心をもらうべき**アタッチメント（愛着）**がうまく形成されずに，アタッチメントの歪曲やその障害をもつに至ることもある。

幼児期から学童期にかけて，知的な発達の遅れが見られることは少なくない（数井，2003）。親が子どもに無関心であるため，子どもの学習環境を整えないことがある。また，子ども自身，虐待の結果，情動の調整がうまくいかずに，集中力が欠如したり，感情の爆発，あるいは，その反対のひきこもりという問題を抱えていたりする。

基本的に，虐待は対人関係に深刻なダメージを与えることが多い。同年齢の仲間関係においても，**社会的スキル**が身についていないために，仲間に対

して暴力的になったり，あるいは，仲間から拒絶されたりする。また，学校の教師など，自分にとって保護的立場にある大人に対して，挑発的な態度や言動を示すことで，その大人から怒りや暴力的態度を引き出してしまうことがある。

中学生やそれ以降になると，虐待そのものの影響よりも，それによってすでに問題化していた行動が，さらに反社会的な色合いを帯びてくる。一方で非行化，もう一方で内在化（ひきこもり，自傷行為，うつ等）するということがある。

いずれにせよ，子どもの発達全般に対して，深刻なダメージを与えるのが，児童虐待なのである。

5 世代間連鎖はあるのか

臨床現場等で出会う虐待する親には，子ども時代に虐待を自分が受けていたという確率が高いという話はよく耳にする。これは事実だろうか。

ハンターら（Hunter & Kilstrom, 1979）は最初の子を妊娠中の282名の女性の生育歴に，その女性が虐待を受けた経験があるかないかをまず調べ，49名が子ども時代に身体的虐待を受けていたことがわかった。そして，1年後の追跡調査でこの282名の母親のうち，自分がわが子に虐待をした者が10名いた。この10名のうち虐待されて育った者は9名だった。この1年後の時点のみで，もし，データを収集していたら，いわゆる**虐待の世代間連鎖**は9割の確率だと単純に計算してしまうが，実際は子どもが産まれる前に虐待の既往歴ありと同定された49名の母親のうち，子どもが1歳までに虐待をした者は9名であり，それは虐待経験者の18パーセントにあたるという低い確率になる。いつの時点でデータを収集するのかで，このように確率は変わってくるということを覚えておくことも重要だろう。

自分が虐待を受けてきたのに自分の子どもには虐待をしない親，つまり虐待のサイクルを繰り返していない親は，安定したパートナーとの関係を持っていたり，あるいは，セラピーに一時期通っていたりしていた。つまり，保護的で支持的な関係を人生の他の時点でもち，自分の課題を見なおしたり，助けられたりする経験を通して，変化していったと考えられる。自分が親となったときに，子どものときの虐待経験を繰り返すかどうかは，その人が親

になるまでの間にどのような人間関係を築いてきたか，その人をサポートしてくれる親以外の他者に出会えたかどうかによるのだろう。加えて，現在の育児状況において，子育てをサポートしてくれる資源を得られているのかどうか，特に孤立して子育てしていないかどうかが大きな要因になる。つまり，自分の子ども時代の虐待を繰り返すかどうかは，それほど単純には決められないことなのである。

文献

Hunter, R. S. & Kilstrom, N. (1979) Breaking the cycle in abusive families. *American Journal of Psychiatry*, **136**, 1320-1322.

数井みゆき (2003) 子ども虐待——学校環境に関わる問題を中心に．教育心理学年報, **42**, 148-157.

発達心理学Ⅰ・索　引

あ 行

愛情（affection）　58
愛情の除去（love withdrawal）　295
アイゼンク（Eysenck, H. J.）　194
アイゼンバーグ（Eisenberg, N.）　292, 325
愛着（attachment）　22, 53, 58, 64, 130, 157, 175, 211, 371
愛着軽視型（成人愛着分類）　216
愛着行動　211
アイマス（Eimas, P. D.）　61
アウトオブフレーム発話　251
『赤い鳥』　5
欺く（deceive）　353
アストログリア　80
アセスメント（assessment）　30
遊び　247, 251, 254
遊び仲間　317
アタッチメント　121, 371，→愛着
アデノシン3リン酸（ATP）　107
アプガースコア，指数（Apgar score）　117, 124
アポトーシス（apoptosis）　79
アリエス（Ariès, Ph.）　4, 167
安定型（愛着行動）　214
『アンナ・カレーニナ』　17
アンビヴァレント型（愛着行動）　214
育児語（baby talk）　208
育児不安　370
いじめ（bullying）　7
痛み　174
一次的ことば　302, 307, 364
遺伝　38

遺伝子　38, 73
遺伝子異常　95
遺伝子型（genotype）　38, 96
遺伝的多型　40
意図的効果　238
因果バイアス（causal bias）　235
因子分析（factor analysis）　24, 30
インフォームド・コンセント（informed consent）　34
インフレーム発話　251
韻律特性　139
ヴィゴツキー（Vygotsky, L. S.）　225, 328
ウィスコンシンカード分類検査（Wisconsin card sorting test, WCST）　51
ウィルソン（Wilson, J. H.）　8
ウェルビーイング（well-being）　9
うそ（嘘，lie）　278, 353
ウルトラディアンリズム　180
ヴォスニアドゥ（Vosniadou, S.）　347
ヴント（Wundt, W. M.）　20, 21, 36
運動遊び　342
運動コントロール能力　339
運動能力　339
運動無力感　343
運動有能感　343
エインズワース（Ainsworth, M.）　157, 166, 175, 213
S字曲線（S-shaped curve）　11
エスノメソドロジー（ethno-methodology）　22
エピジェネシス（epigenesis）　88
エムデ（Emde, R.）　195
エリクソン（Erikson, E. H.）　8
演繹推論　233

375

エントレイメント（entrainment）　165
横断的方法（cross sectional method）　26
オリゴデンドログリア　80
オルポート（Allport, G. W.）　194
音韻意識　254, 362
音声開始時間（VOT）　62, 134
音声のカテゴリ知覚　134
音節リズム　139

か　行

ガーフィンケル（Garfinkel, H.）　22
外在化問題行動（externalizing problem behavior）　247
解釈学（hermeneutics）　33
外挿（extrapolation）　13
概念的くさび（conceptual peg）　351
概念変化（conceptual change）　347
外胚葉　78
回避型（愛着行動）　213
顔認識　188
科学的概念（scientific concept）　346
書き言葉　302, 361
学業達成（academic achievement）　7
学際的研究（interdisciplinary research）　22
学習（learning）　9
学習曲線（learning curve）　10
学習遅滞　330
学童保育　333
学年（grade）　17
学力　328
可塑性（plasticity）　9
課題目標　47, 48
学校教育（school education）　3, 328
カテゴリー名　284
カハール（Cajal, S. R.）　82
ガバガーイ問題　284
からかい（teasing）　276
刈り込み　84, 85, 219

河合隼雄　357
感覚運動期　207
間隔尺度（interval scale）　23
環境移行　171, 223
観察者バイアス（observer bias）　27
観察法（observational method）　26
感謝　58
慣習性（conventional）　207
間主観性（inter-subjectivity）　204
感情制御　246
感情知能（emotional intelligence）　67
感情表出　55, 169
感情伝染　56
関節拘縮症（arthrogryposis）　91
願望的思考　240
機械的因果　238
幾何平均（geometric mean）　25
器官形成期　112
危機（crisis）　8
『菊と刀』　21
気質（temperament）　127, 194, 195
擬人化　238
基礎的運動パターン　340
機能・形態障害（impairment）　18
機能語（function word）　286
ギブソン（Gibson, J. J.）　160
基本的生活習慣　222, 263
虐待　57, 215, 368
ギャング集団　317
「9か月革命」　39, 272
「9歳の壁」　15, 328
救世コンプレックス（Messiah complex）　27
急速眼球運動（rapid eye movement, REM）　93
橋（pons）　94
教育　331
共感性（empathy）　56, 294
共感的苦痛（empathic distress）　295

競技スポーツ　342
競合解決（conflict resolution）　48
教示（instruction）　35
教室行動　7
強勢リズム　139
共同注意（joint attention）　39, 272
共分散構造分析（covariance structure analysis）　30
共鳴動作　56
切りかえ機能（shifting）　51
ギリガン（Gilligan, C.）　290
均衡化　225
『金枝篇』　21
近赤外光トポグラフィ（NIRT）　138
近赤外線分光法（NIRS）　191
空想の遊び友だち（imaginary playmate）　356
具体的操作期　300, 330
ぐずり　128
クライエント（client）　32
グリア細胞　80, 81, 108
クリック（Crick, F. H. C.）　74
クレッチマー（Kretschmer, E.）　194
クワイン（Quine, W. V.）　283
クンケル（Kunkel, L. M.）　99
ケイガン（Kagan, J.）　195, 198, 290
経験的バイアス　234
形式的操作期　310, 331
系統発生（phylogeny）　3
形容詞の誤用　65
ゲゼル（Gesell, A. L.）　10, 150, 196
結晶性知能（crystallized intelligence）　12
血漿タンパク　96
ゲノム　40, 74
研究参加者（participant）　34
言語獲得援助システム（language acquisition support system, LASS）　208
言語獲得能力　61, 66

原始反射　117
原叙述のゆびさし（proto-declarative pointing）　206
減数分裂（meiosis）　75
原命令の指さし（proto-imperative pointing）　206
語彙爆発　284
構音の発達　62
高次制御機能　47，→実行機能
向社会性　246, 292
向社会的行動　292, 294
向社会的判断　324
甲状腺機能低下症　105
更新機能（updating）　51
高振幅サッキング法　135, 137
構成概念（construct）　22
後成説（epigenesis）　3，→エピジェネシス
構造化面接（structured interview）　32
構造タンパク　96
構造方程式モデリング（structural equation modeling）　30
酵素タンパク　96
行動遺伝学　41, 215
行動状態（behavioral state）　128
行動のスタイル　196
行動抑制系　200
高ビリルビン血症　108
項目分析（item analysis）　30
交絡（confounding）　28
コーホート（cohort）　26
コールバーグ（Kohlberg, L.）　290, 324
ゴールマン（Goleman, D.）　67
誤概念　346
国際生活機能分類（ICF）　36
心の理論　57, 64, 236, 251, 269
語順　287
語順関係　64
個人差（individual difference）　19, 120

誤信念課題（false belief task）　270, 279, 355
個人領域（personal domain）　292
個性（individuality）　19
個性記述的アプローチ（idiographic approach）　33
個体発生（ontogeny）　3
コチャンスカ（Kochanska, G.）　290
ごっこ遊び　249, 304
子ども（child）　4
子ども志向発話　24
『〈子供〉の誕生』　4, 167
コミュニケーション（communication）　204
固有名詞　284
孤立　360
孤立遊び　252
ゴルジ（Golgi, C.）　82

さ 行

サーカディアンリズム　94, 180
罪悪感　58
最近接発達領域（zone of proximal development, ZPD）　225, 328
サイトメガロウィルス（Cytomegalovirus）　104
最頻値（mode）　25
細胞移動　96
細胞死（アポトーシス apoptosis）　79
作業記憶容量　230, 235
作業制限法（work limit method）　31
サクセスフル・エイジング（successful aging）　9
サリドマイド　89, 105
参加観察（participant observation）　27
産出欠如（production deficiency）　228
算術平均（arithmetic mean）　25
恣意性（arbitracy）（言語記号の）　207
シェマ（schema）　171, 224

ジェンダー差（gender difference）　18
時間制限法（time limit method）　31
シグモイド曲線（sigmoid curve）　11, →Ｓ字曲線
自己意識　316, 325
自己開示（self-disclosure）　322
自己概念（self concept）　239, 326, 343
自己管理領域（prudential domain）　292
自己効力感（self-efficacy）　242
自己制御（self-regulation）　199, 229
自己中心性　304
自己保存　354
自己理解の発達モデル　320
思春期（puberty）　15
ジストロフィン　99
実験　27
実験者効果（experimenter effect）　28
実行機能（executive function）　47, 271
質的方法（qualitative method）　22
児童発達運動（child development movement）　196
実念論　224
悉無曲線（none-to-all curve）　10, 11
質問紙（questionnaire）　29
質問紙法（questionnaire method）　31
自伝的記憶（autographical memory）　228
児童　13
自動運動　117
児童虐待（child abuse）　368, →虐待
児童研究運動（child study movement）　196
児童相談所　368
シナプス（synapse）　74, 79, 82, 107, 219, 327
シナプス競合　92
シナプス小胞　82
事物カテゴリー制約　284

事物全体制約　284
自閉症　271
シャーリー（Shirley, M. M.）　196
シャイエ（Schaie, K. W.）　8
社会経済的地位（socioeconomic status）　29
社会性　314
社会的視点取得（social perspective taking）　318, 324
社会的コミュニケーション　39
社会的情報処理（social information processing）　244
社会的スキル　371，→ソーシャルスキル
社会的知覚（social perception）　54
社会的定位（social orientation）　200
社会的同調　56
社会的発信　55
社会的不利（handicap）　18
社会的領域理論（social domain theory）　291
就学レディネス　253
周産期（perinatal period）　14
従属変数（dependent variable）　28
集団差（group difference）　17
縦断的方法（longitudinal method）　26
熟達志向　344
受精　76
受精卵　3
出生前期（prenatal period）　13
出生前診断　144, 146
主婦（housewife）　2
シュペーマン（Spemann, H.）　3
受容体　82
馴化-脱馴化法（habituaion-dishabituation method）　20, 154, 236
順序尺度（ordinal scale）　23
生涯学習（life-long learning）　7
生涯発達（life-span development）　7

証言の信憑性　354
常染色体　74
上側頭溝（STS）　191
象徴機能　207
象徴的思考　224
情動調節（emotion regulation）　7
少年　13
所記　207
初期経験（early experience）　10
食習慣　267
助詞　287
初老（eldery）　16
自律安定型（成人愛着分類）　216
自律意識　317
事例研究（case study）　33
進化（evolution）　1, 2, 38
人格　194
人格目録（personality inventory）　31
神経管　78, 112
神経膠細胞（グリア細胞）　80
神経細胞（nerve cell）　78, 114
人工授精　145
人工妊娠中絶　144
人工論　224
新版K式発達検査　302
新生児黄疸　108
新生児期（neonatal period）　14
新生児行動評価　128，→NBAS
新生児模倣　56, 189
身体的虐待　368
身辺自立　222, 263
信頼性（reliability）　24
『心理学・倫理ガイドブック』　35
心理検査（psychological test）　19, 30, 31
心理─社会的モラトリアム（psycho-social moratorium）　15
心理的虐待　368
心理領域（psychological domain）　292

索引　379

睡眠　　180, 264
スキャモン（Scammon, R. E.）の発達曲線　63
スクリプト（script）　228, 250
鈴木三重吉　5
スターン（Stern, D.）　164
スティーブンス（Stevens, S. S.）　23
ステイト（state）　117, 119
ストリート算数（street math）　4
ストループ課題（stroop task）　48
ストレス　170
ストレンジ・シチュエーション法（strange situation procedure）　22, 121, 175, 213
刷り込み（imprinting）　10
性格（character）　194
生気論的因果　238
性差（sex difference）　18, 251
成熟（maturation）　9
成熟前傾（maturity acceleration）　12
生殖技術（reproductive technology）　143
成人愛着面接（adult attachment interview）　215
精神年齢　5
成績志向　344
性染色体　74
生態学的妥当性　233
生態学的モデル　167
生体時計，リズム　94, 263
成長（growth）　9
成長加速（growth acceleration）　12
成長曲線（growth curve）　10
成長障害　55
性的虐待　368
青年期（adolescence）　15
生命論　224
制約（constraint）　238
世俗化（secularization）　4

世代間伝達（intergenerational transmission）　7
セリエ（Selye, H.）　170
セルマン（Selman, R. L.）　318
前概念　224
選好注視法（preferential looking method）　20, 153, 189
染色体異常　100, 101, 102
前成説（preformation theory）　3
前操作的思考　224, 300
先天性疾患（congenital disease）　95
前頭連合野　327
相互作用（interaction）　156
相互主体性（intersubjectivity）　277, →間主観性
相互注視　54
相互同期性　56
操作的定義（operational definition）　22
桑実胚　76
双生児　41
相貌失認　191
ソーシャルスキル（social skill）　68, 69
ソーシャルスキル・トレーニング（SST）　70, 71
ソーシャル・モチヴェイター（social motivator）　54
即時マッピング　284
測定（measurement）　23
速度検査（speed test）　31
ソシュール（Saussure, F. de）　207
粗大運動　222
素朴概念（naïve concept）　346
素朴心理学　235, 347
素朴生物学　235, 236, 347
素朴物理学　235, 347
素朴理論（naïve theory）　235, 347

た 行

ダーウィン（Darwin, C.）　1, 2, 38, 153,

353
対応づけサンプル（matched sample）
　19
胎芽（embryo）　13, 73, 76, 112
胎児（fetus）　13, 73, 76
胎児アルコール症候群　89
胎児期の記憶　94
胎児行動観察　88
胎児の脳発達　88, 90, 113
対人関係の枠組み　321
胎内環境　88
胎内感染症　103, 104
第二種の誤り（type II error）　28
体罰　370
対立遺伝子（allele）　76
ダ・ヴィンチ（da Vinci, L.）　13
脱中心化（decentralization）　306
脱分極　78
他動詞文　64
妥当性（validity）　24
ダブルコルチン　100
単純ヘルペス（herpes simplex）　104
男女差　18
談話分析（discourse analysis）　22
チェス（Chess, S.）　195
知覚-運動協応　339
力中心のしつけ（power assertion）　295
知能検査（intelligence test）　5, 19, 306
知能指数（intelligence quotient, IQ）　31, 44
注意制御（controlled attention）　51
中央処理装置（central system）（モジュール）　220
中央値（median）　25
中枢性低換気症候群　94
中年期（middle age）　16
チュダコフ（Chudakoff, H. P.）　7
チュリエル（Turiel, E.）　291

長期増強現象（シナプスの）　84, 85
調査面接（survey interview）　32
調整要員　247
調節（accommodation）　171, 225
直線（linear curve）　11
直感的育児（intuitive parenting）　57
直観的な思考　224, 225
テイ（Tay, W.）　97
テイ-サックス病　97
定位　211
定型発達児（typically developed children, TDC）　18
低酸素脳症　107
ディスレクシア（dyslexia）　361
データ・リダクション（data reduction）　25
適応　149
デブリーフィング（debriefing）　35
デュシェンヌ（Duchenne, G. B. A.）　98
デュシェンヌ型筋ジストロフィー　98
電文体発話　286
投影法（projective technique）　31
同化（assimilation）　171, 225
統計的検定（statistical test）　28
同情（sympathy）　294
道徳性　246, 290, 316, 324
道徳的自己（moral self）　291
道徳的推理　324
倒立効果　192
TORCH感染症　104
トーマス（Thomas, A.）　195
トキソプラズマ（toxoplasma）　104
独立変数（independent variable）　28
度数分布（frequency distribution）　25
トルストイ（Tolstoy, L. N.）　17
突然の獲得（言語の）　64
トドラー気質質問票　198
トドラー行動質問票　198
トマセロ（Tomasello, M.）　207, 272

ドメスティックバイオレンス（DV）　369
捉え直し（re-framing）　200
とらわれ型（成人愛着分類）　216
ドリーシュ（Driesch, H. A. E.）　3
トリソミー（trisomy）　100, 101
努力制御系（effortful control system）　199

な 行

内観（introspection）　20
内言（inner speech）　310
内在化問題行動（internalizing problem behavior）　247
内挿（interpolation）　12
内的作業モデル（internal working model）　213
内胚葉　78
内面世界　356
内容語（content words）　286
仲間（peer）　7, 252
仲間関係（peer relation）　242, 314, 322
仲間集団　317
泣き　124, 166
泣きのクリニック（cry clinic）　126
『西大西洋の遠洋航海者』　21
二次的ことば　302, 306, 307, 364
二重皮質症　100
二層性杯盤　112
乳児　13
乳児期（infancy）　14, 149
乳児気質問票・修正版　198
乳児行動特徴質問票　198
乳児突然死症候群　94
ニューヨーク縦断研究（The New York longitudinal study）　196
入力系（input system）（モジュール）　220
ニューロン（neuron）　114

ニュメラシー（numeracy）　15
ネグレクト　57, 368
年齢（age）　17
年齢差　17
能記　207
脳機能イメージング検査法　90, 115
脳磁図　90
脳性まひ（cerebral palsy）　107, 108
能動的維持（active maintenance）　48
能動的身体接触　211
能力障害（disability）　18
ノックアウトマウス　99
ノンレム（NREM）睡眠　180

は 行

パーソナリティ　194
パーソナリティ検査（personality test）　31
バイアス（bias）　61
媒介欠如（mediation deficiency）　228
媒介要因　247
倍数体　100
波多野完治　8
発信　211
発生学（developmental biology）　2
発達（development）　1, 3, 9, 10
発達加速（development acceleration）　12
発達加速現象　222
発達曲線（developmental curve）　10, 13
発達ストレス　170
発達精神病理学（developmental psychopathology）　247
発達段階（developmental stages）　13, 16, 149
発達の敏感期　342
ハッテンロッカー（Huttenlicker, P. R.）　82

話し言葉　136, 283, 302, 361
ハノイの塔課題（Tower of Hanoi task）
　51
ハビガースト（Havighrst, R. J.）　155,
　172
バルテス（Baltes, P. B.）　8
バルプロ酸　105
パルメ（Palme, S. O. J.）　8
範囲（range）　25
反事実的前提　234
バンデューラ（Bandura, A.）　241
反応行動（reactivity）　196
反復説（recapitulation theory）　3
ピアジェ（Piaget, J.）　64, 150, 167, 171,
　207, 224, 226, 290, 300, 347
ピーハ（Peha, M.）　93
被害者意識　370
比較文化的研究（cross-cultural research）
　23
被検者（testee）　34
被験者（subject）　34
被験体（subject）　34
微細運動　222
比尺度（ratio scale）　23
微笑　166, 185
ビッグファイブ　41
ビネー（Binet, A.）　5, 31
ビネー式知能検査　5, 6
秘密　354, 355
被面接者（interviewee）　31, 34
ヒューベル（Hubel, P. H.）　92
表現型（phenotype）　38, 96
表示規則（display rule）　280
標準化（standardization）　30
標準偏差（standard deviation, SD）
ピンカー（Pinker, S.）　63
ファンタジー　357
ファンツ（Fantz, R.）　20, 153, 189
風疹（rubella）　104

フェースシート（face sheet）　29
フェニルケトン尿症　96
フォークメソッド　22
フォーゲル（Fogel, A.）　151
フォーダー（Foder, J. A.）　220
フォローアップ研究（follow-up study）
　26
不適切な子ども観　370
不妊（sterility）　144
ブラゼルトン（Brazelton, T. B.）　128
プランニング　306
ふり　249
ふり遊び（pretend play）　273, 277
フリーラジカル　108
フリス（Frith, U.）　362
ブリス（Bliss, T. V.）　85
フリン（Flynn, J. R.）　12
フリン効果（Flynn effect）　12
ブリッジ（bridge）　151
ブルーナー（Bruner, J. S.）　150, 208,
　331
フレイザー（Fraser, J. G.）　21
フレーム　250
プレヒトル（Prechtl, H.）　128
プレマック（Premack, D.）　269
ブロードマン（Brodmann, K.）　115, 116
ブロンフェンブレナー（Bronfenbrenner,
　U.）　167
文化　167, 312
分散（variance）　19
分散分析（analysis of variance, ANOVA）
　28
文章　364
文法概念　64
ベイリー（Bayley, N,）　196
ヘッケル（Haeckel, E. H. P. A.）　2
ベネディクト（Benedict, R.）　21
ベル（Bell, R. Q.）　195
ベルナール（Bernard, C.）　27

変換器（transducer） 220
放課後児童クラブ 333
放射線被曝 106
紡錘状回（fusiform gyrus） 191
法則定立的アプローチ（nomothetic approach） 33
方法論（methodology） 20
方略（strategy） 227, 231, 245, 302, 306
ボウルビィ（Bowlby, J.） 53, 174, 185, 212
ポズナー（Posner, M. L.） 195
保存（課題） 225, 300
母体保護法 147
ホフマン（Hoffman, M. L.） 295
ポリジーン（polygene） 41

ま 行

マインド・マインデッドネス（mind-mindedness） 57
マインドリーディング（mindreading） 269
膜タンパク 96
マザリーズ（motherese） 208
学び 254
マリノフスキー（Malinowski, B. K.） 21
満年齢 6
ミエリン形成（myelination） 85, 86, 91, 108, 327
未解決型（成人愛着分類） 216
ミクログリア 80
見立て 249
「3つの山問題」 304
ミラーニューロン（mirror neuron） 56
ミレニアム・コーホート研究（Millennium cohort study） 26
明暗周期因子 184
名義尺度（nominal scale） 23
メイン（Main, M.） 214

メタ概念的認識 350
メタ記憶（metamemory） 228
メタ・コミュニケーション（meta-communication） 276
メタ認知（metacognition） 228, 304, 306
メタ表象（metarepresentation） 271
メタ分析（meta-analysis） 29
メラトニン 94
面接（interview） 31
面接者（interviewer） 31
メンタライジング（mentalising） 270
モーガン（Morgan, T. H.） 73
モーラリズム 139
目標（goal） 47
目標無視（goal neglect） 48
モジュール（module） 219
モニタリング 229
モノソミー（monosomy） 100, 101

や 行

ヤコブレフ（Yakovlev, P. I.） 86, 91
優しさ（warmth） 58
矢田部達郎 194
有意水準（level of significance） 29
U字曲線（U-shaped curve） 11
揺さぶられっ子症候群 371
指さし（pointing） 39, 206, 361
ユング（Jung, C. G.） 357
養護的な感情 53
幼児 13
幼児期（young childhood） 14
幼児図式（baby schema） 53
幼児楽観主義 241
抑うつ 215
抑制（inhibition） 51
抑制制御 235
夜泣き（colicky crying） 126, 127
読み書き 254

四大体液論　194

ら行

ライフ・サイクル（life cycle）　8
ラザラス（Lazarus, R. S.）　170
ラブ・タブ（Lab-Tab）　198
ラポール（rapport）　34
ラングラン（Lengrand, P.）　7
卵体期（ovum）　13
リーディングスパンテスト　365
リッカート法（Likert scaling）　30
リカレント教育（recurrent education）　8
力量検査（power test）　31
利他的互恵性　58
リテラシー（literacy）　15, 254
流動性知能（fluid intelligence）　12
領域一般性　312
領域固有性（domain specificity）　227, 312, 347
良心（conscience）　291
量的方法（quantitative method）　22
理論説（theory theory）　347
臨界期（critical period）　10, 61, 92
臨床面接（clinical interview）　32
類推　351
レイト・トーカー（late talker）　61
歴史（history）　2
レジリエンス（resilience）　9
レセプター　82
レネバーグ（Lenneberg, E.）　61
レム（REM）睡眠　93, 180
練習曲線（training curve）　10
老人差別（ageism; agism）　16
老年期（senescence; old age）　16
ローレンツ（Lorenz, K. Z.）　10, 164
ローレンツ・スキーム　164
ロスバート（Rothbart, M. K.）　195
倫理的思考　308

わ行

ワーキングメモリ（working memory, WM）　49, 227, 365
ワーキングメモリ・スパン課題（working memory span task）　49
ワイズマン（Weismann, A.）　73
ワトソン（Watson, J. D.）　74

論理的推論　233

A〜Z

AID（artificial insemination with doctor）　145, 146
AIH（artificial insemination with husband）　145
CDS（child directed speech）　208
DI（donor insemination）　145
DNA（deoxyribonucleic acid）　38
EQ（emotional quotient）　67
fMRI（機能的核磁気共鳴画像法, functional magnetic resonance imaging）　115, 327
ICD-10（International Statistical Classification of Diseases and Related Health Problems, 10th revision）　14
IDS（infant directed speech）　208
IVF-ET（in-vitro fertilization-embryo transfer）　145
NBAS（Neonatal Behavioral Assessment Scale）　117, 119
NCAM（neuronal cell adhesion molecule）　99
NIPS（neonatal infant pain scale）　174
PET（positron emitted tomography）　115
SST（social skill traning）　→ソーシャルスキル・トレーニング
VOT（voice onset time）　→音声開始時間

執筆者紹介

無藤　隆（むとう・たかし）［編者］　白梅学園大学大学院特任教授。『幼児教育のデザイン：保育の生態学』（東京大学出版会，2013年），『質的心理学講座（全3巻）』（共編著，東京大学出版会，2008年），『幼児教育の原則』（ミネルヴァ書房，2009年），ほか。

子安増生（こやす・ますお）［編者・1章・幹］　甲南大学文学部特任教授，京都大学名誉教授。『ミラーニューロンと〈心の理論〉』（共編，新曜社，2011年），『心が育つ環境をつくる』（共編，新曜社，2014年），『公認心理師エッセンシャルズ　第2版』（共編，有斐閣，2019年），『出題基準対応　公認心理師のための基礎心理学』（金芳堂，2019年），ほか。

相川　充（あいかわ・あつし）［1章・社会］　筑波大学大学院人間総合科学研究科教授。『上司と部下のためのソーシャルスキル』（共著，サイエンス社，2015年），『人づきあい，なぜ7つの秘訣？：ポジティブ心理学からのヒント』（新世社，2019年），ほか。

麻生　武（あさお・たけし）［5章・感情］　奈良女子大学名誉教授。『「見る」と「書く」との出会い：フィールド観察学入門』（新曜社，2009年），『発達と教育の心理学』（培風館，2007年），ほか。

安藤寿康（あんどう・じゅこう）［1章・身体］　慶應義塾大学文学部教授。『遺伝マインド：遺伝子が織り成す行動と文化』（有斐閣，2011年），『遺伝と環境の心理学：人間行動遺伝学入門』（培風館，2014年），『「心は遺伝する」とどうして言えるのか：ふたご研究のロジックとその先へ』（創元社，2017年），ほか。

岩立志津夫（いわたて・しづお）［1章・言語］　日本女子大学名誉教授。『新・発達心理学ハンドブック』（編著，福村出版，2016年），『よくわかる言語発達（改訂新版）』（編著，ミネルヴァ書房，2017年），ほか。

遠藤利彦（えんどう・としひこ）［1章・感情／3章・社会］　東京大学大学院教育学研究科教授。『読む目・読まれる目：視線理解の進化と発達の心理学』（編著，東京大学出版会，2005年），『アタッチメントと臨床領域』（共編著，ミネルヴァ書房，2007年），ほか。

大藪　泰（おおやぶ・やすし）［2章・言語］　早稲田大学文学学術院教授。『赤ちゃんの心理学』（日本評論社，2013年），『社会的認知の発達科学』（分担執筆，新曜社，2018年），『虐待・トラウマを受けた乳幼児の心理療法』（監訳，日本評論社，2019年），ほか。

小椋たみ子（おぐら・たみこ）［3章・言語］　大阪総合保育大学特任教授，神戸大学名誉

教授．『乳幼児期のことばの発達とその遅れ』（共著，ミネルヴァ書房，2015年），『日本語マッカーサー乳幼児言語発達質問紙の開発と研究』（共著，ナカニシヤ書店，2016年），『よくわかる言語発達（改訂新版）』（編著，ミネルヴァ書房，2017年），ほか．

数井みゆき（かずい・みゆき）[5章・社会] 茨城大学教育学部教授．『アタッチメント』（共編著，ミネルヴァ書房，2005年），『アタッチメントと臨床領域』（共編著，ミネルヴァ書房，2007年），ほか．

河合優年（かわい・まさとし）[3章・幹] 武庫川女子大学教育研究所教授．『生涯発達心理学』（ナカニシヤ出版，2006年），『調査実験 自分でできる心理学』（ナカニシヤ出版。2007年），『感情の心理学』（放送大学教育振興会，2007年），ほか．

木下孝司（きのした・たかし）[4章・感情／4章・認知] 神戸大学大学院人間発達環境学研究科教授．『乳幼児期における自己と「心の理解」の発達』（ナカニシヤ出版，2008年），『子どもの発達に共感するとき：保育・障害児教育に学ぶ』（全障研出版部，2010年），ほか．

斎藤 晃（さいとう・あきら）[2章・認知／3章・身体] 鶴見大学短期大学部准教授．『認知発達とその支援』（分担執筆，ミネルヴァ書房，2002年），ほか．

齊藤 智（さいとう・さとる）[1章・認知] 京都大学大学院教育学研究科教授．"Repeated sequential action by young children: Developmental changes in representational flexibility of task context." *Developmental Psychology*, 55, 780-792, 2019, "Determining the developmental requirements for Hebb repetition learning in young children: Grouping, short-term memory, and their interaction." *Journal of Experimental Psychology: Learning, Memory, and Cognition*, 45, 573-590, 2019, ほか．

榊原洋一（さかきはら・よういち）[2章・幹／2章・身体] お茶の水女子大学名誉教授．『発達障害と子どもの生きる力』（金剛出版，2009年），『脳科学と発達障害』（中央法規出版，2007年），ほか．

杉原 隆（すぎはら・たかし）[5章・身体] 一般財団法人田中教育研究所長．『新版運動指導の心理学』（大修館書店，2008年），『幼児期における運動発達と運動遊びの指導』（共著，2014年），ほか．

鈴木みゆき（すずき・みゆき）[4章・身体] 国立青少年教育振興機構理事長．『早起き・早寝・朝ごはん：生活リズム見直しのススメ』（芽ばえ社，2005年），『睡眠とメンタルヘルス』（共著，ゆまに書房，2006年），ほか．

玉井真理子（たまい・まりこ）[2章・社会] 信州大学大学院医学系研究科准教授．『遺伝医療とこころのケア』（NHK出版，2006年），『遺伝相談と心理臨床』（編著，金剛出版，2005年），ほか．

陳 省仁（ちん・せいじん）[2章・感情／3章・感情] 北海道大学名誉教授，光塩学園女子短期大学教授．「子育て文化とアロマザリング」『共有する子育て：沖縄多良間島のアロマザリングに学ぶ』（根ケ山光一・外山紀子・宮内洋編著，金子書房，2019年），

"Elucidation of neuropsychological mechanisms of eye movements accompanying cognitive activity."（共著，In Pamela Garza（Ed.）*Cognitive control: Development, assessment and performance.* Nova Science Pub., 2016）.

中澤　潤（なかざわ・じゅん）［4章・幹］　千葉大学名誉教授，植草学園大学学長。『社会的行動における認知的制御の発達』（多賀出版，1996年），*Applied Developmental Psychology*（共編著，Information Age Publisher，2005年），ほか。

中島伸子（なかしま・のぶこ）［5章・認知］　新潟大学教育学部准教授。『知識獲得の過程：科学的概念獲得と教育』（風間書店，2000年），「天文学の領域での概念変化：地球についての子どもの理解」『心理学評論』（印刷中），2011年），ほか。

二宮克美（にのみや・かつみ）［4章・社会］　愛知学院大学総合政策学部教授。『社会化の心理学／ハンドブック：人間形成への多様な接近』（共編著，川島書店，2010年），『キーワードコレクション 教育心理学』（共編著，新曜社，2009年），ほか。

針生悦子（はりゅう・えつこ）［4章・言語／5章・言語］　東京大学大学院教育学研究科教授。『言語をおぼえるしくみ』（共著，ちくま学芸文庫，2014年），『赤ちゃんはことばをどう学ぶのか』（中公新書ラクレ，2019年）。

藤村宣之（ふじむら・のぶゆき）［5章・幹］　東京大学大学院教育学研究科教授。『数学的・科学的リテラシーの心理学：子どもの学力はどう高まるか』（有斐閣，2012年），『発達心理学（第2版）』（編著，ミネルヴァ書房，2019年），『協同的探求学習で育む「わかる学力」：豊かな学びと育ちを支えるために』（共編著，ミネルヴァ書房，2018年），ほか。

山口真美（やまぐち・まさみ）［3章・認知］　中央大学文学部教授。『赤ちゃんの視覚と心の発達（補訂版）』（東京大学出版会，2019年），『美人は得をするか：「顔」学入門』（集英社新書，2010年），ほか。

発達心理学 I

2011年9月27日　初　版
2019年9月20日　第2刷

［検印廃止］

編　者　　無藤　隆・子安増生

発行所　　一般財団法人　東京大学出版会

代表者　　吉見俊哉

153-0041　東京都目黒区駒場 4-5-29
http://www.utp.or.jp/
電話 03-6407-1069　Fax 03-6407-1991
振替 00160-6-59964

印刷所　　大日本法令印刷株式会社
製本所　　誠製本株式会社

©2011 T. Muto & M. Koyasu, Editors
ISBN 978-4-13-012100-2　Printed in Japan

[JCOPY]〈出版者著作権管理機構　委託出版物〉
本書の無断複写は著作権法上での例外を除き禁じられています．複写される場合は，そのつど事前に，出版者著作権管理機構（電話 03-5244-5088，FAX 03-5244-5089, e-mail: info@jcopy.or.jp）の許諾を得てください．

発達心理学 II
無藤隆・子安増生　編　A5判・400頁・3400円

本書の続巻．「青年期」「成人期」「老年期」「家族・地域・メディア」「障害と支援」を扱う．I巻・II巻総索引あり．

ベーシック発達心理学
開一夫・齋藤慈子　編　A5判・288頁・2400円

幼児教育のデザイン──保育の生態学
無藤隆　著　46判・272頁・2500円

あらゆる学問は保育につながる
──発達保育実践政策学の挑戦
秋田喜代美　監修　46判・400頁・3800円

保育学講座［全5巻］
日本保育学会　編　各巻A5判・320頁（平均）・2800円

発達科学入門［全3巻］
高橋惠子・湯川良三・安藤寿康・秋山弘子　編
各巻A5判・300頁（平均）・3400円

質的心理学講座［全3巻］
無藤隆・麻生武・やまだようこ・サトウタツヤ・南博文　編
各巻A5判・288頁（平均）・3500円

思春期学
長谷川寿一　監修　A5判・368頁・4200円

人間関係の心理学──愛情のネットワークの生涯発達
高橋惠子　著　46判・304頁・2900円

赤ちゃんの視覚と心の発達［補訂版］
山口真美・金沢創　著　A5判・224頁・2400円

ここに表示された価格は本体価格です．御購入の際には消費税が加算されますので御了承ください．